KRÖNERS TASCHENAUSGABE BAND 128

Christel Neusüß

Die Kopfgeburten der Arbeiterbewegung

oder

Die Genossin Luxemburg bringt alles durcheinander

Mit einem Geleitwort von Ernst-Ulrich Huster

ALFRED KRÖNER VERLAG STUTTGART

Christel Neusüß
Die Kopfgeburten der Arbeiterbewegung oder
Die Genossin Luxemburg bringt alles durcheinander
Stuttgart: Kröner 2013
(Kröners Taschenausgabe; Band 128)
ISBN: 978-3-520-12801-0

Die Originalausgabe erschien 1985
im Rasch und Röhring Verlag, Hamburg.

Gesamtherstellung: Friedrich Pustet Regensburg

Inhalt

Geleitwort

Das Geschlechterverhältnis bei Produktion und Reproduktion – Lernen in der Schule der politischen Erfahrung

Der Titel von Christel Neusüß' Streitschrift ist ein Affront: Hatte nicht Karl Marx, neben Friedrich Engels der bedeutendste Theoretiker des wissenschaftlichen Sozialismus im 19. Jahrhundert, den Theoretiker der bürgerlichen Gesellschaft, Georg Wilhelm Friedrich Hegel, vom »Kopf auf die Füße« zu stellen versprochen? Hatte er nicht versucht, das idealistische Konstrukt von der dialektischen Selbstverwirklichung von Freiheit und Vernunft in der Geschichte durch eine soziale Theorie der Selbstbefreiung der unterdrückten Klassen in der Geschichte zu ersetzen? Christel Neusüß bezeichnet Karl Marx mehrfach als ihren »Zweitvater«, doch will sie mit ihm das machen, was junge Erwachsene mit ihren Eltern eigentlich immer machen (sollten): Sie arbeitet sich an ihm ab – was ist wichtig, was habe ich von ihm gelernt, wo aber grenze ich mich ab, wo gehe ich weiter? Ja: Wo irrte auch dieser Heroe des wissenschaftlichen Sozialismus und wo legte er falsche Fährten in der sozialistischen Geschichte?

»Kopfgeburten« – nichts weniger als das Bild von Pallas Athene, die Gottvater Zeus aus dem Kopf entspringt, muss herhalten, um den zentralen Bruch in der marxistischen Theorie aufzuzeigen, nämlich zu beanspruchen, Theorie einer sozialen Bewegung, einer sozialen Emanzipation zu sein, letztlich aber gedankliches Konstrukt zu bleiben, von den Kainsmerkmalen dessen gekennzeichnet, was sie zu überwinden vorgab. Ihr entscheidender Denkfehler bestehe darin, den reproduktiven Bereich, damit auch den Bereich Entstehung, Geburt, Erziehung und Regeneration von Personen, damit wesentliche Teile weiblicher Arbeit, nicht nur zu verkürzen, sondern massiv abzuwerten. Reproduktion erscheint bei ihr als ein Ergebnis des Produktionsprozesses, in dem die männliche Arbeit dominiert. Doch dieses wäre noch nicht so schlimm, könnte man den »alten« Marx einfach links oder rechts liegen lassen und mit eigenen Strategien voranschreiten. Aber aus dieser »Kopfgeburt« folgten, gleichsam als Kettenreaktion, und immer wieder gespeist durch neue Anleihen bei der Kapital-Seite, Konzepte, Strategien, Fehlentscheidungen. Dadurch wurde der Weg einer sozialen Emanzipation mit/oder der Arbeiterbewegung – schon da fangen die Probleme an – letztlich verbaut. Dieses führte einerseits zu den schlimmen Niederlagen im und nach dem Ersten Weltkrieg und dann erst recht im Faschismus. Das Ganze mündete in Sackgassen, sei es in die des sozialen Kompromisses etwa in Gestalt des Sozialstaates innerhalb der bürgerlichen Gesellschaft, sei es in den wirklich nie real existierenden Sozialismus.

Keine Gegenposition in der Theorietradition in Sicht? – Doch: Rosa Luxemburg suchte zwar einerseits die theoretische Arbeit von Karl Marx und Friedrich Engels weiterzuführen, gegen den naturdialektischen Vulgärmarxismus etwa eines Karl Kautsky gerichtet. Aber sie war es auch, die schon damals nicht nur die Frage stellte, wie denn die Produktion in der bürgerlichen Gesellschaft ihren »nichtproduktiven« Voraussetzungen und Folgen zuzuordnen sei – die Natur, ältere Produktionsweisen und vor allem die natürliche Reproduktion von Menschen? Christel Neusüß spitzt diese Frage dahingehend zu, ob denn die rein ökonomische Betrachtung der Reproduktion der Gattung Mensch, das meint deren Nach- und Unterordnung unter den Bereich der Produktion, nicht wieder erneut Herrschaft, Unterdrückung, Gewalt produziert? Ob nicht diese Instrumentalisierung von Menschen in der sozialistischen Theorie letztlich bloß das Spiegelbild kapitalistischer Ökonomie ist? Ob nicht dadurch auf Emanzipation drängende Menschen parteiförmig diszipliniert werden? Und ob nicht gerade das verloren geht, was soziale Befreiung eigentlich ausmacht, nämlich das »Lernen durch Erfahrungen in politischer Praxis«, dessen Umsetzung in kollektives emanzipatorisches Handeln, ohne dass daraus wieder bloß Gewalt von Menschen über Menschen folgt? Mit diesen Fragen brachte einst die »Genossin Luxemburg« die Sozialdemokratie der II. Internationale und auch schon den Revolutionär Lenin »durcheinander« – der Mord an Rosa Luxemburg und Karl Liebknecht durch reaktionäre Freikorps-Soldaten beendete die theoretische Auseinandersetzung um die richtige Strategie im »Massenstreik«, mit fatalen Folgen gerade für die deutsche Linke in der Weimarer Republik nach der Weltwirtschaftskrise. Konnte Christel Neusüß diesen Faden wieder aufnehmen, weiterspinnen, konstruktiv in eine Zeit übertragen, die alles andere als revolutionär gewesen ist – nämlich in die 1980er Jahre: Nostalgie – oder doch mehr? Lernen in der »Schule der Erfahrung«, neue soziale Bewegungen konstituieren, in denen Frauen und Männer als Gleichberechtigte Ziel und Weg mitbestimmen?

Die 1960er Jahre: Schaltjahre

Rosa Luxemburg war weder die Erste noch die Letzte, die »alles durcheinander« gebracht hat. »Wir sind wieder wer« – dieses Diktum des langjährigen bundesdeutschen Wirtschaftsministers und kurzen Interimskanzlers Ludwig Erhard brachte als Stimmung auf den Punkt, was viele in (West-)Deutschland und in (West)Berlin nach Überwindung der schlimmsten Folgen des Zweiten Weltkrieges dachten. Das ›Wunder von Bern‹ 1954 war noch ein Pflaster auf die geschundene deutsche Seele gewesen, die nicht einsehen wollte, dass sie schuld nicht nur an der eigenen Misere, sondern an Tod und Elend in weiten Teilen Europas während und nach dem Zweiten Weltkrieg war. Nun aber schien der enorme wirtschaftliche Aufschwung im ›Wirtschaftswunder‹ zu bestätigen, dass der deutsche MANN – so die Schreibweise bei Christel Neusüß – erneut unter Beweis stellen konnte, dass er aus ›Dreck Gold machen‹ kann, dank seines Fleißes, seiner Disziplin, seiner Organisationsfähigkeit. Soziale Reformen wie die große Rentenreform von 1957 schlossen nun auch jene in den Wohlstandszuwachs mit ein, die aus dem Erwerbsleben ausgeschieden waren. Endlich wieder menschenwürdige Wohnungen, genug zu essen, modische Kleidung – kurz: wieder eine ›heile‹ Welt, wie sie sich in den Schlagern der 1950er und 1960er Jahre niedergeschlagen hat (»Wir wollen niemals auseinander gehen ...«, »Weiße Rosen aus Athen ...« etc.). Die Welt war in Ordnung – wäre da nicht das bedauernswerte Schicksal der Kaiserin Soraya von Persien gewesen, die schändlich vom Thron des Schahinschah verstoßen wurde, bloß weil sie keinen neuen Schah gebären konnte. Oder hätte man sich da nicht über den Mord an einer Edelprostituierten namens Rosemarie Nitrebitt ereifern müssen.

Doch hinter diesem Glamour fing es an zu brodeln. Die Gewerkschaften sahen die wachsende Kluft bei der Verteilung des enormen Wohlstandszuwachses und forderten in einem ersten großen Flächenstreik 1963 in Baden-Württemberg einen Nachschlag – und prompt fühlte sich das Wirtschaftsestablishment provoziert. Der auf Ruhe als erste Bürgerpflicht ausgerichtete Wirtschaftswunder-Professor Erhard sah die Gesellschaft durch Interessengruppen belagert und deren Wirtschaft gestört. Er entwarf das Konstrukt einer »formierten Gesellschaft«[1], in der sich Partialinteressen dem Gemeinwohl unterzuordnen hätten – nur wenige Jahrzehnte nach dem Pakt der deutschen Schwer- und Großindustrie mit der nationalsozialistischen Führung provozierte dieses Konzept schlimme Befürchtungen! In der Retrospektive wirkt das Konstrukt einer »formierten Gesellschaft« zwar harmlos, aber zu Beginn der 1960er Jahre wurde es zum Ausgangspunkt einer kritischeren Betrachtung der bundesdeutschen Entwicklung. Im Kern

1 Bundeskanzler Ludwig Erhard auf dem 13. Parteitag der CDU in Düsseldorf 1965, in: *20 Jahre Bundesrepublik Deutschland*, hrsg. von Michael Hereth. München 1969, S. 203ff.

ging es um die Frage, wie gefestigt diese in hohem Maße von den Besatzungsmächten verordnete Demokratie wirklich war, wenn schon ein kleines wirtschaftliches Husten derartige Überlegungen provozierte. War es eine bloße Schönwetter-Demokratie, die bei echten ökonomischen Schwierigkeiten wieder in Frage gestellt werden würde? Die *SPIEGEL*-Affäre zeigte, wie gut die (demokratische) Regierung in (West-)Deutschland mit dem damals noch faschistischen Spanien zusammenarbeitete.[2] Erste Gedanken, Pläne und Entwürfe zu Notstandsgesetzen machten deutlich: Nicht nur ein äußerer Notstand würde dazu führen, dass Verfassungsrechte eingeschränkt werden würden, sondern auch ein sogenannter ›innerer Notstand‹. Formierte Gesellschaft, *SPIEGEL*-Affäre, Notstandsgesetze: Dieses alles wurde im politischen Diskurs einer sich neu formierenden Linken immer wieder in Beziehung zur jüngsten deutschen Geschichte im Faschismus gesetzt – dessen ›Bewältigung‹ sich doch große Teile der Bevölkerung längst zum Ziel gesetzt und damit ihre Mitschuld an dessen Gräuel beiseitegelegt hatten. Aber wieder gab es ›Störenfriede‹, wie den bedeutenden Juristen Fritz Bauer, der maßgeblich am Zustandekommen der Auschwitzprozesse beteiligt war. Die großen Naziprozesse – fast 20 Jahre nach Beendigung des Zweiten Weltkrieges – offenbarten die Mitschuld auch des gemeinen Volksgenossen,

2 Das Nachrichten-Magazin *DER SPIEGEL* hatte im Oktober 1962, Bezug nehmend auf einen geheimen Bericht, erhebliche Zweifel an der Verteidigungsbereitschaft der Bundeswehr geäußert (»Bedingt abwehrbereit«). Mit Rückendeckung durch den damaligen Bundesverteidigungsminister Franz Josef Strauß wurden daraufhin die Verlagsräume des *SPIEGEL* durchsucht und für Wochen geschlossen; der Herausgeber Rudolf Augstein wurde verhaftet; Strauß nutzte seine Beziehungen, um den im Franco-Spanien Urlaub machenden Autor des Beitrages, Conrad Ahlers, ebenfalls zu verhaften. Bundeskanzler Adenauer erklärte im Parlament öffentlich, man schaue in einen Abgrund von »Landesverrat«. Diese Vorverurteilung wurde in den späteren juristischen Auseinandersetzungen zurückgewiesen, das Verhalten der Bundesregierung wurde massiv juristisch und öffentlich kritisiert. Es wurden Parallelen zur politischen Justiz der Weimarer Republik und im faschistischen Deutschland gezogen (Verurteilung von Carl von Ossietzky 1931). Franz Josef Strauß musste schließlich zurücktreten, kurze Zeit später wurde auch Adenauer durch Ludwig Ehrhard als Bundeskanzler abgelöst.

zugleich kamen einzelne, heroische Taten zu Gunsten der Opfer des Faschismus ans Tageslicht. Es gab also Alternativen! Doch es wurde weiter geleugnet: die Mitgliedschaft in der NSDAP, das verwerfliche Treiben als Marinerichter noch nach dem 8. Mai 1945 durch den damaligen Ministerpräsidenten Hans Filbinger u.v.a.m.

Die Anti-Hitler-Koalition überdauerte den Vertragsabschluss von Potsdam bekanntermaßen nicht lange. Mit Ausbruch des Koreakrieges 1950 wurde dieser Konflikt erstmals heiß – nun aber an der Peripherie und als ›Stellvertreterkrieg‹. Der Kalte Krieg eskalierte, gerade in Deutschland: Der Mauerbau 1961, die Kuba-Krise 1962 machten deutlich, dass sich die beiden Blöcke starr gegenüberstanden und sich jederzeit gegenseitig vom Erdboden wegbomben konnten. Ein heißer Konflikt allerdings kam in Gestalt des Vietnamkrieges gerade erst richtig in Fahrt. Ohne seine Genese und seinen Verlauf hier darstellen zu können: Dieser Krieg wurde zum Fanal dafür, dass der Einsatz der USA für ›Freiheit‹ sehr wohl auch zu Unterdrückung führen und dass sich eine hochtechnisierte Armee nicht gegen den Widerstand breitester Volksteile durchsetzen kann.

Die 1960er Jahre waren nicht in Ordnung, sie waren »durcheinander«. Wenn dann noch renommierte Expertinnen und Experten deutlich machten, dass das veraltete Schul- und Ausbildungssystem nicht in der Lage sein würde, notwendige Voraussetzungen selbst für eine kapitalistische Wirtschaft zu liefern, dann waren Interessen junger Menschen direkt angesprochen, zumal die der akademischen Jugend. Erste wissenschaftliche Untersuchungen zeigten auf, wo »Bildungsreserven« steckten – auf dem Lande, vor allem bei den Mädchen bzw. jungen Frauen. Die Rolle von Frauen, noch in den 1950er Jahren eher Teil der »industriellen Reservearmee«, die MANN etwa in sogenannten ›Mutti-Schichten‹ dann einsetzen konnte, wenn MANN zu Hause war, wurde von FRAU selbst hinterfragt – auch wenn etwa die Gleichstellung in der Ehe im Artikel 1356 des BGB erst im Jahr 1976 juristisch vollzogen werden konnte.

Diese Elemente zusammen bildeten ein teils stärker ausgeprägtes Amalgam, teils eine Reihenfolge von Anstößen, diese Gesellschaft insgesamt, zumindest Teile in Frage zu stellen – durch Protest, Demonstration, akademische Diskurse, Flugschriften und Bücher. Nicht zuletzt der tradierte Lehrkörper der Universitäten verteidigte seine Position und bezog kritisch Stellung gegenüber dem studentischen Protest (»Unter den Talaren der Muff von 1000 Jahren«). Es bildeten sich Parallelstrukturen an den Hochschulen heraus: die Universität für den ›Schein‹ und die Universität für das kritische Studium, meist in Arbeitsgemeinschaften, Streikseminaren, Marx-Lektürekursen etc. Zwischen der ›Theorie‹ die Praxis: Die damalige Studierendengeneration brauchte keine Fitnessstudios, es wurde fast täglich gegen etwas demonstriert und dieses bedeutete Laufen, Springen, Hindernisse überwinden! Und schließlich: Es wurde überall diskutiert und gestritten, im Seminar, im Café, in der Kneipe, abends zu Hause; es wurde gemeinsam gekocht, getrunken, gelebt. Neue Wohnformen entstanden, ›Kommunen‹, Wohngemeinschaften – Leben und Arbeiten sollten wieder zusammengebracht werden, auch im akademischen Raum![3]

Doch auch etwas anderes nahm zu bzw. neue Gestalten an: das Gewaltpotential in der Gesellschaft. Nicht selten verwandelten Bürgerinnen und Bürger, die mit der gesamten bundesdeutschen Entwicklung zufrieden waren und kein Verständnis für den studentischen Protest aufbrachten, ihre Balkonpflanzen in Wurfgeschosse gegen ›die‹ Studenten – kraftvoller Protest gegen den Protest! Verbissenes Festhalten am Tradierten – dieses wurde durch eine sehr einseitige, teilweise nur noch hetzende Berichterstattung der Presseorgane des Axel-Springer-Konzerns massiv angeheizt, die an die Stellung des Hugenberg-Presseimperiums in der Weimarer Republik erinnerte! Die wachsende und wechselseitige Verständnislosigkeit kulminierte im Zusammenprall zwischen protestierenden Studierenden und der Polizei bis zum Todesschuss auf Benno Ohnesorg

3 Siehe hierzu auch den Nachruf von Elmar Altvater auf Christel Neusüß, in: *Prokla* Heft 71, 18. Jg. 1988, Nr. 2, S. 2 -6, hier S. 5.

am 2. Juni 1967 sowie dem Attentat auf Rudi Dutschke am 11. April 1968.

Auch auf der Seite des Protestes nahm das Gewaltpotential zu – zwar zunächst diffus, dann aber auch deutlicher. Eine geradezu inflationär gebrauchte Bezeichnung für bundesdeutsche Verhältnisse bzw. Einzelergebnisse war das Adjektiv »faschistoid, man könnte fast schon sagen faschistisch«. War da nicht Widerstand, auch physischer Widerstand erlaubt, sogar geboten? Eine Debatte hob an: Gewalt gegen Sachen ja, gegen Personen nein! Der kultur- und institutionenkritische Protest entmischte sich. Gewalt – Gegengewalt – mit Worten – mit Steinen – mit Molotowcocktails. Gleichwohl dominierend blieb das Wort, der Streit, die Streitschrift.

»Wir stehen nicht am Ende unserer Demokratie, wir fangen erst richtig an«[4] – oder: »Transformation der Demokratie«[5]?

Es hatte sich in der bundesdeutschen Gesellschaft eine neue Linke herausgebildet, die sich gegen ›Kanzlerdemokratie‹, Verteidigung der ›Freiheit‹ mit Napalm, Notstandsgesetzgebung, zumindest bezogen auf den ›inneren Notstand‹, den Axel-Springer-Konzern und die alte Ordinarienuniversität wandte. Das Diktum des ersten sozialdemokratischen Bundeskanzlers Willy Brandt, die Demokratie in Deutschland fange jetzt erst richtig an, brachte zwar einerseits einen Konsens in Teilen der Gesellschaft zum Ausdruck, andererseits aber wurde es innerhalb der Linken zum Nukleus großer Auseinandersetzungen darüber, was denn nun ›Demokratie‹ letztendlich meinte, meinen sollte. Genau hier kam es zu Sollbruchstellen, die zum Teil bis heute fortdauern. War der Weg, der im anderen

4 Regierungserklärung von Bundeskanzler Willy Brandt, in: *Verhandlungen des Deutschen Bundestages, V. Legislaturperiode, Stenographischer Bericht der Sitzung vom 8. 10. 1969.*

5 Johannes Agnoli/Peter Brückner: *Die Transformation der Demokratie.* Berlin 1967.

Teil Deutschlands eingeschlagen worden war, vielleicht doch der richtige? Oder durfte es auf keinen Fall so laufen wie in der DDR? Boten vielleicht die Befreiungsbewegungen etwa in Lateinamerika unter Che Guevara Anhaltspunkte, wie es weitergehen sollte? Oder kamen nicht gar von der kulturrevolutionären Entwicklung in China wichtige Impulse? Wie war es mit der Linken etwa in Frankreich und in Italien, die sich als Eurokommunisten deutlich von den Entwicklungen im sowjetischen Einflussbereich abzusetzen suchten? Auch gab es in diesen Ländern interessante Diskurse über Demokratie und Sozialismus. Und musste man nicht eher sogar Abstand nehmen, wenn Sozialdemokraten heute von Demokratie sprachen, die zuvor noch der Änderung des Grundgesetzes im Rahmen der Notstandsgesetzgebung zugestimmt und bald nach dem Regierungsantritt Brandts den Radikalenerlass mit initiiert hatten – eine Rechtsgrundlage für jahrelange Schnüffeleien des Verfassungsschutzes gegen Linke und deren Diskriminierung beim Eintritt in den öffentlichen Dienst?

Dieser bundesdeutsche Protest aber war nie eine Einheit, er hatte unterschiedliche Ursachen und er traf auf unterschiedliche Personen und Personengruppen. Innerhalb dieser Gruppierungen waren es vor allem Studierende und Lehrende der akademischen Sozialwissenschaften, die nach einer theoretischen Fundierung suchten. Dabei bildeten sich teils neue Organisationsformen, teils lose Verbünde, teils entstanden rigide ›Parteistrukturen‹, teils gerade das Gegenteil davon. Das Klima innerhalb der Linken wurde zunehmend rau: Abgrenzungen, Abspaltungen, Attacken, die nicht immer bloß verbal blieben, gegen sogenannte Abweichler, Renegaten, Revisionisten oder – noch schlimmer – neue »Sozialfaschisten«! Gemeint war damit zunächst und vor allem die Sozialdemokratie, immer häufiger aber waren es auch andere politische Gruppierungen. Es entstanden harte Auseinandersetzungen, die denen in der Linken der Zeit der Weimarer Republik keineswegs nachstanden. Irgendwer verriet mal wieder das Entscheidende, hatte den ›Grundwiderspruch‹ immer noch nicht kapiert, kroch dem Kapitalismus hinten rein, ohne zu bemerken, wie viel andere dort schon saßen; MANN/FRAU wurde als kleinbürgerlicher ›Sponti‹ apostrophiert oder als ferngesteuerter Hiwi des Marxismus-Leninismus. Doch meistens war diese Auseinandersetzung keineswegs nur biererns; sie provozierte vielmehr gerade das, was bis heute verbindendes Element der ›68er‹ geblieben ist, nämlich die intellektuelle Lust an der geistreichen Polemik und der nicht körperlichen, wohl aber pfiffigen Infragestellung des Gegenübers – ›Sprüche‹ eben, die Hauswände, Flugblätter, Bücher überhaupt erst interessant machten. Es war alles ernst, aber nicht so, als dass man darüber nicht einen ›Spruch‹ absondern konnte.

Sozialistische Utopien – oder: Wohin geht der Weg?

Theorien entfalten eine Eigendynamik, sie sind in ihrer Entstehung und in ihrer Wirksamkeit an soziale Träger und Veränderungen gebunden. Erfahrungen mit den sozialistischen Staaten zeigten, wie dort per ordre de mufti – genannt Zentralkomitee – Theorien auch von Marx, Engels, Lenin, Stalin etc. jeweils ›glatt‹ gebügelt wurden. Abweichende Äußerungen konnten im Stalinismus Verbannung, Gefängnis und häufig den Tod zur Folge haben. Es war aber nur eine kleine (Partei-) Gruppe innerhalb der bundesdeutschen Linken, die sich dieser Verbiegung von Theorie unterordnete.

Die Mehrheit der theoretisch Interessierten ging einen anderen Weg. Sie wollte Theorie in ihrer Historizität und Übertragbarkeit kennenlernen und dann auch weiterentwickeln. Dabei konnte sie auf Theorien zurückgreifen, diese verstehen, verwerfen, nutzbar machen: So setzte die Aufklärungsphilosophie zu Beginn des 19. Jahrhunderts in Deutschland mit dem kategorischen Imperativ ein normatives Sollen gegen die vorfindliche soziale Realität. Für Hegel setzte sich dieses Sollen als Movens geschichtsphilosophisch dialektisch durch. Marx und Engels schließlich führten diesen Ansatz, zu Beginn der bürgerlichen Gesellschaft formuliert, weiter zur Utopie einer klassenlosen Gesellschaft. Die Reaktion des kaiserlichen Obrigkeitsstaates: Die »Gefahr«, dass diese bürgerliche Gesellschaft über sich hinaustreiben könnte, bot Anlass genug, dieser sozialen Bewegung mit dem zunächst mickrigen ›Zuckerbrot‹ der Sozialgesetzgebung und der auch nicht sehr wirksamen ›Peitsche‹ des Sozialistengesetzes entgegenzutreten.

Folgenreicher für die Theorieentwicklung der Linken war eine theoretische Wende in der bürgerlichen Philosophie und Theorie – mit einer Rückkehr zu Immanuel Kant. War Hegel erst mal ein ›toter Hund‹, dann erst recht derjenige, der in seinem dialektischen Kielwasser an ihm vorbeimanövrieren wollte, nämlich Karl Marx. Doch einfach zurück zu Kant ging nicht, denn wer sagt, was das ›Sollen‹ ist? Dazu gab es bereits im Bürgertum zu viele Meinungen, eben auch Interessen. Der Neukantianismus ließ deshalb offen, wer diese Normen setzte, letztlich sei dazu jeder und jede berufen – auch Theoretiker der deutschen Sozialdemokratie. Der Neukantianismus hielt Einzug in die sozialdemokratische Theoriediskussion und sollte so die reformorientierte Tagespolitik ›begründen‹ helfen, wenngleich marxistische Elemente nie ganz eliminiert wurden. Mit dem Kritischen Rationalismus wurde eine weitere neukantianische Konstruktion theorierelevant; nicht zuletzt die SPD der 1970er Jahre bezog sich, auch wenn sie seltener das Bedürfnis nach theoretischer Begründung ihrer Politik hatte, auf dieses Konstrukt zurück.

Sozialismus, sozialistisch, demokratischer Sozialismus, Kapitalismus, Lohnarbeit, Krise des Kapitalismus, Imperialismus, Faschismus – Zustände, Ereignisse, Begriffe, die auf Erklärung drängten. Daraus erwuchs eine Neugier: Wo kommen diese Begriffe her, wie wurden sie eingesetzt, bewertet, entwertet? Wo waren, wo sind sie geschichtsträchtig? Die ›Klassiker‹ des Sozialismus rückten ins Zentrum des Interesses. Auch auf die Früh-Sozialisten wurde zurückgegriffen. Die Geschichte der Arbeiterbewegung war Gegenstand von Seminaren und von wissenschaftlichen Abhandlungen. Alte Texte wurden wiederentdeckt und erschienen neu – legal, oft auch illegal – als Reprint bzw. als Raubdruck! Die einzelnen Fraktionen der nationalen und der internationalen Arbeiterbewegung traten ins Blickfeld: die Internationale, die II. Internationale, die III. Internationale, die Anarchisten, die Trotzkisten und der Maoismus, die Il-Manifesto-Gruppe etc. Neue Theoretiker traten in Erscheinung, die an die jeweiligen Traditionen anzuknüpfen suchten. Aber nicht nur die klassische Theorie war von Interesse, sondern auch ein breites Spektrum von Disziplinen, die geschichtlich und/oder aktuell in soziale Veränderungen involviert waren: Psychoanalyse, Sozialphilosophie, Ästhetische Theorien u.v.a.m. Neue Verlage schossen aus dem Boden, so auch der Verlag Rasch und Röhring, in dem 1985 die *Kopfgeburten* von Christel Neusüß erschienen sind. Es entstanden neue Fachzeitschriften, so die Zeitschriften *Sozialistische Politik* (*SoPol*) und *Probleme des Klassenkampfes* (*Prokla*), in denen Christel Neusüß mitgearbeitet und publiziert hat. Doch auch traditionelle Verlage führten ›links‹ im Sortiment: Damit konnte man durchaus gutes Geld verdienen. Der Weg von uns Linken führte in der Woche mehrmals zum ›alternativen‹ Buchladen. Man merkt an diesen Zeilen: Es war eine aufregende, eine interessante Zeit! Sie setzt heute noch, nach vielen Jahrzehnten, ein anerkennendes Schmunzeln frei, auch wenn manche Publikationen doch recht oberflächlich waren und zu Recht inzwischen aus unseren Bücherregalen verschwunden sind.

Christel Neusüß beschreibt in dem hier erneut aufgelegten Werk anschaulich, wie bei ihr selbst dieses Interesse wuchs und nicht nur bei ihr dazu führte, den »ganzen« Marx zu verschlingen. Den »ganzen« – bei 42 Bänden der Marx-Engels-Werke im Rahmen der MEW-Ausgabe aus der DDR! Eine kritische Gesamtausgabe war damals gerade in Angriff genommen und ist noch umfangreicher geworden. Dieses Verschlingen wurde dadurch erleichtert, dass mit Marx und Engels Autoren neu entdeckt wurden, die nicht nur eine geschichtsphilosophische Botschaft rüberbrachten, sondern mit enormer Detailkenntnis tatsächliche geschichtliche Verläufe, Auseinandersetzungen, Niederlagen und Siege darstellen konnten. MANN und FRAU waren intellektuell echt gefordert, aber es machte Spaß, sich diesen Herausforderungen zu stellen. Wer immer den nachfolgenden Text von Christel Neusüß liest, gleich wo beginnend, wird mit dieser Neugier, diesem Gefordertsein beim Begreifen, diesem Zwang zum Mitdenken, der Unmöglichkeit der bloß passiven Rezeption, dem Mithereingenommen-Werden in wirtschaftliche Abläufe, theoretische Konstruktionen und soziale Prozesse konfrontiert.

Dabei hat Christel Neusüß methodisch viel von Marx übernommen: Wie sie Geschichten um ihre Nichte einführt, immer wieder Gedanken ihrer Mutter plastisch einflechtet und wie sie dann gleichsam als fortlaufende Darstellung einen Autor bzw. eine Autorin im Kontext und mit langen Zitaten ausführlich selbst zu Wort kommen lässt, teils um sie dann lustvoll zu zerpflücken, teils zur Unterstreichung ihrer Thesen – genau so hat es Marx selbst auch gemacht. Dieser Swing zwischen harter theoretischer Analyse, polemischem Abwatschen und konkret-menschlichen Begebenheiten ist eine wichtige Voraussetzung, dieses Werk in seiner Komplexität zu fassen, zugleich zu verstehen, warum dieses Buch vor allem Auf- und Anregung ist, nicht aber fertiger Gegen-Entwurf: Was etwa bei Marx richtig und gut war bzw. gedacht, analysiert und dargestellt wurde, soll auch seinen Stellenwert behalten, aber nichts ist schon deshalb gültig, weil es von diesem oder jenem Großkopfeten des wissenschaftlichen Sozialismus bzw. der Arbeiterbewegung gedacht, gesagt oder geschrieben worden ist. Doch es spricht auch kein Freigeist, der nun erklärt, wie er die Welt sieht: Christel Neusüß' Weltsicht ist eingebunden in vorgegebene Denktraditionen, soziale Bewegungen – aber auch in ihre eigenen Erfahrungen bzw. die Erfahrungen anderer, neben, abseits und teils auch gegen den jeweiligen sozialistischen Mainstream.

Sozialismus – eine Sackgasse?

Christel Neusüß zitiert jene zentrale Stelle aus Marx' *Kritik der Hegelschen Rechtsphilosophie* (1844), wonach »der Mensch das höchste Wesen für den Menschen« sei; er leitet daraus den »kategorischen Imperativ« ab, »alle Verhältnisse umzuwerfen, in denen der Mensch ein erniedrigtes, ein geknechtetes, ein verlassenes, ein verächtliches Wesen ist, [...]«[6]. Diese normative Aussage in einer seiner Frühschriften sucht Marx – Friedrich Engels kommt in der Schrift von Christel Neusüß selten zu Wort – in seinen ökonomischen Schriften zu fundieren, indem er die Grundlagen von Ausbeutung, Wirtschaftskrisen und internationalen Konflikten herausarbeitet. Diese Erkenntnisse wollte Christel Neusüß nicht aufgeben: »[...] mein Kopf war nach wie vor mit Marx gefüllt, soviel hatte ich von ihm gelernt, so Kluges hat er über den Kapitalismus geschrieben!« Kritisch aber arbeitet sie heraus, dass die Marx'sche Arbeitswertlehre ganz offensichtlich nur auf die männliche Arbeit abstellt, indem sie Produktion und Reproduktion schroff trennt, damit aber wesentliche Arbeiten im reproduktiven Bereich aus der Betrachtung ausschließt. Gerade hier jedoch lägen wichtige Ressourcen auch für den Produktionssektor – und zwar vor allem die Arbeit von Frauen.

Dieses hat Konsequenzen. Einmal werden Geschlechterrollen nicht nur festgeschrieben, sondern vor allem hierarchisiert. Unter Rückgriff auf Maria Mies, Rossana Rossanda und Sheila Rowbotham wird der fatale Irrtum unterstrichen, dass mit bestimmten – abwertend gemeinten – Zuschreibungen von Weiblichkeit – etwa naturhaft, gefühlgetragen etc. – letztlich wesentliche Elemente von Menschsein abgewertet werden, obgleich gerade der entwickelte Kapitalismus mit seinen die Persönlichkeit der Arbeitenden zerstörenden Eigenschaften mehr denn je gerade darauf angewiesen wäre: Die Frau, der griechisch-mythologischen Penelope gleich, deren Werk immer wieder zerstört wird, wird deshalb sozial der Männerherrschaft untergeordnet, weil Letztere die Konsequenzen ihres Tuns nicht wahrhaben will.

6 Karl Marx: *Zur Kritik der Hegelschen Rechtsphilosophie*, in: *MEW, Bd. 1*, Berlin 1970, S. 201ff., hier S. 385.

Zum zweiten bedeutet diese Engführung von Ökonomisierung der Arbeit eine Überbewertung der Kräfte, die diese produktive Arbeit effizienter machen. Es kommt zur Trennung von Kopf und Hand: Steigerung der betrieblichen Effizienz durch den Kopf des Kapitalisten und Unterordnung der Handarbeit unter diesen Kopf. Der Kopf bestimmt, wie der Produktionsprozess durch Verbesserung der Produktionskräfte gesteigert werden kann: mehr Technik, mehr Effizienz, mehr Fortschritt.

Dabei übernimmt drittens die Arbeiterbewegung diesen Effizienzgedanken selbst: mehr Industrie – mehr Disziplin – eine größere Schlagkraft der Gewerkschaftsbewegung und der Sozialdemokratie. In der Arbeiterbewegung bildet sich eine Parallel-Kopf-Bewegung aus, eine Hierarchisierung einerseits, eine lineare Konzentration auf den technisch und bildungsmäßig bedingten Produktivitätszuwachs andererseits.

Viertens wird damit das von Christel Neusüß so benannte »Kopf-Hand-Baumeistermodell« vorherrschend, ein Modell, das in sich sehr viel Gewalt produziert – in der betrieblichen Realität gegenüber den unmittelbaren Produzenten, dann aber auch im zwischenstaatlichen Bereich durch Aufrüstung und technologische Vernichtungswaffen. Es wird nur noch eine lineare Entwicklung zugelassen, ein stetes Mehr in der Produktion, es unterbleibt, in einem reflexiven *Kreislaufmodell* zwischen Produktion und Reproduktion auch die Folgen von diesem Baumeistermodell zu hinterfragen. Doch damit wird zugleich die Grundlage für einen sozialen Kompromiss zwischen Unternehmern und Beschäftigten gelegt, nämlich das gemeinsame Interesse an einem technikgetragenen *linearen* Produktivitätsfortschritt.

Dieser soziale Kompromiss innerhalb des Kopf-Hand-Baumeistermodells wird fünftens politisch ergänzt durch den Sozialstaat: Lebensmittel statt freie, selbstbestimmte Tätigkeit – Unterordnung der Menschen unter den Sozialstaatspatriarchen, der höhere Löhne, höhere Sozialleistungen als Gegenleistung für Disziplin und Fügsamkeit im Betrieb verspricht. Die Solidarität zwischen den Menschen wird mediatisiert, sie wird, wie Christel Neusüß in einem Aufsatz festgestellt hat, in den »Himmel der Institutionen« abgeschoben.[7]

Die Überwindung kapitalistischer Eigentumsverhältnisse in den sozialistischen Staaten habe sechstens nicht zu einer Neubestimmung von Arbeit, der Rolle der Frauen und deren sozialer Stellung geführt. Es überwögen patriarchalische Strukturen, weite Teile menschlicher Fähigkeiten würden vernachlässigt und auch hier obsiege ein lineares Fortschrittsdenken, das in sich ebenfalls enorme Gewaltpotentiale trage.

Sozialismus – was muss sich ändern?

Karl Marx hat an zentraler Stelle festgestellt, Revolutionen könne man nicht einfach voluntaristisch lostreten, die Verhältnisse müssten sich vielmehr zuspitzen. Alle Revolutionen bedürften eines »objektiven Elementes«. Aus dieser Aussage leitete sowohl die Sozialdemokratie der II. Internationale als auch Lenin bei allen Unterschieden im Detail ab, dass es Sache der Partei sei, festzustellen, wann die Verhältnisse objektiv auf Veränderung drängten, um dann die Arbeiterklasse in die entscheidende soziale »Schlacht« zu führen. Dabei gelte es, durchaus vorhandene subjektive Interessen hintanzustellen. Wo aber bleibt der Einzelne bzw. die Einzelne in diesem Prozess? Es stellt sich die Frage: Wenn doch das Proletariat das ›Subjekt‹ der Geschichte ist, wie kann der Proletarier bzw. die Proletarierin dann letztlich Objekt von Parteiorganisationen, Parteiführungen sein, die ›objektive‹ Feststellungen treffen? In der akademischen Linken wurde dieses zu einem zentralen Punkt der Auseinandersetzung und der Abgrenzung. Welcher Stellenwert also kommt dem ›subjektiven‹ Faktor in der geschichtlichen Entwicklung und bei sozialen Veränderungen zu? Wie stehen objektive und subjektive Faktoren zueinander? Und: Wie wird

7 Christel Neusüß: »Der ›freie Bürger‹ gegen den Sozialstaat? Sozialstaatskritik von rechts und von Seiten der Arbeiterbewegung«, in: *Probleme des Klassenkampfes, Prokla* Heft 39, 10. Jg. 1980, Nr. 2, S. 79–104, hier S. 100.

verhindert, dass die Subjektivität von Mann und Frau unterschiedlich bewertet, hierarchisch Letztere Ersterer untergeordnet wird? Hier sucht Christel Neusüß nach Antworten.

Ausgangspunkt ihrer Gegen-These sind Beobachtungen von Rosa Luxemburg. Diese beginnt – bei allem Respekt und aller Konformität zu Karl Marx – nicht bei der Produktion, sondern bei der Reproduktion, um die Bedeutung aller menschlichen Fähigkeiten im Kreislauf des Produzierens und Reproduzierens aufzuzeigen. Aus diesem Ansatz leitet sie zwei zentrale Schlussfolgerungen ab: Zum ersten geht es nicht um Akkumulation, sondern um die Befriedigung der Lebensbedürfnisse der arbeitenden Menschen. Und zweitens geht es letztlich um einen »ewigen Kreislauf« zwischen Produktion und Reproduktion, der aber nicht Stillstand bedeuten muss, sondern innerhalb dessen durchaus ein Fortschritt möglich ist – ein Fortschritt hin zur Befreiung des Menschen.

Doch wie kommen MANN und FRAU dahin? Indem sie Erfahrung in sozialer Praxis reflektieren, soziale Bewegung an anderen Stellen studieren, nicht aber sich nur mimetisch an die vorfindlichen Machtstrukturen anpassen und Machtapparate auswechseln. Mit Rosa Luxemburg will Neusüß die »›nicht‹-kapitalistischen Produzenten, solche, die also nicht Waren für Lohn produzieren«, zu einem »Massen-Ich« zusammenführen: Hausfrauen in der ganzen Welt, Subsistenzbauern beiderlei Geschlechts, das Heer männlicher und weiblicher Marginalisierter. Es geht darum, die »Veränderungs- und Entwicklungsmöglichkeiten« im Gegebenen zu nutzen – Voraussetzung ist das Abgehen von der seit dem 18. Jahrhundert um sich greifenden Hierarchisierung von Arbeit und Natur, auch und gerade zwischen (männlicher) Arbeit und (weiblicher) Natur.

Hier bricht Christel Neusüß ihre »Reflexionen« ab. Weiter komme sie im Moment nicht: »Alles, was ich jetzt noch an Folgerungen und Schlüssen vorbringen könnte, hätte den Charakter von Kopfgeburten.« Eben das wirft sie den Theoretikern des wissenschaftlichen Sozialismus, der Vorrangstellung der männlichen produktiven Arbeit vor, die unterstellt, der Mann werde durch den Kopf des Produktionsprozesses erzeugt, nicht aber durch die vielfältigen Fähigkeiten und die differenzierte Arbeit gerade von Frauen.

Zwischenbilanz – und dann?

Insofern ist das vorgelegte Buch auch in der Neuauflage letztlich Zwischenbilanz. Der Band von Christel Neusüß markiert Kontinuität und Bruch. Er fasst sehr anschaulich wichtige Elemente der neomarxistischen Fortentwicklung der sozialistischen Theorie zusammen. Dieses ist einerseits historisch wichtig: So dachten damals viele, so arbeiteten sie sich an den großen Theoretikern, aber auch an den Mitstreiterinnen und Mitstreitern ab. So positionierten sie sich.

Aber die Zeit blieb nicht interesselos stehen. Es ergaben sich auch neue Herausforderungen und Interessenkonstellationen. Auch wenn das Ende der sowjetischen Regime nicht absehbar war, deren innere Probleme waren ganz offensichtlich, Perestroika und Glasnost fielen nicht ohne Vorankündigung vom Himmel. Michail Gorbatschow wurde im Jahr des Erscheinens dieses Buches Generalsekretär der KPdSU. Die alte Sowjetunion und auch die DDR hatten an Strahlkraft, Legitimation so stark verloren, dass sie für die Linke häufig nicht mal mehr einer Auseinandersetzung wert waren. Wer ›links‹ sein wollte, hatte kaum tragfähige geschichtliche oder aktuelle Vorbilder, er musste sich häufig eklektizistisch einzelne Momente aus Geschichte und Gegenwart zusammensuchen.

In Deutschland regierte seit 1982 eine konservativ-liberale Mehrheit, die dem Sozialstaat, dem von Christel Neusüß gescholtenen Konstrukt, erheblich zusetzte. Zulauf innerhalb der Linken erhielten nunmehr eher die, die den Sozialstaat verteidigten, nicht aber die, die ihn von links in Frage stellen wollten.

Die Strahlkraft neomarxistischer Argumentation verblasste aber auch und gerade im akademischen Raum. Ich erinnere an eine Situation in einem Seminar zu Beginn der 1980er Jahre, als mir ein intelligenter Student in sympathischem Schwäbisch zu verstehen gab: Ich müsse endlich einsehen, die heutigen Studierenden seien nun mal keine ›68er‹ mehr, sie hätten andere Erfahrungen gemacht als wir. Auch würden sie sich bei Marx nicht gut auskennen.

Doch ein wichtiger Angriff auf den Neomarxismus kam aus dem Bereich der Theorie selbst. Der Umgang etwa durch Christel Neusüß damit ist symptomatisch, nämlich schnoddrig! Im Vorwort vermerkt sie:

> Der Soziologe Nikolaus Luhmann zum Beispiel, dessen Arbeiten ich als Assistentin der Politologie hätte lesen müssen, dachte so verquer und kompliziert von oben herab, der Versuch, nachzuvollziehen, was er schrieb, tat meinem Kopf solche Gewalt an, daß ich mich einfach weigerte: Nein, den tue ich mir nicht an, Systemtheorie ist nichts für mich. Ich hatte die dunkle Ahnung, daß, würde ich Luhmann begreifen, andere Sachen, die ich begriffen hatte, endgültig verschwinden würden. –

Ich gestehe: Diesen ›Spruch‹ hätte ich fast genauso schreiben können. Ein fataler Fehler! Luhmann stieß in eine Lücke, die die neomarxistische Theorie selber geöffnet hatte: Staatsableitung aus dem Warenbegriff, Theorien von sozialen Massenbewegungen, die haarspalterische Frage, ob der Sozialismus Tagesaufgabe sei oder historisch-dialektisch unmittelbar bevorstehe, etc. füllten akademische Diskurse, waren aber entgegen ihrem Anspruch absolut unpraktisch. Hinzu kam der normative Überschuss dessen, was als richtig und als falsch gelten sollte.

Luhmanns Systemtheorie basiert auf der Gewissheit, dass alle Theorien normativ begründen, was sie für ›gut‹ und ›böse‹ halten, und deshalb zugleich Ausgangspunkt von Streit und Konflikten sind bzw. sein können – oder genauer: als Legitimation genutzt werden können in der Auseinandersetzung zwischen unterschiedlichen sozialen und politischen Interessen. Deshalb verzichtet Luhmann auf jegliche Normativität und setzt sich von allen theoretischen Systemen seit den Vorsokratikern bis in die Gegenwart ab. Sein Hauptziel war, vor allem der marxistischen Theorie endgültig den Garaus zu machen.

Doch er verzichtet nur scheinbar auf bewertende Normen, er verabsolutiert vielmehr die bestehenden Machtverhältnisse, setzt sie gleichsam als oberste Norm innerhalb eines Systems mit seinen Subsystemen! Er beschreibt zwar die Binnenstruktur und -bewegung der Subsysteme wie Wissenschaft, Politik, Recht und Wirtschaft, ordnet aber letztlich alle anderen dem politischen System – der staatlichen verwaltungsmäßigen Herrschaft – unter.

Der Zusammenhang wurde von den Linken zu wenig herausgearbeitet und schon gar nicht praktisch diskutiert. Nicht nur deshalb, aber auch deshalb konnte Luhmanns Theorieansatz lange Zeit den theoretischen Diskurs bestimmen. Das theoretisch einem ›Glasperlenspiel‹ gleichende Konstrukt von Niklas Luhmann war eine Neuauflage konservativer Status-quo-Absicherung. Und ca. 30 Jahre lang war sie recht erfolgreich – in der Folgezeit wurden zahlreiche theoretische Gedanken systemtheoretisch verortet, auch wenn viele eher linke Theoretiker nicht darauf verzichteten, jeweils das Ungenügen dieses Ansatzes anzuprangern und ihre Ausführungen dann doch wieder normativ aufzuladen. Ein vergleichbares Phänomen gab es in der politischen Theorie der 1950er Jahre, wo selbst gestandene Linke nicht auf Anleihen an dem Anti-Demokraten Carl Schmitt verzichteten. Nun, im 21. Jahrhundert angekommen, sind beide Ansätze einer rechten Status-quo-Stabilisierung weitgehend in Vergessenheit geraten. Und das ist gut so. Vielleicht aber bedurfte es dieses – theoretisch fatalen – Zwischenschritts, um nun umso genauer zu prüfen: Was war eigentlich dran an diesem neomarxistischen Ansatz, was ist davon heute – wieder – wichtig?[8] Ich denke, es sind vor allem drei Elemente:

Erstens hat Christel Neusüß, teils parallel und teils vor Erscheinen der nunmehr sehr umfangreichen feministischen Literatur, deutlich den Zusammenhang zwischen weiblicher

8 Vergl. dazu den wichtigen Beitrag von Klaus Fritzsche: »Sozialismus: Geschichte und Perspektiven gesellschaftlicher Egalität«, in: Franz Neumann (Hrsg.): *Handbuch Politischer Theorien und Ideologien, Bd. 2.* Opladen ^{2}2000, S. 1–74, insb. S. 54ff.

Rolle, Hierarchisierung der Geschlechter, Unterdrückung menschlicher Entwicklungspotentiale von Frauen und Männern und der vorfindlichen Wirtschaftsordnung analytisch aufgezeigt, dabei durchaus die – partielle – Interessenhomogenität von Männern unterschiedlicher sozialer Stellung herausarbeitend. Die Studie von Claudia Pinl zum »Arbeitnehmerpatriarchat« (1977), die These vom Sekundärpatriarchat von Ursula Beer[9] bzw. von der »doppelten Vergesellschaftung« von Regina Becker Schmidt[10] sowie von Mary Langan und Ilona Ostner[11] können hier exemplarisch angeführt werden. Dabei ist es wichtig, mit Christel Neusüß in die Originalquellen sowohl der sozialistischen Theoretiker als auch der praktischen Politik Einsicht zu nehmen. Eine so gründliche marxphilologische Arbeit hat es meines Wissens nicht wieder gegeben. Auch sind andere von ihr angeführte Theoretikerinnen heute leider mitunter in Vergessenheit geraten.

Zweitens geht es um ihre kritische Bewertung linearer Fortschrittsgläubigkeit technologischer Entwicklung bis hin zur Fortentwicklung immer subtilerer Waffen und Bedrohungsarsenale. Hier steht sie nicht alleine da: Den Club of Rome zitiert sie bereits, neuere kritische Ansätze bezüglich der allgemeinen Technologieentwicklung sind zu nennen, die Waffentechnik hat eine neue Stufe erreicht, die gegenüber der aus heutiger Sicht platt anmutenden Kaputtbomberei durch Atomwaffen nunmehr gezielt die Ausschaltung von Zielorten ermöglicht, damit die Rüstungsschraube immer noch – drohnenhaft – weitertreibt.

Drittens und vor allem: Christel Neusüß hat, nicht nur, aber insbesondere auch im Rekurs auf Rosa Luxemburg, das ein-

9 Ursula Beer: *Geschlecht, Struktur, Geschichte. Soziale Konstituierung des Geschlechterverhältnisses*. Frankfurt am Main/New York 1990.

10 Regina Becker-Schmidt: »Die doppelte Vergesellschaftung, die doppelte Unterdrückung: Besonderheiten der Frauenforschung in den Sozialwissenschaften«, in: Ina Wagner/Lilo Unterkircher (Hrsg.): *Die andere Hälfte der Gesellschaft*. Wien 1987, S. 10–25.

11 Mary Langan/Ilona Ostner: »Geschlechterpolitik im Wohlfahrtsstaat: Aspekte im internationalen Vergleich«, in: *Kritische Justiz* 3/1991, S. 302–317.

zulösen versucht, was Marx in seiner Kritik der Hegel'schen Rechtsphilosophie als Norm gesetzt hat, nämlich den Menschen aus seiner Rolle als »ein erniedrigtes, ein geknechtetes, ein verlassenes, ein verächtliches Wesen« zu befreien. Sie setzt auf zweierlei: einmal die menschengerechte Bewertung aller Fähigkeiten von Männern und Frauen. Hier besteht mehr denn je Klärungsbedarf, der durch das Geschwätz von einer angeblichen ›Ganzheitlichkeit‹ der Sicht auf Menschen mehr verwischt, denn befriedigt wird. Nein, es geht um handwerkliche, intellektuelle, emotionale, soziale Fähigkeiten, die keineswegs bloß ein Ganzes ergeben, sondern auch widersprüchlich sein können und es häufig auch sind. Und es geht zum anderen darum, diese Fülle an Fähigkeiten zusammenzuführen in emanzipative Strategien, die nicht bloß ein Fortschreiben bestehender Strukturen, sondern darauf aus sind, vorhandene Potentiale von Personen und Institutionen zur Veränderung zu nutzen. Es geht um das, was in den 1970er Jahren und in Christel Neusüß' Schrift zwar nicht explizit so genannt, aber immer präsent ist, es geht um das Verhältnis von subjektiven und objektiven Faktoren in der Geschichte.

Und sicher wird da auch Christel Neusüß Fragen zulassen müssen, die man mit ihr heute leider nicht mehr diskutieren kann. Wenn denn bestehende Strukturen Änderungspotentiale in sich tragen können, wenn denn unterschiedliche Kreise, Personen wie Gruppen, ihre Interessen in den geschichtlichen Prozess einbringen wollen und sollen, dann darf es nicht zu einer – in den 1970er Jahren immer wieder vorgenommenen – Unterscheidung von objektiven und subjektiven Interessen etwa der Arbeiterklasse, Marginalisierter, auch von Frauen kommen. Wer bestimmt, was objektiv und was subjektiv ist und welche Interessen davon legitim und welche illegitim sind? Wenn aber solchermaßen Interessenvielfalt vorhanden und legitim ist, ist es ein komplexer Prozess, diese in sozialen Bewegungen kompromisshaft zusammenzuführen.

Dieses führt zu einem zweiten Diskussionspunkt: Wenn bestehende Verhältnisse Änderungspotentiale in sich tragen, warum nicht auch der von Christel Neusüß zu Recht dem sozialen Kompromiss von Lohnarbeit und Kapital zugeordnete Sozialstaat? Ist er wirklich nur »Illusion«?[12] Ist dann nicht auch die Hoffnung auf autonome, durch den subjektiven Faktor getragene soziale Bewegung Illusion? Und woher hat Christel Neusüß die Gewissheit genommen, dass es dort zu einem »gemeinsamen Selbstbewusstsein« kommt, zu einem, das nicht sehr wohl auch auf Kompromissen unterschiedlicher sozialer Interessen beruht? Wer von den sozial ausgegrenzten Gruppen gab denn in der Weltwirtschaftskrise am Ende der Weimarer Republik seine Bindung an den Sozialstaat auf und suchte das Bündnis mit jenen Kreisen, die weite Teile der Gesellschaft ohne sozialen Schutz ließen?

Beides muss Gültigkeit haben: Aus kapitalistischen Ausbeuterstrukturen – national und weltweit – kann man sich nicht herausschleichen, heraustheoretisieren, herauskritisieren, aber diesen Prozess tragen immer konkrete Menschen, die heute und morgen leben wollen. Denn nur so können sie die Potentiale in sich erhalten und weiterentwickeln, vielleicht sogar emanzipativ nutzen. Auch der Sozialstaat braucht sein objektives Element, sonst trägt er nicht – wie am Ende von Weimar. Und die Folge war – mit den Worten von Rosa Luxemburg – nicht Sozialismus, sondern Barbarei. An der Sozialstaatskritik von Christel Neusüß kann man nicht einfach vorbeigehen, vieles sieht sie richtig. Aber ihre Alternative »sozialistische Umwälzung« könnte auch bloß eine neue linke Variante des Neukantianismus sein. Der Streit darüber lohnt, auch und gerade, um daraus zu einer emanzipatorischen Perspektive für die Gesellschaft zu gelangen! Aber damit beginnt – mit Marx – die »alte Arbeit«[13] wieder von Neuem.

Pohlheim, im Juni 2013 Ernst-Ulrich Huster

12 Wolfgang Müller/Christel Neusüß: »Die Sozialstaatsillusion und der Widerspruch von Lohnarbeit und Kapital«, in: *Sozialistische Politik* Heft 6/7, 2. Jg. 1970, S. 4–67.

13 Karl Marx: *Deutsch-französische Jahrbücher*, in: *MEW, Bd. 1*. Berlin 1976, S. 337ff., hier S. 346.

Christel Neusüß

Die Kopfgeburten der Arbeiterbewegung
oder
Die Genossin Luxemburg bringt alles durcheinander

»Über was schreibst du denn?«

Seit Jahren war ich beunruhigt. Ich kam mit meinem Zweitvater Marx nicht mehr umstandslos zurecht.

Bei meinem zunehmend frustrierten Durchforschen der verschiedenen säuberlich voneinander getrennten Kästen der bürgerlichen Wissenschaft, der Politologie, Volkswirtschaftslehre, Soziologie und Geschichte war ich auf ihn getroffen. Ab und zu schon einmal vorher, mit regelrechten Glückserlebnissen aber während der Studentenrevolte. Das lag damals ja nahe, ich war schließlich keine Ausnahme. Trotzdem, ich hatte auch meine eigenen Motive.

Durch Marx ging mir ein Licht auf: Die dunklen Wände, die die Kästen Wirtschaft, Staat, Politik, Geschichte voneinander abgeteilt hatten, wurden plötzlich angeleuchtet, und da zeigte sich: Es gab sie gar nicht! Ich hatte schon immer vermutet, daß an weiten Teilen der Wissenschaft, die man mir da an bundesdeutschen Universitäten vermittelte, etwas faul sei. Für meine Weigerungen, bestimmte Sparten dieser Wissenschaften überhaupt zur Kenntnis zu nehmen, bekam ich jetzt die Argumente geliefert. Der Soziologe Nikolaus Luhmann zum Beispiel, dessen Arbeiten ich als Assistentin der Politologie hätte lesen müssen, dachte so verquer und kompliziert von oben herab, der Versuch, nachzuvollziehen, was er schrieb, tat meinem Kopf solche Gewalt an, daß ich mich einfach weigerte: Nein, den tue ich mir nicht an, Systemtheorie ist nichts für mich. Ich hatte die dunkle Ahnung, daß, würde ich Luhmann begreifen, andere Sachen, die ich begriffen hatte, endgültig verschwinden würden. Wenn in Fachkreisen das Gespräch auf Systemtheorie kam und die Kollegen voraussetzten, daß auch ich alles gelesen hätte, raffte ich mich lieber zu einem schlichten Nein auf und teilte mit, daß ich diesem Herrn den Zugang zu meinem Kopf verweigere. Das galt zwar als unwissenschaftlich, aber das nahm ich in Kauf. Denn meine neugierigen Rückfragen an die fortschrittlichen Kollegen, sie sollten mir doch mal erklären, was an der Systemtheorie so toll sei und wozu man sie brauchen könne, stießen auf peinliches Schweigen oder lösten Redeströme aus, die ich wiederum nicht verstand und die meine jeweiligen Gegenüber selbst nicht recht zu überzeugen schienen.

Aber zurück zu Marx. Ich hatte die Zeit vor 1945 und danach nicht vergessen. Auch das traf für viele zu, was also war mein besonderes Problem? Daß da 1945 plötzlich eine historische Trennwand gewachsen sein sollte – Ende des Faschismus, jetzt kommt etwas ganz Neues, nämlich die Demokratie –, das war mir nie in den Kopf gegangen. Das hatte ich auch anders in Erinnerung. Zwar gab es überraschende Wandlungen. Die Bücherschränke der Leute in dem großen Haus, in dem wir wohnten, leerten sich völlig einen Tag bevor die Amis kamen, übrig blieb nur die Bibel. Sie stand ganz vereinsamt da. Der Rest wurde hektisch in Säcke gepackt und in die Eder, an der wir wohnten, versenkt. Auch die vielen Fahnen sollten das gleiche Schicksal erleiden. Meine Tante Anna und meine Mutter sagten: »Der schöne Stoff«, packten die Säcke, die im Hof standen, wieder aus und trennten die weißen Felder mit den Hakenkreuzen ab. Dieser Vorrat reichte hin, meine Geschwister und mich einige Jahre lang mit roten Sommerkleidern, Badehosen, Blüschen, kurz, allem, was wir brauchten, auszustatten. Meine Mutter hatte ihren Bücherschrank nicht ausgeräumt, es war ja nichts weiter Anstößiges drin, außer einem Zigarettenalbum mit Bildern vom Führer in allen Lebenslagen. Das bemerkten wir aber erst, als wir in das Chaos unserer Wohnung zurückdurften: Da war der Schrank mit den vielen schönen Büchern ausgeräumt, und obenauf lag das Zigarettenalbum, und die Amerikaner hatten draufgekotzt.

Die Bücherschränke waren leer, aber sonst hatte sich nicht viel verändert. Mit Frau Rudolf von oben, zu der ich ging, wenn ich Differenzen mit meiner Mutter hatte, und mit der ich das Reflektieren lernte, nämlich warum wohl meiner Mutter heute die Hand ausgerutscht war oder warum sie was

Ungerechtes zu mir gesagt hatte, welche vernünftigen, wenn auch nicht gerade gerechten Gründe sie bewegt haben könnten – mit Frau Rudolf führte ich weiter meine langen Gespräche. Sie war eine überzeugte Nazisse gewesen, das hatte mich aber weder vorher noch nachher gestört. Und sie konnte gar nicht fassen und glauben, was da alles Schlimmes passiert sein sollte. Im Lebensmittelladen bekam meine Mutter auch nach 1945 nichts von den Sonderlieferungen ab, obwohl es ja jetzt nicht mehr anstößig war, daß sie mit den Nazis nichts zu tun haben wollte. Sicherlich, die Sache mit den Bücherschränken hatte mich beeindruckt, aber mir war klar: Das mit der Wand stimmt nicht. Schnell mal die Säcke in die Eder, und alles ist weg – so einfach konnte das nicht sein. Da waren doch dieselben Leute, die waren nicht einfach alle im April 1945 gestorben, um dann wie Venus aus dem Schaum unschuldig neugeboren zu werden. So schnell ging das doch nicht. Welche Mühe hatte unsere Mutter, uns großzuziehen. Und die Kinder auf der Straße. Ich wurde zwar nicht mehr verprügelt, weil ich es nicht über die Lippen brachte, zu singen »Wenn das Judenblut vom Messer spritzt«, aber verprügelt wurde ich doch ab und zu immer noch, weil ich ein Knochengerüst war und das Zurückschlagen Schwierigkeiten bereitete.

Und als dann die Geschichte mit den Notstandsgesetzen kam – und das fiel so erstaunlich mit der ersten kleinen Wirtschaftskrise zusammen –, da fand ich, es sei höchste Zeit, zwischen den Kästen hin und her zu springen: Faschismus – Demokratie – Staat – Wirtschaft, das eine hat mit dem anderen nichts zu tun? Nein, so einfach geht das nicht. Da gibt es Zusammenhänge. Wenn wir jeweils nur in die eine Schublade sehen, dann können wir doch gar nicht erkennen, was noch alles passieren kann, dann sind wir blind. Wie gesagt, in dieser Situation traf ich auf Marx. Und der half mir auf die Sprünge. Ich war begeistert.

Im »Kampf gegen die Notstandsgesetze« – so hieß es damals – arbeitete ich mit den Gewerkschaften zusammen, mit Betriebsräten, Vertrauensleuten, jungen Arbeitern und Funktionsträgern aus der IG Metall. (Meine späterhin »eigene« Organisation, die Gewerkschaft Erziehung und Wissenschaft, war an dem Ort in Bayern, wo ich zu dieser Zeit berufstätig war, so gut wie nicht existent.) Und was für mich dabei wichtig war: die Erfahrung einer gemeinsamen Opposition von Studierenden und Arbeitern. Das war ein weiterer Grund dafür, daß ich in der marxistischen Theorie und der Geschichte der Arbeiterbewegung wissenschaftlich vor Anker ging. Die Genossen von der SPD, die ich ja nun auch kennenlernte, meinten, man brauche nur einen wohlgeordneten Handwerkskasten, ein bißchen Konjunktursteuerung, ein paar neue Steuergesetze, ein paar Wissenschaftler, die jährlich untersuchten, wie alles im vorangegangenen Jahr gelaufen war und wie es im nächsten Jahr laufen würde, und dann heiße es, den Werkzeugkasten hervorzuholen und da eine Schraube zu lockern und dort eine Schraube festzudrehen. Das nahm ich ihnen nicht ab. Ich konnte beweisen, daß die Sache so einfach nicht war. Mit dem Kapitalismus ließ sich nicht spaßen. Schließlich hatten wir das selbst noch erlebt. Notfalls holt er den Faschismus zu Hilfe, und der ist ein anderes Kaliber als so ein wohlgeordneter Werkzeugkasten. Sozialstaat schön und gut, aber ich glaubte einfach nicht mehr daran. Die Notstandsgesetze – das war eine Warnung. Wozu brauchten sie die, wo doch alles funktionierte? Warum stimmte die SPD diesem makabren Hilfsmittel zu für den Fall, daß alles nicht mehr so gut läuft? Schließlich hatte sie doch den Sozialstaat und den Minister Schiller.

Was machte mich also nach Jahren gründlicher Durchsicht und Anwendung der Marxschen Theorie zur Entschlüsselung von Fragen der Gegenwart, nach Jahren aktiver Arbeit auch in meiner Gewerkschaft, stutzig? Zunächst das, was auch alle anderen oder, vorsichtiger ausgedrückt, viele andere aus der Generation der Studentenbewegung stutzig machte: Die Arbeiterklasse wollte nicht so recht, wie wir und Marx das wollten. Neue »historische Subjekte« tauchten am Horizont auf: die Antiatombewegung, die Ökologen, die Frauen, die Alternativprojektler. Mein langjährig-treues Gewerkschafterinnendasein begann ich zu ergänzen durch Mitarbeit bei den Alternativen, dem Berliner Netzwerk, und dabei machte ich

Erfahrungen, die sich nicht auf den gemeinsamen Nenner einer zielklaren Fortschrittsstrategie bringen ließen. Ich ließ beides nebeneinander herlaufen, widerspruchsvoll, sozusagen zerlegt in zwei nicht mehr bruchlos ineinanderpassende Teile. Ich war neugierig, was daraus werden würde.

Und dann gab es noch einen anderen Strang: »ich als Frau«. Diese Tatsache hatte mich lange Zeit nicht sonderlich interessiert. Eher wunderte es mich – und manchmal fand ich es auch ein wenig ärgerlich –, daß viele der intellektuellen Frauen in meinem Blickfeld diese Tatsache zum Hauptgegenstand ihrer wissenschaftlichen Reflexionen und Forschungen machten. Mir widerstrebte es auch zutiefst, mich zu beklagen, mein individuelles Schicksal als Frau zum Anlaß allgemeinen Veränderungswillens zu machen.

Als minderwertig Geachtete wollte ich mich nicht anschauen, und ich war es ja auch nicht umstandslos. Schließlich respektierte die Männerwelt die Resultate meiner Kopfarbeit. Kinder hatte ich auch nicht. Ich mochte meinen Beruf als Lehrerin und später an der Uni, meine Lebensgefährten hatten nichts für Hausarbeit übrig. Kinder zu bekommen, das bedeutete einfach zuviel Arbeit: hin und her gerissen sein, nichts richtig machen können, gespalten sein. Andere Frauen, die auch ihre Berufsarbeit liebten, bekamen trotzdem Kinder. Doch meine Angst war zu groß.

Und wovor hatte ich solche Angst? Warum machte ich sie nicht zum Gegenstand meiner Kopfarbeit, warum spaltete ich als Frau mich ab von meiner Existenz als wissenschaftlich reflektierender Kopf und als politisch agierende Person? Was war denn so bedrohlich?

Ich wollte nicht zu den Benachteiligten, den Unterdrückten gehören. Ich strickte mir ein Muster, nach dem die besonderen Probleme, denen ich als Frau innerhalb meiner »Privatbeziehungen« begegnete, mit meinen individuellen Besonderheiten und denen meiner Lebensgefährten zu tun hatten. Da gab es nichts Verallgemeinerungsfähiges und zu Reflektierendes, nichts wissenschaftlich-politisch Relevantes. Da kamen halt zwei Personen jeweils besonderer Art zusammen, die früher oder später Schwierigkeiten bekamen. Komisch. Denn die speziellen Unbilden, denen ich da begegnete, die waren schließlich gar nichts Einmaliges, sonders durchaus frauendurchschnittlich: die mich beutelnde Angst vor Schwangerschaft. Nein, ich wollte kein Kind, nicht so früh, später vielleicht. Was hatte ich da alles von den Müttern gehört, wie es bei einer »Entbindung« so zugeht. Nicht nur die Schmerzen, nein, es kann dir passieren, daß du behandelt wirst wie ein unmündiges, unzurechnungsfähiges Wesen, entwürdigend. Das vertrug sich nicht mit meinem mit Kant, Hegel und Fichte gefüllten Kopf. Wo blieb denn da das Subjekt, die Selbstbestimmung?

Dann der zermürbende Kampf um die Hausarbeit, erfolglos geführt über lange Jahre. Meine Nervosität, weil ich – auch ohne Kind – Beruf und Haushalt häufig nicht mehr schaffte. Die Zweifel an meiner Liebesfähigkeit, die mir entgegengehalten wurden, wenn ich mit problembeladenem Kopf von irgendeiner politischen Veranstaltung kam und nicht hingebungsvoll in die Arme des Lebensgefährten sinken konnte. Das schlechte Gewissen, wenn ich mich mit einem der Wissenschaftlerköpfe unterhielt, seine Frau schweigend dabeisaß und irgendwann schweigend das Zimmer verließ; diese Hilflosigkeit, die mich dann überkam. Das Privileg, immer mal eine Geliebte zu haben, das sich meine Lebensgefährten als selbstverständlich herausnahmen, während sie völlig ausrasteten, wenn ich nach langen Jahren der Trotzdem-Treue einmal desgleichen tat. Diese empörende Ungleichheit, tief verankert und vom Kopf her unlenkbar in der Empfindungsweise der Männer. Die dauernde Verfügung über meine Zeit, meine Person zum Zwecke der Selbstbestätigung, während ich selten etwas zurückbekam.

Und dann die Erfahrungen während meiner »Berufskarriere«. Die Abweisungen meiner Stellenbewerbungen mit Argumenten wie »Sie sind zwar qualifiziert, aber Sie müssen doch keine Familie ernähren«. Oder auch: »Die vielen Sachen, die Sie da mit Männern zusammen veröffentlicht haben, da haben Sie doch nur Ihren Namen druntergesetzt.« Meine wilde Arbeitsamkeit, getragen von Neugierde und Wissensdrang, aber natürlich auch von der Angst, es könnte sich doch herausstellen, daß mein Frauenkopf nicht so gut funktionierte. Die Angst und die Aggressionen, mit der in schöner Regelmäßigkeit männliche Kollegen und Mitstreiter auf diese Arbeitsamkeit und auf mein nie endenwollendes intellektuelles Grübeln reagierten. Insgesamt allerdings konnte ich mich auf diesem Sektor nicht beklagen. Sonst hätte mir ja die Erfahrungsbasis gefehlt für meine feste Überzeugung, meine Geschlechtszugehörigkeit sei ein theoretisch vernachlässigenswertes Faktum.

Schwerer wiegende Irritationen erfuhr ich bei meinen diversen politischen Tätigkeiten. Irgend etwas in meinen Anschauungen und Verhaltensweisen stand da immer wieder quer zum Üblichen: mein Störverhalten, wenn lange Auseinandersetzungen um Vereinheitlichungen geführt wurden, meine Uneinsichtigkeit in den Sinn solcher zermürbenden und zum Teil entsolidarisierenden Operationen. Ich wollte und konnte einfach nicht begreifen, warum es notwendig sein sollte, ideologisch-weltanschaulich genau das gleiche im Kopf zu haben, um gemeinsam handeln zu können. Da wurde stundenlang hart gestritten, um zu einem gemeinsamen Programmpunkt zu kommen, der dann, angesichts der realen Machtverhältnisse, völlig irrelevant war. Das Gefühl der Solidarität, des Vertrauens und der gegenseitigen Achtung wurde meines Erachtens leichtfertig aufs Spiel gesetzt, um Abweichler auf die Linie zu bringen. Ich sei halt nicht konfliktfähig, sei halt eine Frau, liebebedürftig, unpolitisch – wie oft habe ich das gehört, wenn ich nicht bereit war, jeden Machtclinch geschlossenen Auges zu unterstützen. Die Frau sah einfach nicht ein, daß es hier um Leben oder Tod, Fortschritt oder Reaktion ging. Meine Versuche, mich auch mal in die Situation des Gegners zu versetzen, mit seinen Augen die Szenerie zu betrachten, wurden als völlig abwegig disqualifiziert. Und dann das nachsichtig herablassende Lächeln, wenn ich zu bedenken gab, daß bestimmte Personen oder auch Parteiungen unter anderen Bedingungen womöglich auch anders zu denken und zu agieren in der Lage seien; andererseits aber auch Vorwürfe, ich sei ja wie ein Mann, wenn ich entschieden und gegebenenfalls auch hart eine bestimmte Position, die mir wichtig war, durchkämpfte. Natürlich kamen solche Mahnungen von Männern.

Wie ich es machte, war es falsch. Nicht immer, aber oft. Und ich selbst? Nun, ich tat mir zunehmend Gewalt an, litt, opferte für den Fortschritt.

Doch all diese Erfahrungen waren nicht theorierelevant, um Gottes willen, wo kämen wir da hin, das wäre ja eine völlige Überschätzung der ganz subjektiven, zufälligen Person.

Kurz und gut, ich spaltete mich auf in eine zunehmend kranke Frau, einen rebellierenden Körper, mit dem ich immer weniger zu tun haben wollte, eine Frau, die nicht zum Kopf gehörte – schließlich war dieser Aspekt meiner Person ständig erneut Gegenstand von Kränkungen –, und in den freien, unabhängigen, selbstbewußten Kopf. Ich versuchte es wenigstens. Aber es ging schief. Als ich nur noch krank war und mir dauernd das Wort Schizophrenie im Kopf herumging, faßte ich den Entschluß und trennte mich von meinem zweiten langjährigen Lebensgefährten. Und, es geschah das Wunder: Von einem Tag auf den anderen war ich gesund, und, was mich überraschte, ich hatte wieder einen Körper, der zu mir gehörte, in dem ich mich wohl und glücklich und lebendig fühlte. Diese Erfahrung setzte, wenn auch über tausend Hindernisse und Umwege, meinen »Denkapparat« in Gang: »Ich als Frau« kam zum Vorschein. Der Begriff »Ausbeutung« trat plötzlich in mein Bewußtsein. War ich nicht auch ausgebeutet worden? Hatten sich meine Lebensgefährten nicht von meinen Kräften genährt, ohne mir etwas zurückzugeben? Warum sollte das völlig irrelevant sein für die Frage der menschlichen Emanzipation? Schließlich kannte ich ja auch andere Leiden, die des Hungers, der Kälte, aus der Kriegs- und Nachkriegszeit. Ich erinnerte und verglich. Waren diese Leiden denn wirklich so viel schlimmer als meine Leiden als Frau? Warum diese Hierarchisierung? Wenn du hungerst, dann ist das ganz schlimm, wenn du frierst, dann ist das furchtbar, aber wenn du verrückt zu werden drohst, weil du eine Frau bist und trotzdem etwas auf dein Selbstbewußtsein gibst, dann ist das dein ganz vernachlässigenswertes Privatproblem.

Die Sache bohrte und bohrte in mir, aber mein Kopf war nach wie vor mit Marx gefüllt, soviel hatte ich von ihm gelernt, so Kluges hat er über den Kapitalismus geschrieben! Ich geriet ins Grübeln. Ein Forschungssemester lang las und las und schrieb und schrieb ich. Ich wußte selbst nicht, was ich eigentlich wollte. Ich tippte einfach mal drauflos, gespannt, was aus der Schreibmaschine herauskommen würde. Alles bisher Gelernte ging ich noch einmal durch, den Marx, die Geschichte der Arbeiterbewegung, die Philosophie, die großen bürgerlichen Soziologen, den Faschismus, die politische Theorie über Staat, Demokratie und so weiter, die Industriesoziologie, meine angesammelten Kenntnisse über Gewerkschaftspolitik, alles, was zur Frage »Sozialstaat« erreichbar war, und die aufsprießende ökologisch-technikkritische Literatur. Und: auch ein paar verstreute Texte aus der Frauenbewegung. Wenn mich Leute fragten: »Über was schreibst du denn, wie soll es denn heißen, das Buch« ?, geriet ich ins Stottern. Ich wüßte nicht recht, irgendwas über die Geschichte des »Subjekts«, der »Person«, des »Individuums« in seinem Verhältnis zum Staat, zur Gesellschaft. Ein andermal sagte ich ganz schlicht: »Die Sache mit der Liebe und der Arbeit interessiert mich.« Es war mir peinlich, wenn ich gefragt wurde. Ich sagte: »Ich muß ja erst herauskriegen, worüber ich schreibe. Ich weiß eigentlich nicht, was das ist, das ›Subjekt‹, die ›Person‹, das ›Individuum‹.« Mahnende Worte erreichten mich: »Wie kannst du denn schreiben, wenn du nicht weißt, worüber du schreibst.« In meiner Verwirrung machte ich dann längere Ausführungen über das, was ich schon zu Papier gebracht hatte, irgendwann trat dann bei meinem Gegenüber angestrengtes Schweigen ein. Daran merkte ich, daß es Zeit war aufzuhören.

Niemand der mich umgebenden Wissenschaftler konnte mir helfen. Zwei mir freundlich gesinnten Männerköpfen gab ich das umfängliche Manuskript zu lesen. Sie machten sich auch Mühe damit. Aber was sie mir dann dazu erzählten, einige Tips zur Korrektur, einige Bemerkungen, das sei schon ganz spannend, und ich solle hie und da etwas verändern und dann die Sache auf den Buchmarkt werfen, halfen mir nicht weiter. Es waren recht angestrengte Unterhaltungen. Zu den Unklarheiten, um die meine Gedanken kreisten, fiel ihnen auch nichts ein. Wenn ich heute die 250 Seiten, die ich herunterschrieb, durchlese, so drängt sich mir der Eindruck auf, daß es ein Großreinemachen war: Und am Ende stand ich da, so klug als wie zuvor. Sämtliche Männerfraktionen bin ich noch einmal durchgegangen, die Altlinken-Traditionalisten, also die gewerkschaftlich Orientierten, wie sie sich selbst nannten; die Ökologisten und Technikkritiker mit ihren auftauchenden Sehnsüchten nach der Vergangenheit; die Sozialdemokraten und die freiheitlich Liberalen. Und überall rannte ich mir den Kopf ein. Nichts lag auf meiner Linie, auf der Linie meiner Bedürfnisse und Wünsche nach Zukunft. Die Ökologisten-Netzwerk-Fraktion stand mir noch am nächsten, ohne Zweifel. Aber irgendwie ging das auch nicht mit meinen Interessen zusammen. Aber was waren denn meine Interessen? Ich wußte es nicht. Schließlich war ich nach wie vor von der Geschlechtsneutralität sämtlicher gesellschaftlich-politischer Vorstellungen, Handlungsweisen und Zukunftsentwürfe überzeugt. Mein theoretischer Kopf wußte das nicht anders, und er hielt mit zäher Hartnäckigkeit daran fest. Obwohl: Warum fielen mir denn damals fast immer die Frauen, natürlich die anderen, als Gegenbeispiele ein, als Probe aufs Exempel der verschiedenen politischen und wissenschaftlichen Richtungen? Erst jetzt fällt mir das auf, wo ich das Manuskript nach Brauchbarem durchsuche zur Beantwortung der Frage, wie ich denn nun auf die Frauenarbeit und auf mich gekommen bin. Wie gelangte ich bis zu dem Punkt, an dem ich den letzten Kasten für unbrauchbar erklärte, den Kasten, in dem ich selbst als »Privatperson Frau«, säuberlich getrennt von der politisch agierenden Person und vom wissenschaftlich geschulten Kopf, saß? Wie habe ich es geschafft, seine dicken Wände zu beseitigen? Denn daß diese am solidesten waren, wenigstens für mich, zeigt sich daran, daß ich hier die längste Zeit brauchte, sie zum Einsturz zu bringen.

Dabei hatte ich das Abtragen doch eigentlich schon zum Programm erhoben. Was sollten denn meine Bemerkungen, ich wolle hinter die Sache mit der Arbeit und der Liebe kommen? Aber ich behandelte die Frage meinen Kopftraditionen gemäß traditionell. Arbeit ist Arbeit, und Liebe ist Liebe. Und das sind halt die beiden verschiedenen Seiten der menschlichen Existenz. In meiner Privat-Kopf-Gefühlsarbeit war ich durchaus schon weiter. Bei meinem Lebensgefährten war mir aufgefallen, und das hatte ich zunächst auch als Hauptgrund für die Trennung angegeben, daß er sich mit der Liebe keine Arbeit machte, daß sein sehr gut entwickelter theoretischer Kopf der Gefühlswelt eines Kindes gegenüberstand. Da hatte keine Entwicklung, keine Zivilisation stattgefunden. Das wenigstens war mein Eindruck. Im Kasten »Privates« hatte ich also schon Erkenntnisarbeit geleistet, ich hatte die Geschichte von der Liebe als einfach so daseiende Naturerscheinung in Frage gestellt. Über diesen Fallstrick ließ er mich schließlich immer wieder stolpern. »Was machst du für ein Theater. Wenn du mich wirklich lieben würdest, dann würdest du dich über Kleinigkeiten doch nicht aufregen.« Eine durchaus übliche Formel, wie ich von anderen Frauen gehört habe. Mir war klargeworden: Zur Liebe gehören auch Konzentration, Aufmerksamkeit, Tätigkeit, Anstrengung, Kopfarbeit, Gefühlsarbeit. Aber in meinem wissenschaftlichen Kopf standen Arbeit *und* Liebe, Staat, Industrie, Politik, Institutionen und die dazugehörigen Werte, nämlich Freiheit und Gleichheit, immer noch unverbunden neben der »Liebe«. Die gehörte irgendwie nicht dazu. Ich bekam die Sache nicht »in den Griff«.

Ich ließ das Manuskript liegen, wandte mich wieder der »Politik« zu, war als Vermittlerin zwischen meiner Gewerkschaft, der GEW, und der Instandbesetzerbewegung in Berlin tätig, mühte mich redlich mit der »Neuen Heimat« ab, Besitzerin einer Reihe besetzter Häuser und gewerkschaftseigenes Unternehmen mit ganz ungewerkschaftlicher Politik, beobachtete teilnehmend mir von der Gewerkschaftsarbeit her ungewohnte und meinen Bedürfnissen genau entsprechende Organisations- und Handlungsformen einer sogenannten »Neuen sozialen Bewegung«, arbeitete mir meine restliche Blauäugigkeit über den Zustand der Gewerkschaften als etablierte Institution weg. Und dann hatte ich plötzlich das dringende Bedürfnis, endlich zu dem zu kommen, was mich nun schon seit Jahren bewegte.

Ich setzte ein halbes Jahr Beurlaubung von meinen umfangreichen Lehrverpflichtungen als Fachhochschullehrerin durch und begab mich erneut an die Schreibmaschine, begann mit der Durchsicht der komplizierten Debatte zwischen Marxisten und Feministinnen über die Frage, ob Marx nun die Hausarbeit berücksichtigt habe und, wenn nicht, ob das theorierelevant oder vernachlässigenswert sei. Schon zuvor hatte ich mich gründlicher in die feministische Literatur versenkt, Seminare zu entsprechenden Themen abgehalten. Ja, und dann begann ich plötzlich zu lachen. Lachend bearbeitete ich die Tastatur meines Produktionsmittels. Meine eigenen Erfahrungen als Person weiblichen Geschlechts und die theoretische Diskussion, die da streng wissenschaftlich geführt wurde, schossen zusammen. Tatsächlich, mein Zweitvater Marx, er hatte ja gar nicht mit allgemein-menschlich-geschlechtsneutralem Blick auf die kapitalistische Gesellschaft geschaut. Trotz der geradezu einmaligen Fähigkeiten seines kritischen Verstandes war es ihm nicht gelungen, seine Subjektivität an diesem Punkt aus der Distanz zu sehen. Seinen männlichen Blick hat er nicht zum Gegenstand der Reflexion gemacht.

Den letzten entscheidenden Fingerzeig hatte mir die Lektüre eines Artikels der feministischen Wissenschaftlerin Maria Mies gegeben. Da stand ein Satz, der sich genau in meine noch ungeordneten Gedankenketten einfügte und half, sie in eine Ordnung zu bringen. *»Marx hat vor allem den männlichen Menschen im Kopf gehabt, der mit ›Armen, Beinen, Kopf und Händen‹ auf die äußere Natur einwirkt. ›Aneignung der Natur‹ bedeutet für Marx an diesem Punkt bereits Herrschaft* über *die Natur. Damit hat er den Aneignungsbegriff, der in den Frühschriften noch im Sinne von ›zu eigen machen‹, ›vermenschlichen von Natur‹ gebraucht wurde, auf ein Herrschaftsverhältnis reduziert.«*[1]

Ich war bei meinem Thema angelangt. Denn das Thema, was mich seit Beginn meiner theoretisch-wissenschaftlichen

Veröffentlichungstätigkeit beschäftigte, hieß ja nicht nur Marx, es war die Geschichte der Arbeiterbewegung bis auf den heutigen Tag und was sich für das gegenwärtige politische Handeln daraus lernen ließe. In dieser Hinsicht war ich schließlich auch praktisch tätig. Und in der Tat, indem ich einen Perspektivwechsel vornahm, nicht mehr nur als theoretischer Kopf von oben, sondern als qua Geschlechtszugehörigkeit Betroffene auch von unten hinsah, indem ich meine Angst, zu den »Unterdrückten« zu gehören, überwand, ordnete sich vieles in ein neues Muster. Dieses Muster herauszufinden und zu konkretisieren beflügelte meine Neugierde und meine Schreibmaschine. Ich sah nicht mehr mit geschlechtsneutral-»objektiv«-»wissenschaftlichem« Blick, ich benutzte meine subjektiven Augen. Ich legte meine Skrupel, ob ich der Sache der Arbeiterklasse in all ihren Aspekten gerecht würde, ab und dachte: Wenn die männlichen Vertreter des Sozialismus über hundert Jahre subjektiv-männlich die Gesellschaft und den »Fortschritt« betrachtet haben, dann darf ich auch mal subjektiv-weiblich auf ihre Kopf- und Praxisprodukte blicken. Sie haben die in der geschlechtsspezifischen Arbeitsteilung den Frauen zugewiesenen Tätigkeiten nicht als geschichts- und menschheitsrelevant eingeschätzt, sie haben sie in der Regel nicht einmal eines ernsthaften Blickes gewürdigt. »Mann« kann nicht einen so großen Batzen Arbeit in die Lethe, den Strom des Vergessens, werfen, ohne daß dies Folgen hätte für die Vernünftigkeit, für die Realitätstüchtigkeit der Erkenntnis und des Handelns; das gilt auch für die Arbeiterbewegung selbst. Darum geht es mir. Auch den Sozialismusmännern hat es nicht gutgetan, so einseitig-subjektiv-»unwissenschaftlich« auf die Gesellschaft zu schauen.

Ich will also nicht erneut das prekäre Verhältnis zwischen Arbeiter- und Frauenbewegung beschreiben; auch das Verhältnis sozialistischer Männer, Arbeitermänner, zu ihren Frauen ist nicht mein Thema. Was mich eigentlich interessiert, ist die Entschlüsselung speziell männlicher Muster von Arbeit, Produktivität und sozialem Handeln, gewissermaßen eine Ausfaltung der zitierten These von Maria Mies anhand der Geschichte und Theorie der Arbeiterbewegung. Die Frau Rosa Luxemburg war mir im übrigen außerordentlich wichtig und hilfreich bei dieser Arbeit. Denn, so meine These, ihr eigenes Muster ist geprägt durch die Praxiserfahrungen ihres Geschlechts. Sie hat sich über bestimmte Kopfgeburten der Arbeiterbewegung lustig gemacht, was ihr den Vorwurf einbrachte, sie bringe »alles durcheinander«.

Nach dem bisher Gesagten ist, glaube ich, deutlich geworden, daß das Folgende meinem gegenwärtigen Erkenntnisstand entspricht. Die Entwicklung von Erkenntnissen aber, wenn sie denn die Bezeichnung verdienen, ist immer im Fluß.

1. Der Mann Marx. Kopf und Hand – wo bleibt denn da der Rest?

Schon seit langem haben die feministischen Wissenschaftlerinnen für meine Begriffe klipp- und klargelegt, daß die Arbeit, die meine Mutter zu Hause getan hat – vier Kinder hat sie großgezogen –, innerhalb der Marxschen Theorie nicht gerechnet wird, daß er die Hausarbeit und alles, was damit zusammenhängt, nicht als gesellschaftlich notwendige Arbeit betrachtet.[1] Trotzdem werden immer erneut Ausreden gefunden, die begründen sollen, daß dieses Vergessen irrelevant ist für die Analyse der kapitalistischen Ökonomie. Die Frauen arbeiteten zu Hause ja schon, da müsse man den Feministinnen recht geben, aber daß Marx daran nicht gedacht habe, ändere überhaupt nichts an der Korrektheit seiner Theorie. Im Gegenteil, die Hausarbeit gehöre in die Analyse des kapitalistischen Produktionsprozesses nicht hinein. Da liege der alte Genosse schon richtig.[2]

Zu Beginn meiner eigenen Auseinandersetzung mit Marx lasse ich diese Debatte Revue passieren, und zwar weil ich die Argumentationsketten im Gesamtzusammenhang brauche und weil ich mich in meinen eigenen Worten ausdrücken will. Zudem ist mir meine eigene Methode dabei wichtig: nämlich nicht einfach relevante Zitate aufzugreifen, sondern im Zusammenhang des Aufbaus des ökonomischen Hauptwerks von Marx: »Das Kapital« zu argumentieren. Davon erhoffe ich mir etwas für die Überzeugungskraft der feministischen Argumente, aber auch einige weiterführende Resultate.

Eines muß ich allerdings zugestehen. Für Nicht-Marxexperten wird es auf den ersten Seiten zunächst etwas schwierig. Diese Leserinnen und Leser bitte ich um Geduld. Im weiteren Verlauf klärt sich die Szenerie der Argumentation. Und warum ich überhaupt mit Marx beginne, mich noch einmal an ihm abarbeite? Das ist auch eine persönliche Geschichte. Er war sehr wichtig für mich, wie schon gesagt, mein frei gewählter Zweitvater. Da stehe ich sicherlich nicht allein. Und noch ein Argument: Sooft sie ihn auch zu Grabe getragen haben mag – in den Punkten, die ich kritisiere, ist der alte Genosse in den verschiedenen politischen Variationen der Arbeiterbewegung durchaus lebendig geblieben. Und das will ich im weiteren Verlauf zeigen.

Die Ware ist nicht nur ein »Ding«, sie ist auch eine Kraft

Das große Werk des alten Meisters beginnt mit dem Satz: »Der Reichtum der Gesellschaften, in welchen kapitalistische Produktionsweise herrscht, erscheint als eine ungeheure Warenansammlung, die einzelne Ware als Elementarform. Unsere Untersuchung beginnt also mit der Analyse der Ware.«[3] Mit meinem inzwischen feministisch geschulten Blick stutze ich gleich bei diesem selbstverständlichsten aller Sätze. Die Arbeitskraft ist aber doch auch eine Ware. Die »ungeheure Warenansammlung« besteht also nicht nur aus so schlichten und handfesten Sachen, wie zum Beispiel einem Tisch oder einer Pershing-2, wie uns Marx auf den folgenden 130 Seiten, die allen, die sie gelesen, so viel Kopfzerbrechen bereitet haben, weismachen will, sondern auch aus einer Kraft, »aus den physischen und geistigen Fähigkeiten, die in der Leiblichkeit, der lebendigen Persönlichkeit eines Menschen existieren«[4]. Das Maß des Glücks, das nach Marx der Geldbesitzer über diese besondere und eigentümliche Ware, die kein Ding, sondern eine Fähigkeit ist, empfindet, über diese Quelle alles Zukünftigen, diese produktive Kraft per se,[5] korrespondiert mit dem Maß meiner Verwirrung. Was soll ich nun damit anfangen? Diese ganze Bestimmung darüber, was eine Ware in ihrem geheimnisvollen Charakter – Tauschwert und Gebrauchswert zugleich zu sein – und allem, was sich daraus ergibt: Austausch, Geld, Kapital, ausmacht, die wurde mir doch nur am Tisch klargemacht. Ob es denn nun auch für die »Fähigkeit«, die »Kraft« zutrifft?

Ich höre schon die Stimmen: Lies halt weiter, dann wird doch alles erklärt. Reproduktionskosten, wie jede andere Ware, Arbeitslohn, Lebensmittel, Ernährer. Nein, ich lese nicht weiter, weil die vorausgegangene Lektüre derjenigen, die meinen, alles Notwendige sei bei Marx geklärt, mir überhaupt nicht auf die Sprünge geholfen hat. Die Bestimmungen, die für die »einzelne Ware als Elementarform« gemacht wurden, müssen auch für die »Ware Arbeitskraft« zutreffen, sonst stimmt was nicht.

Um noch mal klarzulegen, was da auf den ersten Blick so einfach schien: »Die Ware ist zunächst ein Ding, ein äußerer Gegenstand.«[6] Na gut, »zunächst«, da kann's ja noch kommen. Vielleicht habe ich nicht genau gelesen, vielleicht steht da doch noch, daß sie häufig auch eine »Kraft« ist. Nein, natürlich nicht. Das Ding ist »Gebrauchswert und als solches Träger von Tauschwert«. Damit hat sich's, das heißt, damit werden die folgenden 130 Seiten bis zum glücklichen Zusammentreffen des Geldbesitzers mit der ganz eigentümlichen Ware »Kraft« beziehungsweise »Arbeitskraft« zugebracht.

Der Tauschwert also, die Tauschwert- oder Wertseite und ihr Verhältnis zum Gebrauchswert ist das, was da entschlüsselt wird. Ich nehme also meine »Arbeitskraft« und unterlege die entsprechenden Lesarten. Dabei gehe ich mal davon aus, ich wäre was Übliches, nämlich Fabrikarbeiterin, geworden und verkaufte meine Arbeitskraft an einen der oben genannten Herren so ab 16 Jahren. Was finde ich also an allgemeinen Bestimmungen über das, was Waren produzierende Arbeit auszeichnet?

»Die Arbeit jedoch, die die Substanz der Werte bildet, ist gleiche menschliche Arbeit, Verausgabung derselben menschlichen Arbeitskraft … der Durchschnittsarbeitskraft. Gesellschaftlich notwendige Arbeitszeit ist Arbeitszeit, erheischt, um irgendeinen Gebrauchswert mit den vorhandenen gesellschaftlich normalen Produktionsbedingungen und dem gesellschaftlichen Durchschnittsgrad an Geschick und Intensität der Arbeit herzustellen.«[7]

In die Produktion der Ware, die ich da auf dem Markt gegen Lohn feilbiete, das heißt meiner Arbeitskraft, ist also

Arbeit eingegangen, die Arbeit meiner Mutter und natürlich auch ein Stück weit die meines Vaters. Was herauskam war ein Gebrauchswert, meine Arbeitskraft und die meiner drei Geschwister. Sie ist jetzt im Gebrauch verschiedener Herren, die mit ihrer Hilfe Profite machen. Meine Mutter hat im Durchschnitt von morgens 7 bis abends 11 Uhr gearbeitet, wenigstens bis etwa 1950, dann wurde es weniger. Die Mütter in der Nachbarschaft, überall das gleiche. Die eine war etwas schneller, die andere etwas langsamer, aber im Durchschnitt kam es auf das gleiche raus. Papa brachte das Geld und arbeitete auch im gesellschaftlich üblichen Durchschnitt. Eine Weile lang war sein Geld wenig wert. Da mußte meine Mutter noch länger und intensiver schuften. Und was gab es zu tun? Holz holen im Wald, Kartoffeln lesen, in die Heidelbeeren mit dem Fahrrad, in die Himbeeren, Brennesseln schneiden, Hühner und Kaninchen füttern, Windeln waschen, Söckchen stricken, Kinder ausschimpfen und trösten, unsere vielen Fragen »Warum ist das denn so, und warum ist das anders?« beantworten, Möhren reiben für den Kinderbrei, meinen kleinen Bruder nachts, wenn er schrie, aufnehmen. Nun ja, jede weiß, was da so alles anfällt. Und die Mütter und auch wir Kinder waren beschäftigt. Das Übliche, rundherum gesellschaftlich durchschnittlich unter den damaligen Bedingungen.

Ich höre schon: Stopp, stopp, stopp. Die Arbeit deiner Mutter, die rechnet doch nicht. Die war doch Hausfrau, die hat doch keine Knete verdient.

So schnell lasse ich mich nicht irritieren. Sie hat schließlich gearbeitet, wir Kinder zwar auch, aber sie am meisten. Also gehen wir mal weiter von ihr aus. Da gibt es doch schließlich die Stelle, wo gesagt wird, warum ein Ding zwar nützlich, aber trotzdem kein Wert sein kann. Da muß doch auch stehen, warum eine Arbeit nützlich, aber trotzdem nicht wertbildend ist. Das wäre es ja dann. Meine Mutter hat gearbeitet, aber eben keine Knete gekriegt. Sie hat Gebrauchswerte produziert, aber eben keinen Tauschwert. Betrachten wir also die verschiedenen Möglichkeiten. Ich gehe weiterhin von meiner Arbeitskraft aus.

Satz *eins*: »Ein Ding [meine Arbeitskraft, CH.N.] kann Gebrauchswert sein, ohne Wert zu sein. Es ist dies der Fall, wenn sein Nutzen für den Menschen nicht durch Arbeit vermittelt ist. So Luft, jungfräulicher Boden …«[8] Stimmt nicht. Meine Arbeitskraft hat a) einen Wert, b) ist sie durch Arbeit vermittelt. Die Arbeit meines Vaters, aber vor allem meiner Mutter.

Satz *zwei*: »Ein Ding [also meine Arbeitskraft] kann nützlich und Produkt menschlicher Arbeit sein, ohne Ware zu sein. Wer durch sein Produkt sein eigenes Bedürfnis befriedigt, schafft zwar Gebrauchswert, aber nicht Wert.«[9] Aber meine Arbeitskraft, also das Produkt meiner Mutter, befriedigt ja keinesfalls die Bedürfnisse meiner Mutter. Ich vielleicht manchmal, als Mensch, aber als Arbeitskraft, nein, da kriegt sie nichts von mir. Und schließlich ist ja meine Arbeitskraft, also ihr Produkt, auch eine Ware, geht in den Austausch ein.

Ja, ja, das stimmt schon, aber deine Mutter verkauft dich doch nicht, sondern du verkaufst deine Arbeitskraft.

Ach ja, warum eigentlich nicht meine Mutter? So eine Ungerechtigkeit. Hat sie doch was produziert, mit durchschnittlicher Arbeitszeit, und jetzt kann sie's nicht mal verkaufen. Meine Arbeitskraft. Warum verkauft denn meine Mutter eigentlich nicht meine Arbeitskraft?

Vielleicht kommt's noch. Satz *drei*: »Um Ware zu produzieren, muß er [was heißt hier er?] nicht nur Gebrauchswert produzieren, sondern Gebrauchswert für andere, gesellschaftlichen Gebrauchswert. Und nicht nur für andere schlechthin.«[10] Mittelalterlicher Bauer – Zinskorn an Lehnsherren –, klar, das geht nicht in den Austausch ein, das hat keinen Tauschwert. Das kriegt der Herr da oben ja direkt geliefert ohne Markt. »Um Ware zu werden, muß das Produkt dem anderen … im Austausch übertragen werden.«[11] Das trifft auf meine Arbeitskraft aber doch zu. Die wird doch verkauft. Nur der Haken wieder: nicht von meiner Mutter, sondern von mir.

Noch *die letzte Möglichkeit:* »Endlich kann kein Ding [meine Arbeitskraft] Wert sein, ohne Gebrauchsgegenstand zu sein. Ist es nutzlos, so ist auch die in ihm enthaltene Arbeit nutzlos …«[12] Gott sei Dank, ich bin stolze Besitzerin eines Arbeitsplatzes, wenigstens bis jetzt noch. Kann also auch abgehakt werden.

Meine Mutter verkauft nicht meine Arbeitskraft, das ist der Haken

Meine Mutter hat eine Ware produziert, die in den Austausch eingeht, zwar nicht sie allein, mein Vater war an einigen Punkten auch beteiligt, aber trotzdem. Ihre Arbeit war wertbildend, und das läge auch offen auf der Hand, wenn, ja wenn sie sich das Verkaufsrecht über meine Arbeitskraft vorbehalten hätte. Und das hätte ihr zugestanden. Meinem Vater hätte sie natürlich auch was von den Erlösen abgeben müssen, meinetwegen halbe-halbe. Der ganze Haken also, daß meine Mutter kein autonomes Einkommen bezieht, ihre Arbeit nicht als gesellschaftlich notwendige, wertbildende anerkannt wird, besteht darin, daß sie leider – oder Gott sei Dank – meine Arbeitskraft auf dem Markt nicht verkauft, sondern ich das selber tue, freie Lohnarbeiterin. Wäre die Sache anders geregelt, so wäre klipp und klar: Meine Mutter trägt zur gesellschaftlichen Wertbildung bei, da sie ja die Ware produziert, Entschuldigung, mitproduziert hat, die die glückliche Eigenschaft hat, mehr Wert zu produzieren, als ihre eigene Reproduktion kostet.

Das Argument, meine Mutter hätte schließlich nicht in einem industriell-kapitalistischen Produktionsprozeß gearbeitet, worüber im übrigen niemand streiten wird, und deshalb sei ihre Arbeit weder gesellschaftlich notwendig noch wertbildend, stimmt nicht. Der Schuster um die Ecke kriegt ja schließlich auch sein Geld, hat ein eigenes Einkommen, ist Wert-, wenn auch nicht gerade Mehrwertbildner, auch wenn unsere Schuhe nicht unter kapitalistischen Bedingungen repariert wurden. Der würde staunen, wenn wir die Schuhe abholten und die Zahlung mit dem Argument verweigerten, geh mal erst in eine ordentliche kapitalistische Fabrik mit entwickelten Produktivkräften und großer Maschinerie, vorher kriegst du von mir nichts, du hast schließlich keine gesellschaftlich notwendige

Arbeit geleistet. Im übrigen scheint mir die kleinbürgerliche Produktionsweise des Schusters um die Ecke – mir fallen da die Stände in den Kaufhäusern ein, wo's ganz schnell geht – noch eher gefährdet als die kleinbürgerliche Produktionsweise meiner Mutter. Die CDU ist gerade wieder mal dabei, und sie folgt da den allgemeinen historischen Tendenzen der kapitalistischen Entwicklung, die Produktionsweise meiner Mutter als den letzten und modernsten Knüller zu propagieren, als das A und O der Gesellschaft – die Mütter zu Hause, die alles selber machen, statt sich vom Staat einen Teil der Arbeit abnehmen zu lassen.

Daß meine Arbeitskraft in meinem Besitz ist, obwohl ich sie gar nicht produziert habe, diese Rechtsform verdeckt also die produktiv-wertbildende Arbeit meiner Mutter. So wie die Form des Lohns, entspringend aus der Form des Arbeitsvertrags, die Ausbeutung der Lohnarbeit verdeckt, die Aneignung fremder Arbeit durch das Kapital. Rechtsverhältnisse können ökonomische Ausbeutungsverhältnisse verdecken, die Aneignung fremder Arbeit ohne Bezahlung. Denen, die Marx gelesen haben, ist das schließlich hinlänglich bekannt.

Um keine Mißverständnisse aufkommen zu lassen: Natürlich bin ich selbst froh darüber, daß – wie die Gesamtverhältnisse nun einmal sind – ich selbst meine Arbeitskraft frei verkaufen darf. Ein Plädoyer für die Sklaverei liegt mir fern. Auch bin ich nicht der Meinung, ich sei von meiner Mutter allein zu dem Zwecke produziert worden, damit die Wirtschaft hinreichend über die spezielle Warensorte Arbeitskraft verfügt. Aber das tut nichts zur Sache. Schließlich haben auch die Inka nicht das Gold aus den Bergadern geschürft, damit es später einmal als Geld den Beginn des Kapitalismus in Europa beflügele, und trotzdem hatten die zu Münzen umgeschmolzenen goldenen Götterstatuen diese Funktion, was nun auch wiederum nicht heißen soll, daß ich mich mit einer goldenen Götterstatue vergleiche. Das Faktum ist klar, auch wenn sich die Gesamtumstände, und das finde ich gut, nicht ins Faktum auflösen: Meine Mutter hat eine Ware produziert, ohne irgendeinen Rechtstitel auf Einkommen daraus ableiten zu können.

Arbeitsmänner entspringen den Köpfen von Arbeitsmännern

Warum hat Marx denn die Merkwürdigkeit nicht genauer untersucht, daß »der [!] freie Arbeiter« etwas verkauft, was ihm eigentlich, wenn's gerecht zuginge, gar nicht gehört?

Antwort: Er hat gar nicht bemerkt, daß die Arbeitskraft Resultat der Arbeit meiner Mutter ist, und deshalb war's für ihn auch kein Problem. Um zu zeigen, auf welche Weise ihm ihre Arbeit, von der Schwangerschaft über die Geburt, übers Stillen, übers nachts Aufstehen und Auf-den-Arm-Nehmen, übers Beibringen der Sprache, übers Schimpfen und Loben, übers Kleider waschen und Nähen etc., in Vergessenheit gerät, wo also die Freudschen Fehlleistungen liegen, muß ich jetzt ein längeres Stück zitieren:

»Der Wert der Arbeitskraft, gleich dem jeder andren Ware, ist bestimmt durch die zur Produktion, also auch Reproduktion, dieses spezifischen Artikels notwendige Arbeitszeit.« Na bitte, damit könnte ich doch ganz gut weiterkommen. »Soweit sie Wert, repräsentiert die Arbeitskraft selbst nur ein bestimmtes Quantum in ihr vergegenständlichter gesellschaftlicher Durchschnittsarbeit.« Auch zufriedenstellend. Das hätten wir geklärt, wenn meine Mutter gefaulenzt und vier statt durchschnittlich zwei Stunden bei meiner Produktion zugebracht hätte, wäre das ihre Sache. »Die Arbeitskraft existiert nur als Anlage des lebendigen Individuums«, also als Kraft, als Fähigkeit. Sie muß dann noch in Tätigkeit treten. Aber als diese Kraft ist sie doch produziert worden. »Ihre Produktion setzt also seine Existenz voraus.« Das verstehe ich nun schon schwer. Die Produktion meiner Arbeitskraft setzt meine Existenz voraus. Marx rechnet also die Schwangerschaft nicht als Arbeit ein, auch die Geburt nicht. Na gut. Aber alles, was danach kommt? »Die Existenz des Individuums gegeben, besteht die Produktion der Arbeitskraft in seiner eignen Reproduktion oder Erhaltung. Zu seiner Erhaltung bedarf das lebendige Individuum einer gewissen Summe von Lebensmitteln. Die zur Produktion der Arbeitskraft notwendige Arbeitszeit löst sich also auf in die zur Produktion dieser Lebensmittel notwendige Arbeitszeit, oder der Wert der Arbeitskraft ist der Wert der zur Erhaltung ihres Besitzers notwendigen Lebensmittel.«[13]

»Die Existenz des Individuums gegeben ...«! Marx geht also davon aus, daß ich einfach so da bin, mit 18 Jahren, fix und fertig, vom Himmel gefallen, vielleicht während eines schönen Mairegens. Meine Arbeitskraft mußte gar nicht produziert werden. In der Tat, da kann der Geldbesitzer sich freuen. So etwas gibt es selten. Eine Ware, die dem Besitzer, nämlich mir, vom Himmel in die Hand gefallen ist, und jetzt brauche ich nur noch meinen täglichen Lebensunterhalt. Da komme ich den Herrn ja billig. Sechs Seiten später lese ich, daß ich mich gebeugten Schrittes mit dem »bedeutungsvoll schmunzelnden« Kapitalisten in die Fabrik begebe, wo sich »das Geheimnis der Plusmacherei endlich enthüllen« müßte. Wieso? Das Geheimnis hat sich doch schon, wenigstens ein Stück weit, enthüllt. Warum denn »endlich«? Ich höre schon: Du zitierst nicht richtig. Marx war doch nicht blöd. Er wußte doch, daß Arbeitskraft auch nachwachsen muß, und das hat er alles mit berücksichtigt. Du mußt nur weiterlesen. Nun bitte:

»*Der Eigentümer der Arbeitskraft* [also ich als Frau bin da nicht gemeint, aber sei's drum] *ist sterblich. Soll also seine Erscheinung auf dem Markt eine kontinuierliche sein, wie die kontinuierliche Verwandlung von Geld in Kapital voraussetzt, so muß der Verkäufer der Arbeitskraft sich verewigen, ›wie jedes lebendige Individuum sich verewigt durch Fortpflanzung‹ ...*« »*Das im Austausch gegen Arbeitskraft veräußerte Kapital wird in Lebensmittel verwandelt, deren Konsumtion dazu dient, Muskel, Knochen, Hirn vorhandner Arbeiter zu reproduzieren und* neue Arbeiter zu zeugen.« »*Die Summe der zur Produktion der Arbeitskraft notwendigen Lebensmittel schließt also die Lebensmittel der Ersatzmänner ein, das heißt der Kinder der Arbeiter, so daß sich diese Race eigentümlicher Warenbesitzer auf dem Warenmarkte verewigt.*«[14] »Eigentümlich«! Das ist wirklich der korrekte Begriff. Athene, nicht mal die, sondern Arbeitsmänner entspringen aus den Köpfen der Arbeitsmänner. Und wie wird ihre Arbeitskraft produziert? Überhaupt nicht, ein bißchen Abfütterung in einigermaßen klimatisierten Hühnerställen reiche voll hin, am besten automatisch.

Wenn ich das meiner Mutter erzähle und hinzufügen würde, ich sei absolut überzeugte Marxistin, die meint, Marx habe schon alles richtig gesehen, wird sie vor Verwunderung über sich andeutende Züge geistiger Umnachtung bei ihrer Tochter den Kopf schütteln: Das viele Lesen hat dir aber wirklich nicht gutgetan.

Gäbe es keine Fabriken, hätte Marx die Frauen ganz übersehen

Sei doch nicht immer so pingelig, du mußt doch nicht jedes Wort ernst nehmen. Lies halt weiter, die Frauen kommen schon noch. Ja, tatsächlich. Zwar nicht in dem Kapitel, in dem über den Wert der Ware Arbeitskraft lange reflektiert wird, nämlich bei »Der Verwandlung von Geld in Kapital«; auch nicht im Kapitel über die »Einfache Reproduktion«, wo noch einmal Gelegenheit gewesen wäre, die Frage in geeignetem Zusammenhang zu thematisieren. Da steht auch nur was über die Männer. »Der Kapitalist kann ihre Erfüllung [nämlich die beständige Reproduktion der Arbeiterklasse] getrost dem Selbsterhaltungs- und Fortpflanzungstrieb der Arbeiter überlassen.«[15] Frauen haben sie also auch hier nicht mal zur Fortpflanzung nötig.

Aber bitte sehr, irgendwann fällt Marx schon auf, daß es nicht nur Männer gibt, sondern auch Frauen. Man/frau hätte es eigentlich erraten können: wenn sie nämlich in der Fabrik sind, als Arbeiterinnen. Da wird's plötzlich zum Problem. »Indem die Maschinerie alle Glieder der Arbeiterfamilie auf den Arbeitsmarkt wirft, verteilt sie den Wert der Arbeitskraft des Mannes über seine ganze Familie. Sie entwertet daher seine Arbeitskraft ... Der Arbeiter verkaufte früher seine eigne Arbeitskraft, worüber er als formell freie Person verfügte. Er verkauft jetzt Weib und Kind. Er wird Sklavenhändler«[16], so steht es im Kapitel über »Maschinerie und große Industrie«.

Wirklich, eine Schweinerei, dieser Kapitalismus, macht den Mann zum Sklavenhändler, statt daß er seinen Besitz, seine Frau und seine Kinder, die ihm ja gehören, weil er sie ernährt durch seinen Lohn, weil er sie gewissermaßen produziert, durch die Lebensmittel, die vom Laden wie von selbst fertig angerichtet auf den Familientisch fliegen, statt daß er also seinen Besitz in Ruhe genießt, zwingt der Kapitalismus ihn, diesen auf dem Arbeits-, sprich Sklavenmarkt zu verkaufen. Und klar, wenn dieser selbst Geld beibringt, braucht der Kapitalist dem Arbeiter weniger zu zahlen, wird der Wert seiner Arbeitskraft entwertet. Es ist also genau umgekehrt, als wir anfangs gedacht haben. Es besteht schon die Möglichkeit, daß jemand anderes eine Arbeitskraft verkauft, Sklavenhandel, wenn das auch nicht ganz korrekt ist, weil ja nicht die Frau verkauft wird, sondern nur ihre Arbeitskraft. Aber nicht ihre Mutter ist es, die das darf, sondern ihr inzwischen angeheirateter Ehemann. Wobei mir allerdings völlig unklar bleibt, warum sie, ohne Gatten an ihrer Seite, auch schon so wenig verdient hat. Aber ihr Ehemann hat nicht mal viel davon. Er kriegt weniger Knete, und das Familienleben ist gestört. Aber wie kommt denn ihr Mann in den Besitz ihrer Arbeitskraft? Hat er sie etwa ihrer Mutter zu hohem Preis abgekauft? Nein. Ihre Arbeitskraft ist ihm per Ehe als Gratisgabe in den Schoß gefallen – allerdings, wie wir sehen, ein Danaergeschenk. Stimmt nicht ganz. Er hat sie ja dann auch noch ein Weilchen produziert beziehungsweise reproduziert, indem er ihr Lebensmittel hat zukommen lassen, von seinem Lohn. Als Drohne hat sie dagesessen, genährt vom Lohn ihres Mannes, nun gut, sie hat noch Kinder mitgezeugt. Das wird jetzt schon deutlich, wo sie in der Fabrik arbeitet. Aber das war ja eben sein Trieb, ihr Trieb, bloße Natur – keine Arbeit.

Ich lasse jetzt den Sklavenhandel und das Danaergeschenk mal links liegen und widme mich noch einmal gründlich der Sache mit dem Ernährer.

Empirischer Beweis oder: Was meint denn meine Mutter?

Das ist ja immer der Punkt, an dem es holpert. Arbeitslohn – Ernährer – Lebensmittel – Reproduktionsmittel. Also, die Sache ist doch klar: »Der Wert der Arbeitskraft löst sich auf in den Wert einer bestimmten Summe von Lebensmitteln.«[17] Ist mein Hinweggehen über diesen Satz mit einem ironischen Schlenker nicht doch zu einfach? Ich denk', fragst du deine Mutter.

Als ich ihr im November beim Schlehenpflücken den Grund- und Hauptsatz der klassischen bürgerlichen Ökonomie – die Arbeit sei die Quelle allen Reichtums – unter die Nase hielt, guckte sie mich etwas konsterniert an und verwies mich auf den vor uns stehenden, reichlich mit den allerschönsten Früchten ausgestatteten Busch. Seit der Zeit halte ich viel von ihrem ökonomischen Sachverstand. Haarscharf ohne Überlegung hatte sie Marxens Kritik am Gothaer Programm, die Quelle sei nicht nur die Arbeit, sondern auch die Erde, bestätigt. Meine Mahnung – paß auf, du wirst noch zur Marxistin – stieß bei ihr allerdings auf Skepsis. Und auch auf ein gewisses Unbehagen: »Dein Vater erzählt mir in letzter Zeit auch immer, du redest wie eine Kommunistin.«

Ich rufe also an und beginne nach einigen einleitenden Erkundungen: »Ich bin gerade beim Schreiben und bin auf einen Punkt gestoßen, wo ich dich mal fragen will, du bist da doch kompetent. Es wird jetzt zwar ein bißchen abstrakt, aber ich les' dir's mal vor. Werde nicht gleich ungeduldig. Wir werden es zusammen schon schaffen. Also, was sagst du dazu: ›Der Wert der Ware Arbeitskraft löst sich auf in einer bestimmten Summe von Lebensmitteln.‹«

»Wenn du mich schon was fragst, mußt du richtig deutsch reden. Was meinst du damit: ›Wert der Ware Arbeitskraft‹?«

»Das ist doch ganz einfach«, sage ich: »Guck mal, Papa hat seine Arbeitskraft verkauft. Nicht sich selbst, dann wär er ja womöglich weggegangen. Nein, er kam immer abends nach Hause und hat sich ja auch mal ab und an einen anderen Arbeitgeber gesucht. Seine Fähigkeit zu arbeiten hat er verkauft.

Der Arbeitgeber hat seine Arbeitskraft gekauft und dann mit der was gemacht, produziert. Wert der Ware Arbeitskraft, das ist halt das Geld, das Papa dafür gekriegt hat.«

»Na ja, ist ja ein bißchen schwierig, aber ich glaub', ich versteh', was du meinst.«

»Und noch etwas. Der Satz meint noch, Papa hätte uns alle von dem Geld ernährt.«

»Ernährt, das mag ja schon sein. Aber der Schlehensaft hat dir doch auch immer ganz gut geschmeckt. Dein Vater sagt zwar immer, laß doch die Himbeeren, laß doch die Schlehen, ich hab' doch Geld, kauf dir das doch, das ist doch alles viel zu umständlich, wie du das machst, aber ich denke mir: die schönen Schlehen! Und Spaß macht es doch auch. Also, was hast du gefragt? Papa hätte uns alle ernährt von seinem Geld. Na, ich weiß nicht. Denk an die Schlepperei, die ich beim Einkaufen hatte, den Berg hoch. Du weißt, wie mir da immer die Arme weh getan haben. Und schließlich habe ich ihm doch auch das Essen gekocht, mir und euch natürlich auch, und dann die blöde Spülerei – na ja, spülen, das gehört wohl nicht mehr dazu. Oder doch? Wie sagst du, er hat uns ernährt? Also, ich würde sagen, es stimmt, und es stimmt auch wieder nicht. Schließlich hab' ich euch ja auch ein Weilchen ganz allein genährt, vier Kinder, immer die Brust, und du weißt, wie schlecht es mir damals, 1947, gegangen ist bei deiner Schwester. Da war ich ja so dünn und hatte selber eigentlich nichts mehr. Und dann bin ich ja auch krank geworden. Und heut hab' ich Knochenarthrose von den vielen Kindern und den schlechten Zeiten – meint wenigstens der Arzt.«

»Ja«, sage ich, »du verstehst das nicht richtig. Marx meint halt, Kinderkriegen und Stillen sei keine Arbeit.«

Meine Mutter wird unruhig: »Das hat dein Vater auch gemeint, da habe ich ihn mal mitgenommen, 1947 bei Gertrud, da hat er das mal gesehen, da hat er auch ganz schön geschwitzt. Aber ich war froh, daß er dabei war. Es war viel leichter als bei euch Älteren.«

»Guck mal«, sage ich, »Marx meint halt, wenn Papa nicht das Geld gehabt hätte, dann wärst du ja auch schlecht dran gewesen. Dann hättest du uns ja nicht bekommen können, nicht stillen und nicht einkaufen können und so.«

»Na ja«, erwidert sie, »aber denk doch mal an Oma, die hat uns zwei, den Hans und mich, gehabt, und die mußte selbst das Geld beibringen. Du weißt ja, wie schwer sie es hatte, den ganzen Tag stricken, und dann immer die Leute, die das Zeug brachten und abholten und so viel mit ihr schwätzen wollten – wo sie doch arbeiten mußte –, und dann noch wir.«

»Nun ja, da war halt deine Mutter die Ernährerin, da hat die halt die Knete verdient. Bleiben wir doch bei Papa. Du mußt doch zugestehen, wie hättest du dich und uns ernähren sollen ohne seine Knete.«

»Aber die Oma hat das doch auch geschafft.«

»Ja«, sage ich, »lassen wir die Oma weg, das wird zu kompliziert. Laß uns doch bei dir und Papa bleiben.«

»Also, so einfach kannst du dir das nicht machen. Bevor ich Papa geheiratet habe, habe ich doch ganz gut verdient. Als Stenotypistin. Und ich war eine gute Stenotypistin. Selbst in der Wirtschaftskrise bin ich nicht entlassen worden. Und glaubst du etwa, ich hätte dann weniger gearbeitet, als ich euch und Papa hatte. Früher hatte ich wenigstens Feierabend. Damit war's dann nichts mehr. Stell dir vor, wenn ich weitergearbeitet hätte als Sekretärin. Du weißt ja, Oma war arm, zu Hause gab's nichts, dann verdiente ich endlich Geld, und dann war's wieder nichts. Na und jetzt, jetzt hat er seine Pension, und ich muß immer noch das Essen kochen und spülen und den ganzen Kram. Klar, er hilft mir manchmal dabei. Aber wenn ich so überlege.«

»Aber du hast halt Papa mal geheiratet!«

»Ja, da frag' ich mich auch manchmal, warum ich das gemacht habe. Gut, so gibt's halt euch. Und da will ich auch gar nichts gegen sagen, nee, im Gegenteil, da bin ich ja froh. Sag noch mal den Satz.«

»Paß auf, ich les' dir eine andre Stelle vor, da wird's vielleicht einfacher: ›Der kapitalistische Produktionsprozeß‹ – du weißt, Lebensmittelfabriken und Kleiderfabriken und Möbelfabriken und die Leute, die da arbeiten – ›produziert also nicht nur

Ware, nicht nur Mehrwert, er produziert und reproduziert das Kapitalverhältnis selbst, auf der einen Seite den Kapitalisten, auf der andren den Lohnarbeiter.«[18] Um es einfach zu sagen, auf was es hier ankommt: In den Fabriken wird alles Nötige produziert, zum Beispiel auch die ganzen Lohnarbeiter, also Papa und ich und meine Geschwister. Wo du herkommst, bleibt da allerdings unklar, das muß ich gestehen.«

»Hör mal«, sagt meine Mutter, »das kannst du doch nun wirklich nicht sagen. Mal von allem anderen abgesehen, mal auch abgesehen davon, daß ich euch doch die meisten Kleider selbst gemacht, und auch mir, und das Essen gekocht und das ganze Zeug aus dem Wald geholt habe, was glaubst du denn, was aus euch und Papa geworden wäre, wenn ich nicht dagewesen wäre. Dann hätte er sich eine Haushälterin nehmen müssen, und die hätte er gar nicht bezahlen können, und ob die euch geliebt hätte, wär auch nicht sicher gewesen. Und was wäre dann aus euch geworden? Glaubst du denn, ich hätte die ganze Zeit Däumchen gedreht?!«

Ich höre lieber auf, weil meine Mutter inzwischen doch stark beunruhigt ist, und in der Tat: »Sag mal, Christel, ich war immer dafür, daß du was lernst, ich hab' dir nie gesagt, du brauchst unbedingt einen Mann, ich hab' mich mit Papa angelegt, damit du studieren darfst. Kannst du dir denn nicht über vernünftigere Sachen Gedanken machen?«

Wir sehen also, bei meiner Mutter ist nichts zu holen. Ihre Skepsis bezüglich meiner Warnung, sie werde noch zur Marxistin, war schon berechtigt. Den Schlehenbusch, also die Natur, die hat er berücksichtigt. Das ist schon eine ganze Menge, wenn man sich den sonstigen Stand der Wissenschaft ansieht, aber meine Mutter? Nein, die hat er nicht gesehen.

Der Kapitalismus allein trägt keine Schuld daran, daß Marx die Frauenarbeit nicht gesehen hat

Es erheben sich erregte Stimmen. »Wie kann denn der Marx deine Mutter berücksichtigen, wenn das Kapital sie nicht berücksichtigt. Er beschreibt das Kapitalverhältnis und sonst nichts. Wenn das Kapital sie nicht sieht, kann er sie doch auch nicht sehen.«

Aber schließlich hat Marx sich nicht nur über den Kapitalismus schriftlich geäußert. Da gibt es das berühmte Zitat aus der Deutschen Ideologie, auf das schon viele Feministinnen bei ihrer verzweifelten Suche nach etwas Brauchbarem für sich gestoßen sind – und das sie als unbrauchbar abhaken mußten.

Ich gehe das jetzt noch mal im einzelnen durch, weil ein ordentlicher Marxist in der Regel nicht – eine *ordentliche* Marxistin leider Gottes oft auch nicht – die feministische Suche nach Spuren der Frauenarbeit in den blauen Bänden verfolgt. »Drei Seiten der *sozialen* [!] *Tätigkeit* [!] [Ausrufezeichen und Hervorhebungen sind auch im folgenden immer von mir] existieren vom Anbeginn der Geschichte zugleich.« Der Fall ist eindeutig, wir sind hier überall, und nicht etwa nur im Kapitalismus. Also weiter: drei Seiten zugleich, »die Erzeugung der Mittel zur Befriedigung der Bedürfnisse, die Produktion des materiellen [!] Lebens selbst«, klar; dann »die Erzeugung neuer Bedürfnisse« – auch klar. Aber jetzt wird's komisch. »Das dritte Verhältnis, was hier gleich von vornherein in die *geschichtliche* [!] *Entwicklung* [!] eintritt« – warum übrigens erst das dritte? –, »ist das, daß die Menschen, die ihr eigenes Leben täglich neu machen« – man höre und staune –, »anfangen [!], andre Menschen zu machen.« Jetzt ist's also raus – und auch wiederum nicht, denn es geht weiter: »sich fortpflanzen …« Also nee, fortpflanzen tun sich auch die Kühe, aber ihre Bedürfnisse und ihre Produktion entwickeln sie nicht. Immer das gleiche, Gras, und damit hat sich's. Aber vielleicht kommt's noch? »… das Verhältnis von Mann und Weib, Eltern und Kindern, die Familie.« Na bitte, aber warum eigentlich »das Verhältnis«, also etwas, was einfach so da ist, ein Seinszustand gewissermaßen? Wo der Mensch, der wirkliche, doch, wie wir alle dankbar zur Kenntnis genommen haben, der praktisch Tätige ist. Nun, der Begriff »Verhältnis« leitet konsequent und auch einigermaßen flott zum folgenden über. Peinlich, daß das Problem überhaupt unter die Feder gekommen ist. Und dann noch eingeleitet mit Begriffen wie »soziale Tätigkeit«, »geschichtliche Entwicklung«. Das wollten wir doch gar nicht, uns interessiert doch was ganz anderes. »Die Produktion des Lebens, sowohl des eigenen in der Arbeit wie des fremden in der Zeugung [ist das nicht vor allem Sache des Mannes – Zeugung? Im damaligen Sprachgebrauch?], erscheint nun schon sogleich als doppeltes Verhältnis – einerseits als natürliches, andrerseits als gesellschaftliches …« Gott sei Dank, das wär geschafft, da hat man es nun schnell auf den Begriff gebracht, mit dem es aus der historischen Analyse ausgeschlossen werden kann. Was Begriffe doch so alles Gutes an sich haben. Und es stimmt ja auch. Für die Männer ist die Kinderproduktion keine soziale Tätigkeit, sondern wie gesagt: Zeugung, Trieb, Natur. Und jetzt kann's endlich weitergehen. Natürlich, wie könnte es anders sein, ist für die »Geschichte der Menschheit« die »Geschichte der Industrie und des Austauschs« entscheidend.[19] Was einem da doch bei wissenschaftlicher Redlichkeit alles aufs Blatt geraten kann. Aber definieren konnten die Genossen schon gut. Wozu hatten sie sich schließlich durch die ganze bürgerliche Wissenschaft hindurchgearbeitet. Der männlich verengte Blick auf die Kinderproduktion tut zusätzlich gute Dienste.

Sage noch einer oder eine, der Kapitalismus allein trage die Schuld. Der Rückgriff auf die Frühschriften wäre eigentlich gar nicht nötig gewesen. Denn im »Kapital« sind die Dinge hinreichend klargelegt. Wer immer noch Zweifel hat, wird vielleicht endgültig eines Besseren belehrt, wenn er/sie sich ansieht, was Marx im »Kapital« unter »Arbeit« versteht. Und damit bin ich auch bei meinem Hauptmotiv: Kopf und Hand, und wo bleibt der ganze Rest? Bisher habe ich die Arbeit meiner Mutter im Hinblick auf die Tauschwertseite betrachtet. Sie produziert die für die Ökonomie entscheidende Ware, die

Ware Arbeitskraft, und trotzdem bekommt sie nichts dafür bezahlt. Jetzt wende ich mich der Gebrauchswertseite zu, dem konkreten, besonderen Charakter der Arbeit meiner Mutter im System der geschlechtlichen Arbeitsteilung.

Arbeit: »Er unterwirft die seiner Leiblichkeit entspringenden Kräfte seiner Botmäßigkeit«

Auch im »Kapital« ist mitnichten nur vom Kapitalismus die Rede. Es findet sich durchaus auch Allgemein-Menschliches. Zum Beispiel im Kapitel »Arbeitsprozeß und Verwertungsprozeß«. Da ist zunächst vom »Arbeitsprozeß« überhaupt die Rede, wohlgeordnet davon abgetrennt dann vom »Verwertungsprozeß«, also den besonderen kapitalistischen Zutaten.

Ja, und eins muß frau dem alten Genossen lassen. Er ist schon konsequent in Aufbau und Ausführung seines Werkes. Wenn er zu Beginn vergessen hat, daß die Ware nicht nur ein Ding, sondern auch eine Kraft ist, die eigentümliche Ware Arbeitskraft, so vergißt er hier, daß es nicht nur Dinge produzierende, sondern auch »Menschen produzierende« Arbeit gibt. Da lesen wir:

»Was aber von vornherein den schlechtesten Baumeister von der besten Biene unterscheidet, ist, daß ER die Zelle in SEINEM Kopf gebaut hat, bevor ER sie in Wachs baut. Am Ende des Arbeitsprozesses kommt ein Resultat heraus, das beim Beginn desselben schon in der Vorstellung DES ARBEITERS, also schon ideell vorhanden war. Nicht daß ER nur eine Formveränderung des Natürlichen bewirkt; ER verwirklicht im Natürlichen zugleich SEINEN Zweck, den ER weiß, der die Art und Weise SEINES Tuns als GESETZ bestimmt, und dem ER SEINEN Willen unterordnen [!!] *muß.«*[20]

Während ich über diesen Satz nachgrüble, kommt mir die kleine Tochter meiner Freundin, auf deren Veranda ich an der Schreibmaschine sitze, dazwischen. Ich muß also mal unterbrechen, bin schließlich auch unterbrochen worden, vielleicht bringt es ja was. Paula hat zwei Schlümpfe in der Hand und fragt mich: Welchen findste schöner? Ein Überraschungsangriff. Ja, welchen finde ich denn schöner? Kopf und Gefühle drehen einige gewaltsame Runden hin zur Realität. Ach, ist das schwer. Ich bin noch nicht ganz bei den Schlümpfen angekommen. Ich sag' einfach was. Ich sage, den mit der Harke. Paula sagt, ich finde beide schön. Nun gut, sechs Schlümpfe sind es insgesamt, ich muß zu allen möglichen Kombinationen mein Urteil bilden. Paula ist immer anderer Meinung. Dann eine neue Version. Alle sechs Schlümpfe liegen nebeneinander auf dem Tisch. Welchen findste niedlicher? Ich starre mit leerem Blick auf die sechs Schlümpfe, ich komme einfach, trotz aller Anstrengungen meines Willens und meiner Zuneigung zu Paula, nicht ernsthaft bei den Schlümpfen an. Und jetzt ist ja auch was andres gefragt, niedlicher – was ist denn niedlicher im Unterschied zu schöner? Ich sage einfach was, Paula ist wieder anderer Meinung. Sie findet den im Schlafanzug gerade mal am niedlichsten. Ich hatte, ohne mir wirklich ein Urteil gebildet zu haben, auf den grünen Clown getippt. Ich habe ein schlechtes Gewissen, bin sauer über meinen Kopf und meine Empfindungen, die einfach nicht bei den Schlümpfen anlanden wollen. Ich sag' mir, jetzt schreibst du über weibliche Arbeit, willst dem Alt-Genossen am Zeug flicken, und wenn es um die Praxis geht, wenn Paula was über die Schlümpfe von dir wissen will, dann bist du nicht in der Lage, runterzusegeln. Der Blick bleibt starr und abwesend, hoffentlich guckt Paula mich nicht an. Hoffentlich merkt sie nicht, daß ich gar nicht mit dem Herzen dabei bin. Die Theorie und die Praxis, so einfach ist das nicht. Aber das ist ja auch vielleicht eine theoretisch wichtige Aussage. – Wir waren bei den Schlümpfen. Es kommt noch eine Zirkusvorstellung, dann noch eine Schlägerei, bei der eine ganze Menge Schlümpfe im Krankenhaus, sprich dem Rand eines Strohhuts, landen. Ich gucke angestrengt interessiert zu, geben absolut belanglose Kommentare ab. Paula schafft's nicht. Weder in die Zirkusvorstellung noch in die Schlägerei kann ich so richtig einsteigen. Sie merkt das wohl, übrigens ohne mich anzusehen, zuckelt ab. Als sie wieder vorbeikommt, habe ich gerade angefangen, über ihren

Überraschungsangriff zu schreiben. Ich muß lachen. Sie fragt: Warum lachste denn? Ich sag', ich hab' grad was über dich, mich und die Schlümpfe geschrieben. Das interessiert sie. Ich wehre ab, ich bin noch nicht ganz fertig. Sie sagt, trotzdem, lies mal vor. Es gefällt ihr. Sie ist, scheint's, ganz zufrieden, daß ich an der Schreibmaschine auch mal was Vernünftiges mache.

Ich glaube, Paulas Überraschungsangriff war geradezu ein Gottesgeschenk für den Fortgang der Argumentation.

Zunächst einmal, das Ganze war harte Arbeit. Wenn ich anfangen wollte zu messen, was an Hirn und Nerven verausgabt wurde – auf jeden Fall mehr als für die letzten drei Seiten vorher. Und jetzt zum Vergleich: Klar ist, ich hatte im Kopf vorher gar nichts gebaut. Selbst wenn ich auf Spielen mit Paula eingestellt gewesen wäre, es hätte mir nichts genützt. Sie hat gebaut, mal dies, mal das, was ihr so in den Kopf kam, und ich mußte mich danach richten. Und ein fertiges Resultat hatte sie vorher auch nicht im Kopf. Ich natürlich auch nicht. Sie wußte ja nicht, was ich so meine, und die Zirkusvorstellung wäre wahrscheinlich ganz anders verlaufen, wenn ich ein bißchen besser darauf eingestiegen wäre. Und von irgendeinem Gesetz, das die Art und Weise meines Tuns bestimmt hätte, kann ja nun wirklich auch keine Rede sein. Klar, ich habe versucht, meinen Willen unterzuordnen, nämlich meinem Zweck, Paulas Bedürfnissen an mich nachzukommen. Wie wir aber gesehen haben, es ging schief, Gedanken und Gefühle wollten einfach nicht, die hätten ein bißchen mehr Zeit gebraucht. Stimmt auch nicht ganz. Ein Teil meines Kopfes wollte ja ganz gern, aber der andere unterwarf sich leider nicht. Nun könntet ihr sagen, ist auch ehrenwert, aber es ist ja kein Resultat dabei herausgekommen, es war also keine Arbeit. Sagt das nicht. Paulas Erleichterung über das Ergebnis meiner Schreibmaschinenarbeit – ist das etwa nichts?

Ich weiß, es ist eine Provokation, vom Spielen mit Paula zu reden, wo Marx doch von der Arbeit spricht. Aber ich nehme ihn beim Wort. Er behauptet hier schließlich, der Gegenstand seiner Analyse sei nicht die speziell kapitalistische Arbeit. Und welcher aufgeschlossene junge Mann wird heute noch behaupten wollen, er und seine Frau täten nichts Produktives, wenn sie mit den Kindern spielen.

Aber nehmen wir ein anderes Beispiel: Kinder-ins-Bett-Bringen ist ja schon etwas gediegener. Das ist ganz deutlich Arbeit. – Wer macht es heute? Ich bin so müde, mach du es! Wieso, ich habe die Kinder gestern ins Bett gebracht, heute bist du dran. Nun ja, ich mache es, vorlesen macht ja auch Spaß. Schnell Zähne putzen und waschen und dann zu den Kindern ans Bett, ein Märchenbuch, und der Abend klingt friedlich aus. – Von wegen. Der harmonische Ablauf des Essens war eine Täuschung. Zähne putzen ist heute abend die absolute Schranke. Sie wollen einfach nicht. Den Kindern fällt alles mögliche ein, »Gewalt« willst du nicht anwenden, aus pädagogischen Gründen und weil du auch zu müde bist. Aber du wirst sauer. Die Kinder merken es. Die Sache geht erst recht nicht voran. Die gute Laune ist hin. Endlich nach langem Hin und Her sind die Zähne geputzt, alle sind beleidigt, die Kinder wollen nichts mehr vorgelesen bekommen, du bist traurig und enttäuscht. War wieder mal nichts mit der Verwirklichung deiner Pläne. Daß du deinen Plan im Kopf genau verfolgt hast, hat genau das Gegenteil bewirkt. Es gibt kein genau vorherkalkulierbares Resultat.

Ich habe hier ein ganz harmloses Beispiel genommen, aber wie oft schon stand ich hilflos da, wenn mir Mütter von ihren heranwachsenden Kindern erzählten. Welche Mühe haben sie sich gegeben, welche Arbeit, welche Konzentration, welche Kräfte ihrer ganzen Person aufgewandt. Und jetzt: Die Heranwachsenden sind unglücklich, sie bekommen Vorwürfe zu hören, die Kinder machen sich noch lustig über ihre Liebesmüh; die Angst, die Tochter könnte in die Drogenszene geraten, läßt die Mutter nicht schlafen. Es hat den Anschein, daß die ganze Arbeit umsonst war. Sie war zu unzulänglich, gegen all das anzusteuern, was auf das Kind sonst noch Einfluß nimmt. Vielleicht, so grübelt die Mutter, hat sie auch Fehler gemacht. Wo lagen die? Was hätte sie anders machen können? Und mit alldem muß umgegangen werden. Enttäuschung, Selbstzweifel, Wut auf die »gesellschaftlichen Verhältnisse«, Angst. Welche

Trauerarbeit bedeutet es, nicht zu resignieren und zu verzweifeln! Schließlich fühlt sie sich dafür verantwortlich, was aus dem Kind wird.

Was steht denn noch so Allgemein-Menschliches zur Arbeit im »Kapital«?

»Die Arbeit ist zunächst ein Prozeß, worin DER Mensch SEINEN eigenen Stoffwechsel mit der Natur durch SEINE eigne Arbeit vermittelt, regelt und kontrolliert. ER tritt dem Naturstoff selbst als eine Naturmacht gegenüber. Die SEINER Leiblichkeit angehörigen Naturkräfte, Arme, Beine, Kopf und Hand setzt ER in Bewegung, um sich den Naturstoff in einer für SEIN eignes Leben brauchbaren Form anzueignen. Indem ER durch diese seine Bewegung auf die Natur außer IHM wirkt und sie verändert, verändert ER zugleich SEINE eigne Natur. ER entwickelt die in ihr schlummernden Potenzen und unterwirft [!!!] *das Spiel ihrer eignen Kräfte SEINER Botmäßigkeit.«*[21]

Na klar, ist ja auch ungefähr richtig, ist ja auch nur DER Mensch gemeint – und die Frauen gehören, das wissen wir inzwischen, in Teilen ihrer Tätigkeit nicht dazu. Aber auch bei den unmittelbar gegenstandsbezogenen Arbeiten stimmt es nicht ganz. Wenn ich dran denke, wie ich mit meiner Mutter Pilze gesammelt habe – mit meinem Vater wäre es schließlich nicht anders gewesen: von wegen »vermittelt, regelt und kontrolliert«! Die Pilze wuchsen, wo sie wollten. Gut, wir hatten allmählich einen ganz geübten Blick. Eichenbestand, bestimmter Graswuchs, bestimmter Sonneneinfall – da kann es Steinpilze geben. Manchmal haute es hin, manchmal nicht. Da habe ich übrigens auch immer Gottvater, den Mann mit dem großen Bart, herausgefordert: Du bist doch allmächtig, nun beweis das mal. Wenn hinter der nächsten Eiche ein Steinpilz steht, glaub' ich an dich. Nun, der Herr war sehr wechselhaft. Immer mußte ich beichten: Ich habe an Gott gezweifelt! Das war eine schwere Sünde.

Bleiben wir noch einen Moment bei der Sammeltätigkeit. Schließlich haben vor allem die Frauen wohl den größten Teil ihrer Entwicklungsgeschichte mit Tätigkeiten dieser Art zugebracht. – Die Sache machte Spaß, welche Freude, wenn da ein

Waldstück mit Maronenpilzen übersät war. Die Entdeckung war beinahe noch lustvoller als das abendliche Verzehren der Pilze: Produktion und Konsumtion gar nicht so sehr voneinander getrennt als Arbeit auf der einen, Genuß auf der anderen Seite. Schließlich hatte der Magen nach dem Pilzeessen auch noch zu tun. Neugierde, Entdeckungslust, Freude über die Bestätigung deines angesammelten Wissens über ergiebige Stellen und Enttäuschungen, wenn die Ausbeute mager war. Erfahrungsaustausch, Gespräche über die Art der Zubereitung. Arbeitsprozeß im Marxschen Sinne war allenfalls die abendliche Zubereitung der Pilze. Die Sammeltätigkeit hatte anderen Charakter. Dabei verwirklichten wir nicht einfach einen Zweck im Natürlichen, sondern waren vom Natürlichen abhängig. Trotzdem fühlten wir uns deshalb nicht als armes Opfer der Natur. Manchmal träumten wir davon, wie das wäre, Steinpilze anzubauen, im Garten. Aber dann würden die gar nicht mehr so gut schmecken, dann fehlte die ganze Sammellust im Geschmack des Pilzgerichts. Wir sehen also, eine ganze Menge menschlicher Fähigkeiten, Bedürfnisse, Entwicklungsmöglichkeiten sind im Marxschen Arbeitsbegriff mitnichten erfaßt.

Wenn die Bauern bei aufziehendem Regen auf die Wiesen fuhren, um noch schnell das Heu einzuholen, dann waren da nicht nur Arme, Beine, Kopf und Hand in Bewegung, sondern das Gemüt, die Gefühle, der ganze Mensch, der ganze Körper, Kopf und Herz waren dabei. Die Angst beflügelte ihre Kräfte. Die ackerten in einem Tempo, zu dem der Kopf allein sie nie hätte antreiben können. Der Satz, welcher den oben zitierten Ausführungen folgt – Marx macht darin eine Einschränkung –, hilft auch nicht weiter. Die von ihm beschriebene Arbeit sei schon etwas Zivilisiertes: »Wir haben es hier nicht mit den ersten instinktmäßigen Formen der Arbeit zu tun.«[22] Heu einholen bei aufziehendem Regen ist ja nicht einfach was »Instinktmäßiges«, nur weil die Bauern Angst haben, im Winter gäbe es nicht genug Futter für das Vieh. Da ist durchaus langfristige Vorsorge und Planung am Werk. Und wenn wir uns das heutige Geschrei der CDU anhören, die Arbeiter seien nicht mehr richtig motiviert – gut, es ist die CDU, aber ich habe auch schon einige überzeugende Beispiele aus glaubwürdigem Mund gehört –, so liegt das doch vielleicht auch daran, daß diese ihr Gemüt, ihre Gefühlskräfte, ihre Angst, Sorge, Freude, ihren Willen, ihr Verantwortungs-GEFÜHL etc. völlig weggesteckt haben, nicht etwa deshalb, weil sie das so besser finden, sondern weil DAS KAPITAL meint, es könne darauf verzichten, es könne all diese Kräfte durch ein bis zum I-Tüpfelchen verwissenschaftlichtes System der Leistungskontrolle und Lohndifferenzierung ersetzen. Und die zitierten Gefühlskräfte sind ja nicht einfach nur ein emotionales Chaos. Bei den Heu einfahrenden Bauern stehen sie, wie gezeigt, mit dem Kopf in durchaus ernsthafter Verbindung.

Es gibt inzwischen Industriesoziologen, die tatsächlich bemerkt haben wollen, daß es ohne die beschriebenen Gefühlskräfte im Betrieb schwerlich funktionieren würde. Wenn bei den »Arbeitskräften« nicht das Bedürfnis und der Wille da wären, ihre Arbeit ordentlich zu tun, etwas Brauchbares zu produzieren, dann nützten das beste Management und das raffinierteste Lohn-Leistungs-Anreizsystem nichts. Und die These, daß dieses Bedürfnis, diese Kraft, diese Fähigkeit von den Kindern im Familienzusammenhang, in der Kooperation bei der familiären »Gebrauchswertproduktion« erworben worden seien, hat mir eingeleuchtet.[23]

Kommen wir aber zum Kinderkriegen, zur Kindererziehung und zur sogenannten »Beziehungsarbeit«, dann stimmt das Gesagte überhaupt nicht mehr. Gut, Marx hat das nicht gemeint. Das war für ihn keine Arbeit. Trotzdem, Frau muß sich das genau vergegenwärtigen. Was sagt Marx: Kopf, Arme, Beine, Hände, damit erschöpfe sich der Bestand an Körperlichkeit. Auffallend ist dabei, daß der ganze mittlere Teil, an dem das alles angebracht ist, einfach fehlt, also Brust, Bauch, der männliche Fortsatz und das entsprechende weibliche Gegenstück, vom Uterus, der Gebärmutter, erst gar nicht zu reden. All das scheint dem weisen Mann ganz uninteressant für die Erhaltung und Reproduktion des menschlichen Geschlechts. Das ist Natur, das ist der instinktmäßige Teil, der ist für die

Entwicklung der Menschen als Menschen absolut irrelevant. Das wird halt leider so als unzivilisierter Rest mit sich herumgetragen. Davon schweigt MANN lieber. Ist ja auch ein bißchen unanständig. So um die Jahrhundertwende debattierte die SPD – damals war Marx bei ihr noch sehr angesehen – über ein naturalistisches Stück. Es war in der Parteikulturzeitung veröffentlicht worden, und darin sagte eine Frau öffentlich auf der Bühne, sie müsse mal pinkeln, nicht ganz so deutlich, aber immerhin. Das gab eine furchtbare Aufregung. Liebknecht fand es einfach schweinisch. Darüber durfte nicht geredet werden.

Dabei erinnere ich mich doch noch daran, was das für eine Arbeit für meine Mutter war, ihren Kindern beizubringen, nicht mehr in die Hose zu machen – ein richtiges Zivilisationswerk. Schließlich gab es noch keine Waschmaschine. Pinkeln war Tagesthema.

Und dann erst die Sache mit der Brust, dem Bauch, der Gebärmutter. Aber das sollen die Frauen, die Kinder haben, selbst erzählen, sie haben die Erfahrung, ich käme da leicht ins Spekulieren. Eins kann ich allerdings versichern: Auf die schönen Gefühle unterhalb meines Bauchnabels möchte ich auch bei meiner Kopfarbeit nicht verzichten. Neulich zum Beispiel: Ich sollte fürs Fernsehen einen dreiminütigen Spot machen über die »Neue Heimat«. Vor so was habe ich Angst. Schließlich bin ich gewöhnt, ausführlich meine Gedanken und die damit verbundenen Gefühle – aber die sind bei Marx auch vergessen, bei mir sind sie allerdings nie ganz weg: Ich bin zum Beispiel einfach wütend auf die »Neue Heimat« – darzulegen. Ich sollte also kurz etwas Treffendes sagen. Die Angst war da. Oben im Hals klemmte es. Ich hatte das Gefühl, weiter unten ist nichts mehr. Da habe ich Kopfarbeit geleistet, habe mir gesagt, laß deinen Kopf nicht allein, da kriegt der Angst, vergiß nicht, daß weiter unten auch noch einiges ist, zum Beispiel das schöne Gefühl im unteren Bauch, das einen ja auch immer ganz ordentlich bei der mitmenschlichen Zuneigung unterstützt. Mach nicht zu im Hals. Und tatsächlich, die Kopfarbeit war erfolgreich. Es ging prima. Nein, nicht in liebevoller Hinwendung zur »Neuen Heimat«; durchaus zornig, aber genau. Leider wurde mein Auftritt nicht gezeigt, die Zeit war angeblich zu knapp. Aber ich dachte mir: Das mußt du dir merken, das nächste Mal läßt du gar nichts erst im Hals abklemmen, da triffst du gleich vorsorgende Planung. Ob es funktioniert, weiß ich natürlich nicht. Unterworfen habe ich mir jedoch nichts. Ich habe vielmehr durch gezielte Kopfarbeit eine Kraft meiner Körperlichkeit sich frei entfalten lassen. Es war eher eine Kooperation zwischen meinen verschiedenen Kräften, wie die feministische Wissenschaftlerin Maria Mies das ausgedrückt hat.[24]

Ich könnte nun versuchen, das Gesagte in Begriffe zu fassen. Das folgt jedoch später, wenn ich mich mit der feministischen Literatur zur »weiblichen Produktivität« beschäftige. Aber an dieser Stelle fällt der einen oder dem anderen vielleicht noch das eine oder andere ein, so daß sie zu differenzierteren Ergebnissen kommen als ich mit meinen ganz subjektiven Beispielen.

Nur eines noch: So ordentlich und diszipliniert und befehlsmäßig, wie der Mann Marx – es ist wohl auch nicht zufällig, daß meistens nur sein Kopf gezeigt wird – uns das weismachen will, geht es einfach nicht zu. Und trotzdem ist es menschliche Entwicklung, menschliche Arbeit, Kultur. Wenn ich das Kapitel über den Arbeits- und Verwertungsprozeß lese, komme ich zu dem Resultat: Der Mann hat von vornherein gar nicht die allgemein-menschliche Arbeit beschrieben, der hatte schon Bestimmtes, zum Beispiel Handwerkliches, im Kopf, obwohl ich nicht glaube, daß bei einem mittelalterlichen Handwerksmeister Bauch, Brust und Herz gar nicht mit dem Kopf verbunden waren, sondern sich rein instinktiv-inhuman weiter unten bemerkbar machten. Ich glaube, Marx hatte die kapitalistische Arbeit im Kopf, die Fabrik. Dort sind zwar Kopf und Hand auseinandergenommen, wenn es ordentlich zugeht. Der Kopf – das ist der Unternehmer; die Hände und Beine – das sind die Arbeiter: Und die sind dem Kopf unterworfen, das stimmt. Und das hat der Genosse dann halt wieder zusammengesetzt. Kopf und Hände – ein Mensch, da hat er gemeint, er bekäme auf diese Weise etwas Allgemeines, für alle

Arbeiten Gültiges heraus. Das war wohl nichts, wie ich in hinreichender Deutlichkeit, empirisch untermauert, nachgewiesen habe. Gut, ich gebe zu, ich habe nur mich genommen, ich habe keine durchschnittliche Population untersucht, aber mir schwant, ich bin gar nicht so einmalig.

Natur, Rohstoffe, Frauen und männliche Werkzeuge aller Art

Wie sieht Marx die »Natur«, wenn er vom Verhältnis zwischen Arbeit und Natur, den beiden Seiten des produktiven Prozesses, spricht? Ich habe gezeigt, daß sein Arbeitsbegriff mitnichten alle Seiten menschlicher Arbeit zu allen Zeiten umfaßt. Die Arbeit, die sich die Frauen mit ihren Kindern machen, ist überhaupt nicht gemeint, und die Arbeit in vorkapitalistischen Produktionsweisen ist nur partiell erfaßt. Wie ist es nun mit der »Natur«?

»Dinge, welche die Arbeit nur von ihrem unmittelbaren Zusammenhang mit dem Erdganzen loslöst, sind von Natur vorgefundene Arbeitsgegenstände … So der Fisch, der von seinem Lebenselement, dem Wasser, getrennt, gefangen wird … das Erz, das aus seiner Ader losgebrochen wird. Ist der Arbeitsgegenstand dagegen selbst schon sozusagen durch frühere Arbeit filtriert, so nennen wir ihn Rohmaterial … Alles Rohmaterial ist Arbeitsgegenstand, aber nicht jeder Arbeitsgegenstand ist Rohmaterial.[25]

Irgendwann wird alles, was von der Natur durch Arbeit getrennt wird, zu Rohmaterial. Rohmaterial zu produzieren ist eine wesentliche Eigenschaft der Arbeit.

Dann kommt noch das Arbeitsmittel. Es ist »ein Ding oder ein Komplex von Dingen, die DER ARBEITER zwischen sich und den Arbeitsgegenstand schiebt«. Arbeitsmittel sind »Machtmittel«, deren Eigenschaften, »mechanische, physikalische, chemische«, genutzt werden. Produktion und Gebrauch von Arbeitsmitteln als Machtmittel »charakterisieren den spezifisch menschlichen Arbeitsprozeß, und Franklin definiert den Menschen als ›a toolmaking animal‹, ein Werkzeuge fabrizierendes Tier«[26].

Marx widerspricht Franklin mitnichten. Und aus dem realen Sozialismus tönt es uns ja auch ununterbrochen in die Ohren: Solange wir das nicht begriffen hätten, hätten wir nichts begriffen. Also, erneut an die Arbeit. Können wir das denn alles so unterschreiben, als allgemein-menschliches Verhältnis zur Natur und als allgemein-menschliche Aussage zur Menschwerdung des Affen? Noch ein Nachtrag: »Die Erde ist SEINE ursprüngliche Proviantkammer ... und selbst ... ein Arbeitsmittel.«[27]

Ich hake mal beim letzten Satz ein: »Die Erde ist SEINE Proviantkammer und (SEIN) Arbeitsmittel«! Warum fällt mir hier die American Fruit Company ein, die in Malaysia irgendein Gebiet von der ansässigen kleinbäuerlich produzierenden Bevölkerung säubert, Plantagen anlegt, einen Teil der enteigneten Bauern als Lohnsklaven einstellt, den Rest dem Hunger und der Verelendung überläßt, auch einige, die damit nicht einverstanden sind, umbringt? Wer ist denn dieser ER, für den die Erde sich als gefüllte Proviantkammer und Arbeitsmittel darbietet? Ich gebe zu, es ist ein bißchen spekulativ, wenn ich aus dieser kargen Bemerkung die Folgerungen ziehe, daß dies nicht irgendein ER, sondern der WEISSE MANN ist. Aber der Urwald ist etwa für die Amazonasindianer nicht einfach nur Proviantkammer – er ist auch bedrohlich, da gibt es zum Beispiel Tiere und Pflanzen, die die Erde auch für sich haben wollen. Da ist noch nicht alles so gut zubereitet. Und es ist sicherlich auch nicht ohne Bedeutung fürs praktische Handeln ganzer Völkerschaften geblieben, daß sie die Erde nicht umstandslos nur als Proviantkammer betrachtet haben, sondern als lebenspendende Große Mutter, die Geschöpfe unterschiedlicher Art aus sich hervorbringt, Menschen, Pflanzen und Tiere, alle in unterschiedlicher Weise beseelt, aber eben doch auch durch ihre gemeinsame Herkunft miteinander verbunden. Die Amazonasindianer sprechen vom Fisch nicht als Arbeitsgegenstand, wenn sie am Fluß mit dem Pfeil stehen, und die Frauen, wenn sie ihn zubereiten, nicht von Rohmaterial. Solche Begriffe gibt es in der Sprache dieser Völker nicht, und das bedeutet ja auch, daß sie eine andere Vorstellung von ihrer

Arbeit haben. Die These von Marx, es handele sich hier um Allgemein-Menschliches, halte ich für falsch. Ich zitiere ihn noch mal: »Der Arbeitsprozeß, wie wir ihn in seinen einfachen und abstrakten Momenten dargestellt haben, ist zweckmäßige Tätigkeit zur Herstellung von Gebrauchswerten, Aneignung des Natürlichen für menschliche Bedürfnisse, allgemeine Bedingung des Stoffwechsels zwischen Mensch und Natur, ewige Naturbedingung menschlichen Lebens und daher unabhängig von jeder Form dieses Lebens, vielmehr allen seinen Gesellschaftsformen gleich gemeinsam.«[28] Der Satz ist absolut eindeutig – und ich glaube nicht daran. Der Korb, den ich beim Pilzesammeln am Arm trage, ist er ein Machtmittel? Mein Wissen und meine Erfahrung, an welchen Stellen es Pilze geben könnte, ist es ein fabriziertes Werkzeug, ein Arbeitsmittel, ein Machtmittel in diesem Sinn? Nein. Es ist weder ein Machtmittel, denn die Pilze wachsen ja nicht einfach da, wo ich gern will, noch ein gegenständliches Werkzeug. Die Sprache, mit der ich mich während des Pilzesammelns mit meiner Mutter verständige, müßte auch ein bißchen differenzierter beschrieben werden. Und daß all dieses nicht zum spezifisch menschlichen Arbeitsprozeß gehören soll, der Korb, das Wissen, die Sprache, weil sie keine Machtmittel, keine Werkzeuge im beschriebenen Sinn sind, das will mir nicht in den Kopf.[29] Das behauptet auch heute wohl kaum noch jemand. Trotzdem will uns der reale Sozialismus nach wie vor weismachen, die eigentliche Menschlichkeit bestehe einzig und allein im Werkzeugmachen, im Produzieren von *Machtmitteln* gegenüber der Natur. Ich will dieses Thema hier nicht vertiefen, weil es mir ja speziell um die vergessene Frauenarbeit geht – und was das für Folgen hat. Statt die ganze Geschichte jetzt noch einmal an Paulas Überraschungsangriff mit den Schlümpfen zu überprüfen, wähle ich eine neue Perspektive. Wir hatten schon gesehen: Die in die Produktion der nächsten Generation, also der »Ware Arbeitskraft« in spe, investierte Arbeit/Tätigkeit beschränkt sich nach Marx auf die Zeugung und die Lieferungen aus den Fabriken. Und der Kapitalist benutzt diese Ware als ein Ding. »Der Arbeitsprozeß ist ein Prozeß zwischen Dingen, die der Kapitalist gekauft hat, zwischen ihm gehörigen Dingen.«[30]

Ich rücke jetzt ein Stück von Marx ab und übertrage experimentehalber seine Definitionen des Allgemein-Menschlichen am Arbeitsprozeß und am Verhältnis zwischen Arbeit und Natur auf die männlichen Anteile an der Kinderproduktion. Nehmen wir die Zeugung. Sie wird von Marx als Resultat des bloßen Naturtriebs bezeichnet. Aber es ist mit Sicherheit kein Zufall, daß der männliche Anteil daran – falls die Zeugung nicht nur gesellschaftlich-durchschnittlich, sondern auch im konkreten Einzelfall in männerherrschaftlicher Form getätigt wird – sich vergleichsweise problemlos in die Franklinsche Definition vom Menschen als Werkzeug machendem Tier fügt. Der männliche Fortsatz ist in diesem Falle Werkzeug, Machtmittel, ein Ding, das gewisse mechanische Eigenschaften hat, die bei der Bearbeitung des Arbeitsgegenstandes, welcher der Natur angehört, also des Körpers der Frau, in trefflicher Weise genutzt wird. Wie immer die vorkapitalistischen Verhältnisse in diesem Punkte ausgesehen haben mögen, so wissen wir doch, daß erneut eine Menge Menschwerdungs-, Mannwerdungsarbeit im Prozeß der Zivilisation geleistet wurde: ein übrigens auch für die Männer keineswegs uneingeschränkt glücksbringender Prozeß.

Im Kapitel über die »Ursprüngliche Akkumulation« zu Ende des ersten Bandes vom »Kapital« hat Marx die gewalttätig-blutigen Entstehungsbedingungen der kapitalistisch-industriellen Gesellschaft dargestellt. Die Hexenverbrennungen geraten ihm an keiner Stelle ins Blickfeld. Die Schätzungen über diesen Frauen-Völkermord schwanken zwischen neun und dreißig Millionen Opfern. Ich weiß, die Sache ist komplex, läßt sich nicht einfach auf das reduzieren, was dabei dann für den Kapitalismus an Günstigem herausgesprungen ist. Aber warum wurden denn Frauen der Hexerei angeklagt, wenn irgendein Mann bei ihnen impotent war? Und warum wurden gerade die Hebammen, die Frauen, die Kenntnisse über Verhütung, Abtreibung und Geburt hatten, auf den Scheiterhaufen geführt? Es war ganz und gar nicht einfach, die Frauen endgültig in den Status der Natur, des durch ein männliches Machtmittel bearbeiteten Arbeitsgegenstandes hinunterzudefinieren.

Heinsohn, Knieper und Steiger weisen in ihrem Buch »Menschenproduktion«, in dem sie den Ursachen und Wirkungen der rätselhaften Erscheinung einer ungeheuren Bevölkerungsexplosion im 18. und 19. Jahrhundert in Europa nachgegangen sind, darauf hin, daß zum Beispiel der französische Merkantilist und Staatsdenker Jean Bodin, einer der ersten Vertreter moderner Staats- und Wirtschaftstheorie im Frankreich des 17. Jahrhunderts, als Berater des Parlaments an der Organisation und Intensivierung der Hexenverbrennungen entscheidenden Anteil hatte. Immer wieder hat die Geschichtswissenschaft befremdet registriert, daß da in einer Person anscheinend problemlos »finsterstes Mittelalter« und moderne Rationalität friedlich beisammenwohnten. Die Sache klärt sich leicht, wenn der Inhalt der wirtschaftstheoretischen Aussagen Bodins beleuchtet wird. Er machte sich Gedanken über die Quellen des »Reichtums der Nationen« und vertrat die These, neben dem Gold, das durch Kolonialpolitik zu erwerben sei, bilde die Zahl der Arbeitskräfte, der quantitative Umfang der Bevölkerung, die entscheidende Quelle. Je mehr Arbeitskräfte, desto reicher und mächtiger der Staat. Mann mußte also dafür sorgen, daß möglichst viele Arbeitskräfte produziert wurden, das heißt, Mann mußte die Frauen an der Kontrolle der Kinderanzahl, an der bewußten Regulierung dieses Teils ihrer Produktivität hindern. Sie mußten ihres Wissens enteignet werden, um sie in den Status der Blind-wie-die-»Natur«-Produzierenden zu versetzen. Das führte zu dreihundertjährigem Terror. Alle Frauen, so die These der oben genannten Autoren, die Geburtenregelung praktizierten oder Wissen darüber besaßen, mußten mit dem Scheiterhaufen rechnen.[31]

Es war demnach nicht einfach der »Selbsterhaltungs- und Fortpflanzungstrieb der Arbeiter«, der genügend Arbeitskräfte lieferte, wie Marx im »Kapital« meint. In das Kapitel über »Die ursprüngliche Akkumulation«, das heißt über die Anfänge und Grundvoraussetzungen des Kapitalismus, hätte die Erwähnung der Hekatomben verbrannter Frauenkörper hineingehört. Es ist sicherlich nicht purer Zufall, daß ein so leidenschaftlich genauer Denker wie Marx gerade diesen Aspekt völlig übersehen hat. Und auf diesem Auge blind, kann dann auch Engels in seinem Werk über den »Ursprung der Familie, des Privateigentums und des Staates« die »Brutalität« von Arbeitern gegenüber ihren Frauen als vernachlässigenswerten Rest aus vorkapitalistischen Zeiten abtun.

Um in der Argumentation einen Schritt weiterzukommen, muß ich noch einmal das anfängliche Zitat aufgreifen: »Dinge, welche die Arbeit nur von ihrem unmittelbaren Zusammenhang mit dem Erdganzen loslöst, sind von Natur vorgefundene Arbeitsgegenstände … So der Fisch, der von seinem Lebenselement, dem Wasser, getrennt … wird … Ist der Arbeitsgegenstand dagegen … schon sozusagen durch frühere Arbeit filtriert, so nennen wir ihn Rohmaterial …«[32] Und, für den Kapitalisten ist die Arbeitskraft ein Ding. Wie wird denn das Kindergebären und das Aufziehen derselben organisiert, wie wird denn da gearbeitet? Die Hebammen wurden auf den Scheiterhaufen verbrannt. An ihre Stelle traten die Männer, die Ärzte, die Gynäkologen. Das Baby ist gewissermaßen ein von Natur vorgefundener Arbeitsgegenstand, der vom Arzt, vom Mann, aus dem Erdganzen, dem Leib der Frau, losgelöst wird. Sie ist dabei zur Passivität verurteilt, es ist nicht ihre Arbeit, es ist die Arbeit des »Gottes in Weiß«. Und dieser behandelt sie während der Geburt wie ein Stück »Natur«, so, wie eben die Natur in unserer Gesellschaft gehandhabt zu werden pflegt. Die Frau darf selbst nicht tätig sein, sie wird zu hilfloser Ohnmacht herabgewürdigt. »Merken Sie sich, nicht Sie bringen Ihr Kind zur Welt, ich bringe das Kind zur Welt.« Dergleichen wurde schwangeren Frauen noch im Jahre 1983 von Frauenärzten erzählt. Die Frau liegt bei der Geburt, eine Stellung, die ihr die eigene Arbeit massiv erschwert oder gar unmöglich macht. Die Gebärstellung ist, soweit meine Kenntnisse reichen, eine neuzeitliche Errungenschaft. Die Frau darf ihr Produkt, das Werk ihrer Arbeit, nicht als solches begreifen, sie wird ihrer Arbeitsfähigkeit, ihrer Menschlichkeit bei der

Geburt enteignet, damit sie begreift, daß das Kind nicht ihr Produkt ist, nicht ihr gehört, sondern den Männern, den Arbeitern, den »freien Verkäufern ihrer Arbeitskraft«, dem Werkzeug machenden Tier, den Kapitalisten, die es für ihre Zwecke brauchen – mißbrauchen. Die Organisation der Geburt ist ein Prozeß der Enteignung der Frauen. Ein symbolischer Akt der Macht der Männer. Ja, ich weiß, die Frauen haben sich Besserungen erkämpft, wenn auch noch keineswegs überall durchgesetzt. Aber es waren Frauen. Kein Theoretiker oder Praktiker der Arbeiterbewegung ist auf die Idee gekommen, daß dieser Enteignungs- und Gewaltakt etwas mit dem Kapitalismus zu tun haben könnte. Die sind nie auf die Idee gekommen, daß sie nicht nur in die Fabriken gehen müssen, um die Geheimnisse der Profitmacherei zu enthüllen, sondern auch in die Kreißsäle:

»Die Schwestern waren frostig und kurz angebunden. Sie mußte sich hinsetzen und Fragen beantworten: Name des Vaters, Name der Mutter, Adresse, Religionszugehörigkeit, Blutgruppe. Dann gaben sie ihr ein Krankenhausnachthemd und sagten ihr, sie solle sich ausziehen. Das Zimmer war kalt und feucht … Sie mußte auf einen Tisch steigen, und man rasierte ihr die Schamhaare … Dann machten sie ihr einen Einlauf, und sie drehte fast durch, sie konnte es nicht fassen, daß man ihr so etwas antat … Sie stellten ihre Füße hoch, in eine Art Steigbügel, und legten ihr ein Laken über die Knie … Sie stopften sie in (das) Bett … Sie wußte, das Baby kam. Es tat weh, aber es waren nur physische Schmerzen. In ihrem Kopf war ein anderer, schlimmerer Schmerz. Sie dachte immer nur: Wenn du da einmal drin bist, kommst du nie wieder raus. Sie lehnte sich auf. Sie weigerte sich, etwas damit zu tun zu haben. Es war ihr gegen ihren Willen widerfahren, ohne daß sie es wußte, und es mochte enden, wie es wollte, gegen ihren Willen, ohne daß sie es wußte. Das Zimmer, die stöhnenden Frauen, die Schwestern – alles versank. Gleich über dem Schmerz war ein klarer, weißer Raum, und sie reckte den Kopf, um dort zu atmen. Nebelhaft nahm sie wahr, daß jemand ihr eine Spritze gab, daß sie irgendwohin gerollt wurde. Sie hörte die

Stimme ihres Arztes, die sie beschimpfte: ›Sie müssen pressen! Pressen! Sie müssen mithelfen!‹

›Geh zum Teufel‹, sagte sie. Oder meinte, daß sie es sagte. Und verlor das Bewußtsein.

Sie holten das Baby mit der Zange …

Sie wollten ihr das Baby nicht zeigen. Nach ein paar Stunden fragte sie danach, und man sagte ihr, daß es ein Junge sei und daß es gesund sei. Aber sie brachten es nicht.

Sie richtete sich im Bett auf. ›Schwester!‹ rief sie gebieterisch. Es war das erste Mal, daß sie so auftrat. Als die Schwester durch die rosa Vorhänge kam, sagte Mira mit verhaltener Wut: ›Ich will mein Kind sehen! Es ist mein Kind, und ich habe ein Recht darauf! Holen sie es!‹ Die Schwester sah sie erstaunt an und schoß davon. Nach ungefähr zwanzig Minuten erschien eine andere Schwester mit einem in eine Decke eingewickelten Säugling. Ungefähr einen halben Meter von Mira entfernt blieb sie stehen und zeigte es ihr, wollte aber nicht, daß Mira es anfaßte.

Mira tobte. ›Holen sie meinen Arzt!‹ schrie sie. Glücklicherweise war er im Krankenhaus und kam nach etwa einer halben Stunde angerannt. Er sah sie besorgt an, er stellte ihr verschiedene Fragen. Warum sie das Baby sehen wolle?

›Weil es mein Baby ist!‹ explodierte sie. Als sie sein kummervolles Gesicht sah, legte sie sich auf ihr Kopfkissen zurück. ›Die Art, wie man es mir vorenthalten will, legt den Verdacht nahe, daß irgend etwas mit ihm nicht in Ordnung ist‹, sagte sie mit etwas ruhigerer Stimme.

Der Arzt nickte verständnisvoll. ›Ich werde dafür sorgen, daß es gebracht wird‹, sagte er freundlich und tätschelte ihre Hand …. … sie hatte ihre Lektion gelernt. Sie hatten die Macht.«[33]

Die Frauen werden ihrer Produkte bei der Geburt symbolisch enteignet. Deren Zeugung war ja, gesellschaftlich erwünschte Durchschnittsbedingungen vorausgesetzt, schon im wesentlichen der Arbeitstätigkeit des Mannes mit seinem spezifischen Werkzeug entsprungen. Und dabei sollen ja bekanntlich die Frauen, wenn es ordentlich und sauber zugeht, sich still und passiv verhalten, da es sonst nämlich passieren kann, daß der Mann bei seiner Arbeit gestört, impotent wird, daß sein Werkzeug den Dienst versagt. Sein Trieb, so wie der zurechtzivilisiert worden ist, funktioniert verläßlich, sicher, zielgerichtet dann, wenn er seinen Fortsatz als Machtmittel benutzen kann. Später werden die Kinder den Frauen aufs neue enteignet, durch die Erziehungsanstalten, in denen aus dem gelieferten Rohmaterial die zukünftigen Arbeitskräfte produziert werden. Ich weiß, sie sollen dort auch lernen, wie sie sich dann in der Konsumtion verhalten, wie das zu schaffen ist, die Arbeitskraft lebenslänglich funktionstüchtig zu halten, aber mehr ist eigentlich schon ein bißchen außerhalb der Legalität. Ich bin natürlich froh darüber, daß die Realität anders aussieht, daß da eine ganze Menge passiert – etwas außerhalb der Legalität – und daß es auch im Ehebett nicht immer ordentlich zugeht.

Aber vor der Schule liegt ja auch schon einiges. Da gibt es die Väter, die eine bestimmte Vorstellung davon haben, wie das Kind werden soll; sie sind Männer, Baumeister, die die Sache im Kopf haben, bevor sie sie in die Realität umsetzen. Und am Ende muß ein Resultat nach ihrem Bilde herauskommen. Alice Miller zitiert in ihrem Buch »Am Anfang war Erziehung«, in dessen erstem Teil sie »Erziehung als Verfolgung des Lebendigen« beschreibt, ein Lehrbuch für Väter und Mütter aus dem Jahre 1902. Die spontane mütterliche Liebe wird dort als Affenliebe denunziert.

»Ist es nicht Affenliebe, wenn das Kind schon in der Wiege auf alle Weise verhätschelt und verzärtelt wird? Statt das Kind mit dem ersten Tage seines Erdendaseins an Einhaltung von Ordnung und Zeit im Genusse seiner Nahrung zu gewöhnen und so den ersten Grund zur Mäßigkeit, Geduld und – Menschenglück zu legen, läßt sich die Affenliebe leiten vom Geschrei des Säuglings …

Die Affenliebe kann nicht hart sein, nicht verwehren, nicht nein sagen für das wahre Wohl des Kindes, sie kann nur ja sagen zu seinem Schaden; sie läßt sich vom blinden Gutsein wie von einem Naturtrieb beherrschen, erlaubt, wo sie verbieten, ist nachsichtig, wo sie strafen … sollte. Die Affenliebe ermangelt je-

den klaren Bewußtseins in Beziehung auf das Erziehungsziel; sie ist kurzsichtig; sie will dem Kinde wohltun, aber sie wählt die falschen Mittel; sie läßt sich von augenblicklichen Empfindungen verleiten, anstatt sich von ruhiger Besonnenheit und Überlegungen leiten zu lassen. Sie wird, anstatt das Kind zu führen, von diesem verführt. Sie hat keine ruhige echte Widerstandskraft und läßt sich von des Kindes Widerspruch, Eigensinn, Trotz oder auch von Bitten, Schmeicheleien, Tränen des jungen Tyrannen tyrannisieren. Sie ist das Gegenteil von wahrer Liebe, die auch vor Strafen nicht zurückschreckt.«[34]

Die mütterliche Seite in der Kindererziehung, wie erscheint sie hier? Als Affenliebe. Klar, Tiere haben ja auch noch keine Werkzeuge, sind keine Menschen. Als vom Naturtrieb des blinden Gutseins beherrscht. Klar, da gibt es ja auch kein Subjekt, das einen Gegenstand zielgerecht und erfolgssicher herstellt. Der mütterliche Anteil erscheint als Mangel an klarem Bewußtsein über die Erziehungsziele – der Plan im Kopf des Baumeisters fehlt; als Verleitetsein von augenblicklichen Empfindungen – die Mutter ist getriebenes Opfer ihrer ausströmenden Emotionen. Sie wird vom Kind verführt – also keine »eigene Tat, die vermittelt, regelt, kontrolliert«[35]. Sie läßt sich vom Tyrannen tyrannisieren – also der Freiheit der selbständigen, autonomen Person berauben. Und das Ergebnis: Die mütterliche Liebe/Arbeit ist keine Arbeit, sie ist Trieb, Natur, Unbewußtes, Ohnmacht.

Strikt entgegengesetzt ist das Wirken der väterlichen Liebe, die auch von den Müttern gelernt werden soll. Sie bedeutet Arbeit im echten Sinne, darauf lassen sich sämtliche Bestimmungen dessen, was Marx als die menschlichen – im Unterschied zu den »tierartig-instinktmäßigen« – Formen des Arbeitsprozesses beschrieben hat, anwenden. Die väterliche Liebe ist Arbeit, die mütterliche Liebe ist Naturtrieb – und damit fehl am Platze.

»Sind aber die Eltern so glücklich, daß sie ihnen gleich anfangs durch ernstliches Schelten und durch die Rute den Eigensinn vertreiben, so bekommen sie gehorsame, biegsame und gute Kinder … Unsere Hauptabsicht ist immer, die Kinder zu rechtschaffenen,

tugendhaften Menschen zu machen ...« Die Eltern sollen »keinen Anlaß versäumen, an ihnen zu arbeiten«.[36]

In dem hier zitierten Erziehungsbuch aus dem Jahre 1748 ist noch viel von Ordnung, Regeln, Gehorsam, Unterwürfigkeit die Rede. Und: von *Gewalt:* »Diese ersten Jahre haben unter anderem auch den Vorteil, daß man da Gewalt und Zwang brauchen kann. Die Kinder vergessen mit den Jahren alles, was ihnen in der ersten Kindheit begegnet ist. Kann man da den Kindern den Willen benehmen, so erinnern sie sich hernach niemals mehr, daß sie einen Willen gehabt haben.«[37] Und 1752 wird noch einmal klargelegt, wer der Herr ist: »Wenn er seinen Kopf aufsetzt, dann prügelt ihn, dann laßt ihn schrein ... Denn ein solcher Ungehorsam ist ebensogut als eine Kriegserklärung gegen eure Person. Euer Sohn will euch die Herrschaft rauben, und ihr seid befugt, Gewalt mit Gewalt zu vertreiben, um euer Ansehen zu befestigen, ohne welches bei ihm keine Erziehung stattfindet.«[38] Eine Freundin hat mir diesen Hinweis gegeben: Einer der Wortführer dieser Pädagogik war ein Mann namens Schreber. Der eine seiner Söhne beging Selbstmord, der andere wurde schizophren.

In meinem Kinderfotoalbum steht: »Daheim hast du dich in erster Zeit nicht manierlich benommen – du schreist nämlich so ziemlich jede Nacht von 3–4 Uhr. Aber nach einigen Wochen wurdest du genauso brav wie dein Bruder.« Sie haben mich also jede Nacht eine Stunde schreien lassen! Trotzdem, im Album gibt es viele Bilder, wo ich mit zornig-motzendem Blick dasitze. Und das wurde liebevoll fotografiert. Alle meine Hoffnungen richten sich auf diese Widersprüche, daß nämlich die Austreibung des Lebendigen fast nie gelungen ist.

Ja, den Schlehenbusch, also die Natur und ihre Kräfte, hat Marx gesehen, aber meine Mutter hat er nicht gesehen. Und ich glaube, indem er hier weggeblickt hat, hat er auch den Schlehenbusch nicht richtig gesehen. Was die Arbeitskraft angeht, so hat er gedacht, das sei so eine daseiende Naturkraft, durch die Natur, durch den Trieb gezeugt, und ansonsten brauchte die nur ein paar Lieferungen aus den Fabriken. Und die Natur selbst, wie hat er die betrachtet? Ich bin da keine

Expertin. Ich nehme mir noch einmal das »Kapital« vor. Er kommt da gleich zu Anfang auf die Natur zu sprechen. *»Zieht man die Gesamtsumme aller verschiedenen nützlichen Arbeiten ab, die in Rock, Leinwand usw. stecken, so bleibt stets ein* materielles Substrat *zurück, das* ohne Zutun des Menschen *von Natur vorhanden ist.«*[39]

Das war also seine große Erkenntnis. An dem Punkt hat er auch den Parteigenossen immer mal wieder Einhalt zu gebieten versucht, wenn sie meinten, die Arbeit tue rein alles, die Männer in den Fabriken, die produzierten den ganzen Reichtum. Ein materielles Substrat gibt es also noch, und das ist nicht von der Kopf-Hand-Arbeit gemacht. Aber wie gesagt, es ist halt auch für ihn nur ein Substrat, ein Stoff, irgendwie daseiende Kräfte. *»In dieser Arbeit der Formung selbst wird ER beständig unterstützt von Naturkräften. Arbeit ist also nicht die einzige Quelle der von ihr produzierten Gebrauchswerte, des stofflichen Reichtums. Die Arbeit ist sein Vater, wie William Petty sagt, die Erde ist seine Mutter.«*[40]

Ist es nicht auffällig, daß ihm gerade an dieser Stelle die Vater-Mutter-Konstellation einleuchtet? Die Arbeit, das ist etwas Väterlich-Männliches, zweck- und zielklare Baumeistertätigkeit, die vom Plan im Kopf ausgeht und der dann genau nach Plan ein fertiges Produkt entspringt. Die Natur, ja, das ist halt die Natur, die ist so da, verströmt Kräfte, wie die Frauen nach bürgerlicher Ansicht Mütterlich- und Weiblichkeit verströmen. Und wie die Mütter, so ist auch die Natur großzügig. Ihre Kräfte liefert sie »gratis«[41]. Und ihre Produkte selbst sind auch nicht weiter erstaunlich, wenigstens nicht für denjenigen, der Physik studiert hat. Es gibt da eine Anmerkung, in der Marx einen gewissen Pietro Verri, der 1771 das Folgende veröffentlicht hat, als Zeugen anruft. Und was meint der? »Alle Erscheinungen des Weltalls, seien sie hervorgerufen von der Hand des Menschen oder durch die allgemeinen Gesetze der Physik, sind nicht tatsächliche Neuschöpfungen, sondern lediglich eine Umformung des Stoffes. Zusammensetzen und Trennen sind die einzigen Elemente, die der menschliche Geist immer wieder bei der Analyse der Vorstellung der Reproduktion findet, und ebenso verhält es sich mit der Reproduktion des Werts und des Reichtums, wenn Erde, Luft und Wasser auf den Feldern sich in Korn verwandeln, oder auch wenn sich durch die Hand des Menschen die Abscheidung eines Insekts in Seide verwandelt, oder einige Metallteilchen sich anornen, um eine Repetieruhr zu bilden.«[42]

Das fand Marx also zutreffend. Wie bescheiden. Der Mensch könne nicht mehr als die Natur: zusammensetzen und trennen. Tatsächliche Neuschöpfungen gebe es nicht. Die Natur ist seines Erachtens zwar nützlich und wichtig, Rohstoffe werden aus ihr gewonnen, zum Rohstoff wird sie gemacht, ihre Kräfte unterstützen die Menschen bei ihrer Arbeit. Wenn Marx von dieser spricht, überkommt ihn Begeisterung: »Vom Feuer der menschlichen Arbeit begeistet«[43], ja, so schöne Worte fallen ihm ein. Ich will gar nicht bestreiten, daß es das auch gibt, aber es ist halt nicht alles, ist nur eine Seite. Die Luft ist mir doch nützlich und die Sonne und der Regen, auch wenn das alles nicht vom Feuer der väterlichen Arbeit begeistet ist. Der Kastanienbaum spendet mir Schatten, und meine Augen können wohlgefällig auf ihm ruhen, auch wenn er nicht von den Kollegen produziert worden ist. Und die Berliner Seen, die die Natur im Laufe ihrer Geschichte »produziert hat«, die sind mir wichtig, nicht nur ganz privat, sondern sogar für die Reproduktion meiner Arbeitskraft: Ich kann mich beim Schwimmen entspannen und erholen, viel besser als in den nach Chlor stinkenden türkisblauen Rechtecken, die von den Kollegen der IG Bau erstellt worden sind. Darin beginne ich nämlich immer unwillkürlich zu zählen, 4 Längen, 7 Längen, 13 Längen, so, jetzt reicht es für Kreislauf und Rücken. Und das finde ich für die Psyche nicht so gut, die ist dabei weniger zufrieden, als wenn ich im See an den Seerosen vorbeischwimme. Ich habe was übrig für Mutter Natur, ganz ohne väterliche Zutat. Und sie ist ja auch nicht so einfach da. Sie hat ihre lange Geschichte. Jahrzehntausendelange Natur»arbeit« kann es bedeuten, bis ein ökologisches Gleichgewicht zustande kommt. Und da herrschen so komplizierte »Produktionsprozesse«, daß die Kollegen, selbst im Verein mit dem klügsten Unternehmerkopf, es einfach nicht schaffen, all das schnell mal wieder-zu-produzieren, nachdem sie es vor lauter Begeisterung über die begeistende Arbeit kaputtgemacht haben.

An dieser Stelle fällt mir ein Erlebnis aus der DDR ein. Ich habe einen Samstagsausflug dorthin gemacht. Dort ist ja, Gott sei Dank, alles noch nicht so begeistet von der väterlichen Arbeit wie bei uns; wenigstens auf dem Land sieht es noch häufig so aus, wie ich es aus der Kindheit kenne. Ich sitze also in einer Kneipe, esse ein Rumpsteak, draußen unter einer alten Linde, schön schattig an diesem heißen Sommertag, am Tisch ein Kollege aus dem realen Sozialismus. Wir kommen ins Gespräch. Ich sage, so eine schöne Linde, sie gefällt mir. Und was antwortet er? Nee, die interessiere ihn nicht, wenn an seinem Haus so eine stände, dann hätte er sie längst umgehauen, die mache nämlich viel Arbeit, im Herbst, mit den Blättern, die man da wegkehren müsse. Zunächst bin ich ganz verblüfft. Dann wird mir die Sache klar. Der Mann schwärmt vom Reich der Freiheit, und das ist bekanntlich die freie Zeit, und da muß halt alles weg, was stört. Da hat er seine eigene klare Ökonomie: Arbeitsersparnis. Es leuchtet mir ein, wie er kalkuliert. Aber ich denke so bei mir: Ob der sich auf die Dauer nicht doch ganz schön verkalkuliert?

Das Rätsel der Sphinx ist der Mensch: Kritisches zum »tendenziellen Fall der Profitrate« und zu den »ungeheuren Produktivkräften«

Ich mache jetzt einen großen Sprung, über den ganzen zweiten Band des Kapitals hinein in das Kernstück des dritten Bandes, das »Gesetz des tendenziellen Falls der Profitrate«. Marx hat diese Entdeckung selbst als eine seiner entscheidenden bezeichnet:

»So einfach das Gesetz nach den bisherigen Entwicklungen erscheint, so wenig ist es aller bisherigen Ökonomie gelungen … es zu entdecken. Sie sah das Phänomen ›der Krise‹ und quälte sich

in widersprechenden Versuchen ab, es zu deuten. Bei der großen Wichtigkeit aber, die dieses Gesetz für die kapitalistische Produktion hat, kann man sagen, daß es ein Mysterium bildet, um dessen Lösung sich die ganze politische Ökonomie seit Adam Smith dreht.«[44]

Marx ging also davon aus, daß er hier in das innerste Geheimnis dieser Produktionsform eingedrungen, daß er das Rätsel der Sphinx gelöst habe. Aber erinnern wir uns an die griechische Sage: Das Rätsel der Sphinx war der Mensch. Das Rätsel des Kapitalismus seien, so meinte Marx, die entwickelte Technologie, die entwickelten Produktivkräfte, also die von den Männern gedachten und produzierten Dinge. Und meine These ist – ich sage es gleich zu Anfang: Der Mann Marx hätte hier die alte griechische Sagenwelt ernster nehmen sollen. Aber wie konnte er das, wo er vom Reichtum der Dinge so fasziniert war und nachdem er Franklin nicht widersprochen hatte, wenn der meinte, das Menschliche am Menschen sei, daß ER Werkzeuge fabriziere, Werkzeuge also, nicht Menschen. Das ist wichtig: Daß die Menschen Menschen produzieren, das sei nicht das Menschliche an ihnen, das sei Triebhaft-Instinktmäßiges, Tierisches. Das eigentlich Menschliche sei die Produktion von Werkzeugen, das, was die Männer – im wesentlichen – machen. Und die Produktion der Dinge. Dadurch habe die Menschheit eine Kultur, eine Geschichte. Die Produktion und Reproduktion der Gattung, die Erhaltung der Menschen als Menschen, sei eine durch die Produktion der Dinge ganz und gar bestimmte Angelegenheit, und der Rest sei bloßer Trieb, unzivilisierte Natur. Was ist also nach dem Manne Marx das Rätsel der kapitalistischen Sphinx?

»Die progressive Tendenz der allgemeinen Profitrate zum Sinken ist also nur ein der kapitalistischen Produktionsweise eigentümlicher Ausdruck *für die fortschreitende Entwicklung der gesellschaftlichen Produktivkraft der Arbeit. Es ist damit nicht gesagt, daß die Profitrate nicht auch aus andren Gründen vorübergehend fallen kann, aber es ist damit aus dem Wesen der kapitalistischen Produktionsweise als eine selbstverständliche Notwendigkeit beschrieben, daß in ihrem Fortschritt die allgemeine Durchschnitts-*

rate des Mehrwerts sich in einer fallenden allgemeinen Profitrate ausdrücken muß. Da die Masse der angewandten lebendigen Arbeit stets abnimmt im Verhältnis zu der Masse der von ihr in Bewegung gesetzten vergegenständlichten Arbeit, der produktiv konsumierten Produktionsmittel, so muß auch der Teil dieser lebendigen Arbeit, der unbezahlt ist und sich in Mehrwert vergegenständlicht, in einem stets abnehmenden Verhältnis stehn zum Wertumfang des angewandten Gesamtkapitals. Dieses Verhältnis der Mehrwertmasse zum Wert des angewandten Gesamtkapitals bildet aber die Profitrate, die daher beständig fallen muß.«[45]

Nun, es hört sich schwierig an, aber es ist ein einfacher Gedanke, der nur mal Schritt für Schritt nachvollzogen werden muß. Nehmen wir als Beispiel eine moderne Autofabrik: eine ungeheure Masse von Maschinen; Anlagen, Förderbänder, Stahl, Stoffe, Fabrikgebäude – und auf der anderen Seite die Arbeitskräfte, die lebendigen Arbeiter/innen vergleichsweise klein zwischen der großen Maschinerie. Klar ist auch, es gibt immer kompliziertere Maschinen, immer mehr, und im Verhältnis dazu immer weniger Arbeiter. Die steigenden Arbeitslosenzahlen machen sichtbar, was in den Fabriken und in den Büros, in denen ja auch immer mehr Maschinen und immer weniger Arbeitskräfte gebraucht werden, stattfindet. Die grundlegende These von Marx war: Der Profit des Kapitalisten stammt aus der Ausbeutung der lebendigen Arbeit. Im Lohn wird nur ein Teil des Arbeitstags bezahlt, den Rest eignet sich der Kapitalist als Profit an. Was anderes steht ihm als Profitquelle nicht zur Verfügung: Gut, ab und zu eine besonders günstige Marktlage, er hat eine technische Neuerung eingeführt, produziert billiger und bekommt ein Weilchen einen Extraprofit. Aber das vergeht. Die wirkliche Quelle, aus welcher der Profit unerschöpflich sprudelt, das ist die lebendige Arbeit. Und die ganze technische Entwicklung, die Entwicklung der Produktivkräfte, hat nach Marx auch einen äußerst günstigen Effekt hinsichtlich der Menge des ausgesprudelten Profits: Die Arbeitskräfte – schließlich haben wir ja gehört, diese würden, Zeugung ausgenommen, in den Fabriken produziert – können mit immer geringerem Arbeitsaufwand hergestellt und erhalten werden. Dem Kapitalisten stünden also immer wachsende Anteile des Arbeitstags als Profitquelle zur Verfügung. Je mehr sich die Produktivkräfte, die Technik, die Arbeitsorganisation, die Wissenschaft entwickelten, desto fruchtbarer und heftiger sprudelte die lebendige Arbeit Mehrwert aus sich heraus, mehr Wert, als ihr eigener Lebensunterhalt kostet.

Anders gesagt. Vor hundert Jahren (nehmen wir der Einfachheit halber an, der Arbeitstag sei heute und damals acht Stunden lang gewesen) mußten die Arbeiter sieben Stunden lang arbeiten, um sich selbst und ihre Familie zu »ernähren«. Der Kapitalist hat also nur eine Stunde für sich gehabt. Heute arbeitet der Ernährer nur eine Stunde für sich, damit sind die Produktions- und Reproduktionskosten seiner werten Person plus Familienmitgliedern abgedeckt, und der Kapitalist kriegt sieben Stunden umsonst, unbezahlte Arbeit, Mehrwert. Und ihm erscheint das als sein Profit. Na prima, da geht es dem Kapitalismus ja immer besser, der Profit ist gut, die Wirtschaft funktioniert, alles in Butter. Von wegen, sagt Marx, der Kapitalist vergleicht ja nicht die sieben Stunden mit der einen Stunde, er sieht gar nicht diese erhöhte Fruchtbarkeit, er kann sich gar nicht daran freuen, er sieht das, was er insgesamt verauslagt hat, für Maschinen, Fabriken, Rohstoffe, Energiekosten etc. – und natürlich auch Löhne, und die sieben unbezahlten Stunden, die er als Profit einstreicht, bezieht er auf seine Gesamtausgaben. Ja, und dann reicht es plötzlich vorn und hinten nicht mehr. Die Profitrate sinkt dauernd, er hat einfach zuviel Maschinen und Fabrikgebäude, zuviel »totes« Kapital – und im Verhältnis dazu zuwenig sprudelnde Quellen. Jede einzelne sprudelt zwar großartig, sie kosten immer weniger, sie werden immer fruchtbarer, aber sie können gegen den riesigen Apparat nicht ansprudeln. Das ist, laut Marx, die Lösung des Rätsels der kapitalistischen Sphinx.

Ich könnte das jetzt alles noch mal an Rechenbeispielen klarlegen, habe auch selbst viel daran herumgerechnet und war, wie ich mich erinnere, dabei an einem Punkt auch zunächst etwas unredlich; denn wenn die Arbeitskräfte immer billiger werden, warum sollten dann nicht auch die toten Kapitalmassen immer billiger werden, so dass sich alles wieder ausgleicht? Aber da leuchtete mir ein: Die Maschinen werden immer mehr, die Arbeitskräfte immer weniger, und wenn beide auch billiger werden, so kann das Steigen der Mehrwertrate den Fall der Profitrate doch nicht auf die Dauer aufhalten. Jeder Blick in einen modernen Industriebetrieb unter Berücksichtigung seiner Entwicklung legt klar, was der alte Genosse gemeint hat. Vor zehn Jahren gab es dort noch viel mehr Arbeitskräfte, und die Maschinerie war noch etwas einfacher und auch einfach weniger. Im Vergleich zu dem, was sonst an ökonomischer Wissenschaft geboten wurde, um Krisen zu erklären, langanhaltende Niedergänge der Produktion, empfand ich diese Erkenntnis als das Beste, was auf dem Markt zu haben war, und gab mich damit zufrieden.

Warum habe ich heute mit dieser Theorie Probleme? Ich sage es zunächst mal theoretisch. Die Methode, die Marx zu dieser Erkenntnis führte, behagt mir nicht mehr. Er sieht nur in die Fabriken, und ich will auch drumherum sehen. Und die Ansicht von Marx über produktive Arbeit hat ja, wie gezeigt, ihre Macken. Um sie hier gerafft ins Gedächtnis zurückzurufen, blättere ich noch mal im ersten Band des »Kapital«, im Kapitel über Arbeits- und Verwertungsprozeß. Dort steht als Resultat der ganzen Argumentation: *»Der Prozeß* [Arbeitsprozeß] *erlischt im Produkt. Sein Produkt ist ein Gebrauchswert, ein durch Formveränderung menschlichen Bedürfnissen angeeigneter Naturstoff Die Arbeit hat sich mit dem Gegenstand verbunden … Was auf seiten des Arbeiters in der Form der Unruhe erschien, erscheint nun als ruhende Eigenschaft, in der Form des Seins, auf seiten des Produkts. Er hat gesponnen, und das Produkt ist ein Gespinst … Betrachtet man den ganzen Prozeß vom Standpunkt seines Resultats, des Produkts, so erscheinen beide, Arbeitsmittel und Arbeitsgegenstand, als Produktionsmittel und die Arbeit selbst als produktive Arbeit.«*[46]

Produktive Arbeit, so meint Marx – und er spricht hier vom menschlichen Arbeitsprozeß ganz im allgemeinen, unabhängig vom Kapitalismus –, sei nur die Dinge produzierende Arbeit, die »Produktions- und Lebensmittel« hervorbringende Arbeit. In dem Punkt ist er zunächst auch durchgehend konsequent. Verausgabung von Arbeitskraft sei Verausgabung von »Nerven, Muskel, Hirn«, ja, und die würden durch die Lebensmittel wieder ersetzt. Wie gesagt, in den Fabriken werde alles für die Produktion und Reproduktion der Arbeitskraft Notwendige produziert. Ich gehe aber hier davon aus, daß sich in diesem Punkt sowohl der Kapitalismus als auch Marx geirrt haben. Ich muß also nicht nur die Fabriken im Auge haben, wenn ich diese eigentümliche kapitalistische Produktionsweise betrachte, sondern ich muß auch die Menschen und die »Menschenproduktion« sehen, wenn ich begreifen will, was passiert. Das ist an sich ganz einfach. In seinen Folgen für das »Gesetz des tendenziellen Falls der Profitrate« wurde mir das allerdings auch erst vor nicht allzulanger Zeit umrißhaft deutlich. Und ich bin noch nicht sicher, ob ich das alles klar zu Ende gedacht habe.

Zunächst, eins liegt offen vor aller Augen: Und wenn der Kapitalismus noch solange so tut, als seien die Arbeitskräfte Dinge, sie sind es halt nicht. Und wenn er auch unter der Hand voraussetzt, die Mütter und Ehefrauen verströmten ihre Mütterlichkeit und ihre Weiblichkeit von Natur aus, sie tun das halt nicht. Das ist Arbeit. Und die Arbeitskräfte als Dinge zu behandeln und die Frauen mit ihrer täglichen Beziehungsarbeit, mit ihrem Kinderkriegen etc. so zu behandeln, als produzierten sie keine Menschen, sondern kleine Maschinchen, die den Männern gehören, in denen nichts als Männerarbeit, Zeugungsarbeit, väterliche Liebesarbeit, Erziehungsanstaltsarbeit steckt – das kommt teuer zu stehen, ebenso teuer wie die Praxis des Kapitals, von einer Unendlichkeit der »Naturstoffe« auszugehen. Die Arbeitskräfte sind bei uns nämlich gar nicht so billig, die sprudeln nicht so schön, wie Marx gemeint hatte. Gut, wenn ich in die Werkshallen von VW-Wolfsburg gehe, dann bekomme ich den Eindruck, die schaffen was weg, so wenige Leute machen so viele Autos. Das ist schon bemerkenswert. Aber wenn ich mir das Drumherum ansehe! Damit die sprudeln können, muß ja was in sie reingesteckt werden. Zunächst brauchen die Arbeitskräfte selbst alle ein

Auto, es geht kaum mehr ohne, die langen Wege, die großen Städte, die Kargheit des öffentlichen Verkehrssystems. Ohne Autos kämen sie kaum aus, erschienen müder zur Arbeit, könnten nicht so intensiv den ganzen Tag schuften. Dann brauchen viele von ihnen Ferien im Grünen oder am blauen Meer. Es gibt ja nicht mehr viel Grünes und auch nichts Geheimnisvolles oder ein bißchen Abenteuerliches in der Umgebung. Aber für das Wohlgefühl ist es doch unentbehrlich – das wird auch teuer. Dann das gesamte Bildungssystem. Bis MANN die Arbeitskräfte zum Ding hingetrimmt hat, zum Maschinenrädchen, das widerspruchslos an den verschiedenen schwierigeren oder weniger schwierigen Stellen der großen Maschine funktionsfähig ist, das dauert seine Zeit und kostet ebenfalls viel Geld. Und all die Krankenhäuser, die vielen Kopfschmerz- und Schlaftabletten, die Magengeschwüre, die Herz- und Kreislaufkrankheiten, das viele Valium. Weil die Menschen in den Fabriken und Büros wie ein unlebendiges Stück, wie eine dingliche Kraft, sagen wir wie ein Elektromotor, nicht einmal so gut wie der, behandelt werden, werden sie krank. Sie haben einen Körper und ein Gemüt, das ist noch lebendig, ein kompliziertes lebendiges System. Sie sind geboren worden, sie sind aufgezogen worden, die Mütter – und auch die Väter – haben sie ein bißchen geliebt – Beziehungen von Person zu Person, von Mensch zu Mensch, Lebendiges. »Die Arbeitskraft ist in einer menschlichen Person ›inkorporiert‹«, wie das die Arbeitswissenschaft in den zwanziger Jahren mit traurigem Achselzucken festgestellt hat. Und die Arbeitskraft ist dieser Beziehungen bedürftig, und sie kriegt nicht genug davon. Sie will mit menschlichen Augen angesehen werden, sie will das Gefühl haben, ja, du bist mir was wert, ich brauche dich, und du brauchst mich. Aber in den Fabriken und Büros, da läuft das alles ganz anders. Da ist jeder ersetzbar. Der unten wartet, daß der oben wegstirbt, damit er seinen Platz einnehmen kann. Da ist jeder nur sich selbst der Nächste, niemand wird eigentlich richtig gebraucht. Arbeitstempo, schlechte Luft, Lärm und so weiter kommen noch dazu. Die Menschen werden immer kränker, und es wird immer teurer, dafür zu sorgen, daß sie überhaupt noch arbeiten können. Psychologen, Eheberater, Kinderpsychologen, psychiatrische Kliniken, Sozialhelfer und -helferinnen etc. etc. Was muß für ein Geld investiert werden, damit sie nicht zusammenbrechen!

Das Kapital will ja nicht ihr Verantwortungsgefühl, ihre Freude, ihre Angst, ihren Stolz, was Ordentliches für andere gemacht zu haben, ihre »soziale Ader«, das Bedürfnis, was Nützliches für sich und andere zu tun. Nein, das ist alles Schund, das können die Herren in den Fabriken und Büros, so tun sie wenigstens, nicht gebrauchen. Die ganzen Gemütskräfte sind nur Störfaktoren, die könnten die Leute ja auch daran hindern, wie ein Ding zu funktionieren, sie müssen weggedrückt, durch anderes ersetzt werden: Kontrolle und Konkurrenz. Ich bin ein bißchen besser als du; ich kriege ein bißchen mehr Lohn; ich leiste ein bißchen mehr als du; ich bin zwar auch nur ein Ding, aber ein etwas besseres als du; nur daran, daß da jemand weniger verdient, merke ich, daß ich überhaupt was wert bin. Und daran, daß ich mir einen neuen Wohnzimmerschrank (Eiche) gekauft habe, du nicht, daß meine Frau einen Fuchs um den Hals trägt, deine nicht, daß ich das neue Modell fahre und du das von vor zwei Jahren. Ja, es wird teuer, den Leuten das Gefühl zu verschaffen, überhaupt noch wer zu sein. Die Ehefrau mit ihrer Beziehungsarbeit allein, mit ihrer »Liebe« schafft es nicht mehr. Sie sagt vielleicht, du bist mir was wert, ich brauche dich, dich und keinen anderen, sie versucht es wenigstens, aber ihr gehen allmählich auch die Kräfte aus. Schließlich ist sie selbst oft in einem solchen Arbeitsprozeß tätig, in dem ihr klargemacht wird, du bist ersetzbar, als Person wirst du nicht gebraucht. Schließlich bekommt sie häufig vom Mann nichts zurück. Sie sagt zwar zu ihm, ich brauche dich, davon nährt er sich, davon bekommt er auch Kräfte, für die dann das Kapital ganz dankbar ist, aber in der täglichen Ehepraxis verhält sich der Mann umgekehrt nicht entsprechend hilfsbereit seiner Ehefrau gegenüber. Er kann das angeblich nicht, die Natur hat es ihm angeblich nicht mitgegeben.

Und dann gibt es noch die Kontrollsysteme. Die kosten auch etwas. Jetzt kommt zwar die Elektronik zu Hilfe, die Überwachungsarbeit ist billiger geworden, aber weil die Elektronik so perfekte, neue, ungeahnte Kontrollmöglichkeiten eröffnet, und die müssen schließlich ausprobiert werden, kommt das Ganze im Endeffekt wohl auch nicht billiger als früher. Die Kontrollarbeit ist notwendig, wie bekannt. Denn die Leute sollen ihre eigenen Kräfte, Motivationen, Wünsche wegstecken. Ich gestehe zu, all das wäre vor hundert Jahren gar nicht zu schaffen gewesen. Die Produktivkräfte sind in der Tat gewaltig entwickelt. Aber billig, nein, billig sind die Arbeitskräfte nicht. An dem Punkt ist's nichts mit dem Fortschritt. Die Quellen sind keineswegs fruchtbarer geworden. Und dann die vielen alten Leute – es werden ja immer mehr, weil die Fabriken und Büros mit deren Arbeitskraft so geaast haben, daß die immer früher nicht mehr können. Meine Urgroßmutter, die Bäuerin, die hat noch mit über achtzig Jahren den ganzen Tag produktiv gearbeitet. Heute gehörst du schon mit 55 allmählich nicht mehr dazu. Wie gesagt, das kostet alles Geld, die Renten, die Altenheime, die Krankenhäuser. Für eine dermaßen teure Arbeitskraft reichen die Mittel bei uns einfach nicht hin und nicht her. Da brauchen wir einmal die Strände der gesamten Mittelmeerküste und inzwischen, als Abenteuerliches, Unverbrauchtes, noch eine ganze Menge mehr: Afrika, Indonesien, Indien, Ceylon. Also eigentlich brauchen wir die ganze Welt. Und das nicht nur für die urlaubsmäßige Reproduktion der Arbeitskraft; für das tägliche Normalleben bekommen wir zivilisierten Arbeitskräfte ja auch einen Großteil von dem, was rund um den Erdball angebaut wird: Kaffee, Tabak, Zucker, Bananen, Kakao und wer weiß was alles. Da ist kein Platz mehr für die Leute, die ganz individuell, egoistisch, ungesellschaftlich, nur für ihren eigenen Gebrauch vor sich hin gelandwirtschaftet haben. Die müssen weggeräumt werden.

Klar, ein paar von ihnen werden zu Lohnarbeitern, tun was für die Zivilisation, für den Weltmarkt, für die anderen, kurz, Soziales, für uns, die weiße Herrenrasse. Aber der Rest kann sehen, wo er bleibt. Diese Menschen sind selber schuld, daß sie so zurückgeblieben – asozial – waren. Und die Frauen, die schließlich ihre Kinder ernähren müssen: Sie sehen, daß die Kinder dicke Bäuche und ganz dünne Arme und Beine bekommen, weil sie als Arbeitskräfte nicht gefragt sind. Die Frauen häkeln und sticken und machen auch sonst alles mögliche Handarbeitliche, ganz billig, in ihrer Freizeit, sie haben ja genug – nur fünf Kinder und das bißchen Reisig sammeln und die paar Eimer Wasser täglich schleppen müssen ... Die Frauen, die sind so nett und machen das für uns für einen Appel und ein Ei und sind uns ja so dankbar, daß wir ihnen das abkaufen, denn sonst würden ihre Kinder ja wirklich verhungern, da wir ihnen das Land abgenommen haben. Aber das brauchten wir halt, für unseren Kaffee, für unsere Bananen. Die Frauen sind ganz glücklich, wenn sie in einem modernen Betrieb einen Arbeitsplatz finden und für uns ganz billig, für einen Dollar pro Tag, Mikroprozessoren, Fotoapparate und was sonst noch alles zusammenbosseln dürfen. Die Wellen von Dankbarkeit schwappen direkt über die weiten Ozeane zu uns herüber, weil wir teuren Arbeitskräfte ihnen das alles ganz billig abkaufen.

Nein, nicht ihnen selbst, natürlich dem Kapital, klar, das ist das Kapital, wir sind da ganz unschuldig, wir profitieren zwar auch ein bißchen davon, aber wir können doch nichts dafür. Und schließlich können wir doch auch nichts dafür, daß die so viele Kinder kriegen. Sie hätten ja unseren weißen Missionaren nicht zu glauben brauchen, hätten ihre alten Methoden, die Geburtenzahl zu regulieren, nicht aufgeben sollen. So viele Kinder zu hecken, wie die Kaninchen, das hätten sie uns nicht nachzumachen brauchen. Das haben wir schon im 18. und 19. Jahrhundert gemacht. Und es uns schließlich auch abgewöhnt.

Aber wie gesagt, das macht ja alles das Kapital. Das hat uns Weiße-Herrenrasse-Arbeitskräfte so teuer gemacht. Und das Schlimme ist ja, jetzt braucht es uns nicht mehr. Bei uns ist alles, was in den letzten Jahrtausenden an Kräften entstanden ist und was die Natur in ihrer Erdgeschichte produziert hat, ausgesogen. Da setzt sich das Kapital allmählich ab, sucht sich neue Arbeitskräfte, die ohne all den teuren Aufwand funktionsfähig sind, billige Arbeitskräfte, die aus Quellen genährt wurden, die nicht dem Kapital entstammen, zu deren

Produktion es selber nichts hat zuzahlen müssen. Davon gibt es noch immer genug. Und was ist das Billigste, das auf dem Weltmarkt zu haben ist? Frauenarbeitskräfte, die sind ja auch motiviert, die Kinder müssen ernährt werden, und die anderen Nahrungsquellen hat das Kapital rundum zerstört. Und deren Männer gehen schließlich auch davon aus, daß ihre Frauen nicht viel wert sind.[47]

Wie wir gesehen haben, die hiesigen teuren Arbeitskräfte sind für das Kapital eigentlich zu nichts mehr nutze, ausgenommen ein paar besonders gut funktionierende Köpfe, die werden hier noch produziert. Zweihundert Jahre väterliche Liebe und Erziehungsanstalten sind nötig, bis MANN so was kriegt, Leute, die nur noch aus ihrem Kopf bestehen und dann noch einem Fortsatz, der wie ein Werkzeug funktioniert. Solche perfekten Kunstprodukte liefern die Quellen in der dritten Welt, wo ja im wesentlichen noch die Frauen die Kinder allein »produzieren«, nicht, die muß MANN sich schon aus unseren zivilisierten, entwickelten, fortschrittlichen Gesellschaften holen. Der Rest, ja der Rest ist eigentlich nicht mehr zu gebrauchen. Aber da gibt es ja noch die Bombe und dann noch so was Sauberes wie die Neutronenbombe, die räumt den Müll weg und läßt die Fabriken stehn. Das ist doch wirklich praktisch. Der Erfinder zeigte sich selbst ganz fasziniert, daß ihm so Tolles eingefallen ist.

Was erzählst du denn da alles. Tendenzieller Fall der Profitrate hin, tendenzieller Fall der Profitrate her, du mußt doch zugestehen, das, was du da sagst, hat Marx auch irgendwie schon gesehen. Da gibt es doch das berühmte Zitat über die Zerstörung der Arbeitskraft und der Erde. Wie heißt es noch? *»Wie in der städtischen Industrie wird in der modernen Agrikultur die gesteigerte Produktivkraft und die größere Flüssigmachung der Arbeit erkauft durch die Verwüstung und Versiechung der Arbeitskraft selbst. Und jeder Fortschritt in der Kunst, den Boden zu berauben, jeder Fortschritt in der Steigerung seiner Fruchtbarkeit für eine gegebene Zeitfrist ist zugleich ein Fortschritt im Ruin der dauernden Quellen dieser Fruchtbarkeit … Die kapitalistische Produktion entwickelt daher nur die Technik und Kombination* *des gesellschaftlichen Produktionsprozesses, indem sie zugleich die Springquellen allen Reichtums untergräbt: die Erde und den Arbeiter.«*[48]

Aber ich frage mich: Wie verträgt sich das denn nun beides miteinander? Einerseits wird alles verwüstet, und gleichzeitig soll ja eine ungeheure Entwicklung der Produktivkräfte stattfinden, so daß die Leute am Ende nur noch ganz wenig zu arbeiten brauchen: Reich der Freiheit, arbeitsfreie Zeit. Darauf soll doch der Kapitalismus hinsteuern, auch wenn er es selbst nicht schafft, das in die Realität umzusetzen. Dazu bedarf es noch der Revolution. »Das Kapitalmonopol wird zur Fessel der Produktionsweise, die mit und unter ihm aufgeblüht ist.« AUFGEBLÜHT! »Die Expropriateurs werden expropriiert.« Die Enteigner werden enteignet. Die Sache soll auch vergleichsweise einfach sein, nicht so »langwierig, hart und schwierig« wie die Herausbildung des kapitalistischen Privateigentums. Schließlich müßten nur ein paar »Usurpatoren« enteignet werden.[49]

Ich finde, so einfach kann Mann es sich vielleicht schon, Frau aber keinesfalls machen. Über den offensichtlichen Widerspruch läßt sich nicht mal kurz hinwegblättern. Denn wenn erst mal die »Naturkraft Arbeitskraft« und die »Naturkraft des Bodens« verwüstet sind, dann ist doch auch die Sache mit der Revolution und dem Sozialismus nicht so einfach: Einige wenige Usurpatoren durch die »stets anschwellende und durch den Mechanismus des kapitalistischen Produktionsprozesses selbst geschulte, vereinte und organisierte Arbeiterklasse« enteignen[50], und die Voraussetzungen für das Reich der Freiheit sind prächtig? So ist es ja nicht gelaufen, und so wird es mit Sicherheit auch in Zukunft nicht laufen. Was soll die Rede von der ungeheuren Entwicklung der produktiven Kräfte, wenn sie gleichzeitig eine ungeheure Zerstörung der »Springquellen allen Reichtums« mit sich bringt. Ist da der alte Genosse nicht dem Kapitalismus auf den Leim gegangen, indem er ihm die Sache mit den Produktivkräften unbesehen abgenommen hat?

Der Reichtum der Nationen bestehe in einer ungeheuren Warenansammlung, und die bestehe aus Dingen, sagt Marx.

Die hätten zwar noch ein »materielles Substrat«, die Mutter Natur, aber daß die auch nicht ganz richtig gesehen wird, habe ich ja gezeigt. Indem der Erzkopf der Arbeiterbewegung sein ganzes Werk aus der These entfaltet hat, diese Waren seien Dinge, hat er sich, ob er wollte oder nicht, auf das Terrain des Gegners begeben. Denn in der Tat, für diesen ist die Arbeitskraft ein Ding. Er macht sie dazu, er will sie als dieses sich seinem Willen widerspruchslos fügende Ding, das selber keinen eigenen Willen hat, außer eben den, Lebensmittel aus den Fabriken zu kriegen. Und die Natur, die Große Mutter, die betrachtet der Gegner mit den gleichen Augen, mit denen Marx sie – in der Regel – betrachtet hat, als Stoff, als Substrat. Der grundlegende Fehler, den er gemacht hat, liegt darin, daß er den interessierten Blick des naturbeherrschenden Mannes hatte, daß an diesem Punkt – in der Regel – die Kraft seines sachlichen, seines wissenschaftlichen Denkens auf eine Schranke gestoßen ist, die umzuwerfen er nicht in der Lage war. Er war ein kritischer Kopf, und er hat in die Fabriken hineingesehen, hat durchschaut, was da mit den Leuten gemacht wird, und er hat die Erde betrachtet, gesehen, was mit ihr passiert, und das verursachte ihm manchmal Probleme, Skrupel, ob denn alles so stimme mit den ungeheuren Produktivkräften. Aber Konsequenzen für seine Kopfprodukte hat er nicht daraus gezogen. Ich bin Marx trotzdem dankbar, daß er ab und zu auch mal von der Verwüstung spricht, sonst könnten wir uns ja gar nicht auf ihn berufen.

Eines ist, hoffe ich, klargeworden. Der männliche Allmachtswahn, daß die Menschen in den Fabriken beziehungsweise mit dem, was die Fabriken produzieren, selbst produziert würden und daß dazu noch ein bißchen triebhaft bestimmte Arbeit mit dem männlichen Fortsatz komme, der hat Folgen. Zu glauben, die Frauen seien dazu nicht nötig, unnütz, seien unproduktiv, reine daseiende Natur, die nichts tut, nur da ist oder gar überhaupt fehlt, wie in großen Teilen des Marxschen Werkes, das kann nicht ohne Konsequenzen für die Erkenntnis der Realität bleiben. Ich bestehe darauf, auch wenn ich nicht alle Fragen bis zu Ende geklärt habe, mich zum Beispiel hier nicht darauf einlasse, wie sich diese Gesichtspunkte mit der Lehre vom »tendenziellen Fall der Profitrate« vermitteln lassen, ob das alte falsch ist oder die von mir gemachten sehr schlichten Aussagen eine Teilwahrheit neben einer anderen Teilwahrheit sind. Eine einfache Schlußfolgerung wäre die: Nun ja, die Profitrate fällt halt noch schneller, als Marx sich das vorgestellt hat. Aber da sind in meinem Kopf Haken. Die Tatbestände, um die es hier geht, lassen sich – so mein Eindruck – weder in den Begriffen der »Ökonomie« noch in denen der »Kritik der politischen Ökonomie« präzise fassen.

Superkopfmonster als Resultate der erfüllten Menschheitsgeschichte?

Es gibt ein Argument, das sitzt tief, und ist mir selbst immer wieder wie ein Mühlstein im Kopf herumgegangen. Könnte es nicht doch sein, daß es nur am Kapitalismus liegt, daß Marx vieles von dem nicht gesehen hat, was an menschlicher Arbeit anfällt? Hängt der bornierte Begriff, den er hat, nicht vielleicht doch damit zusammen, daß er den Gegenstand seiner Analyse im »Kapital« klar und deutlich umrissen und eingeschränkt hat? Und dann ist ihm halt unterlaufen, daß er als Allgemein-Menschliches beschrieb, was eigentlich spezifisch kapitalistisch ist. Im Kommunismus, der endlich erfüllten Menschheitsgeschichte, dem Punkt, auf den der ganze widersprüchliche Fortschritt zustrebt, um dann dort endlich widerspruchslos zu sein, soll es dann doch den ganzen und vollständigen Menschen geben, die menschliche Emanzipation. Das wäre ja eine Probe aufs Exempel. Auf welches? Ich will es noch einmal genau bezeichnen. Hat Marx nur deshalb einen so eingeschränkten Begriff von produktiver Arbeit als Arbeit, die in einem Produkt resultiert, das zuvor in irgendeinem Kopf genau vorgeplant war, weil er die berühmte Wert- und Mehrwert produzierende Arbeit untersuchen wollte und alles andere eben unter den Tisch fiel? Versteht er unter Arbeit, Tätigkeit, Menschlichkeitsbewährung im Kommunismus mehr als das Hand-Kopf -Baumeistermodell? Wie sieht es da mit dem Verhältnis der verschiedenen Körperteile und Naturkräfte zueinander aus? Stehen Hand, Gemüt, Kopf, Bauch wieder in einem versöhnt-produktiven Verhältnis zueinander? Wenn es um den ganzen Menschen, und nicht nur um den männlich-bornierten und kapitalistisch zerstückelten, geht, dann müßte dies der Fall sein. Über den »Kommunismus«, also das, was nach der Revolution passieren soll, nach der Enteignung einiger weniger Usurpatoren, erfahren wir ja bekanntlich im »Kapital« nichts beziehungsweise Dürftiges. Etwas mehr steht in den früheren Schriften.

Zunächst blättere ich noch mal nach in den »Grundrissen der Kritik der politischen Ökonomie«, den Vorarbeiten zum »Kapital«, auf das ich mich ja bisher beschränkt habe. Ich weiß ungefähr, wo die einschlägigen Zitate stehen, habe schließlich schon häufig über den Kommunismus nachgegrübelt, war selbst lange Zeit davon überzeugt, daß die Geschichte mit all ihren menschlichen Leiden und Widersprüchen einen Sinn gehabt haben müsse: Wenigstens am Ende müsse etwas Ordentliches dabei herausspringen. Frage also: Wie sieht das Ende aus?

»Es ist nicht mehr der Arbeiter, der den modifizierten Naturgegenstand als Mittelglied zwischen das Objekt und sich einschiebt; sondern den Naturprozeß, den er in einen industriellen umwandelt, schiebt er als Mittel zwischen sich und die unorganische Natur, deren er sich bemeistert.« Ja, wieso ist die Natur plötzlich unorganisch? Aber zunächst weiter im Text: »Er tritt neben den Produktionsprozeß, statt sein Hauptagent zu sein.« Dieser Marxsche Satz hat ein Weilchen die industriesoziologische Forschung beflügelt. Die hat sich lange und intensiv mit den paar Meßwartetechnikern beschäftigt, das waren wirklich nicht viele, aber man hat darüber nachgegrübelt, ob das jetzt der neue Arbeiternaturherrentyp sei. Der müßte eigentlich ganz glücklich sein bei seiner Arbeit, wo er doch oben sitzt und mit ein paar Knopfdrücken alles regelt. Komischerweise war er es nicht. Es gab dann lange Diskussionen darüber, woher das kommen könne. Aber weiter: Jetzt wird es ein bißchen dunkel und schwierig, aber ich zitiere es trotzdem:

»In dieser Umwandlung ist es weder die unmittelbare Arbeit, die DER Mensch selbst verrichtet, noch die Zeit, die ER arbeitet, sondern die Aneignung SEINER eignen allgemeinen Produktivkraft, SEIN Verständnis der Natur und die *Beherrschung* derselben durch SEIN Dasein als Gesellschaftskörper.« Ja, was ist denn das? Der Genosse hat es aber, glaube ich, selbst gemerkt, daß das ein bißchen dunkel ist, und sagt es noch mal einfacher: »... in einem Wort, die Entwicklung des gesellschaftlichen Individuums, die als der große Grundpfeiler des Reichtums erscheint.« DER Mensch als Gesellschaftskörper = gesellschaftliches Individuum. Hat sich da nun der Mensch in die Gesellschaft aufgelöst oder die Gesellschaft ins Individuum? Auf jeden Fall, etwas sehr Mächtiges scheint da aus dem Individuum geworden zu sein. Und die Kennzeichnung des Mächtigen ist dementsprechend. Was tut es? Es beherrscht. Aber es geht noch weiter. »Sobald die Arbeit in unmittelbarer Form aufgehört hat, die große Quelle des Reichtums zu sein [weil der Kopf die Natur beherrscht], bricht die auf dem Tauschwert ruhende Produktion zusammen.« Die im Kapitalismus entwickelten Produktivkräfte bilden die Basis für noch Mächtigeres, nämlich nicht nur die Entwicklung von ein paar Köpfen, sondern »die Entwicklung der allgemeinen Mächte des menschlichen Kopfes«. Hände werden nicht mehr gebraucht, der vom Kopf beherrschte Naturprozeß macht alles. Und was fällt Marx zur »freien Entwicklung der Individualität«, die ja dann folgen soll, ein? »Künstlerische, wissenschaftliche etc. Ausbildung der Individuen.« Wieder also der Kopf vor allem. Und warum geht das Kapital zugrunde? »Nach der einen Seite ruft es also alle Mächte der Wissenschaft und der Natur, wie der gesellschaftlichen Kombination und des gesellschaftlichen Verkehrs ins Leben, um die Schöpfung des Reichtums (relativ) unabhängig zu machen von der auf sie angewandten Arbeitszeit. Nach der andren Seite will es die so geschaffenen riesigen Gesellschaftskräfte messen an der Arbeitszeit.«[51]

Die Arbeitszeit der Hände wird nicht mehr gebraucht, dennoch soll sie Maßstab sein, obwohl doch der Kopf inzwischen alles tut. Das geht nicht, meint Marx.

Ich blättere weiter und suche, ob ich nicht doch eine Stelle finde, wo unter diesem großartigen neuen Superindividuum etwas anderes gemeint ist als »the general intellect«[52]. Ich bin hoffnungsvoll, etwas zu finden, aber nichts da! »… Schöpfung von viel disposable time [verfügbarer Zeit] … d. h. Raum für die Entwicklung der vollen *Produktivkräfte* der einzelnen, daher auch der Gesellschaft.«[53] Wieder diese Gleichsetzung. Der einzelne = die Gesellschaft. Dann ist nicht nur von der Beherrschung, sondern von der »Unterwerfung der Naturkräfte unter den gesellschaftlichen Verstand«[54] die Rede. Die Phantasien schrauben sich hoch, und das soll das glückliche Individuum sein. Ökonomie: »keineswegs *Entsagen* vom *Genuß*, sondern Entwicklung von *Power*, von Fähigkeiten zur Produktion und daher sowohl der Fähigkeiten wie der Mittel des *Genusses* … freie Zeit für die volle Entwicklung des Individuums, die selbst wieder zurückwirkt auf die Produktivkraft der Arbeit.«[55] Und wie sieht das andere, durch die viele freie Zeit neu produzierte Individuum aus? »Es ist zugleich *Disziplin* [!!!] mit Bezug auf den werdenden Menschen betrachtet, wie Ausübung, Experimentalwissenschaft, materiell schöpferische und sich vergegenständlichende Wissenschaft mit Bezug auf den gewordenen Menschen, in dessen Kopf das akkumulierte Wissen der Gesellschaft existiert.«[56] So steht es da, ein bißchen Mußezeit gibt's auch noch, aber ansonsten ist der Sozialismus damit beschäftigt, dafür zu sorgen, daß die Leute sich in ihrer freien Zeit das gesamte Wissen aneignen, zu Riesenköpfen werden, noch mehr und noch besser sich den Naturprozeß unterwerfen. Und weil jeder alles weiß, was die Gesellschaft weiß, ist das Individuum = die Gesellschaft, in der es kein oben und unten mehr gibt, in der die Herrschaft aufgehört hat, in der es demokratisch zugeht, weil – ja, weil es eben eine Gesellschaft von Superköpfen ist, in denen sich genau das gleiche befindet, das »akkumulierte Wissen«. Ich bin wirklich ganz entsetzt. Vor ungefähr fünf Jahren habe ich das alles noch so gelesen, als sei es ganz ordentlich. Der Begriff vom »gesellschaftlichen Individuum« hatte mir immer besonders gut gefallen. Da stellte ich mir jemanden vor, dem der Egoismus keinen Spaß mehr macht, der nicht erst durch Herrschaft und Zwang, sondern aus dem Bedürfnis heraus sozial oder gesellschaftlich oder wie immer man das nennen mag zu agieren in der Lage ist. Und da habe ich den Rest, der drumherum geschrieben steht, nicht ernst genommen. Ja, und wenn ich mir jetzt noch vorstelle, daß im Kommunismus beziehungsweise schon vorher »alle Völker ins Netz des Weltmarkts verschlungen« sind und jeder einzelne alles wissen muß, was in der Weltgesellschaft so vor sich geht und für die Produktion notwendig ist – schließlich soll's ja auch auf Weltebene gerecht und demokratisch und herrschaftslos zugehen –, dann fängt es mich wirklich an zu grausen. Da soll mir noch einer kommen und sagen, Marx habe Hegel vom Kopf auf die Füße gestellt. Ich glaube nicht mehr dran. Die Zitate sind zu eindeutig.

Was meinte Hegel? Das Bewußtsein, der Geist, das sei der eigentliche Geschichtsproduzent. Dem widersprach Marx: Nein, es sei nicht nur der Geist, der Kopf, es seien auch die Hände, und die seien gegenwärtig repräsentiert in der Arbeiterklasse. Der »ganze Mensch« sei getrennt in Unternehmerkopf und Arbeiterhände. Trotzdem, die Hände gehörten hinzu, ohne die habe die Produktion nicht laufen können. Aber am Ende, da sah es bei Marx dann doch ähnlich aus wie bei Hegel. Der Kopf ist zwar nicht von Beginn an, aber zum Schluß doch der alleinige Produzent. Wo bleiben denn da nun die Füße?

Bleibt noch der Genuß! Aber in dieser Hinsicht finde ich auch nicht das Gewünschte. Ich erfahre nur, daß ich im Kommunismus durch die Fähigkeit, immer mehr zu produzieren, auch immer vielfältigere Genußmöglichkeiten und -mittel erhalte, immer mehr Produkte, die der vom Kopf beherrschte Naturprozeß ausspuckt.

Sage nur noch jemand, der reale Sozialismus könne sich nicht auf Marx berufen. Der träumt doch auch von den Höchststeigerungen der wissenschaftlichen Köpfe und findet bei Marx genügend Brauchbares. Disziplin soll der werdende Mensch lernen. Klar, anders geht es wohl auch nicht, wenn er sich auch nur einen kleinen Bruchteil des »general intellect« aneignen soll. Da heißt es büffeln und noch mal büffeln. Zirkusvorstellungen von Schlümpfen, inszeniert von Paula und mir, dergleichen ist nicht drin. Keine Zeit. Schließlich ist das ja nichts Produktives, da werden keine neuen Bedürfnisse nach wieder neuen Produkten und Genüssen entwickelt. Daß die Köpfe die allein lebenspendende Kraft seien, habe ich dem Genossen unter der Hand zunächst mal als sozialistische Zukunftsprognose unterstellt. Der Begriff »Leben« findet sich in den »Grundrissen« nicht. Dafür aber, gehe ich noch weiter zurück, in dem Werk, das von Experten und Realsozialismuskritikern als das tiefstschürfende eingeschätzt wird, den »Pariser Manuskripten«. Hier steht tatsächlich der Satz: *»Es ist das Leben erzeugende Leben.«* Und was ist mit diesem »Es« gemeint? Da muß ich noch einmal des längeren zitieren: »Die bewußte Lebenstätigkeit unterscheidet den Menschen von der tierischen Lebenstätigkeit. Eben nur dadurch ist er ein Gattungswesen.«[57] Gattungswesen? Was ist damit gemeint? Ganz einfach, er ist »Mensch« im Unterschied zur Gattungssorte »Tier«.

»Nur darum erscheint seine Tätigkeit freie Tätigkeit ... Zwar produziert auch das Tier. Es baut sich ein Nest, Wohnungen, wie die Biene, Biber, Ameise etc. Allein es produziert nur unter der Herrschaft des unmittelbaren physischen Bedürfnisses, während der Mensch selbst frei vom physischen Bedürfnis produziert und erst wahrhaft produziert in der Freiheit von demselben; es (das Tier) produziert nur sich selbst, während der Mensch die ganze Natur reproduziert; sein Produkt gehört unmittelbar zu seinem physischen Leib, während der Mensch frei seinem Produkt gegenübertritt ... Eben in der Bearbeitung der gegenständlichen Welt bewährt sich der Mensch daher erst wirklich als Gattungswesen. Diese Produktion ist sein werktätiges Gattungsleben. Durch sie erscheint die Natur als sein Werk und seine Wirklichkeit.«[58]

Ja, ja, so ist es. Die uns schon aus dem »Kapital« bekannte Baumeistertätigkeit wird hier als das »Leben erzeugende Leben« bezeichnet, und das ist kein Ausrutscher. Der Satz wird noch einmal wiederholt. Durch dieses freie, vom Kopf gelenkte Arbeitsleben des Menschen »erscheint die Natur als sein Werk und seine Wirklichkeit«. Warum habe ich bei diesen Sätzen nicht schon früher gestutzt? Ich habe das doch schließlich wiederholt gelesen, und ich muß gestehen: Es hat mir sogar mal eingeleuchtet. Ich hatte dabei immer das Bild von der Toscana im Kopf. Nicht beim »Leben erzeugenden Leben«. Diese Satzschöpfung ist mir erst jetzt auffällig geworden, aber bei der »Natur als sein Werk«. Da sah ich die aneinandergereihten Hügelketten mit ihrem oben aufgesetzten Zypressen-Pinien-Ornament, die lebhafte Musterung durch Weinberge und Olivenhänge, die in die Landschaft gebetteten Landhäuser und Städtchen, eine humanisierte Natur, eine Kulturlandschaft par excellence, jahrtausendelange menschliche Arbeit in sich bergend.

Und wenn es dann später über den Kommunismus, den vollendeten, nicht seine rohe Vorstufe, heißt: »Dieser Kommunismus ist als vollendeter Naturalismus = Humanismus, als vollendeter Humanismus = Naturalismus, er ist die wahrhafte Auflösung des Widerstreits zwischen dem Menschen und der Natur«[59], dann sah ich die Morgennebel sich in die Täler der Toscana niedersenken, die mit Zypressen, Pinien und Landhäusern geschmückten Hügelkämme Reihe um Reihe enthüllend. Dann leuchtete mir auch der Satz ein, in diesem Kommunismus sei das »Auge zum menschlichen Auge« geworden, weil es die vermenschlichte Natur, die durch Arbeit menschlich gemachte Natur anschaue. In der Tat, es waren meine Toscanaträume, die mir den theoretischen Blick vernebelten.

Denn diese Landschaft ist ein Produkt des Mittelalters und nicht der großen Industrie, die angeblich erst die Bedingungen für den Kommunismus schaffen soll. Die Toscana präsentiert ja auch nicht einfach Naturbeherrschung im Sinne der zuvor beschriebenen Baumeistertätigkeit. Die ornamentalen Baumreihen erfüllten schließlich physische Bedürfnisse: schattige Wege zu den Häusern. Und die Öl- und Weinberge waren doch kein Resultat »freier Tätigkeit«, wie sie dem jungen Marx als das eigentliche Gattungsleben der Menschheit vorschwebte. Sie waren für den Gebrauch, für die Befriedigung von Bedürfnissen bestimmt, sogar von physischen. Und die Bauern wußten, daß nicht sie die Bäume und die Weinreben wachsen ließen, sonst hätten sie die gotischen Kirchen nicht gebraucht, in denen der »liebe Gott« unter anderem um eine gute Ernte gebeten wurde. Auch wenn es nicht die Bauern waren, die die Kirchen bauten, die Erbauer wußten ebenfalls, daß die Natur nicht einfach ihr Werk war. Ja, gestaltet durch menschliche Arbeit, produktiver und sogar schöner gemacht, einiges vielleicht sogar absichtlich nur aus ästhetischen Gründen und nicht wegen des unmittelbar physischen Nutzens angelegt, wie die Parkanlagen der Landhäuser. Aber auch in diesem Falle war es eine organische, unabhängig von ihnen lebendige Natur, die sie mit Befriedigung ihrer ästhetischen Bedürfnisse und ihrer Bedürfnisse nach gesellschaftlicher Repräsentation nutzten. Und wozu wäre denn die Maria-Muttergöttin notwendig gewesen, wenn die toscanischen Bauern- und Landherrenfamilien davon ausgegangen wären, daß ihre Dinge produzierende Arbeit das »Leben erzeugende Leben« sei?

Ich muß es ganz illusionslos betrachten. Zum Zitat aus den Pariser Manuskripten, wo es heißt, das »Auge sei zum menschlichen Auge geworden«, stelle ich mir wohl am besten eine Zugfahrt vom Frankfurter Flughafen zum Hauptbahnhof vor. Da sehe ich nämlich im wesentlichen nur noch Dinge, die nach dem Baumeistermodell produziert worden sind. Kaum mehr eine Linie, die nicht mit dem Lineal gezogen worden wäre. Und darin soll ich mich nun erkennen, als Mensch, weil die Linie von einem menschlichen Kopf ausgedacht und geplant und von den Händen ausgeführt wurde? Und den Kastanienbaum vor meinem Fenster soll ich angeblich nur deshalb lieber anschauen, weil mein Auge noch immer nicht zum menschlichen Auge geworden ist, da wir eben noch nicht im Kommunismus sind? Oder was sollen die dunklen Sätze aus den Pariser Manuskripten sonst sagen? Und was soll die Rede von der »Natur als unorganischem Leib des Menschen«?[60] Er muß erst organisch, lebendig gemacht werden durch die Arbeit, ansonsten bleibt dieser Leib tot – das ist ja einfach nicht wahr.

Was bedeutet die ungefähr zur selben Zeit verfaßte Phantasie von der »Entwicklung der Individuen zu totalen Individuen und der Abstreifung aller Naturwüchsigkeit«[61], wenn nicht die Vorstellung, alles werde durch den Kopf beherrscht? »Die Aneignung« der totalen Produktivkräfte »ist *weiter nichts* [!!!] als die Entwicklung der den materiellen Produktionsinstrumenten entsprechenden individuellen Fähigkeiten. Die Aneignung einer Totalität von Produktionsinstrumenten ist schon deshalb die Entwicklung einer Totalität von Fähigkeiten in den Individuen selbst.«[62] Nun ja, darüber brauche ich nicht noch einmal meinen Spott auszubreiten; ich bin übrigens auch nicht die erste, die über das total entwickelte Individuum stolpert. Die Konservativen haben das schon lange getan, kürzlich erst wieder André Gorz.[63] Und ich muß hier den verschiedenen Marxkritikern zustimmen: Meines Erachtens handelt es sich um eine totale Wahnidee. Und wie kam der junge Marx darauf? Er war ein Demokrat, und er war ein Mann, und er war ein begeisterter Anhänger der These von der Entwicklung der »Produktivkräfte« durch die spezielle Kopf-Hand-Naturbeherrschungsmethode. Das Ergebnis ist klar: Herrschaft ist in Zukunft nicht mehr nötig, weil die Hände nicht mehr nötig sind. Der Kopf ist durch Industrie und Wissenschaft produktiv genug. Und wenn es demokratisch zugehen soll, dann müssen halt alle Köpfe total sein. Im Kommunismus hat dann nicht nur der Kopf die Hauptproduktionsarbeit übernommen, er führt auch die Gesellschaftsregie. – Kein Wunder, daß der reale Sozialismus so gar nicht demokratisch klappt. Im Gegenteil.

In der »Deutschen Ideologie« haben Marx und Engels gesagt: »Das Bestehende, was der Kommunismus schafft, ist eben die wirkliche Basis zur Unmöglichmachung alles von den Individuen unabhängig Bestehenden, sofern dies Bestehende dennoch nichts als ein Produkt des bisherigen Verkehrs der Individuen selbst ist. Die Kommunisten behandeln also praktisch die durch die bisherige Produktion und Verkehr erzeugten Bedingungen als *unorganische* [!], ohne indes sich einzubilden, es sei der Plan oder die Bestimmung der bisherigen Generationen gewesen, ihnen Material zu *liefern*, und ohne zu glauben, daß diese Bedingungen für die sie schaffenden Individuen unorganisch waren.«[64] So steht es wirklich da. Hier entschlüsselt sich auch allmählich der Begriff des »Unorganischen«. Das Unorganische ist das, was die Menschen zum Unorganischen machen, zum bloßen Material, zum bloßen Stoff, zum bloßen materiellen Substrat, zur widerstandslosen Materie, die nach menschlich-männlichem Bewußtsein und Zweck neu zusammengesetzt, neu organisiert, neu gemacht wird. Und im Kommunismus soll alles, was von den Menschen bisher erzeugt wurde – auch ihre gesellschaftlichen Formen, auch ihre Verkehrsformen – zum »unorganischen Leib« der neuen Gesellschaft werden.

Marx hat die kapitalistische Arbeit, die Arbeit in der Ära der Naturbeherrschung, die männliche Arbeit spezifisch historischen Entwicklungsgrads genommen und aus dieser sein Modell allgemein-menschlicher Arbeit gebaut. Das ist meine These.

Beherrschung der Natur nach der Kenntnis ihrer inneren Gesetze, Produktion einer zweiten, kontrollierten Natur, der Technik, findet aber nur in den Fabriken statt. Da geht es geregelt und geordnet zu. Da gibt es einen Kopf, den Unternehmer, und der macht etwas mit Hilfe der Hände, die er seinem Willen unterordnet. Aber zwischen den Fabriken, auf dem Markt, im Austausch, in der Gesellschaft, in der Art und Weise, wie sich die »wirtschaftlichen Einheiten« aufeinander beziehen, herrscht nach wie vor blinde Naturgewalt. Da geht es ungeregelt, unbewußt, »hinter dem Rücken«, also nicht vom Kopf gesteuert, zu. Da gibt es Krisen, »gesellschaftliche Naturkatastrophen«, wie Marx es nennt. Diese müssen beseitigt, die gesellschaftliche Produktion muß von den gesellschaftlichen Köpfen beherrscht werden. Und: Die Hände dürfen nicht mehr nur Hände sein. Es bedeutet eine Degradierung, eine Entmenschlichung der Arbeit, daß der Unternehmermann den Arbeitsmännern den Kopf abschlägt. Wenn alle erst wieder Köpfe haben, kann die Gesellschaft ganz vom Kopf her neu geregelt werden. Marx studierte die blind waltenden, nicht durchschauten Gesetze des Kapitalismus. In ihrer Reinheit. Ohne die Störungen der Konkurrenz. Verhält er sich da nicht wie Galilei, der im Experiment von allen Verunreinigungen der wirklichen, der lebendigen, der durch tausend Faktoren bestimmten, der uns umgebenden Natur abstrahiert, um hinter ihre inneren Gesetze, die unabhängig vom menschlichen Willen walten, zu kommen? Ich will das verdeutlichen durch die Beschreibung, die Galilei selbst von seiner wissenschaftlichen Arbeit macht.

»... auf einem Holzbrette von 12 Ellen Länge, bei einer halben Elle Breite und drei Zoll Dicke, war ... eine Rinne von etwas mehr als einem Zoll Breite eingegraben. Dieselbe war sehr gerade *gezogen, und um die Fläche recht* glatt *zu haben, war inwendig ein sehr* glattes und reines *Pergament geklebt; in dieser Rinne ließ man eine* sehr harte, völlig runde und glattpolierte Messingkugel *laufen. Nach Aufstellen des Brettes wurde dasselbe einerseits gehoben, bald eine, bald zwei Ellen hoch; dann ließ man die Kugel durch den Kanal fallen und verzeichnete in sogleich zu beschreibender Weise die Fallzeit für die ganze Strecke ...«*[65]

In »der Natur« gibt es keine »sehr harte, völlig runde und glattpolierte Messingkugel« und auch keine »sehr gerade« gezogene glatte Rinne. In der »Natur«, so wie sie ist – sieht man einmal von der Bewegung der Himmelskörper im reinen Raum ab –, ist alles ein bißchen unordentlich, gemischt, ungerade, rauh, nicht ganz rund. In dieser Natur ließe sich nie ein Fallgesetz beobachten, da die Körper eben verschiedene Form und verschiedenen Luftwiderstand haben. Kein Stein fällt genau wie der andere. Die Naturwissenschaft stellt im Experiment eine »unnatürliche Situation« her. Sie versucht, sämtliche Störfaktoren auszuschalten, um die Gesetze zu entdecken, nach denen dann die zweite Natur, die Technik, nach Bauplan produziert werden kann.

»Die Möglichkeit der technischen Naturbeherrschung im Sinne einer partiellen, aber fortschreitenden Verwandlung der Natur in ein gesetzmäßig funktionierendes, quantitativ exakt berechenbares und manipulierbares Kunstprodukt ist der neuzeitlichen Wissenschaft von Anfang an immanent und läßt sich bis in ihre innersten Begriffe zurückverfolgen.«[66] Warum hat Marx so gründlich und mit solcher Leidenschaft und Ausdauer die »inneren Gesetze« dieser kapitalistischen

Produktionsweise studiert? Warum hat er sie von allen »Verunreinigungen durch die Konkurrenz« zu säubern gesucht? Warum hat er sich dafür entschuldigen müssen, daß er in die historische Unreinlichkeit der Hölle frühkapitalistischer Fabriken und Elendsviertel hinabgestiegen ist, statt konsequent und ohne historisches Beiwerk der Darstellung der Funktionsgesetze zu folgen? Wovon war er denn so fasziniert bei diesem Studium? War es vielleicht dasselbe, was die Naturwissenschaftler faszinierte? Die Beherrschbarkeit und grenzenlose Möglichkeit der Neuschöpfung? Stand dahinter nicht vielleicht das Ideal, das Wunschbild des Sozialismus als eine völlig vom Kopf gemachte, kontrollierte, übersichtliche, geregelte Gesellschaft? Die Natur – der unorganische Leib des Menschen! Die bisherige Geschichte, die bisherigen Produktions- und Verkehrsformen – unorganisches Material für den Kommunismus! Sind das nicht verblüffende Parallelen?

Um keine Mißverständnisse aufkommen zu lassen: Nachdem Marx sehr genau in der Britischen Bibliothek – und nicht nur dort – nachgeprüft hatte, wie es sich mit dem Kapitalismus historisch verhält, ist er bescheidener geworden. Er träumte danach nicht mehr so exaltierte Träume wie in der »Deutschen Ideologie«, den »Pariser Manuskripten« und in den »Grundrissen zur Kritik der Politischen Ökonomie«. Er beließ es bei ein paar Bemerkungen zur Notwendigkeit der Verkürzung der Arbeitszeit als Voraussetzung des »Reichs der Freiheit«. Dann ereignete sich 1870 der Aufstand der Pariser Kommune. Da hat er gesehen, wie das werktätige Volk sich an die Arbeit machte, und war wohl ganz zufrieden darüber. Und in der Kritik des Gothaer Programms, des ersten Programms der SPD, hat er so bescheiden-anspruchsvoll-mütterliche Sätze formuliert wie »Jedem nach seinen Fähigkeiten, jedem nach seinen Bedürfnissen«. Das klingt ganz anders als die Sache mit dem total entwickelten Individuum des ja oft und gerne so verherrlichten frühen Marx. Er wußte zwar auch nicht, wie dahin zu kommen sei, aber immerhin. Eine Bemerkung hat er gemacht: Die *Arbeit* müsse wieder zum *»ersten Lebensbedürfnis«* werden, dann ginge das. Ist ihm vielleicht doch noch die

Arbeit der Frauen irgendwie dunkel ins Gesichtsfeld geraten? Denn für die Arbeit der »Hände« galt doch nach wie vor, daß die große Industrie sie ersetzte, wenigstens so ziemlich.

Zur Vermeidung von Mißverständnissen

»Deine Kritik des Kopf-Hand-Baumeistermodells gefällt mir nicht. Die Metapher selbst ist irreführend. Der Kopf wird doch auch zum Fühlen gebraucht. Soweit meine laienhaften Vorstellungen darüber reichen, macht zwar einiges das vegetative, hirnabgekoppelte Nervensystem, aber das meiste geht über den Kopf, auch die Reflexe, auch das Unbewußte. Aber selbst wenn du nur das Bewußte, den Apparat, mit dem die Menschen sich etwas bewußt machen, gemeint hast, stimmt es einfach nicht. Unter Kopf stelle ich mir nämlich weiterhin vor, daß in ihm die bewußte Steuerung der übrigen Körperteile ihren Sitz hat. Und genau diese Funktion ist mir zentral wichtig. Ich möchte sie weder abschaffen – das willst du ja auch nicht –, noch möchte ich diese Funktion degradieren, den Kopf also untergehen lassen in irgendeinem organischen Ganzen, in dem er manchmal eine Rolle spielen darf, manchmal nicht, je nachdem, wie es im Chaos meines Inneren gerade läuft. Wenn ich mich nicht als ganze Person über meinen Kopf steuern könnte, würde ich aufhören, ein Mensch zu sein, nicht nur ein Mann. Das Baumeister-Biene-Modell, also das Modell, sich vor dem Handeln ein Ziel zu setzen, ist für meine Identität unverzichtbar.

Nehmen wir noch einmal dein mühsames Spiel mit Paula: Da hast du erst mal mindestens eine Entscheidung getroffen, nämlich dich überhaupt auf sie einzulassen. Du hättest sie auch wegschicken können, mag sein, mit schlechtem Gewissen, aber auch dann aufgrund einer Prioritätsentscheidung. Und ein Ziel? Selbstverständlich hattest du eins im Kopf und hast es ja auch schlußendlich erreicht: ein bißchen mehr Vertrauen zwischen Paula und dir. Zwar hattest du kein fertiges Resultat im Kopf, hattest auch vorher nichts gebaut, aber Ziele deines Handelns hattest du, womöglich nicht bewußt, so doch in deinem Bewußtsein. Was ich sage, sage ich aus Erfahrung. Schließlich habe ich selbst eine kleine Tochter, schließlich kenne ich diese Situation zur Genüge, aber ich ziehe daraus keine Schlüsse über die Unzulänglichkeit des Kopfes.«

Ich nehme diese Reaktion eines mir freundlich gesinnten Bekannten, der meine Grübeleien las und ansonsten einverstanden war, zum Anlaß, mich noch einmal, soweit es in meinen Kräften steht, unmißverständlich zu äußern.

Natürlich ist mir klar, ohne Kopf geht es nicht. Der Mensch kann weiterleben ohne einen Arm, ohne ein Bein, aber nicht ohne Kopf. Die Geschichte von Störtebeker, der nach Verlust seines Kopfes noch ein Weilchen rumgehüpft sein soll, gehört wohl ins Reich der Fabel. Mein Kopf ist mir selbst außerordentlich wichtig. Klar. Warum würde ich mich sonst an die Schreibmaschine setzen. Und ich weiß, daß die Gefühle nicht einfach unten sitzen, sondern daß der Kopf dabei eine beträchtliche Rolle spielt.

Deshalb habe ich ja auch so viel gegen die Gegenüberstellung: Kopf auf der einen – Chaos des Inneren auf der anderen Seite. Was soll dieser Antagonismus. Er kommt doch überhaupt erst zustande, wenn der Kopf fürs sogenannte »Rationale«, die unteren Teile fürs »Emotionale« reserviert sind. »Die denkt doch mit dem Bauch.« Wie oft habe ich derlei Bemerkungen über Frauen von seiten des männlichen Geschlechts gehört. »Wir wollen hier doch sachlich bleiben, sei nicht so emotional.« Nun, ich könnte ganze Perlenketten solcher Kostbarkeiten aneinanderreihen.

Vor einiger Zeit nahm ich einen Stapel alter SPIEGEL-Nummern mit ins Seminar, sie sollten eigentlich auf den Müll, aber ich dachte, vielleicht läßt sich daran was zeigen. Ich ließ mich selbst überraschen, hielt Titel nach Titel hoch, ließ die jungen Frauen und Männer beschreiben, was zu sehen sei. Ein Männerkopf, zielbewußt in die Ferne guckend, unterhalb des Hemdkragens abgeschnitten. Auf dem Kopf eine Militärmütze. Zwei Männerköpfe, verantwortlich – sorgend – väterlich blickend, im Gespräch sich einander zuneigend, natürlich auch ohne alles dran. Ein Mann mit Brustkorb und Händen, in der Hand ein Gewehr. Eine Hand, und was darin? Eine Pistole. Eine Frau, ganzteilig, also bis zu den Zehen, ohne nennenswerten Gesichtsausdruck, die Körpergrenzen eher in den Hintergrund verfließend, schwach, hilfsbedürftig. Eine Frau, bis zum Bauchnabel, die Brust weitgehend offengelegt, ohne nennenswerten Gesichtsausdruck. Erst im Innern des Heftes, in einer Anzeige, auch ein Mann, ganz, bis zu den Zehen, und sogar nackt, wenn auch mit wegretuschiertem Geschlechtsteil. Er paradiert für ein Herrenparfüm. Es ist ihm peinlich. Er läuft munter drauflos, dreht krampfig seinen allerwertesten Körperteil, den Kopf, oben am Hals vom übrigen weg, grinst verklemmt. Ich bin von vornherein sicher: In keinem der Hefte findet sich ein engagierter Artikel gegen die Emanzipation der Frauen. Im Gegenteil, kopfmäßig hat der SPIEGEL dagegen sicherlich nichts, aber ansonsten sieht es um so chaotisch-gefühlsmäßiger aus. Da herrscht, im Bildbereich, die pure, unreflektierte Männerspontaneität.

Und wie sieht die aus? Der Kopf gilt als spezielles Geschlechtsmerkmal der Männer. Frauen geht er ab. Zielklarer Blick, in ferne Zukünfte, keine Vermengung mit irgendeinem Hintergrund, der Rest unterhalb, wenn er auftaucht, ist den Männern peinlich, mit einer Ausnahme, dem Arm, der Hand, und die hält eine Waffe. Gut: Es war eine Zufallsauswahl, ein Stoß von Nummern, die halt so übereinanderlagen. Aber immerhin: keine Ausnahme von dieser Regel. Ich war selbst entsetzt, obwohl ich es eigentlich hätte wissen müssen.

Ich sehe, ich schaffe die Kurve ins Begriffliche schwer. Aber wenn ich schon einen Begriff suche, so ist *»Abspaltung«* wohl der präziseste. Ja, der Kopf wird abgespalten vom Körper, der Körper wird abgespalten vom Kopf. Und in dieser Definition von Menschlichkeit kommen die Frauen nicht vor, bei ihnen geht eben alles unklar ineinander über, da kommt kein zielbewußter Blick zustande, kein Subjekt.

Ja, und weil abgespalten wird, deshalb ist es unterhalb des Kopfes dann auch so chaotisch-bedrohlich. Da findet keine Arbeit, keine Zivilisation statt. Das Untere einschließlich aller

Frauen wird unterworfen, ist bloßes Material, gehört nicht ins denkende, handelnde Subjekt hinein. Und: Die Hand trägt die Waffe, hält die Waffe. Da gibt es doch wohl Zusammenhänge? Oder?

Ich versuche es mal anders zu sagen. Natürlich bestehe ich auf meinem Kopf, als Frau, aber ich will ihn nicht abspalten. Doch auch Frauen bringen das fertig. Vor zwei Monaten hörte ich mir eine Podiumsdiskussion an: eine Feministin und eine mit bürgerlich-gläubigem Hintergrund den Frauen zugeneigte Frau. Sie stand im übrigen auf Max Weber. Die Feministin benutzte den Begriff Abspaltung in dem Sinne, wie ich ihn auch benutze. Daraufhin die andere mit hoher, kopfiger, abgeklemmter Stimme: »Abspaltung, Abspaltung, was ist denn das, das ist doch Metaphysik, das gibt es doch gar nicht.« Da die bürgerliche Frau zuvor schon viel mir Widerstrebendes gesagt hatte, war ich auf einen härteren Diskussions-Argumentationsbeitrag eingestellt. Doch das Wort blieb mir im Halse stecken. Mein Herz krampfte sich vor Mitleid zusammen.

»Er unterwirft das Spiel ihrer Kräfte [also seiner eigenen Natur, d. h. all dessen, was außerhalb der zielsetzenden Vorstellung liegt] seiner eigenen Botmäßigkeit.« Nun ja, meiner Hand kann ich sagen, sie solle die Tasse zum Mund führen. Aber meiner Trauer, kann ich der einfach befehlen, dies oder das zu tun, sie anstellen, abstellen, je nach Nützlichkeit in einer jeweiligen Situation? Und wenn ich es versuche, was passiert dann? Abspaltung eben! Und was heißt das, wenn ich Herr über meine Trauer bin, absoluter Souverän? Daß ich zum Beispiel das Bedürfnis, zu lieben und geliebt zu werden, als speziell menschliches ausgrenze aus meiner Person, daß ich mich also verkrüppele!

Aber die Trauer ist doch gar nicht gemeint bei Marx!

Genau das eben finde ich ja so vertrackt an ihm, daß es Trauer in seinem Begriff produktiver menschlicher Praxis und Entwicklung nicht gibt!

Wer Gefühle bis in den Kopf läßt, der ist kein richtiger, vollwertiger Mensch. Wer sagt, die Gefühle seien eine wirkliche menschliche Kraft und sie seien koordiniert mit der Gedanken produzierenden Kraft und nicht durch sie unterworfen, wichtig für die Realitätserkenntnis, der stößt bei Vertretern des männlichen Geschlechts – natürlich niemals allen – immer wieder auf Unverständnis. Ich sage, meine Angst ist eine wichtige Kraft für die Anstrengungen meines Kopfes, zu begreifen, was läuft. Reaktion: Entweder: Aber ich habe keine Angst; eingeschlossen, wenn auch nicht verbalisiert: Diese Frauen, sie sind halt ängstlich, ich bin ein Mann. Oder: Das geht doch nicht, das ist doch unmöglich, da kannst du doch gar nicht klar hintereinander weg denken. Komisch, daß die das meinen. Ich mache die Erfahrung, daß das durchaus geht, mit der Angst im Rücken, wenn auch nicht allein mit der Angst, sondern auch mit Hoffnung. Aber diese gehört ja auch nicht zum Ensemble der logischen Operationen des Gehirns, sie ist ja auch »nur Gefühl«.

Und jetzt noch einmal zu dem Beispiel mit Paula. Sie kommt an den Tisch, ich nehme sie doch nicht nur zielklar mit meinem Kopf wahr, auch wenn ich den Versuch mache, zielbewußt zu handeln. Das habe ich an keiner Stelle bestritten. Sie ist da, ich mag sie, sie stellt Ansprüche, sie braucht mich, ich bringe es nicht übers Herz, sie einfach abzuweisen, da ist eine Hemmung in mir, ich würde sie verletzen, sie käme sich von mir mißachtet vor, nicht beachtet. Und sie ist mir doch nicht gleichgültig. Schließlich brauche auch ich ihre Zuneigung. Sicherlich, es gibt auch Situationen, in denen ich mich nicht unterbrechen ließe. Aber auch dann wäre dieses Verhalten nicht unbedingt kopfzielklar, sondern womöglich aus Nervosität geboren. Das muß jedoch nicht sein, es kann auch eine klare Entscheidung sein: Hör mal zu, jetzt schreibe ich noch eine Stunde, und dann habe ich Zeit, mit dir zu spielen. Wenn ich jetzt unterbrochen werde, komme ich nicht weiter, dann geht es auch nachher mit dem Spielen schwer. Verschiedenste Möglichkeiten also, die aber weniger aus einem allgemeinen Prioritätensetzen erfolgen, sondern aus der jeweils konkreten, besonderen Situation, in der ich mich befinde. Trotzdem. Mit dem Kopf bin ich natürlich in jeder Situation dabei. Weiter. Der »Gegenstand« meiner Tätigkeit ist kein Objekt, sondern eben ein Subjekt, ein lebendiger Mensch, von mir nicht einfach kontrolliert, geregelt, bestimmt, sondern auch für sich seiend, autonom, bis zu einem bestimmten Punkt. Zielbewußtes Handeln muß keineswegs zu dem erwünschten Erfolg führen. Hätte ich gesagt, ganz zielbewußt und klar im Kopf, jetzt habe ich keine Zeit, komm später, dann spielen wir, also an ihre »Vernunft« appelliert, es wäre womöglich ein voller Mißverfolg gewesen. Meine Vernunft mußte ja nicht gerade in diesem Augenblick auch die ihre sein.

Um von der Beispielebene wegzukommen:

1. Der Kopf ist meines Erachtens zu viel mehr in der Lage als zur zielklar-erfolgssicheren Baumeistertätigkeit. Diese Reduktion wird aber im Marxschen Arbeitsbegriff vorgenommen. Ich bin gegen das reduktive bornierte Verständnis des menschlichen Kopfes.
2. Die Realität, in welcher ich mich als praktisch handelnder Mensch bewege, ist selbst schon reduziert, wenn ich sie als eine von erkennbaren, allgemeinen Gesetzen regulierte, kontrollierbare, beherrschbare beschreibe. Ich wehre mich gegen diese Reduktion. Und die Realität wehrt sich im übrigen auch, wie wir an den drohenden Katastrophen sehen, die in einer so reduzierten menschlichen Praxis anstehen.
3. Natürlich gibt es Ziel-Mittel-klares, produktives Handeln analog dem Kopf-Hand-Baumeistermodell. Das will ich überhaupt nicht bestreiten. Ich handle schließlich auch so, wenn ich einen Elektrostecker repariere, ein Essen koche, mit meinem Auto fahre, den Reifen wechsle etc., aber es gibt auch viel zielbewußtes Handeln, bei dem die Resultate eben nicht vorausplanbar sind, weil ich nicht alle Resultate kontrolliere. Wenn ich zum Beispiel ein Seminar abhalte, dann habe ich Ziele, aber ich weiß doch nicht, was davon letztendlich begriffen wird. Klar, zwei und zwei ist vier, aber ob die jungen Männer wirklich etwas begreifen, wenn ich über Gewalt gegen Frauen doziere, das ist keineswegs von vornherein klar, auch wenn ich noch so sehr Schritt

für Schritt vorgehe. Denn sie kennen nicht die Angst, die Mädchen und Frauen kennen, wenn sie nachts allein durch eine Straße gehen und um die Ecke herum ein Mann auftaucht. Selbst wenn sie in ihrem Kopfe akzeptieren, daß es das Faktum der Gewalt gegen Frauen gibt, sie kennen es nicht in der Weise wie die Frauen, weil die Erfahrung fehlt. Und wenn sie über sich selbst reflektieren, haben sie womöglich erst einmal eine Menge schmerzhafte Trauerarbeit zu erledigen, um etwas zu begreifen.

4. Das reduzierte Verständnis der Fähigkeiten und des eigentlich Menschlichen des Kopfes und das dem parallel laufende reduzierte Verständnis von Realität haben Folgen. Sie sind nämlich falsch, sie sehen über vieles hinweg. Das führt zu einer Hierarchisierung im Ensemble menschlicher Fähigkeiten. Natürlich bestehe ich als Frau auf meinem Kopf, wobei ich mich nicht in einen modernen Mann des 20. Jahrhunderts zu transformieren gedenke. Und warum nicht? Weil ich nicht glaube, dann auch nur ansatzweise zu zielbewußtem Handeln in der Lage zu sein. Die Bombe und die Vorstellung von der *Beherrschung*, der *Unterwerfung* der Natur, vom »Ich« als dem Souverän und Herrn, der unterordnet, unterwirft, alles mögliche, einschließlich seiner eigenen Natur – es muß doch alles irgendwie zusammenhängen. Die Angst vor dem Chaos, wenn die Gefühle nicht abgeklemmt, ausgegrenzt werden, die Denunziation der Frauen als Bauch – im Unterschied zum Kopf. Ich gebe ja zu, es ist so schwer, sich begrifflich auszudrücken! Aber ist das ein Wunder? Wo doch in allen Begriffen, in dem der »Person«, des »Subjekts«, des »Willens«, des »Ich«, die Herrschaft steckt?

5. Was frau doch als Frau immer wieder für Anstrengungen machen muß, um glaubhaft zu versichern, daß sie den Kopf nicht im Bauch untergehen lassen will! Und ob ich mich verständlich gemacht habe, weiß ich nicht. Trotzdem: Ich nehme meinen Begriff Kopf-Hand-Baumeistermodell nicht zurück!

Die Familie hat sich aufgelöst, die Bourgeoisie zeugt die waffenführenden Proletariermänner, und die Frau gibt sich rücksichtslos dem Geliebten hin

Das Soziale war bekanntlich den Erzvätern der Arbeiterbewegung wichtig: die Beziehung zwischen den Menschen. Und das Bedürfnis nach diesem »Sozialen« führten sie ins Feld gegen die Bourgeoisiefraktion. Der Egoismus, die Konkurrenz, jeder sich selbst der Nächste und dem anderen ein Gegner, die anderen Menschen als *Grenze* statt als Gegenstand der Befriedigung eigener Bedürfnisse: gegen all das rannten sie an. Nicht der egoistische Privateigentümer sei das Samenkorn, aus dem die menschliche Kulturgeschichte hervorsprieße, sondern die Verbindungen, die die Menschen untereinander bei der Arbeit eingehen. Die Kopf-Hand-Baumeistertätigkeit sei gleichzeitig die Quelle, aus der die Menschen als *soziale* Individuen sich entwickelt hätten.

Die Menschen seien nicht von Natur aus egoistisch, nicht von Natur aus jeder des anderen Feind. Diese These ließ mich so fest in den Schriften von Marx und Engels vor Anker gehen. Das war der entscheidende Punkt, ein sehr subjektiver, zugestanden. Denn welche Erfahrungen standen dahinter? Ich wollte meinem Vater einfach nicht glauben, daß nur moralische Grundsätze, Strafandrohungen, staatliche Sanktionsgewalt, Gesetze, väterliche Sanktionsgewalt, Gottes- und Höllenfurcht die Menschen zu sozialem Verhalten bringen könnten. In der Kindheit hatte ich es anders erfahren. Die war bestimmt durch die Kooperation von Müttern und Kindern bei der »Reproduktion« des täglichen Lebens: Krieg und Nachkrieg. Die gemeinsame Arbeit war notwendig, und die Kooperation funktionierte einigermaßen gut auf der Basis gegenseitiger Zuneigung und Einsicht in die Notwendigkeiten aktiven, von Arbeit geprägten Zusammenlebens. An diesem Punkt entwickelte sich der entscheidende Konflikt mit meinem Vater, der zu Beginn der fünfziger Jahre in die Kindererziehung einzugreifen begann, Recht, Ordnung und Moral predigte, väterliche Sanktionsgewalt praktizierte. Ich erfuhr es als einen Bruch, und die Unterstellung, ohne all dies würde der rücksichtslose Egoismus von mir Besitz ergreifen, empfand ich als kränkend. Diese sehr bewußt erfahrene Kränkung ließ mich den gesellschaftlichen Durchschnittsvorstellungen, die denen meines Vaters ähnelten, keinen Glauben schenken. Ich hatte es einfach anders in Erinnerung. Den Anwurf, von naiver Blauäugigkeit zu sein, habe ich häufig einstecken müssen. Die Erfahrung konnte dadurch aber nicht einfach als nichtexistent zur Seite geräumt werden. Wie gesagt, Marx und Engels bestätigten mich. Der Begriff vom »sozialen Individuum« hat mich immer fasziniert. Und deshalb habe ich über vieles andere hinweggeblättert.

Die Familie, genauer, die Mütter-Kinder-Kooperation war also die Erfahrungsgrundlage für meine Vorstellung vom sozialen Individuum. Das Verhältnis von Personen, gegenseitige Zuneigung, aber auch Austragung von Konflikten, Konflikte und Versöhnungen, Freude oder Enttäuschung meiner Mutter über meine Arbeitsergebnisse, all dies war verquickt mit der gemeinsamen Arbeit, und es ist mir nicht aufgefallen, daß all dies ja bei Marx und Engels gar nicht gemeint ist. Die Familie, die Beziehung von Personen zueinander soll es nach ihrer Auffassung im Kapitalismus ja nicht mehr geben. Der Kapitalismus habe die Familie des Proletariats endgültig zerschlagen, und die Familie des Bourgeois sei auf ein reines Geldverhältnis heruntergekommen. Die Mitglieder derselben dienten einander zu nichts anderem als eben zum Mittel der materiellen Bereicherung, da würde nur des Geldes, nicht der Liebe wegen geheiratet, und die Kinder seien keine Kinder, sondern eben Erben und sonst nichts. »Die Bourgeoisie hat dem Familienverhältnis seinen rührend-sentimentalen Schleier abgerissen und es auf ein reines Geldverhältnis zurückgeführt.«[67] Die Bezeichnung »rührend-sentimental« zeigt schon, was die beiden Fortschrittsmänner von solchen Beziehungen hielten. Ihre Sentimentalitäten waren schließlich anders gelagert: *»Die Bourgeoisie hat die Männer gezeugt* [!], *die diese Waffen führen werden, die Proletarier.«*[68]

Die sozialen Beziehungen in der Kopf-Hand-Baumeistertätigkeit sind die Quelle des »Sozialen« und sonst gar nichts. Industrie und Austausch, das ist alles. Und dort herrschen normalerweise Konkurrenz und Feindlichkeit. Marx und Engels sind dagegen. Der Staat als gemeinsame Institution wird von ihnen, zu Recht, als illusorische Form der Gemeinschaftlichkeit kritisiert. Das einzige, was fürs Soziale bleibt, ist die Zusammenfassung der Arbeiter in den Fabriken, die durch das Kapital organisierte Kooperation. Völlig folgerichtig innerhalb der Gesamttheorie ist demnach die These, das Kapital produziere selbst seinen eigenen Untergang, die Männer, die Proletarier, die dagegen aufstehen würden: die »stets anschwellende und durch den Mechanismus des kapitalistischen Produktionsprozesses selbst geschulte, vereinte und organisierte Arbeiterklasse«. Sie allein sei in der Lage, die Feindlichkeit zu überwinden, die Konkurrenz, den Kapitalismus, das Privateigentum.

»Aufhebung der Familie! Selbst die Radikalen ereifern sich über diese schändliche Absicht der Kommunisten.

Worauf beruht die gegenwärtige, die bürgerliche Familie? Auf dem Kapital, auf dem Privaterwerb. Vollständig entwickelt existiert sie nur in der Bourgeoisie; aber sie findet ihre Ergänzung in der erzwungenen Familienlosigkeit der Proletarier und in der öffentlichen Prostitution.«[69]

So einfach und eindeutig war das also für Marx und Engels. Viel hat sich an dieser Einschätzung aus dem Kommunistischen Manifest, soweit ich es in Erinnerung habe, später auch nicht geändert. Und den Fortschrittsmännern, die da ihr Herz für die Arbeitsmänner entdeckt hatten – welch schöne Kraft für den Umsturz der Gesellschaft –, war das ja auch ganz recht, daß sich all diese Familienbande, diese »Blutsbande« auflösten. Die rebellierten schließlich gegen ihre Väter, gegen die Religion, den Gottvater im Himmel, sahen nicht, was die familiäre »Menschenproduktion« denn Fortschrittliches bringen sollte, sie sahen die Industrie, den Austausch und dann das Kapital. Die Geschichte in persona vermeinten sie dort zu erblicken. Da hatten sie gar keine Zeit mehr, die Familie zu sehen. Da passierte doch nichts gesellschaftlich Relevantes. Die für den Umsturz notwendigen sozialen Beziehungen wurden schließlich auf direktem Wege von den Fabrikherren ins Haus geliefert, indem sie die Arbeiter zusammenballten. Und wenn diese sich die Ballung noch subjektiv, in den Gewerkschaften, in den Parteien aneignen würden, dann würde die Rebellion schon funktionieren. Und um die ging es. Schließlich hatten sie wohl auch ihre persönlichen Erfahrungen. Auf das alte Patriarchat waren sie nicht gut zu sprechen. Und die Abschaffung von Gottvater samt dem auf ihn sich berufenden Familienpatriarchen, die hielten sie für die Abschaffung des Patriarchats überhaupt. Die Söhne hatten ihren Aufstand. Frauen gibt es ja in der Theorie nur als Fabrikarbeiterinnen, ansonsten sind sie fürs Privatleben da, hier soll sich in der sozialistischen Zukunft auch der Staat nicht mehr einmischen.

Die Monogamie als bürgerliche Doppel- und Unmoral zu entblättern, schrieb Engels dann auch noch später ein ganzes Werk: »Der Ursprung der Familie, des Privateigentums und des Staates«. Darin zeigte er, daß die Gesellschaften vor dem Privateigentum geordnete und trotzdem nicht monogamische Beziehungen hatten. Das war ihm recht. Er holte sich dort Schützenhilfe für sein spezielles Interesse, die »rücksichtslose Hingabe eines Mädchens an den geliebten Mann«[70]. Und weil die bürgerliche Gesellschaft moralisch verbrämte Schranken dagegen errichtete – schließlich waren die Frauen ja nicht nur für die Liebe, sondern für die Erbenproduktion und die Mehrung des Familienvermögens da –, wetterte er in diesem Frauenbefreiungsbuch auch gegen die »ökonomische Unterdrückung« des weiblichen Geschlechts. Dabei unterlief ihm allerdings Seltsames. Ökonomische Unterdrückung ist bei den beiden Erzvätern sonst immer etwas klar Definiertes: Ausbeutung, Aneignung des Mehrprodukts der unterdrückten durch die unterdrückende Klasse. Ja und bei den Frauen, da soll es das genaue Gegenteil sein. Ihre Unterdrückung entsteht, sobald die Männer als Hirten die Haupternährung beibringen, ihre Herden »eine ungeahnte Quelle von Reichtum«[71] darstellen und sie damit auch an Privateigentum und eindeutig bestimmbaren Erben interessiert sind. Weil der Mann mehr produziert als die Frau, wird er zum Unterdrücker, nicht, weil er sie ausbeutet. Im Gegenteil, je weniger die Frauen tun, desto ökonomisch unterdrückter sind sie: »Die Dame der Zivilisation, von Scheinhuldigungen umgeben und aller wirklichen Arbeit entfremdet, hat eine unendlich niedrigere gesellschaftliche Stellung, als das hart arbeitende Weib der Barbarei.«[72] Konsequent kommt Engels dann auch zu dem Ergebnis, daß die Frauen wieder mehr arbeiten müßten, wenn sie sich befreien wollten. Ihre Unterdrückung hat nach Engels überhaupt nichts mit Ausbeutung zu tun, wirklich komisch, sondern mit dem Verlust der gesellschaftlichen Notwendigkeit ihrer Arbeit – so behauptet der Genosse wenigstens. Sie macht nur noch völlig irrelevante »Privatdienste«[73], von denen die Gesellschaft, die Industrie und der Austausch nichts haben. Deshalb die Devise: »Die Befreiung der Frau« habe »zur ersten Vorbedingung die Wiedereinführung des weiblichen Geschlechts in die öffentliche Industrie.«[74] Und dies erfüllt, ist sie dann frei »für die rücksichtslose Hingabe an den geliebten Mann«. Ja, und die Kinder? Klar, deren »Pflege und Erziehung« wird im Sozialismus »als öffentliche Angelegenheit« behandelt. »Die Gesellschaft sorgt für alle Kinder gleichmäßig, seien sie eheliche oder uneheliche. Damit fällt die Sorge weg wegen der ›Folgen‹.«[75] Von was? Ich habe es schon gesagt: der rücksichtslosen Hingabe. Gleichheit zwischen Mann und Frau, das heißt: Nicht nur der Mann, sondern auch die Frau soll die Sorge um die Kinder los sein, die Verantwortung als Person für die Personen der nächsten Generation. Das übernimmt alles die Gesellschaft. Kinder stören bei der freien gegenseitigen Zuneigung, bei der Autonomie. Die Kindererziehung in der Familie ist ein rückständiger Rest, private Dienstleistung. Engels sieht übrigens überhaupt erst, daß es Kinder gibt, wenn sie von der Öffentlichkeit erzogen werden. Vorher tauchen sie nicht auf. Und öffentlich müssen sie erzogen werden, das wissen wir, unter anderem vom realen Sozialismus, sonst werden sie keine ordentlichen gesellschaftlichen Individuen. In einem allerdings hat sich Engels mit Sicherheit getäuscht: Ohne eine individuell-rückständig-liebevoll-personengebundene Kindererziehung ist auch die individuelle Geschlechtsliebe nicht zu haben. Die individuelle Liebe fällt nämlich nicht vom Himmel, ist auch keineswegs nur ein triebhaftes Naturereignis. Da hat die Mütter-Kinder-Liebe vorgearbeitet. Meine Geschlechtsgenossin jenseits der Mauer, Irmtraut Morgner, ist in »Amanda, ein Hexenroman« auf diesen brenzligen Punkt des realen Sozialismus eingegangen, und ich bin froh, mich bei ihr bestätigt zu sehen.

Ich habe die vielgerühmte Schrift von Engels hier recht flott abgehandelt. Eine detaillierte Auseinandersetzung findet sich bei Anke Wolf-Graaf.[76]

Die Männer Marx und Engels, denkend für die Arbeiterklasse, waren in puncto Familie radikaler als die Geschlechtsgenossen von der Bourgeoisiefraktion. Diese wünschten sich nämlich immer noch die Weiblichkeit als ruhigen Hafen, um sich von den Strapazen des gesellschaftlichen Tageslebens zu erholen und um aus dieser Naturresource neue Kräfte zu schöpfen für den Kampf im kalten, unpersönlichen Berufsleben.[77] Die ersannen ganze Mythen über diesen für die Männer so erfreulichen Seinszustand, sagten, sie brauchten den warmen Schoß, weniger fürs aufregende Sexualleben, das lenke zu sehr von der Arbeit ab, als für die Gemütlichkeit. Ohne ihn werde das Leben zu strapaziös. Und diese Ansicht hat sich ja dann, entgegen den Prognosen der beiden Erzväter über die Auflösung der Familie, auch durchgesetzt, bis hin zu den Arbeitsmännern, die, sobald es nur irgendwie hinreichte, auch lieber die Frau fürs Heim zur Verfügung hatten, als sie auf dem »Sklavenmarkt« zu verkaufen.

Die Bourgeoisiemänner waren aber nicht nur Privatehemänner, sie waren bekanntlich gleichzeitig noch Staatsbourgeois. Die Industrie mußte wachsen, die Nation brauchte möglichst viele Soldaten und Arbeitskräfte, und ihre Interessen als Staats- und als Privatbourgeois flochten sie dann aufs allerschönste zusammen im Familienrecht. Es war ein wichtiger Punkt im heiligen Privateigentumsrechtssystem: daß die Frau kein Eigentum habe, weder an Sachen noch an ihrer Person, daß sie ihrem Mann unterworfen sei, daß sie ihm zu allen persönlichen Dienstleistungen verpflichtet sei, daß sie ihm an jeden Ort, wohin er auch gehe, folgen müsse, daß die liebe Ehefrau nicht gegen den Willen des Mannes ihre Arbeitskraft zu Markte tragen dürfe, daß sie immer und jederzeit zum Beischlaf bereit sein müsse und, wenn nicht, er sie dazu bringen dürfe – mit Gewalt: kurz und gut, daß sie Objekt seines freien, autonomen, männlichen, aktiven Willens, das heißt WEIBLICH, sei. Auf der poetischen Ebene schmückten die Männer dann wunderbar aus, wie schön und heilsam und rettend doch so eine Weiblichkeit sei, ja, sie verehrten ihre Frauen, »das ewig Weibliche zieht uns hinan« – so sagten sie wenigstens. Daß die jungen Radikalen, Marx und Engels, ihnen das nicht unbesehen glauben wollten, damit taten sie recht. Aber deshalb auch gleich das ganze Familienrecht keines aufmerksameren Blickes zu würdigen, sich in diesem Punkt gar keine »ökonomischen« Gedanken zu machen, war doch wohl sehr emotional, da haben sie ihren Kopf nicht richtig in Bewegung gesetzt. Da hat sie der »Nachwuchs« ein bißchen wenig interessiert, sie meinten, das ginge alles von selbst, die Männer zeugten, die Frauen gebe es eigentlich nicht so recht, sie brauchten also auch nicht durch Rechtsinstitutionen zur Fruchtbarkeit gezwungen zu werden; die Kinder lieferte irgendwie die Mutter Natur und, wie gezeigt, die große Industrie, die die Lebensmittel für die Reproduktion der Arbeitskraft und die Nachwuchszeugung zur Verfügung stellt. Die Begeisterung für die eigenen männlichen Produkte ist hier mit ihnen weitaus mehr durchgegangen als mit der Männerfraktion von der Gegenseite. Sie kümmerte sich durchaus um die Familie und das Eherecht, definierte, was die Frau, das Weibliche – im Unterschied und Gegensatz zum Mann – zu sein habe. All das ließen die Erzväter rechts liegen, es erschien ihnen historisch irrelevant.

Marx und Engels sahen also nicht die Familie. Und so konnten sie auch nicht ihren widersprüchlichen Charakter erkennen. Sie sahen nicht die Unterwerfung der Frauen unter die nationale Aufgabe, fruchtbar zu sein für die Macht der Industrie und des Staates, Arbeitskräfte und Soldaten fürs schrankenlose Wachstum zu liefern, für die Konkurrenz mit den anderen Nationen um den ersten Platz in der Welt. Sie machten das Privateigentum der Arbeitsmänner an ihren Frauen nicht zum Thema, und die »Brutalität« war für sie ein vernachlässigenswertes Überbleibsel aus dem alten Väterpatriarchat. Sie hatten das Patriarchat mit dem Sturz der Väter durch die Söhne als erledigt abgehakt; die Söhnerebellion, das war schließlich die Hauptsache. Sie sahen nicht das Heraufziehen einer Männerherrschaft, gewaltiger als die Geschichte je gesehen hatte, weil sie die Kopf-Hand-Baumeistertätigkeit für die Arbeit schlechthin hielten, ganz geschlechtsneutral. Sie merkten selbst nicht, wie sie da der Männerherrschaft zuarbeiteten. Und sie sahen auf der anderen Seite nicht, daß mit der Baumeistertätigkeit in der Industrie die Frauen nicht einfach verschwunden sind, sondern immer noch Kinder erziehen. Daß diese Arbeit, Kapitalismus hin, Kapitalismus her, trotz aller Überformungen durch die Interessen am schrankenlosen Wachstum der großen Industrie und des Profits immer noch so etwas wie menschliche Individuen, Personen, soziale Beziehungen, die sich aus Quellen der Zuneigung oder auch der Abneigung speisen, produziert.

Manchmal trauerten sie allerdings auch über das, was durch den Kapitalismus, das Fortreißen des »rührend-sentimentalen« Schleiers, die Zerstörung aller »feudalen, patriarchalischen, idyllischen Verhältnisse« geschehen war. Die Bourgeoisie habe *»die persönliche Würde«* in den Tauschwert aufgelöst, *»kein anderes Band zwischen Mensch und Mensch übriggelassen als das nackte Interesse, als die gefühllose ›bare Zahlung‹«*[78]. So steht es im Kommunistischen Manifest. Das sei unschön. Doch auf dieser Basis, also auf diesem Zerstörungswerk, ließe sich Neues, Besseres aufbauen. Aber wir wissen ja: Die Behauptung, alles sei in die »bare Zahlung« aufgelöst, kommt dadurch zustande, daß die Arbeit der Frauen in der Familie einfach nicht registriert wird. Es stimmt eben nicht. Es ist immer noch ein Rest geblieben.

Dann gibt es allerdings noch etwas ganz Spannendes beim jungen Marx. Wir haben gesehen, wenn er die Gegenwart und die Zukunft betrachtet, hat er nur das Werkzeug machende Tier als Kultur- und Geschichtsproduzent im Auge, dann sind Hand und Kopf gemeinsam – später nur noch der Kopf – Alleingebärer. Wenn er in die Vergangenheit sieht, entdeckt er plötzlich Dinge, die darüber hinausgehen: nämlich die abhanden gekommene Person. Ich schreibe jetzt einfach ein Stück weit ab. Es handelt sich um das letzte Kapitel in den Pariser Manuskripten zum Thema »Geld«. Marx zitiert dort Shakespeare:

»Gold? Kostbar, flimmernd, rotes Gold? Nein, Götter!
Nicht eitel fleht' ich …
Soviel hiervon macht schwarz weiß, häßlich schön,
Schlecht gut, alt jung, feig tapfer, niedrig edel.
… dies lockt … den Priester vom Altar;
Reißt Halbgenesnen weg das Schlummerkissen.
Ja, dieser rote Sklave löst und bindet
Geweihte Bande; segnet den Verfluchten;
Er macht den Aussatz lieblich, ehrt den Dieb
Und gibt ihm Rang, gebeugtes Knie und Einfluß
Im Rat der Senatoren; dieser führt
Der überjähr'gen Witwe Freier zu;
Sie, von Spital und Wunden giftig eiternd,
Mit Ekel fortgeschickt, verjüngt balsamisch
Zu Maienjugend dies. Verdammt Metall,
Gemeine Hure du der Menschen, die
Die Völker tört …«

Timon von Athen, 4. Akt, 3. Szene

Und Marx schreibt dazu:
»Was ich qua *Mensch* nicht vermag, was also alle meine individuellen Wesenskräfte nicht vermögen, das vermag ich durch das *Geld.* Als diese verkehrende Macht erscheint es dann auch gegen das Individuum und gegen die gesellschaftlichen etc. Bande, die für sich *Wesen* zu sein behaupten. Es verwandelt die Treue in Untreue, die Liebe in Haß, den Haß in Liebe, die Tugend in Laster, das Laster in Tugend … Wer die Tapferkeit kaufen kann, der ist tapfer, wenn er auch feig ist … Setze den *Menschen* als *Menschen* und sein Verhältnis zur Welt als ein

menschliches voraus, so kannst du Liebe nur gegen Liebe tauschen, Vertrauen nur gegen Vertrauen etc. ... wenn du Einfluß auf andere Menschen ausüben willst, mußt du ein wirklich anregend und fördernd auf andere Menschen wirkender Mensch sein. Jedes deiner Verhältnisse zum Menschen – und zur Natur – muß eine bestimmte, dem Gegenstand deines Willens entsprechende *Äußerung* deines *wirklichen individuellen Lebens* sein.«[79] Ich lasse das ohne Kommentar stehen. Es gefällt mir. Und diese Erkenntnis, die Marx aus der Vergangenheit, anhand von Shakespeare und anderen, gewonnen hat, zeigt sich bei ihm immer wieder mal als Widerstand gegen die Reduktion auf den Hand-Kopf-Arbeiter.

Die Männer wollen nur sich allein als Produzierende sehen. Und was sehen sie heute? Das Haupt der Gorgo!

Die Männer wollen sich als Produzierende betrachten können. Sie wollen sich selbst sehen, indem sie sehen, was sie gemacht haben. In der geschlechtsspezifischen Arbeitsteilung sind die »Menschenproduktion« und größere Teile der Kindererziehung den Frauen zugeteilt. Die Natur will die geschlechtsspezifische Arbeitsteilung, sagen die Männer. Mann sieht es daran, daß die Frauen die Kinder gebären und stillen und die Männer an der Kinderproduktion nur am Rande beteiligt sind. Trotzdem, sie wollen sich anschauen, und sie spiegeln sich in den von ihnen produzierten Werken, in den Gegenständen, in der durch Arbeit »begeisteten« »unorganischen Natur«, die ja gar nicht so unorganisch ist, die erst durch Arbeit zum »Rohstoff« gemacht werden muß, bevor sie es wird. Die männliche Wahnidee von der Kopf-Hand-Baumeistertätigkeit als einziger Lebenspenderin hat ihre schlimmen Folgen, auch für die Männer selbst. Schließlich ist für diese Geschlechtsfraktion die genannte Arbeitsteilung auch kein Zuckerschlecken.

Die Mütter können sagen – immer vorausgesetzt, die Sache läuft einigermaßen –, sieh, mein Kind, hierin stecken meine Arbeit, meine Mühe, meine Anstrengung, meine Phantasie, meine Kopf-, Körper- und Gemütsarbeit. Und die Männer, die sind davon ausgeschlossen. Ich weiß, sie haben sich auch selbst ausgeschlossen, meinen, sie hätten was Besseres zu tun, die Produktivkräfte zu entwickeln, die Natur zu beherrschen: Die Familie muß schließlich ernährt werden. Sie sind für die Dinge zuständig. Die Frauen aber auch, sie kochen das Essen und halten die Wohnung in Ordnung. Das ist nicht nur »Beziehungsarbeit«. Und die Frauen gehen dazu noch in die Fabriken und Büros, sie tun in der Regel viel mehr als die Männer, sind das Arbeiten gewöhnt, haben keine »Freizeit«. Sei's drum. Die Frauen finden es ja meist ganz richtig, daß die Männer so viele Sachen mit Kopf und Hand machen. Sie treiben sie oft noch dazu an: Du bist eine Niete, guck dir an, was der Herr Meier von nebenan verdient. Der kann seiner Frau einen Pelzmantel kaufen, der hat ein neues Auto vor der Tür, während wir immer noch die alte Karre fahren. Und wie sehen unsere Kinder aus? Die anderen Kinder in der Schule sind alle besser angezogen. Was machst du eigentlich den ganzen Tag im Betrieb? Warum bringst du nicht mehr Lohn nach Hause? – Und wenn der Mann arbeitslos wird, traut er sich gar nicht nach Hause. Er bringt kein Geld mehr heim, er hat als Ernährer versagt, die Gesellschaft braucht ihn nicht mehr, die Frau ist empört. Du bist ein Versager! Das ist ein hartes Schicksal. Ich glaube, Frauen können sich gar nicht richtig vorstellen, was das für die Männer bedeutet. Die wollen wer sein, wollen sehen, was sie gemacht haben, sich anschauen in ihren Kräften und Fähigkeiten. Und worin schauen sie sich an? Wie gesagt, in ihren Produkten, die die große Industrie erzeugt; in ihren Institutionen: Parteien, Gewerkschaften, Staatsapparat, Sozialstaat, Banken und was es so alles Schönes und Unschönes gibt. Ja, auch Unschönes: Denn sie sehen sich auch in ihren Tornados, in ihren Atomraketen, in den Todesmitteln, die sie produziert haben – nicht nur in ihren Lebensmitteln.

Mit den Lebensmitteln klappt es nicht mehr so gut; und was die Todesmittel betrifft: Der Anblick muß doch für sie – wenigstens für einen Großteil von ihnen – gräßlich sein. Was dem Zauberlehrling da passiert ist! Die Männer müssen vor sich selbst Angst kriegen, den Glauben an sich, an ihre lebenspendende Kraft, an ihre produktive Ernährerrolle verlieren. Die Wirtschaft funktioniert nicht mehr recht. Das, was sie produzieren, macht mehr kaputt, als es bringt. Und dann der Aufbau dieses furchtbaren Zerstörungsapparats, der ihnen unterlaufen ist. Sie wollten doch nur Frauen und Kinder schützen. Und jetzt ist's aus: Weder Ernährer noch Beschützer, beide Rollen sind nichts mehr. Nichts Soziales, nichts Lebenspendendes mehr. Ich weiß, ich übertreibe. Ich will die Sache hier auf ihren bedrohlichen Punkt bringen. Aber es ist wichtig, das zu sehen. Die Männer haben sich eingebildet, ihre Arbeit sei die lebenspendende, die produktive Kraft per se, sie haben die Frauenarbeit entwertet, haben davon profitiert für ihr Selbstwertgefühl; sie hatten immer jemanden am Frühstückstisch sitzen, in dem sie sich in doppelter Größe spiegeln konnten, ihre Frau, ihre Mutter, die ja was Niedrigeres war. So beschreibt es Virginia Woolf.

»Frauen haben über Jahrhunderte hinweg als Spiegel gedient mit der magischen und köstlichen Kraft, das Bild des Mannes in doppelter Größe wiederzugeben. Ohne diese Kraft wäre die Erde vielleicht noch immer Sumpf und Dschungel.« Na gut, das ist untertrieben, da sieht sie nicht die Kulturarbeit der Frauen, das Sammeln, die Kenntnisse von Pflanzen, die Erfindung des Ackerbaus, aber was soll's. »Der Glanz all unserer Kriege wäre unbekannt.« Das Buch, aus dem ich zitiere, wurde 1928 geschrieben. »Zar und Kaiser hätten niemals Kronen getragen und sie wieder verloren. Welcher Art der Gebrauch in zivilisierten Gesellschaften auch sein mag, Spiegel sind für alle gewalttätigen und heroischen Handlungen unentbehrlich. Deshalb bestehen Napoleon und Mussolini so nachdrücklich auf der Unterlegenheit der Frauen, denn wenn sie nicht unterlegen wären, würden sie aufhören, zu vergrößern. Das hilft teilweise zu erklären, warum Frauen für Männer oft so notwendig sind. Und es hilft zu erklären, wie sehr sie von ihrer Kritik beunruhigt werden ... Denn wenn sie anfängt, die Wahrheit zu sagen, schrumpft das Spiegelbild; seine Lebenstüchtigkeit schrumpft zusammen. Wie wird er in Zukunft Urteile fällen,

Wilde zivilisieren, Gesetze machen, Bücher schreiben, sich aufputzen und auf Banketts Reden halten, wenn er sich nicht wenigstens beim Frühstück und Abendessen in doppelter Größe sieht?«[80]

Also, die Männer haben davon profitiert, und sie haben den Frauen weismachen wollen, ihre Art, Kinder, Menschen »zu produzieren«, zu respektieren, zu zeigen, daß sie es nicht mit einem Objekt, einem Arbeitsgegenstand zu tun haben, der nach einem festen Plan im Kopf geformt und beherrscht wird, sondern mit lebendigen Menschen, die dem eigenen Willen eine Grenze setzen – das sei nichts eigentlich Menschliches. In dieser Arbeit bist du in der Tat nicht einfach frei: Hier stehe ich! Hier bin ich!, sondern da gibt es gegenseitige Abhängigkeit und darin inbegriffen Liebe und Vertrauen, aber auch Enttäuschungen und Niederlagen. Die Männer haben den Frauen weismachen wollen, diese Art, mit Menschen umzugehen und nicht einfach den »Eigensinn« der Kinder zu brechen, auch nachzugeben, Kompromisse zu schließen – das alles sei Unfreiheit, naturhaft, triebhaft: Affenliebe statt Menschen-Männerliebe. Das ist leider so, aber die Männer büßen auch dafür. Sie erkennen sich in ihren Produkten zunehmend als Zerstörende, nicht mehr als Produzierende. Und kein Wunder, daß sie mit allen Mitteln wegzusehen versuchen oder Beschönigung auf Beschönigung häufen. Denn es ist das Haupt der Gorgo, das sich ihnen da zeigt, und sie haben Angst, selbst den Rest von Lebendigkeit zu verlieren, wenn sie die Gorgo ansehen, Angst zu erstarren, nur noch ein totes Gerüst zu sein – und Lebendigkeit haben die Frauen ihnen ja auch mitgegeben. Sie schauen mit dem Mut der Verzweiflung weg, wollen sich selbst einreden, diese Waffen würden uns schließlich immer noch beschützen. Und viele Frauen nehmen ihnen das immer noch ab. Sie wollen uns einreden, ihre Kopf- und Handprodukte würden uns bestens ernähren, und viele Frauen nehmen ihnen auch das noch ab. Umgekehrt ist es schließlich auch keine speziell weibliche Erkenntnis, daß die Waffen nicht mehr beschützen und die anderen Produkte der großen Industrie nicht mehr recht ernähren. Die Lage ist also kompliziert.

Aber eines wird klar. Wenn Frauen die Männer nur beschimpfen mit der Wut des beleidigten Opfers: Was habt ihr da gemacht! Was habt ihr für einen Mist produziert! Ihr seid ja die letzten Nieten! – Das hilft, glaube ich, auf die Dauer nicht viel weiter. Und zum anderen stimmt es auch nicht. Die Empörung ist fürs erste nützlich, für das Wegziehen des Schleiers allgemein-menschlicher Entwicklung, der da über die Entwicklung des Kapitalismus und der großen Industrie gebreitet ist. Daß die Frauen dabei nicht als selbständig nach eigenen Zielen Handelnde beteiligt waren, dies festzuhalten ist wichtig. Aber wann und wo haben sie die Erfahrungen mit ihren speziellen Arbeiten – dem Zur-Welt-Bringen und Aufziehen der Kinder und der Verantwortlichkeit dafür, daß es in den Beziehungen zwischen Menschen keine Dauerkatastrophen gibt – als Erfahrungen produktiv Tätiger gegen die Reduktionen, die der männlichen Anbetung der technischen Werke innewohnen, selbstbewußt und konsequent ins Feld geführt?[81] In der proletarischen Frauenbewegung haben sie es jedenfalls nicht getan. Und das liegt mit Sicherheit nicht allein daran, daß sie es einfach nicht gekonnt hätten, weil sie zu den Unterdrückten gehörten. Ich gestehe zu, die Geschichte der Frauenbewegung unter diesem Gesichtspunkt nicht intensiv genug studiert zu haben. Die Zeit reicht im Augenblick nicht. Aber unvergeßlich ist mir zum Beispiel das Votum der bekanntesten Organisatorin der proletarischen Frauenbewegung, Clara Zetkin: »Die Frau mußte als Haussklavin an ihren alten Kreis gefesselt bleiben; *der Gedanke an ihre Emanzipation konnte nicht aufkommen, bis nicht die Maschine als Heiland auftrat und mit dem Dröhnen und Stampfen ihres Räderwerks das Evangelium von der Menschwerdung, der wirtschaftlichen Verselbständigung der Frau verkündete.«*[82] Ganz ungebrochen ist hier die Ideologie der Herrschenden herrschende Ideologie. Dabei hat Clara Zetkin selbst Kinder großgezogen, wußte, was das für eine Arbeit ist und daß diese mitnichten durch die Maschine ersetzt werden kann. Aber das war für sie nicht theorie- und politikrelevant.

Erst in der Folge der jüngsten Frauenbewegung wurde die Erkenntnis klar und deutlich formuliert, daß die Mütterarbeit gesellschaftlich notwendige, produktive Arbeit und so beschaffen sei, daß sie mitnichten durch die Entwicklung der Maschinerie erleichtert oder gar abgeschafft werden könne.[83] Ganz im Gegenteil. Erst heute wird klar und deutlich gesagt, daß Liebe nicht einfach Liebe – ganz im Unterschied zur Arbeit – sei, sondern eben auch Arbeit, Mühe, auch überlegtes Handeln, und daß die männlich-industrielle »Zivilisation« diese Arbeit ausbeute. So befremdend Begriffe wie »Menschenproduktion«, »Beziehungsarbeit« auch in einer Welt sein mögen, die Arbeit als das genaue Gegenteil von Liebe definiert und damit das Ausbeutungsverhältnis verschleiert, so wichtig ist es für die anstehenden Auseinandersetzungen und Kämpfe doch, auf solchen Begriffen zu beharren. Denn sie kritisieren ja auch umgekehrt eine Welt, in der »Arbeit« im geläufigen Sinne des Wortes als etwas absolut jenseits der »Liebe« nicht nur definiert, sondern auch praktiziert wird. Daß die Liebe auch Arbeit, Mühe bereitende, Konzentration erfordernde und zugleich produktive, lebenerhaltende, lebensnotwendige Tätigkeit ist, daß ohne diese Arbeit keine Gesellschaft existenzfähig wäre, diese Erkenntnis und dieser Anspruch der heutigen Frauenbewegung sind unabdingbare Voraussetzung dafür, den Dualismus männlich – weiblich, Geschichte – Natur, Gesellschaft – Familie, öffentlich – privat, den Dualismus, der einen so fruchtbaren Nährboden für die Anbetung der technischen Wunderwerke abgegeben hat, radikal zu kritisieren. Die Erkenntnis stellt gleichzeitig die Produktivität einer Wirtschaft in Frage, die Arbeit in den ihr zugehörigen Bereichen als das ganz andere von Liebe praktiziert, die von den Arbeitenden fordert, jeglichen Gedanken daran, durch ihre Tätigkeit werde ein menschliches Bedürfnis befriedigt, in den Wind zu schreiben. Diesen Punkt hat Marx durchaus gesehen. Die Soziologin Regina Becker-Schmidt verweist in ihren Untersuchungen zur Frauenindustriearbeit nicht zufällig gerade hier auf den alten Genossen. »In der Erwerbssphäre droht vergessen zu werden, daß eigentlich für die Befriedigung menschlicher Bedürfnisse produziert werden sollte. Das kann ein wesentliches Ferment sozialen Bewußtseins, nämlich mit meiner Arbeit in eine Wechselbeziehung zu anderen Mitgliedern des gesellschaftlichen Gesamtarbeiters zu treten, verdrängen.«[84] Und sie zitiert Marx:

»Gesetzt, wir hätten als Menschen produziert: Jeder von uns hätte in seiner Produktion sich selbst und den anderen doppelt bejaht. Ich hätte 1. in meiner Produktion meine Individualität, ihre Eigentümlichkeit vergegenständlicht und daher sowohl während der Tätigkeit eine individuelle Lebensäußerung genossen, als im Anschauen des Gegenstandes die individuelle Freude, meine Persönlichkeit als gegenständliche, sinnlich anschaubare und darum über allen Zweifel erhabene Macht zu wissen. 2. In deinem Genuß oder deinem Gebrauch meines Produkts hätte ich unmittelbar den Genuß, sowohl des Bewußtseins, in meiner Arbeit ein menschliches Bedürfnis befriedigt, also das menschliche Wesen vergegenständlicht und daher dem Bedürfnis eines anderen menschlichen Wesens seinen entsprechenden Gegenstand verschafft zu haben, 3. für dich der Mittler zwischen dir und der Gattung gewesen zu sein, also von dir selbst als eine Ergänzung deines eigenen Wesens und als ein notwendiger Teil deiner selbst gewußt und empfunden zu werden, also sowohl in deinem Denken wie in deiner Liebe mich bestätigt zu wissen, 4. in meiner individuellen Lebensäußerung unmittelbar deine Lebensäußerung geschaffen zu haben, also in meiner individuellen Tätigkeit unmittelbar mein wahres Wesen, mein menschliches, mein Gemeinwesen bestätigt und verwirklicht zu haben.[85]

Aber gerade diese wunderschöne Stelle macht in besonderem Maße deutlich, wie absolut fixiert Marx auf die unmittelbar Güter produzierende Arbeit war. Ich will das Zitat jetzt nicht Schritt für Schritt auseinandernehmen. Aber der Sinn des Ganzen ist doch eindeutig. Ich liebe und werde geliebt, indem ich mich in einem Produkt für andere vergegenständliche. Jedes Produkt soll dabei eine Äußerung meiner ganz besonderen Individualität sein. Und dies äußert Marx als Zukunftshoffnung im Zusammenhang einer Schrift, nach der die Industrie die Grundlage für die menschliche Emanzipation sein soll. Ein absolut idealistisches Denken. Und warum steigt der sonst so »wissenschaftliche« Kopf hier in realitätsferne Träumerei um? Weil er als *Arbeit für andere*, als *soziale Praxis*, als *menschliche Tätigkeit* einzig und allein diejenige akzeptierte, die in einem fertigen Produkt endet. Und in diesem allein sollte dann auch die Liebe völlig aufgehoben sein.

Wie anders als aus der liebenden Arbeit zwischen Menschen, zwischen Männern und Frauen, Eltern und ihren Kindern, also auch aus der unmittelbar emotional begründeten Sorge und Verantwortlichkeit beider Geschlechter füreinander und der älteren für die jüngere Generation, wie anders als eben auch aus der praktischen Kritik der geschlechtlichen Arbeitsteilung und Ausbeutung der Frauen-Liebesarbeit sollen Positionen gewonnen werden, die eine tiefgehende und praktische Kritik der Entwicklungen ermöglichen, deren Produkte uns auf den Kopf zu fallen drohen.

Aber vielleicht ist das auch realitätsferne Träumerei.

2. Trotz alldem! Wir sind Kopfmenschen. Zum »Vulgärmarxismus« der alten Sozialdemokratie

Ich bin nicht der Meinung, daß Marx seine Vorstellungen unabhängig vom herrschenden Zeitgeist entwickelt hat. Wie sieht es mit Kopf, Hand, Gefühlen, Arbeit, produktiver Arbeit in der »Arbeiterbewegung« – der Name sagt im übrigen schon eine ganze Menge þ aus? Hat sie Marx zu Grabe getragen oder nicht?

Ich kann nicht alles bis ins Detail aufzeigen. Das ist schließlich eine lange und komplizierte Geschichte. Und dann kommt noch hinzu, daß die »Bewegung« nicht einheitlich ist, sondern sich in zwei feindliche Lager auseinanderdividiert hat, die Sozialdemokraten und die Kommunisten. Das Folgende ist als Vorschlag zur Interpretation gedacht. Ich arbeite mich anhand einer Blütenlese, die ich beim Grübeln im Laufe der letzten Jahre angelegt habe, vorwärts.

Lassalle oder: Der Kopf als Gottvater

Ich nehme mir zunächst Lassalle vor, den Mitbegründer der Partei, auf den sich die SPD heute noch gern beruft – von Marx will sie bekanntlich nichts mehr wissen.

»Ich brach den Trotz meines Körpers. Ich hob auf den Unterschied zwischen ihm und meinem Willen, raubte ihm jede Eigenheit … alles … musste … widerstandslos sich gewöhnen, zu empfangen den Stempel des Gedankens … Der zitternde Ton meiner Stimme und der leuchtende Glanz meines Auges, jedes Zucken der Miene hat knechtisch und in ununterbrochener Flüssigkeit wiederzugeben das Gepräge, das ich ihm aufgedrückt … Ich hab es an mir wahrgemacht, daß das Sein nur das Sein des Gedankens sei.«[1]

Da sagt Lassalle also in aller Deutlichkeit, daß ihm sein Kopf das Allerwichtigste sei – und dann noch der Wille. Der gehört ja auch zum Kopf. Mit beider Hilfe habe er sich seine niederen Teile und Kräfte unterworfen und dann zielgerichtet gehandelt. Das ist dann wohl auch die wahre »Freiheit«, die noch die heutige SPD so gern als Spezifikum ihres Erzvaters bemüht. Lassalle war also recht gewalttätig gegen sich. Ja, und wer so mit sich gerungen hat, der darf auch von den anderen was verlangen, den Händen, den Vereinsmitgliedern: *»Sollten sie noch nicht überzeugt sein, so rufe ich die Disziplin an! Es muß eben ein Wille sein! Wie sollte man sonst eine Partei führen können? Sie folgen mir einfach, an dessen Blick und an dessen Willen sie glauben.«*[2]

Das Parteistatut des ADAV (Allgemeiner Deutscher Arbeiterverein), einer der beiden Vorläufer der SPD, war nach demselben Modell konstruiert. Der Kopf, der Vorstand, bestimmt so ziemlich alles. Das Unterwerfungsmodell zum Zwecke zielgerichteten Handelns wurde von Lassalle strikt in den verschiedenen Lebenslagen verfolgt. Ich weiß, er hatte auch Gefühle. Er empörte sich über das Unrecht, das den Arbeitern angetan wurde. Sie liebten ihn dafür. Solch reine Kopf-Kunst-Produkte wie den Exbundeskanzler Schmidt gab es damals noch nicht.

Daß der Parteigründer in seinen Kopf verliebt war, sieht man/frau seinen Äußerungen durchaus an. Die Wissenschaft war ihm das Eigentliche:

»Aber was mächtiger als sie alle [gemeint sind die verblichenen Herren der Welt] *immer nur gewachsen ist, was … alles andere überdauernd, sich immer nur in beständiger Zunahme entfaltet hat … das ist der stolz ragende Baum wissenschaftlicher Erkenntnis!«* STOLZ RAGEND! *»Und welches ist die Quelle aller unablässig fortschreitenden, aller unausgesetzt und unmerklich sich vermehrenden, aller friedlich sich vollziehenden Verbesserung in der Geschichte, wenn nicht die wissenschaftliche Erkenntnis? Sie muß daher walten ohne Schranken …«* etc. etc.[3]

Die lange Rede, in der das steht, ist überschrieben: »Die Wissenschaft und die Arbeiter«. Ich suche lange, wann diese endlich drankommen. Na bitte: unter dem Punkt »Ideen«:

»Wenn die Adelsidee die Geltung des Individuums an eine bestimmte natürliche Abstammung und gesellschaftliche Lage band, so ist es die sittliche Idee der Bourgeoisie, daß jede solche rechtliche Beschränkung ein Unrecht sei, das Individuum vielmehr gelten müsse rein als solches, und ihm nichts anderes als die ungehinderte Selbstbestätigung seiner Kräfte als Einzelner zu garantieren sei. « [Die Frauen hat er natürlich mal wieder vergessen, da war nämlich nichts mit »Individuum als solches«]. *» Wären wir nun, sage ich, alle von Natur gleich reich, gleich gescheit, gleich gebildet, so möchte diese sittliche Idee eine ausreichende sein. Da aber diese Gleichheit nicht stattfinde … so sei diese sittliche Idee noch keine ausreichende.«* Sie würde *»zu einer Ausbeutung der Schwächeren durch die Stärkeren führen. Die sittliche Idee des Arbeiterstandes ist daher die, daß die ungehinderte, freie Betätigung der individuellen Kräfte … nicht ausreiche, sondern daß zu ihr in einem sittlich geordneten Gemeinwesen noch hinzutreten müsse: die Solidarität der Interessen, die Gemeinsamkeit und die Gegenseitigkeit in der Entwicklung.«*[4]

Ich muß sagen, da fand ich den Genossen Marx doch noch besser. So völlig in den Kopf ausgeflippt ist er nicht. So gradlinig ging es bei ihm auch nicht aufwärts, es gab immerhin noch Widersprüche: Was für die einen das Elend, ist für die anderen der Reichtum. Bei Lassalle brauchen sich nur die Idee immer weiter und weiter zu entwickeln und die Wissenschaft. Gut, für die Idee, daß die Starken die Schwachen nicht unterdrücken, bin ich auch. Aber warum denn nur die Idee? Allmählich klärt sich auf, warum Lassalle seinen Verein so von oben, vom Kopf herab organisiert hat. Er brauchte wohl Hände für die Verwirklichung seiner Ideen? Oder? Natürlich, der Mann wollte etwas für die Armen und Unterdrückten tun. Das sagt er auch.

Der Arbeiter ist berechtigt, »vom Staate zu verlangen« – und das tut Lassalle auch, für die Arbeiter –, »daß er [der Staat] sein ganzes Sinnen und Trachten darauf richte, wie die kummervolle und notbeladene materielle Lage der arbeitenden Klasse zu verbessern, und wie auch ihnen, durch deren Hände alle Reichtümer produziert werden, womit die Zivilisation prunkt

… zu reichlichem und gesichertem Erwerbe und damit wieder zu der Möglichkeit geistiger Bildung und somit zu einem wahrhaft menschenwürdigen Dasein zu verhelfen sei«[5].

Immerhin, die Wissenschaft macht zwar die Hauptsache, sie liefert die Ideen, und das ist das Wichtigste, ist der Fortschritt per se, doch die Hände braucht sie doch noch zum Produzieren. Aber wieder ist es der Kopf, diesmal zur Abwechslung der Staat, das sittlich geordnete Gemeinwesen, der etwas für die Notleidenden und Unterdrückten tun soll. Schließlich falle dem Staat die Aufgabe der »Erziehung und Entwicklung des Menschengeschlechts zur Freiheit« zu.[6] Und damit die Ideen auch mit Nachdruck vertreten werden können, ist die Organisation wichtig. Der Kopf, der Staat und die Ideen und natürlich die Wissenschaft und die Autokratie des Vorstands – das paßt doch alles prima zusammen: Und alle miteinander tun was für die armen Hände, damit diese endlich auch mal, nach der Arbeit, zu was Geistigem kommen, ein bißchen an der Menschlichkeit teilnehmen können. Sagt nur, das sei keine durch und durch stimmige Kopfgeburt. Der Kopf sitzt ja schließlich auch oben auf dem Körper. Kopf und Hände sind dann auch wirklich alles bei Lassalle. Da gibt es nicht einmal mehr den unorganischen Leib der »Natur«. Da bleibt gar nichts anderes als Kopfgeburten. Auf die gegenseitige »Solidarität und Liebe« der Unterdrückten, die in den Lebensberichten der einfachen Arbeitsmänner immer mal wieder auftauchen, scheint sich Lassalle nicht angewiesen zu fühlen. Die Arbeiter seien per Seinszustand der »wahrhaft allgemeine Stand«, die von »allen Privilegien Erlösten«, die »geborenen Demokraten«, wie ein späterer Autor die Vorstellungen Lassalles charakterisiert.[7] – Wirklich praktisch.

Mehring, der Parteigeschichtsschreiber, bemerkt zur letzten Agitationsreise Lassalles, er habe »beständig den Eindruck« gehabt, »so müsse es bei der Stiftung neuer Religionen ausgesehen haben«.[8] Der Berichterstatter zeigt sich darüber etwas peinlich berührt. Aber wir hatten ja zu Anfang gesehen, Lassalle übte sich darin, Gottvater persönlich, nur ein Kopf zu sein. Wenn die Arbeiter schon nicht mehr an Gott glaubten, nicht durch diesen Glauben das Gefühl, etwas wert zu sein, bezogen, so sollten sie doch wenigstens an ihn, Lassalle, glauben. Der junge Marx wollte noch, daß alle wie Gottvater würden. Der war da durchaus Demokrat. Der Genosse Lassalle meinte, es reiche hin, wenn er vorerst diese Rolle spiele, und irgendwie hatte er in dem Punkt vielleicht auch gegenüber dem jungen Marx recht, denn schließlich waren die »Produktivkräfte« ja noch nicht so entwickelt, daß alle stetig am Baum der Wissenschaft hätten hochklettern können. Es gab noch viel Handarbeitliches zu tun. Und in diesem Punkt war nun wieder Lassalle Demokrat. Er wollte, angesichts dieses Zustandes, möglichst schnell die Einheit von Kopf und Hand wiederherstellen. Er kämpfte für die genossenschaftliche Produktion. Die Arbeiter sollten selbst den Betrieb leiten, Köpfe und Hände zugleich sein, und das schwebte den Arbeitsmännern – den Handwerksmännern, die sich daran erinnern konnten, wie das in ihrem Kleinbetrieb lief, durchaus auch vor. Im Lohnkampf sei nichts auszurichten. Das bewies Lassalle mit äußerst windigen Argumenten. Da herrsche das »Eherne Lohngesetz«. Etwas auszurichten sei in der Frage: Leitung der Betriebe. Damals gab es ja auch noch eine breite Genossenschaftsbewegung. Die Betriebsleitung hatte noch nicht diese übermächtige Kopfgestalt des Managements moderner Großbetriebe angenommen. Die Arbeitsmänner durften noch hoffen, daß sie das selbst könnten.

Noch ein paar abschließende Bemerkungen zu den gegen sich selbst gerichteten Gewalttätigkeiten des Mannes Lassalle und den beschriebenen politisch-wissenschaftlichen Folgen: Welche Wirkungen hatte dieser Versuch, Gottvater in persona zu werden, für den Menschen Lassalle selbst? Ihm ist ja bekanntlich die sozialdemokratische Unschicklichkeit unterlaufen, sich im Duell wegen einer Frauengeschichte töten zu lassen. Was findet sich dazu bei Mehring? »Am 8. Mai 1864 trat Lassalle seine Sommerreise an, von der ihm keine Rückkehr mehr beschieden sein sollte … Die beispiellosen Anstrengungen des Winters hatten seine Gesundheit völlig zerrüttet. An den Bevollmächtigten des Vereins schrieb er schon im Februar:

›Ich bin todmüde, und so stark meine [!!] Organisation ist, so wankt sie doch bis in ihr Mark hinein. Meine Aufregung ist so groß, daß ich keine Nacht schlafen kann. Ich bin überarbeitet, überanstrengt, übermüdet im furchtbarsten Grade.‹«[9]

Ich glaube, der Mann Lassalle war damals gerade um die vierzig Jahre alt. Es hatte ihm nicht gutgetan, daß er sich mit Gottvater verwechselte. Der hat nämlich – und das ist kein Zufall — keinen Körper. Der ist nicht von einer Frau geboren und ist nicht von der Arbeit und der Zuneigung einer Mutter abhängig – er ist eben gänzlich von den Menschen und der Natur abgenabelt. Mehring mutmaßt nun, das Duell sei dem todmüden Mann ganz gelegen gekommen. Nachdem er noch einige empörte Auslassungen über die Frau, die der Anlaß war, von sich gegeben hat, endet er mit den Worten Marx' aus einem Trostbrief an die Gräfin von Hatzfeldt. »Er starb jung im Triumphe – als Achilles.« Vielleicht war Achilles auch nicht so ein Heroe.

Liebknecht oder: Durch Kollektivarbeit immer höher und höher hinan

Nun zu Liebknecht, dem alten Liebknecht, der für die Gründung des eher »marxistischen« Teils der Partei, auf den sich dann später die Komm
unisten beriefen, mitverantwortlich zeichnete, zusammen mit Bebel, der das vielgelesene Buch »Die Frau und der Sozialismus« geschrieben hat. Was meinte denn nun der Genosse Liebknecht? Ich sage es gleich zu Anfang: Er hat sich ein Stück weit mehr auf die Seite der Hände geschlagen, und den Kopf, den bürgerlichen Staat, wollte er durch den eigenen Organisationskopf ersetzen, einen sozialdemokratischen.[10]

»Erst von dem Augenblick an, wo er [der Mensch oder der Mann?] *Gesellschaftstier … wird, beginnt seine Geschichte.«*

»Als einzelner konnte er sich nicht über die Tierheit erheben. Das konnte er nur in Gesellschaft mit seinesgleichen. Erst durch die Gesellschaft wird der Mensch zum Mensch. Aller Fortschritt,

alle Kultur ist Gesellschaftswerk. Und je weiter sich der Gesellschaftskreis erweitert, desto rascher der Fortschritt, desto intensiver die Kultur. Von vereinzelten Individuen ausgehend zum Stamm, zur Nation und schließlich zum Weltbürgertum sich erweiternd – das ist der Gang der Menschenentwicklung. Erst in der Gesellschaft liegt auch der Keim der Sittlichkeit (und) Solidarität. Der Begriff der allgemeinen menschlichen Solidarität ist der höchste Kultur- und Moralbegriff.«[11]

Die Menschheitsgeschichte: Schritt für Schritt geht es immer höher hinan, von Stufe zu Stufe, vom Robinson, über den Stamm über die Nation bis hin zur allseitigen Verbundenheit aller. Der Kapitalismus kann sich freuen, daß sein unermüdliches Streben, alle Völker dem Status der »Wildheit« zu entreißen und in seine weltumspannenden Arme zu nehmen, von der Gegenfraktion einen solchen Applaus erhält. Zwar hat er noch nicht die Weihen des allerhöchsten Kultur*begriffs*, der Solidarität, aber er ist schon das bisher Höchstentwickelte. Hören wir zunächst Liebknecht weiter zu. Schließlich müssen ja neben dem Begriff und neben der Gesellschaft auch noch irgendwo die Arbeiter auftauchen. Eine ordentliche Geschichtsschreibung müßte, so meint er,

»zeigen, wie die organische Natur sich allmählich entwickelt hat«, wie der Mensch erst durch einen langen Entwicklungsprozeß »aus dem niedersten Tierzustand herausgekommen ist; wie das, was wir unter Kultur verstehen, nicht einzelnen Individuen zu verdanken, sondern die mühsam errungene Frucht unendlich langer, mühsamer Kollektivarbeit ist, zu der jedes menschliche Individuum seinen Teil beigetragen hat; wie durchaus unberechtigt die jetzige Geschichtsschreibung ist, welche die Geschichte der Menschheit zur Geschichte einiger Tausend sogenannter großer Männer gemacht, die meist große Verbrecher waren; wie nicht durch den Willen und die Willkür einzelner der Gang der Geschichte bestimmt wird, sondern durch unabänderliche Naturgesetze; wie die politischen Formen nur der Ausdruck ökonomischer Bedürfnisse sind.«[12]

Also, wie ist das nun? Daß die organische Natur sich erst allmählich entwickelt hat, stimmt ja. Ob dabei »unabänderliche Naturgesetze« eine Rolle spielten, ist noch nicht ganz klar. Wenigstens kennen wir die bis heute nicht, dabei hat es die Wissenschaft schließlich schon weit gebracht. Warum der Pfau einen solch schönen – wenn auch recht umständlichen – Federschwanz hat und andere Vögel, die aus denselben Breiten stammen wie er, recht bescheiden aussehen, hat die Menschheit ja bekanntlich noch nicht so recht durchschaut. Und daß es so ein unabänderliches Gesetz war, daß die Natur uns, die Menschenköpfe, die ihr ja nun endgültig ans Leder wollen, hervorgebracht hat, daß sie mit eherner Notwendigkeit ihren eigenen Untergang – nein, nicht ganz, ein bißchen Wüste wird schon übrigbleiben – produziert hat, wollen wir ihr nicht so leichtfertig unterschieben. Es könnte doch auch eine Häufung von Zufällen gewesen sein. Dieses Ungeregelte gestand Marx der Natur noch zu. Deshalb erklärte er sie ja auch zur unorganischen, die erst durch menschliche Arbeit in Ordnung gebracht werden müsse, ebenso wie er, wenigstens der junge Mann, die Unordentlichkeiten und Zufälle der bisherigen Menschheitsgeschichte endlich mit dem Kommunismus unter den Teppich zu kehren wünschte. Der Genosse Liebknecht ist anderer Meinung. Für den geht es, wie gesagt, von Beginn an immer ordentlich-gesetzmäßig Stufe für Stufe höher und höher hinan. Da erfindet er einen Robinson, den Marx gerade so überzeugend als Märchengestalt der Bourgeoisie enthüllt hatte; da vergißt er ganz, daß die germanischen Bauernfamilien in weit geringerem Ausmaß kollektiv produzierten als die vorhergehende Stufe der ungebrochenen Stammesgemeinschaft, die beim Wälderroden noch aufeinander angewiesen war und nicht einfach bäuerlich individualistisch für sich siedeln konnte. Da ist ihm das ganze Römische Reich entweder nicht in Erinnerung oder ein erster Höhepunkt der Menschheitsentwicklung. Ich plädiere lieber für die erste Version, denn daß er die Raub- und Morddespotie der römischen Söldnerheere als versittlichende Kollektivarbeit unterstellte, das möchte ich ihm nun wiederum nicht unterstellen. Da verdrängt er, da schiebt er weg, sieht vielleicht nur noch die römischen Ruinen und findet, daß das alles doch ganz großartig war. Und danach ging es wieder ein Weilchen »rückwärts«, nach dem Untergang des Römischen Reiches – aber das hat er auch vergessen.

Wozu braucht denn Liebknecht all diese Geschichtsklitterungen? Er will der Bourgeoisie zeigen: Nicht ihr einzelnen großen Männer mit eurem Egoismus und eurer Willkür macht die Geschichte. Wir, die Arbeiter, die *»Kollektivarbeiter«* in den großen Fabriken, wir machen sie. Wir sind wer, nicht ihr. Die Sache ist also klassenbewußt. Wir sind das Sein, ihr seid das Nichts. Also verschwindet endlich von der Weltbühne. Ihr werdet nicht gebraucht, ihr stört nur, nein, nicht mal das! Denn dann wäre es ja nicht so ordentlich Stufe für Stufe aufwärtsgegangen.

Ich glaube, der Mann von der Klassenkampffraktion hat sich da geirrt. Unser Hollywoodschauspieler von jenseits des Atlantiks, der kann schon eine ganze Menge anrichten, kann diese ganze angeblich notwendige Weltgesellschaft mit einem Knopfdruck von der Bühne der Geschichte und der Natur jagen. Er täte das zwar nicht unabhängig von den historischen Bedingungen, und die Pershings hat er auch nicht selbst gebaut. Aber was verblüffend ist, dieser Herr, der das alles kann – der entsprechende von der Gegenfraktion, den teuflischen Russen, kann es natürlich auch –, ist von derselben Idee beseelt wie der Genosse Liebknecht: einer einheitlichen Weltgesellschaft, natürlich nicht mit sozialistisch-solidarischem, sondern mit »American way of life«. Und die bösen Russen finden wiederum, daß es umgekehrt am besten wäre, auch wenn sie ein bißchen resignierter-realistischer sind als der Chef der westlichen Welt. Und ob wir es noch schaffen, den Knopfdruck zu verhindern, das ist der Wahrscheinlichkeitsrechnung, den ehernen Gesetzen der Wissenschaft nach eher unwahrscheinlich. Auf die Wissenschaft, die Gesetze, die Notwendigkeiten – nein, auf die dürfen wir nicht hoffen. Dann sähe es nämlich ganz furchtbar aus. Ich glaube, wir müssen auf die Zufälle setzen.

Die beiden Figuren Lassalle und Liebknecht sind wichtig. Beide waren noch viel radikaler als Marx in der Sache mit dem Kopf, mit der Hand und mit der kultur- und geschichtsschöpfenden Kraft dieser beiden Fortschritt auf Fortschritt häufenden Körperteile. Die SPD beruft sich heute nicht zufällig auf Lassalle, den Mann der reinen Kopfgeburten, der etwas für die Armen und Unterdrückten tun wollte und das vor allem vom Kopf, also vom Staat, vom Geist, von der Wissenschaft her in Szene zu setzen gedachte. Und die Kommunisten berufen sich nicht zufällig auf Liebknecht, der in solche Schwärmereien verfiel angesichts der *»Kollektivarbeit«*. Die Köpfe und die kollektiven Hände. Die Macht der Köpfe auf der einen, die Macht der nach Naturgesetzen sich bewegenden Hände auf der anderen Seite – mir schwant da einiges, wenn ich mir so den heutigen Zustand dieser beiden absolut feindlichen Fraktionen, der sozialdemokratischen und der kommunistischen, betrachte.

Nürnberger Trichter und Maschinen produzieren Sozialdemokraten

Die Frage ist, was hatten Lassalle und Liebknecht denn nun eigentlich miteinander zu tun; es wurde ja ein gemeinsamer Verein gegründet: Gut, der hat sich später wieder gespalten. Aber zunächst versuchten sie es gemeinsam. Auch als Lassalle schon per Duell ins Jenseits gewandert war, lösten sich die beiden Traditionen ja nicht einfach in Luft auf, sie wurden, wie man das so nennt, geschichtswirksam. Und um zu begreifen, was die zwei miteinander zu tun gehabt haben, ist es notwendig, Liebknechts Festrede »Wissen ist Macht« durchzugehen.

»Wissen ist Macht! Wohl, das ist ein wahres Wort … Eine Kaste, ein Stand, eine Klasse hat das Wissen sich angeeignet und benutzt es als Machtmittel zur Unterdrückung und Ausbeutung der übrigen Kasten, Stände und Klassen.«[13]

Nun, die Aussage verblüfft zunächst ein bißchen. Zuvor hatten wir doch erfahren, daß die kollektiv arbeitenden Hände allein die geschichtsproduzierende Macht sind. Die großen Herren, die ja auch per Priesterkaste oder sonst was über das

Wissen verfügen, hätten weiter keine Bedeutung gehabt, wenigstens nicht für den »Fortschritt«, aber der soll ja angeblich das alleinwirkende Prinzip sein. Sehen wir weiter:

»Die Sklavenbesitzer wußten sehr genau, daß, wenn die Sklaven ihrer Sklaverei bewußt … würden, es zu Ende sei mit der ›ewigen‹ und ›heiligen‹ Institution der Sklaverei.«[14]

Mit diesen beiden Äußerungen ist eigentlich schon alles Folgende umrissen. Die römischen Sklaven, zusammengepfercht und gehalten wie Vieh in »Sklavenställen«, wie Max Weber, der Wissenschaftler von der bürgerlichen Gegenfraktion, das genannt hat, merkten einfach nichts von ihrer Sklaverei. Es war niemand da, der ihnen bewußt gemacht hätte, daß sie versklavt waren, und deshalb gaben sie sich mit der Sache zufrieden. Es ist wirklich schlimm.

Ich hatte schon immer den Eindruck, daß die Sache mit der Produktion von Klassenbewußtsein über den Nürnberger Trichter, die Parteischulung, die Propaganda, nicht so recht klappen könnte, aber im Kopf habe ich mir nie klargemacht, welchen Unsinn der Genosse Liebknecht da redet. »Das ist eine unbewiesene Behauptung«, höre ich. Na, guckt euch mal die Geschichte an, es hat doch einfach nicht geklappt!

Aber ein bißchen mehr Fleisch möchte ich den beiden Sätzen doch noch geben: »Der Klassenstaat macht die Schule zu einem Mittel der Klassenherrschaft. Er kann freie Männer nicht brauchen, nur gehorsame Untertanen.« Der moderne Staat »sorgt für eine gewisse Intelligenz, eine Bedientenintelligenz, die das menschliche Werkzeug verfeinert … so daß sich besser mit ihm ›arbeiten‹ läßt.« Dies und das Folgende finde ich gut. Aber auf die »freien Männer« muß ich noch zurückkommen. »So wird die Schule zur Dressuranstalt statt zur Bildungsanstalt. Statt Menschen zu erziehen, erzieht sie Rekruten, die aufs Kommando in die Kaserne, diese Menschen-Maschinenfabrik, eilen. Lohnsklaven des Kapitals, die es in Ordnung finden, daß ihnen das Mark aus den Knochen gesogen wird.« Na, ob die das wirklich so in Ordnung finden, möchte ich bezweifeln. Ich habe da die These, daß sie nicht wissen, was sie anderes machen sollen. Aber weiter:

»Der Unteroffizier ist die Fortsetzung des Schulmeisters … Nicht das Denkvermögen der Kinder wird geweckt und geschärft, nicht die Kenntnis der Natur und ihrer Gesetze ihnen eingeflößt«, EINGEFLÖSST!, *»das Wesen des Menschen und der Gang der menschlichen Entwicklung wird ihnen nicht klargemacht, nicht das Selbständigkeitsgefühl gepflegt.«*[15]

Wie der Mensch, und sei's auch der freie Mann, durch Einflößen von Wahrheiten à la Liebknecht zu einem Selbständigkeitsgefühl kommen könnte, das ist mir nicht klar, sehen wir vom Verfahren mal ganz ab.

Wenn der Mensch erzählt bekommt, alles sei nur durch Gesetze bestimmt und gehe seinen naturnotwendigen Gang, wie soll er sich dann frei fühlen? Vielleicht kommt es noch.

»Arbeiter, die denken, sich als Menschen fühlen«, soll die Volksbildung erzeugen. »Wer das will, daß das Wissen allen gleichmäßig zuteil werde, muß auf die Umgestaltung des Staats und der Gesellschaft hinwirken. Sie, meine Herren [natürlich] *haben begriffen, daß der Tempel der Wissenschaft dem Volke verschlossen … Der Schlüssel des Tempels muß erobert … werden. Das Mittel ist die politische und soziale Agitation.*[16]

Die »Wissenschaft, die Königin, die Befreierin der Welt« ist von der herrschenden Klasse und ihrem Staat »zur feilen Metze« degradiert worden.[17] Der Klassenstaat muß gestürzt werden, um das »Kulturideal, die Gleichmäßigkeit, die Gleichheit der Bildung«[18] durchzusetzen. Und selbständig fühlen sich die Arbeiter, wenn die Klassenherrschaft beseitigt, ein »sozialdemokratischer Staat« errichtet und die »Lohnarbeit durch die Assoziation«, das heißt durch genossenschaftliche Selbstorganisation ersetzt ist.[19] Selbständig fühlen sie sich schon jetzt, nämlich als Klasse, wenn sie wissen, daß die Naturgesetze der gesellschaftlichen Entwicklung mit absoluter Sicherheit diesen Zustand der »Harmonie« herbeiführen werden. Die Entwicklung der Produktivkräfte insgesamt bringt dann die »gesteigerte Regsamkeit der geistigen und materiellen Kräfte«[20] mit sich. – So ungefähr reime ich mir das auf der Basis der Abhandlungen von Brigitte Emig über die »Veredelung des Arbeiters« zusammen. Natürlich ist der Arbeitsmann gemeint.

Natürlich müssen wiederum alle das gleiche im Kopf haben, um sich als Gleiche und Freie achten zu können. Natürlich ist wiederum nur der Kopf gemeint, der eigentlich menschliche Körperteil, natürlich ist das alles Resultat der berühmten Baumeistertätigkeit. Marx hat sich da, wie die Autorin hervorhebt, viel differenzierter und in einigen Punkten auch anders ausgedrückt. Aber der saß in London und machte Wissenschaft, und den Eklektiker, den »faulen« Liebknecht, wie Marx ihn auch einmal nannte, den »leidenschaftlichen Fürsprecher aller Entrechteten und Unterdrückten«[21] verehrten die Massen der deutschen Arbeiterschaft. Er versicherte ihnen schließlich, daß sie nicht der Abschaum der Gesellschaft seien, wie die Bourgeoisie meinte, sondern die eigentlichen Träger der Kultur, einer Kultur, die das Bürgertum schon längst beiseite gelegt habe:

»Die Basis aller Kultur ist die Arbeit. Was wir sind und haben, sind und haben wir durch die Arbeit … Sie hat erst die Kultur geschaffen, und ohne sie wären wir Tiere, nicht Menschen.[22]

Es war alles ein bißchen idealistisch-vulgärmarxistisch. Liebknecht sagte den Arbeitern nicht, daß der Kapitalismus sie vollends entmenschliche, indem er während der Arbeit ihr Bedürfnis, sich in der Baumeistertätigkeit als Menschen mit Kopf und Hand frei der Natur gegenüberzustellen, negiere. Doch das war ja schließlich auch, wie wir gesehen haben, ein etwas reduziertes Bild. Liebknecht knüpfte an die Kopfbedürfnisse an, meinte, die Arbeiter müßten schon jetzt das Denken lernen, in der Freizeit, in der Arbeiterbildung, und dann seien sie was Besseres als die verrottete bürgerliche Klasse. Das fanden die Arbeitsmänner wichtig für die Entwicklung ihres Selbstbewußtseins. Nicht erst im Sozialismus, sondern schon jetzt wollten sie sich als Menschen, als Köpfe betrachten können. Und daß es nur so möglich sein soll, sich als Mensch zu sehen, dieser Überzeugung war ja schon Marx gewesen. Der idealistisch, naturwissenschaftlich untermischte Vulgärmarxismus hatte also durchaus seine eigene Dynamik, seinen eigenen, erklärbaren geschichtlichen Sinn. Und ganz so »wissenschaftlich« war Marx schließlich auch nicht.

Was die Agitation selbst anging, so war Liebknecht guter Hoffnung, verließ sich nicht nur auf seine eigenen Reden, sondern mindestens ebenso auf den Kapitalismus selbst.

»Jede Maschine predigt das Evangelium der sozialen Emanzipation! Jede neue Fabrik ist eine Pflanzschule der Sozialdemokratie; jeder ruinierte Handwerker und Kleinmeister schwellt die proletarische Armee. Also, leichten Herzens und zuversichtlichen Mutes an die Arbeit! ›Die Zukunft gehört uns!‹ Die Gegner können keinen Schritt tun, ohne durch Deserteure aus ihren Reihen unsere Armee zu verstärken.[23]

So war das also inzwischen. Die Fabriken produzierten nicht mehr nur die aus den Köpfen von Arbeitsmännern entsprungenen Arbeitsmänner, sondern sie produzierten inzwischen auch noch Sozialdemokraten. Gut, die Köpfe mußten noch ein bißchen durch die Partei bearbeitet werden, aber sonst konnte Mann sich schon darauf verlassen. Ob die Herren da oben das wollten oder nicht, die Maschinen, die sie aufstellten, wurden zu Evangelisten des Sozialismus und die Fabrikhallen zu Produzenten von Parteimitgliedern. Das war wirklich praktisch. Welche Freude über jeden Ruin eines Bauern, eines Handwerksmeisters, die taten ja nichts richtig gesellschaftlich Produktives, die waren ja so rückschrittlich! Schon Lassalle hatte von der »einzigen reaktionären Masse« gesprochen, die da den Proletariern, den Fabrikgeburten gegenüberstehe. Aber er hatte das noch mehr politisch gedacht, dem war die Sache mit den fortschrittlichen Wirkungen der Fabrik noch nicht ganz klar. Gut, ich weiß, die SPD hatte ihre Gründe, so »zuversichtlich« zu sein. Der Organisationsgrad der Sozialdemokratie und vor allem auch der Gewerkschaften war immer dort am höchsten, wo die Fabriken am größten und zahlreichsten waren. Aber die Kehrseite war halt, daß nicht jeder ruinierte Bauer und Handwerksmeister begeistert war, sondern daß diese sich – schon vorher hatten sie Angst vor dem Ruin ihrer Selbständigkeit – an das Privateigentum klammerten und damit auch die Gegenparteien der Arbeiter unterstützten. 1933 gab es ja dann auch unter anderem deshalb eine Katastrophe. So sehr hätte sich die Partei demnach über den Bankrott von Bauern und

Handwerkern nicht zu freuen brauchen. Dadurch geriet sie nämlich irgendwann ins selbe Schußfeld wie das wuchernde Geldkapital, das den Ruinierten für ihr Elend und ihre Entwürdigung verantwortlich schien: die marxistisch-jüdische Pest, der nationalsozialistische Antikapitalismus-Antimarxismus. Es waren zwar nur die Geldkapitalisten gemeint und nicht die ordentlich arbeitenden Fabrikbesitzer. Trotzdem: Straflos ist es nicht abgegangen, daß die arbeitenden Fabrikinsassen, sofern sie Sozialdemokraten waren, so blind auf das »Evangelium des Sozialismus durch die Maschinen selbst« vertrauten. Da half es ihnen auch nicht, wenn sie den vom Existenzverlust Bedrohten freundschaftlich auf die Schultern klopften und sagten: Wir enteignen euch doch nicht, das macht doch die große Industrie, das Kapital. Hier liegt eine ganze Leidensgeschichte der Arbeitsmännerbewegung begraben, auf die ich in diesem Zusammenhang allerdings nicht eingehe. Die Kleinbürger waren sowenig davon angetan, von den entwickelten Produktivkräften auf den Müll der Geschichte befördert zu werden, wie die Arbeiter davon begeistert waren, von der Bourgeoisie als »Pöbel«, als vaterlandslose Gesellen, als Plebs, als ein Nichts sich eingestuft zu sehen.

Es trifft halt nicht zu, daß die Partei, daß Liebknecht »leidenschaftlicher Fürsprecher *aller* Entrechteten und Unterdrückten« war. Die kleinen Bauern, die kleinen Bürger, die Frauen, übrigens auch die »primitiven« Völker, wie sich dann im Verlauf der Zeit herausstellte, waren nicht gemeint. Gemeint waren nur diejenigen, die der fortschritts- und kulturträchtigen Hand-Kopf-Baumeistertätigkeit nachgingen, wenn auch nur als Hände, wenn auch nur als Enthauptete. Parteiorganisation und Arbeiterbildung waren für die Wiederaneignung des Kopfes außerhalb der Arbeit zuständig. So hoffte Mann die Sache zusammenzubekommen: zu einem menschlichen Menschen-Mann. Und das ist eine weitere Leidensgeschichte der Bewegung. Die Sache hat nicht geklappt. Das Kopf-Hand-Modell, die Unterwerfung der übrigen Körperteile und -kräfte durch den Kopf, entwickelte seine eigene Dynamik, wie ich im folgenden noch zeigen werde.

Das Problem machte sich auch noch an anderer Stelle bemerkbar. Ein ganz bestimmter Widerspruch bei Liebknecht deutet dies an. Der Widerspruch zwischen der Vergöttlichung des Kopfes, der Wissenschaft, der Kopf-Naturbeherrschung und der gleichzeitigen Mythenbildung über die geschichtsschöpfende Kraft der Hände, allein der Hände. Denn die werden ja gegen die Köpfe, die großen Männer, die die Geschichte gemacht haben – wie es der »fratzenhafte« Geschichtsunterricht der Bourgeoisie den Arbeitern und sich selbst natürlich auch weismachen möchte –, ins Feld geführt. Die Hände haben alles Zivilisationswerk geschaffen, die bisherigen Köpfe waren ganz ohne Bedeutung, weil sie die andere Fraktion, die Herrschenden, die, die bekämpft werden, bilden. Aber dennoch ist der Kopf das eigentlich Menschliche. Dieser zunächst rein logisch festzumachende Widerspruch ist durchaus geschichtswirksam geworden. In ihm reflektiert sich die Widersprüchlichkeit und die partielle Hilflosigkeit der Arbeiterbewegung gegenüber der »Intelligenz«, gegenüber der gesellschaftlichen Kopf- im Unterschied zur Handarbeit.

Ich sehe mir den Ablauf der Versuche zur Gesellschaftsveränderung an, die aus den Rebellionen der Arbeiterschaft hervorgegangen sind. In der Sowjetunion wurde sehr schnell klar, daß die Köpfe nicht etwa nichts täten. Neben jeden Kopf wurde ein Politkommissar gesetzt, damit der aufpasse, daß der Kopf auch das sowjetregierungsamtlich Beschlossene täte. Auf die Köpfe ließ sich nämlich nicht verzichten bei der Strategie, den Kapitalismus »einzuholen und zu überholen«, im Kommunismus als Kombination von »Sowjetmacht und Elektrifizierung«, wie Lenin es ausdrückte. Und die Sozialdemokratie wollte 1918 gar nicht erst die Macht, unter anderem deshalb, weil sie sich nicht vorstellen konnte, wie denn die Köpfe der Herrschenden so schnell durch eigene Köpfe zu ersetzen wären. Gegenüber der radikalen Fraktion, die in den Räten nur die Arbeiter, nicht die schmarotzenden Ausbeuter vertreten wissen wollte, war die MSPD (Mehrheitssozialdemokratie) der Ansicht, die Unternehmerseite sei nicht allein Träger der Ausbeutung, sondern ebensosehr Träger notwendiger produktiver Funktionen. Und im Resultat entwickelte der reale Sozialismus eine Kopfkaste, einen Funktionärsapparat, die Partei, das »Hirn der Klasse«, wie ich auf Spruchbändern bei meinen Transitreisen durch die DDR lese. Sie besteht bekanntlich im wesentlichen aus Männern. Und daneben gibt es die Handarbeit. Aber daß da die Köpfe nicht über die Hände herrschen, kann mir niemand weismachen. Und die Sozialdemokratie? Und die Gewerkschaften? Die gingen halt ein Bündnis mit der Kopfkaste ein, so wie sie von ihnen vorgefunden wurde, mit dem Kapital und dem bürgerlichen Staat. Sie bekamen dafür den »Sozialstaat«, das Tarifrecht und überhaupt das ganze Arbeitsrecht, bildeten, um all das im Interesse der »Arbeiterklasse« handhaben zu können, auch eine eigene Kopfkaste aus. Aber sicher waren ihnen all diese schönen Gegengaben aus dem Bündnis, das sie da geschlossen haben, nie.

»Die Arbeit ist der Heiland unserer Zeit« (Joseph Dietzgen)

Noch ein paar Blüten zum Abschluß dieser Epoche einer noch nicht in feindliche Fraktionen aufgespaltenen Arbeiterbewegung: Heinrich Schultz, in der Partei zuständig für Kultur und für Erziehungs- und Bildungsfragen, im Jahre 1906:

»Die Arbeit hat die Menschheit zu dem gemacht, was sie heute ist.« Deshalb müsse die Jugend auch polytechnisch erzogen werden. Es sei notwendig, die Jugend »ohne Trennung der Geschlechter planmäßig in den Gebrauch der Werkzeuge« einzuführen … »Dadurch wird … das Kind planmäßig in das Wesen und … in den Zusammenhang des gesamten Produktionsprozesses eingeführt. Außerdem lernt das Kind nur durch die praktische Arbeit das Wesen der Dinge kennen.«[24]

Es ist immer wieder dasselbe: Die Menschlichkeit des Menschen wird aufs werkzeugmachende und naturbeherrschende Tier reduziert. Die Gleichheit der Frauen mit den Männern soll dadurch erreicht werden, daß ihre Menschlichkeit ebenfalls aufs »tool-making animal« beschränkt wird, daß sie zu

Männern werden. Robert Seidel, ein in der damaligen Partei- und Gewerkschaftspresse häufig sich zu Wort meldender Autor, sagt das dann auch in aller wünschenswerten Deutlichkeit: *»Wir lernen nämlich einen Gegenstand nicht recht durch bloßes Anschauen kennen; wir lernen ihn nicht einmal dann kennen, wenn wir ihn außerdem noch befühlen, beriechen, beschmecken und behorchen. Wollen wir ihn gründlich kennenlernen, so müssen wir ihn zerschlagen, zerstoßen, zerschneiden, in ihn eindringen, ihn zusammendrücken, ihn ausdehnen, ihn erhitzen, ihn abkühlen, ihn der Kälte, der Wärme, der Sonne, dem Wasser, der Luft aussetzen, kurz, wir müssen ihn formieren oder deformieren oder beides mit ihm vornehmen!« Das Kind lerne auf diese Weise »die Kulturarbeit der Jahrtausende besser und richtiger würdigen als durch den heutigen fratzenhaften Geschichtsunterricht.«*[25]

Frau kann nur sagen, wir sind ja froh, daß unsere Kulturarbeit, unsere »menschenproduzierende«, unsere »personenproduzierende« Arbeit von den Genossen als Nichts, als nicht zugehörig zur Kulturarbeit der Jahrtausende eingestuft wird. Denn wollten wir hier ihren allgemeinen Arbeits- und Erkenntnisbegriff auf die uns zugewiesenen Arbeiten übertragen, so wäre das doch ein bißchen makaber. All dies lesend, wird mir auch klar und deutlich erkennbar, warum das mit der Frauenemanzipation im realen Sozialismus nichts Rechtes wird. Nein, der polytechnische Unterricht allein bringt es wohl nicht.

»Das sind die Arbeitsmänner, das Proletariat«

»Es ist eine unwissenschaftliche Methode, wenn du dich nur mit den Kopfprodukten der Arbeitsmännerkopffraktion auseinandersetzt. Die können ja viel sagen.«

Das Argument geht mir auch immer wieder im Kopf herum. Ich habe zwar einen wichtigen Verbindungspunkt: Lassalle und Liebknecht wurden geliebt und verehrt, Marx saß ein bißchen weit weg, schrieb so kompliziert, und für wen er eigentlich seine Wissenschaft machte, wo er doch davon ausging, daß die Arbeiter vom Kapital enthauptet würden, auf dieses Problem hat er sich wohlweislich nicht gründlicher eingelassen. Im übrigen stehe ich ja auch auf dem Standpunkt, daß es so vulgär nicht war, was die von den »Massen« verehrten Männer von sich gaben. Gemeinsam mit Marx verehrten Liebknecht und Lassalle »die Wissenschaft«. Im Gegensatz zu ihnen praktizierte Marx sie zudem noch.

Ich gehe jetzt ein Stück weit in die Sozialgeschichte. Wie sieht es hier mit der Eigendynamik aus, wie mit den Erfahrungen, auf deren Basis Liebknecht und Lassalle geliebt wurden? Ich kann darüber nur einen grob geschnitzten Abriß geben aufgrund meiner Lesefrüchte aus der historischen Literatur, halte es aber an dieser Stelle, das heißt für die erste Phase der Arbeiterbewegung, für wichtig. Es kommt mir darauf an, innerhalb meiner Gesamtüberlegungen exemplarisch darzulegen, daß der männlich beschränkte Blick, dem ich nachzugehen versuche, sich nicht allein aus sich selbst heraus speist, sondern durch spezifische soziale und politische Umstände stabilisiert und bestätigt wird. Sonst ließen sich auch keine Bedingungen anführen, unter denen Änderungen möglich sind.

Wie bekannt: Es waren im wesentlichen Arbeitsmänner, die sich in Partei und Gewerkschaften organisierten und das Leben dieser Organisationen bestimmten. Ihre Erfahrungen, Niederlagen, Erfolge, Handlungsschranken ergaben die Praxis, aus der heraus sie ihre Gedanken, Handlungsstrategien, Organisationsformen entwickelten. Die Güterproduktion und die dabei eingegangenen und aufgezwungenen sozialen wie gesellschaftlichen Beziehungen waren ihr Feld. Die »Menschenproduktion« in der Familie, diese »zurückgebliebene«, »naturhafte« Produktionsweise, blieb ausgegrenzt. Der Mann, sofern er Familienmitglied ist, steht einzig und allein als »Ernährer« zur Diskussion. Daß er sich vielleicht zusammen mit seiner Frau Gedanken darüber machte, wie die Kinderzahl zu beschränken wäre, interessierte das sozialdemokratische Partei- und Gewerkschaftsleben selten. Daran hat sich seit nun über hundert Jahren auch nichts geändert. Das ist der »Privatbereich«, sieht Frau mal davon ab, daß die Partei als solche an vielen Arbeitsmännerkindern interessiert war. Irgendwoher mußte die Massenmacht schließlich kommen. Selbst die Genossin Zetkin war dieser Meinung. Sozialdemokraten produzieren Sozialdemokraten, nicht nur in der Fabrik, sondern auch im Schlafzimmer.[26]

Ansonsten ging es um die Produktion des Güterreichtums. Wie sahen da die Erfahrungen aus?

Die Hoffnung auf die »freie Assoziation«, die Bildung von Produktivgenossenschaften als Weg zum Sozialismus, also die schnelle Wiedervereinigung von Kopf und Hand in der außerhäuslichen Arbeit, war dem Stadium des Übergangs zur großen Industrie entsprungen. Ehemalige Handwerksmeister und Gesellen kannten den Zusammenhang der beiden Körperteile schließlich noch und wollten ihn auf erweiterter Ebene möglichst schnell wiederherstellen. Sie bildeten zunächst auch das Hauptkontingent der Organisierten, wie ja überhaupt Gewerkschaften und Sozialdemokratie bis hin zum Ersten Weltkrieg durch die Dominanz handwerklicher und ausgebildeter Arbeiter geprägt sind.[27] »Ausreichende Kenntnisse der Organisationstechnik« prädestinierten die Handwerker auch zum »Führungspersonal der jungen Arbeiterbewegung«[28]. Und wie sah bei den Genannten das spontane Klassenbewußtsein aus?

»Wer schafft das Gold zutage?
Wer hämmert Erz und Stein?
Wer webet Tuch und Seide?
Wer bauet Korn und Wein?
Wer gibt den Reichen all ihr Brot
Und lebt dabei in bittrer Not?
Das sind die Arbeitsmänner,
das Proletariat!«

An zwei Punkten dieses Liedes haben die Wissenschaftler der »spontanen« Arbeiterbewegung widersprochen. Wie schon früher bemerkt: Es sei nicht nur die Arbeit, sondern auch die Erde, die den Reichtum liefere. Und: Es seien nicht nur die Arbeitsmänner, die da Tuch und Seide webten, es seien auch die Arbeitsfrauen, und die sollten das auch tun. Marx appellierte an die Arbeiter, die Frauen nicht unter dem Vorwand, sie seien billige Lohnkonkurrentinnen, wegzuschieben, sondern sie in die Reihen des »Proletariats« aufzunehmen, mit ihnen gemeinsam gegen das Kapitalverhältnis anzukämpfen. Bebel hat ihn unterstützt. Das Resultat ist den Feministinnen bekannt. Ich sage es trotzdem noch mal: Mit knapper Mehrheit wurde der Widerstand gegen die Frauenarbeit in der Fabrik von der SPD aufgegeben. Das Argument war: Den Frauen bleibe sonst nichts als die Prostitution. Die Gewerkschaften brauchten dafür länger.[29]

Das »theoretische Herz« von Marx hing an der Avantgarde, den Kerntruppen der jungen Arbeiterbewegung, aber der empirische Wissenschaftler sah auch die Frauen, die eine große Masse des Fabrikproletariats bildeten, die Kinder[30], die Masse der ungelernten Arbeitskräfte in den großen Fabriken und den Bergwerken. Aus diesem Grund hatte er auch von vornherein ein distanziertes Verhältnis zum Traum der Handwerksmänner: der Produktionsassoziation, der Genossenschaft, der direkten Wiederzusammensetzung von Kopf und Hand. Daran mochte er vor dem Hintergrund seiner Analysen von den allgemeinen Tendenzen der kapitalistischen Produktion, große Industrie, Konzentration, Zentralisation, Degradierung im Produktionsprozeß, nicht glauben. Zunächst müßte die Diktatur des Proletariats, der proletarische Staat, die Produktionsmittel in seinen Händen zentralisieren, die Produktivkräfte weiterentwickeln, und dann könne es irgendwann auch an den richtigen Kommunismus, die Abschaffung des Staates gehen.

Ein zweiter Punkt ist wichtig für die Charakterisierung des »spontanen« Bewußtseins der Kerntruppen der frühen Arbeiterbewegung. Als Schuster, als Drechsler, als Zigarrenmacher, als Drucker fühlten sie sich einander brüderlich verbunden. Sie kannten sich von der Wanderschaft, aus ihren Gesellenheimen und Gesellenvereinen, sie schufen gemeinsame Kassen für die Alten, für die Kranken, für Streiks. Sie waren solidarisch, auch als Personen, als Menschen – verbündete Männer. Eine Solidarität der »Gleichaltrigen, Gleichgestellten, Gleichgesinnten«

und ein Kollektivbewußtsein auf der Grundlage berufsständischer Organisation.[31] Als Gleiche erkannten sie sich an, weil sie sich durch die gleichen Produkte bestätigt fühlten und weil für deren Produktion die gleichen Fähigkeiten notwendig waren. Nicht daß sie Menschen waren, von Müttern geboren, war der Anlaß dafür, daß sie sich Brüder nannten, sondern ihre spezielle Baumeistertätigkeit, unterschieden von anderen. Solidarität war nötig, um sich gegen die Arbeitsherren behaupten zu können, um die wachsenden Unsicherheiten des Arbeitsmarktes mit heiler Haut zu überstehen und bei Alter und Krankheit nicht zu verhungern. Häufig hatten sie keine Familie. Von den organisierten Bäckergesellen zum Beispiel waren nur 21 % verheiratet.[32] Und an der »Kultur«, der Bildung waren sie interessiert. Ihren Kopf hatten sie ja in der Arbeit geübt. Sie besaßen ein männliches Selbstbewußtsein, daran konnten sie anknüpfen bei ihrem Versuch zu zeigen, daß sie auch wer waren. Die Engländerin Sheila Rowbotham hat das hier entstehende Bewußtsein und Verhalten meines Erachtens zutreffend gekennzeichnet: »Im späten neunzehnten und frühen zwanzigsten Jahrhundert verstanden Sozialisten dieses Bedürfnis nach einer schützenden Kultur. Sie dehnten die Vorstellungen der Arbeiterbewegung von ›Brüderlichkeit‹, ›Solidarität‹, ›Kollegialität‹ und Kameradschaft auf ihre Beziehungen innerhalb der sozialistischen Organisation aus. ›Brüderlichkeit‹, obwohl geschlechtsgebunden, hat eine Wärme, die dem Wort ›Genosse‹ mit seinen Anklängen an Kommissare und Eispickel fehlt. ›Solidarität‹ enthält ganz konkret die Stärke von ›Solid-Sein‹. Es wurde jedoch auch interpretiert im Sinne von bewußtem, individuellem Engagement.«[33]

Wir wissen, genau dies ist dann später abhanden gekommen, dieses »Sozialist«-Sein als Person, diese Solidarität als »Gefühl«, als Verhalten des einzelnen. Das hatte seine Gründe in der Erfahrung. Aber es war ein entscheidender Verlust. Vorprogrammiert war er durch die Tatsache, daß die »solidarische Person« gebunden war an die spezielle Arbeit, an die Anerkennung gleicher Arbeiter untereinander, an die Abgrenzung gegen andere Berufsstände. Daß die Frauen aus dieser Anerkennung der »Gleichen« ausgegrenzt waren, wurde allerdings auch später nicht zum Problem.

»Es war eine wichtige Quelle männlicher Arbeiterwürde, beruflich qualifiziert zu sein ... Dementsprechend war die leidenschaftliche Behauptung der Männlichkeit im Rahmen der kulturellen Gegebenheiten der Arbeiterbewegung die Reaktion auf die Vernichtung handwerklicher Fähigkeiten, einem wichtigen, einigen Arbeitern zugestandenen Bereich von Kreativität ... Die Art von Militanz«, die aus der Vernichtung oder dem Angriff des Kapitalismus auf diese Fähigkeiten entsteht, »kann die Mehrzahl der Arbeiterinnen nicht erreichen, da sie vorwiegend zu den Ungelernten gehören, und sie kann auch nicht über die Begrenzung der Lohnarbeit hinausreichen, um Zuteilung, Spielraum und Bedingungen unserer gesamten Lebenszeit in Frage zu stellen. In bezug auf die Familie hat sie einen väterlichen Konservatismus. Sie geht davon aus, daß der Mann der alleinige Ernährer der Familie ist ... Verantwortlichkeit mischt sich mit dem Besitz von Autorität.«[34] Diese Arbeitsmänner, bedroht vom Verlust ihrer Arbeitswürde, erbittert und auch militant, sah Marx wohl, wenn er meinte, die *ganze* menschliche Unterdrückung sei im Verhältnis des Arbeiters zur Produktion, in der Entmenschlichung dieser Arbeit einbegriffen.

In ihren Schriften an und über die Arbeiter haben Marx und Engels immer erneut die Tugenden, Leidenschaften von Personen, von lebendigen Menschen entdeckt, die sie aus ihrer Theorie gar nicht hätten ableiten können: Empörung und Charakterstärke, Zorn und menschliche Bildung, Aufkündigung der Religion als Ungehorsam gegen die herrschende Gesellschaft, Selbstbeherrschung, Mut, Entschiedenheit, Aufopferung. In den von Marx 1871 verfaßten »Allgemeinen Statuten der Internationalen Arbeiterassoziation« heißt es, diese erklärten, »daß alle Gesellschaften und Individuen, die sich ihr anschließen, Wahrheit, Gerechtigkeit und Sittlichkeit anerkennen als die Regel ihres Verhaltens zueinander und zu allen Menschen, ohne Rücksicht auf Farbe, Glaube oder Nationalität. Keine Rechte ohne Pflichten, keine Pflichten ohne Rechte.«[35] Woher allerdings all diese schönen persönlichen Tugenden kommen sollten bei den »entarteten und degradierten« Arbeitsmännern und Frauen, darüber hat er sich keine Gedanken gemacht.

Die Geschichte des Bewußtseins und der Praxis, die sich an den »fortschrittlichen Produktivkräften« und nicht an den ganzen, historisch gewordenen Menschen festmachte, nahm ihren Lauf. Klassenbewußtsein, das heißt schließlich auch: Arbeiter, die sich einem Gegner gegenübersehen, einer anderen »Klasse«, säuberlich von ihr abgegrenzt durch die speziellen Besitzverhältnisse. Auf dem berufsständischen Bewußtsein, dem Arbeiterstolz und seinen Verletzungen, ließ sich auf die Dauer nichts Gesamtklassenspezifisches aufbauen. Die persönliche Solidarität unter den Brüdern schloß die Abgrenzung ein, gegen andere Berufsgruppen, gegen die Ungelernten, also diejenigen, die die große Masse der Fabrikarbeiter, eingeschlossen Frauen und Kinder, ausmachten.[36] Diese Ungelernten insgesamt waren nicht in der Lage, ein »dauerhaftes Gemeinschafts- und Solidaritätsgefühl«[37] im Zusammenhang mit ihrer speziellen Arbeitstätigkeit in der Fabrik zu entwickeln. Sie blieben austauschbar, hatten eine schlechte »Marktposition«, konnten keinen Arbeitsstolz entwickeln.[38] Hier war der männliche Charakterkopf nicht der vorherrschende Typus. Und dementsprechend sahen, folgen wir Schröders Analyse, auch die Widerstandsformen aus: »bewußte Nachlässigkeit, Zerstörung von Arbeitsmaterial und Werkzeug, Absentismus, Flucht vom Arbeitsort, Materialunterschlagungen, aber auch Aufruhr, Rebellion, Streik, Tumult[39]. Gegen derartig Unordentliches, Unwahrhaftes, Unzivilisiertes hatten die männlichen Charakterköpfe einiges einzuwenden, und diese bildeten bekanntlich die Organisationen.

Die lebendigen Arbeitsmenschen waren demnach keineswegs eine einheitliche Klasse, sie waren, wie Marx das ausdrückt, eine »Klasse an sich«, aber noch nicht »für sich«, wobei er bei der Bestimmung, wie sie denn den Sprung von einem ins andere schaffen könnten, unklar blieb. Erfolgreicher Widerstand gegen das Kapital hielt sich in den Augen der Betroffenen in Grenzen. Und um den ging es schließlich. »Die Verbände der Handwerksgesellen blieben zahlenmäßig schwach und wenig erfolgreich.«[40] Zwar gerieten die alten Handwerker zunehmend in den Status der Lohnarbeit, aber ihr spontanes Bewußtsein und ihre Praxis waren gekennzeichnet durch gegenseitige Isolierung, geringe Kooperationswilligkeit, Aufeinandertreffen divergierender Interessen, Dezentralisierung.[41] Die Unterstützungskassen reichten nicht. Die Mitgliederfluktuation war hoch.[42] Die Differenzen zwischen denjenigen, die noch Hand und Kopf zusammenhalten wollten, und den Ungelernten, den Frauen, den Landproletariern ohne handwerkliche Vergangenheit waren groß. Keine spontane Einheit im Kampf gegen das Kapital, das ja schließlich so verschiedene konkrete Formen hatte und so unterschiedliche »Arbeiterkategorien« anwandte. Dieser Widerspruch nahm einen unterschiedlichen Verlauf in den verschiedenen europäischen Ländern. In Deutschland, dem Land ohne demokratische Revolution, spielte die Auseinandersetzung mit dem Staatskopf die entscheidende Rolle für die »Vereinheitlichung«, wenigstens der handwerklichen Charakterköpfe, für ihre Organisation in der Partei, der SPD. Gemeinsam wollten sie als Arbeiter, als Klasse gehen. Es entwickelte sich eine Eigendynamik, die ihren inneren Sinn und ihre eigenen »Notwendigkeiten« hatte: Im einheitlichen Gegner, im Klassenstaat, im *gemeinsamen Feind* erkennen sich die *gemeinsamen Freunde.* Beziehungsweise auch in den vereinheitlichten, gemeinsamen, allgemeinen Forderungen, die geeignet sind, die Form allgemeinen Staatsgesetzes anzunehmen: gesetzliche Beschränkung der Arbeitszeit, Arbeiterschutzgesetzgebung, Koalitionsfreiheit, gleiches Wahlrecht, um nur die wichtigsten Forderungen zu nennen. Da konnten sich die sonst voneinander sich abgrenzenden, verschiedenen Sparten von Arbeitskräften als eine Klasse begreifen und erkennen; das Handlungsinstrument war nicht die Solidarität von Bruder zu Bruder, nicht der individuelle Charakterkopf, sondern die *Organisation.* Staatliche Gesetze gelten bekanntlich ja auch »unter Absehung von der Person« für alle Menschen gleich, ob sie einander nun brüderlich gesinnt sind und gemeinsam gekämpft haben oder nicht. Sie stellen »das Allgemeine« im Unterschied zur Person dar. Um das ging es jetzt. Das fand auch Lassalle so gut am Staat. Die Idee des am Allgemeinwohl orientierten Staates trat bei ihm unter der Hand an die Stelle der brüderlichen Solidarität. Weil die Person, die brüderlich solidarisch agierte, Selbstbewußtsein, Würde und Widerstand aus der speziellen Arbeit und aus sonst nichts bezogen hatte, wurde sie zum Störfaktor, individualistisch, sonderbündelnd, Klassensolidarität verhindernd. Im Endresultat trat dann die *Disziplin* an die Stelle der brüderlichen Gefühle. Solidarität = Disziplin, Einordnung ins Gesamtklasseninteresse, in das, was allen gemeinsam ist. »Unsere Macht ist die Zahl der Organisierten und ihre Disziplin.« Ja, und der Kopf, der wurde halt auf das, was außerhalb der Arbeit war, verlagert, den Kopf als eigentlich menschlichen Teil, den wollte Mann ja behalten. Die meisten Genossenschaftsversuche waren schiefgegangen. Im Produktionsprozeß wurden auch die alten Handwerksmänner zunehmend enthauptet. Die Sache mit der heiligen Wissenschaft hatte demnach ihre eigene Logik.

Zu glauben, Lassalle und Liebknecht hätten nur deshalb so Undifferenziertes, Unwissenschaftliches geäußert, weil sie Marx nicht richtig studiert hätten, halte ich für eine faule Ausrede. Eher würde ich sagen, daß Marx halt nicht richtig wissenschaftlich die innere Dynamik seines Kopf-Hand-Baumeistermodells unter den Bedingungen der großen Industrie und des entwickelten kapitalistischen Staates ins Auge gefaßt hat, daß er die wirklichen Erfahrungen der wirklichen Individuen nicht ganz ernst nahm. Der individualistisch beschränkte, freie Charakterkopf war nicht auf Dauer als Fortschritts- und Kampfinstrument zu gebrauchen. Da war es doch tröstlich, auf die Naturgesetzen folgende, ansonsten enthauptete Tätigkeit in der industriellen Produktion zu hoffen, die von selbst, also ohne Zutun des eigenen Kopfes und Willens, den Sozialismus bringen würde. Diese Gesetze zu begreifen hatte der Kopf dann ja schließlich wieder eine Menge zu tun.

Maschinerie, Konzentration und Zentralisation vergrößerten automatisch die Zahl der Sozialdemokraten und damit die eigene Macht. Da übertrieb Mann auch gern einmal den faktischen Entwicklungsgrad dieser Macht erzeugenden Entwicklungsprozesse. »Die vermeintlich wissenschaftliche Prognose vom Untergang der kapitalistischen Gesellschaftsordnung erfüllte die Parteimitglieder mit jener Zuversicht und Begeisterung, die Bebel … vom Revisionismus bedroht sah.«[43]

Eduard Bernstein – er war der erste, der frei heraus in der Partei verkündete, von der Revolution halte er nicht viel, Reformpolitik sei besser –, Bernstein also hatte gut reden, wenn er gegen die »Naturgesetze« und für die politische Handlungs- und Gestaltungsfreiheit sprach und das Bündnis mit der bürgerlichen Klasse predigte. Er sah nur auf den Staat und das Recht. Die Enthauptung der Charakterköpfe in der Fabrik interessierte ihn nicht. Und für diese Enteignung ihres »Selbstbewußtseins« entschädigten sich die Männerköpfe schließlich durch die Kenntnis der gesellschaftlichen Naturgesetze, die den Sozialismus herbeiführen würden.[44]

Der Gehorsam in der Partei, die Disziplin in den Gewerkschaften wurden zur Tugend erklärt, nachdem zunächst der Gehorsam gegen die Religion, gegen Gottvater abgeschafft worden war. Und die Gefühle, die Emotionen, die Bedürfnisse nach Zuneigung, Liebe, Gegenseitigkeit wurden abgespalten vom vernünftig die Klasseninteressen kalkulierenden und auf die gesellschaftlichen Naturgesetze hoffenden, wissenschaftlich gebildeten Kopf. Dafür gab es ja noch die Familie. Das war zwar was Privates, außerhalb der Gesellschaft, aber immerhin besser als gar nichts. Der Historiker Peter N. Stearns meint: »Die emotionalen Möglichkeiten der Familie erschienen als Errungenschaft«, zumal die wandernden Gesellen früher zum großen Teil in Ehelosigkeit lebten. Die Familie gab ihnen »das Gefühl eines Lebenszweckes«, persönlich, jetzt und hier realisierbar, also schon vor der naturgesetzlich eintretenden zukünftigen sozialistischen Gesellschaft. Sorge um Frau und Kind, Hoffnung auf den Aufstieg der Söhne, an all diesem ganz Privaten machte sich die Emotion fest, die individuelle, also die private, die ungesellschaftliche, die von der Arbeits-Klassen-Gesellschaftsexistenz abgespaltene Person.[45] Und daß Mann wenigstens in der Familie der Kopf bleiben wollte, wo Mann schon in der Fabrik enthauptet war, das ist doch verständlich, ebenso wie der Wunsch, die Frau möge es zu Hause ein bißchen schönmachen, wo es schon in der Fabrik so häßlich und dreckig war.

Es war also nichts mit der von Marx und Engels prognostizierten Auflösung der proletarischen Familie, im Gegenteil, im Gegenteil. Die verschiedenen, ja nicht einfach verschwundenen menschlichen Kräfte machten sich an den unterschiedlichsten Stellen, sauber gegeneinander abgetrennt, fest. Und es mußte klar abgegrenzt werden. Denn die Familie war auch immer ein Problem. Irgendwie stand sie verquer zum »Klassenkampf«. Oft wollten die Frauen nicht einsehen, daß die Männer streikten. Denn dann hatten sie nicht genug zu essen für die Kinder. Und die Bourgeoisie führte die Familie ins Gefecht gegen die Arbeitsmänner. Die sollten nicht soviel abends ins Wirtshaus gehen, zu den Genossen, und da über die Revolution oder den Sozialismus oder die Klassenherrschaft reden. Die sollten lieber zu Hause bei Frau und Kind die Abende verbringen, damit sie nicht auf dumme Gedanken kämen. Ganze Bodenreformergenerationen standen auf, schwärmten der Bourgeoisie und der Arbeiterschaft von den befriedenden und beglückenden Wirkungen eines Häuschens im Grünen für Mann, Frau und Kinder vor, das dazu beitragen könne, den Klassengegensatz aufzuheben. Allenthalben wurde die Familie gegen die rebellischen Regungen der Arbeitsmänner ins Feld geführt. Um keine Mißverständnisse aufkommen zu lassen: Ich nehme hier den Standpunkt der Arbeitsmänner ein, um zu sehen, wie die zu ihren »Wahrheiten« gekommen sind. Bei der Familie hakte die Kirche ein, die »kleinbürgerlichen« Reformer, die Unternehmer. Mit der Familie sollten die Arbeiter ans Joch des Kapitals gebunden, ihrer erworbenen Klassenselbständigkeit beraubt werden. So war eine strikte Trennung zwischen dem ungesellschaftlich-egoistischen Privatleben und dem allgemein-klassenbewußten Partei- und Gewerkschaftsleben nötig. Das letztere war natürlich das Höhere. Die Familie – und dazu gehörte schließlich die Frau – war das Niedrigere, die opportunistische Gefahr, die Versuchung, vom Weg der allgemeinen Menschheitsinteressen abzukommen, in die Niederungen der egoistischen Person zu geraten.

Es hat also durchaus seine eigene Logik und »Vernunft«, daß die Geschichte der Arbeiterbewegung vor allem als eine der Organisationen geschrieben wurde, während das Alltagsleben uninteressant blieb fürs Klassenbewußtsein. Das war zwar noch da, hatte Wirkung und Macht, das bestimmte auch das Bewußtsein, aber davon sahen die Arbeitsmänner ebenso ab wie ihre Geschichtsschreiber. Und der heutige Boom in der historischen Forschung schafft es nur selten, das neuentdeckte Alltagsleben, die Freizeit, die Familie in einen Zusammenhang mit dem Organisationsleben, mit dem Klassenbewußtsein zu stellen. Das läuft halt so nebeneinanderher. Die Forscher meinen, sie entdeckten da endlich die konkrete, lebendige Person, aber ein wohl erklecklicher Teil der Arbeitsmänner selbst war in diesem Punkte schließlich anderer Meinung – wenigstens vom Kopf her. Die wirkliche Person, die moralische, humane, fortschrittsträchtige, bewegte sich ihrer Ansicht nach im Bereich des Allgemeinen, nicht in den Niederungen des Privatlebens.

Und die Ungelernten, die Landarbeiter, die Frauen, die Heimarbeiter, also alle die, die sich kaum in der Bestimmung von den Arbeitern als den wahren Trägern der Kultur und der Wissenschaft wiederfinden konnten? Nun, die bildeten halt in der Regel die unorganisierten Massen im Unterschied zu den Organisierten. Für sie fiel ab und zu ein Brocken ab, bei der Arbeiterschutzgesetzgebung, beim Kampf um die Verkürzung des Arbeitstags. Insofern fühlten sie sich den sozialdemokratischen Organisationen verbunden, wenn auch andererseits viele lieber den Glauben an Gott als Trost beibehielten und zu den christlichen Gewerkschaften neigten. Zu den zivilisierten Kernschichten der stetig anschwellenden Partei- und Gewerkschaftsarmee konnten sie sich kaum rechnen.

Das Kopf-Hand-Baumeistermodell wollten und konnten sie ebensowenig übernehmen wie die Frauen. Das hatte mit ihren Erfahrungen schwerlich was zu tun. Es entstanden auch immer wieder Konflikte mit den organisierten Arbeitern, die am wissenschaftlichen Sozialismus hingen. Im Jahre 1892 zum Beispiel gab es Hungerkrawalle der Berliner Arbeitslosen, bei denen Plünderungen von Läden vorkamen. Es traf auch sozialdemokratische Besitzer. Der »Vorwärts«, das Parteiorgan der SPD, kommentiert:

»Die wirkliche Arbeiterschaft Berlins hat mit diesen Exzessen nichts zu tun, die klassenbewußten Proletarier der Reichshauptstadt, die bewährten Kerntruppen der Sozialdemokratie, haben sich von den Krawallen ferngehalten ... In jeder Großstadt ist ein aus den verschiedensten Schichten stammendes Lumpenproletariat aufgehäuft, die Menge der Deklassierten, der Verelendeten und Verkommenen, Verbrecher, Raufbolde, Zuhälter, jene soziale Gruppe, welche abwechselnd von Zuchthauskost und Armenkost ihr Dasein fristet.«[46]

Die großen rebellischen Streikbewegungen der Bergarbeiter, die zu den am wenigsten organisierten und unter den elendesten Bedingungen Arbeitenden gehörten, wurden gegen das Votum von Sozialdemokratie und Gewerkschaft in Gang gesetzt. Angesichts eines spontanen Streiks der Hafenarbeiter schreibt der »Vorwärts«, daß »in solchen Streikversammlungen die Zahl der Arbeiter herrscht, die trotz aller Anstrengungen der organisierten Arbeiter den Organisationen ferne blieben, keinen Pfennig für dieselben aufgebracht haben, sich überhaupt nicht um die Arbeiterbewegung kümmern. Diese Massen kommen plötzlich in Bewegung, beherrschen durch ihre Zahl die Streikversammlungen und drücken Beschlüsse durch, für welche organisierte, mit den Verhältnissen vertraute und die entgegenstehenden Schwierigkeiten kennende Arbeiter nie zu haben gewesen wären ... So ist es gewesen bei dem großen Bergarbeiteraufstand ...«[47]

Über Ereignisse des Bergarbeiterstreiks von 1905 berichtet der »Vorwärts«:

»Zuerst sprach Sachse: Er hielt den Leuten in eindringlicher Weise vor, wie planlos und unüberlegt sie gehandelt. Keine Forderungen seien formuliert, weder ihre Vertrauensleute noch ihre Organisationsvorstände in Kenntnis gesetzt, kein Beschluß gefaßt, und so hätten ohne geringste Vorbereitung und ohne Berücksich-

tigung der möglichen Folgen einfach Belegschaft um Belegschaft, Schicht um Schicht die Einfahrt verweigert ...«

Die Führer der verschiedenen Gewerkschaften mahnen »zu Disziplin, zum Abwarten, zur Wiederaufnahme der Arbeit ... Unter lautem, freudigem Hurra beschließt die Versammlung, weiter zu streiken«[48]. Unter wildem Protest gelingt es dann später doch, den Streik durch ein mehrheitliches Votum der Vertrauensleute abzubrechen. Der »Vorwärts« kommentiert:

»Wie man auch immer über die Berechtigung des Streiks denken mag: das muß man doch zugeben, daß er sich planlos entwickelt hat; die Organisation vermochte ihn anfangs nicht zu meistern. Unendlich schwerer als die Eröffnung eines Streiks ist seine Beendigung nach kurzer Dauer ohne sichtbare, greifbare Erfolge. Daß dies nach drei oder vier Tagen vollständig gelungen ist, daß es gelungen ist, die erregten Massen zu einem organisierten Rückzug zu veranlassen, das ist ein so eindringlicher Beweis von der Stärkung des Organisationsgedankens unter den Bergarbeitern, daß für die Zukunft die besten Aussichten erwachsen.«[49]

Manfred Scharrer kommt zu folgender Einschätzung: »Es kann im Rahmen dieser Arbeit nicht diskutiert werden, ob die tatsächliche Position der Gewerkschaften so schwach war, wie sie von den Führungen eingeschätzt wurde. Wahrscheinlich ist die Einschätzung richtig von der Position der Gewerkschaftsführung aus, die den Streik unter dem Gesichtspunkt der Kassenbestände betrachtete – wozu sie durch die Erwartungshaltung ihrer Mitglieder verpflichtet war.«[50] Und an anderer Stelle: »Die Masse der Mitglieder ... akzeptierte in der Regel diese stellvertretende Interessenwahrnehmung durch die Vorstände, weil diese zunehmend kleine, spürbare Erfolge brachte und sich eine alternative Organisierung in Richtung einer besseren Interessenvertretung nirgends abzeichnete.«[51] Mit dieser Interpretation wird unter den Teppich gekehrt, daß die Masse der Streikenden nicht aus organisierten Mitgliedern bestand, daß sie mit dem »rationalen« Hand-Kopf-Baumeistermodell wenig anzufangen wußte: Ein bestimmter Input an Kassenbeständen, und am Ende kommt ein kalkulierbarer und dazu auch noch genau meßbarer Output an Lohnerhöhung oder

Arbeitszeitverkürzung heraus. Mit dieser Vorstellung wurden die »Arbeitskraft« und ihr Verkauf vollends losgelöst von den lebendigen Menschen mit ihrer Wut und Empörung. Diese galt als irrational und zwecklos. Dabei stimmte das nicht einmal. Der »undisziplinierte« Bergarbeiterstreik von 1889 zum Beispiel ist in die Geschichtsschreibung eingegangen als ein entscheidendes Signal an die Staatsmacht, daß alle ihre Sozialistengesetze wenig genützt hatten. Diese wurden im Gefolge des Streiks dann auch aufgehoben. Der Streik war erfolglos im Sinne unmittelbar greifbarer Ergebnisse für die Arbeitskraft. Er war erfolgreich, was die Verschiebung der Kräfteverhältnisse zwischen den Klassen betrifft. Und vielleicht hatten die empörten Bergarbeiter ja auch so etwas mit im Sinn gehabt.

Ich habe einfach mal den Versuch gemacht, mir die Dinge zusammenzureimen. Das Ganze müßte natürlich noch genauer und gründlicher überlegt werden. Was mir dabei wichtig ist, fasse ich noch einmal zusammen:

1. Mit den Erklärungsthesen, die alles daraus abzuleiten versuchen, daß die Arbeiterbewegung Marx nicht richtig studiert hat und deshalb auf solche Irrwege geraten ist, kann ich nichts anfangen. Meines Erachtens hat sie ihn gar nicht so falsch verstanden, auch wenn es Abweichungen im Detail gab. Hätte Marx andere Kopfprodukte produziert, so wäre er womöglich auch gar nicht zum Erzkopf aufgestiegen. Auch in diesem Punkt halte ich den Kopf nicht für so mächtig, wie so mancher Theoretiker sich das wünscht. Selbst die Anarchisten, die sich ja auf andere Erzköpfe wie Bakunin und Kropotkin beriefen, sind, will man den Hinweisen in der feministischen Literatur glauben, der beschriebenen Dynamik nicht entgangen. Wie »Temma Kaplan in ihrer Untersuchung des Anarchosyndikalismus in Spanien gezeigt hat«, gab es »innerhalb dieses besonderen Zweigs … eine Spannung, die eng mit der Beteiligung von Frauen zusammenhängt. In der anarchistischen Bewegung der achtziger Jahre des vorigen Jahrhunderts gab es einen dauernden Widerspruch zwischen gemeinschaftlichen

Widerstandsformen, die, wie der utopische Sozialismus, antizipatorische Lebensformen anstrebten, und einer Betonung auf Gewerkschaftsarbeit, die sich auf Kontrolle der Arbeiter über die Produktion beschränkte. Ich meine, die Anarchosyndikalisten zu Beginn dieses Jahrhunderts legten mehr Wert auf Gewerkschaftsarbeit, Arbeiterkontrolle und auf Arbeit als Quelle von Würde als auf ein kooperatives soziales Leben oder ein Konzept allgemeiner menschlicher Kreativität ... Sie wollten die direkte Aktion vor allem im Produktionsbereich, und der Generalstreik der Lohnabhängigen war ihre wichtigste revolutionäre Taktik ... Die tatsächliche Entwicklung und Konsolidierung der kapitalistischen Gesellschaft scheint frühere Versionen von der Veränderung des Lebens zerschlagen und vernichtet zu haben. Indem man sich auf den Klassenkampf innerhalb des Arbeitszusammenhangs konzentriert, weist man anderen Aspekten der Herrschaftsbeziehungen zweitrangige Bedeutung zu ... Feministinnen haben darauf verwiesen, daß diese Betonung auf ›Arbeit‹ nicht nur die Frauen ausschließt, sondern daß der gesamte Ansatz in Begriffen männlicher Arbeitssituationen dargestellt wird.«[52]

2. So historisch-soziologisch plausibel und naheliegend auch immer die Ordnung der Realität und die Entwicklung von Handlungsstrategien nach dem Muster spezieller Formen männlicher Arbeit und Produktivität sein mögen, *es hat Folgen, wenn die Menschlichkeit des Menschen auf das Kopf-Hand-Baumeistermodell und die dabei eingegangenen sozialen Beziehungen reduziert wird, auf die Menschwerdung bei der Dingeproduktion, wenn die unmittelbare Arbeit bei der »Produktion« des menschlichen Lebens, die Frauenarbeit, in den Bereich der Natur, der Nichtarbeit herabdefiniert wird. Die systematische Verfehlung der ganzen menschlichen Wirklichkeit ist darin eingeschlossen. Ideologien, Fehleinschätzungen, mangelnde Realitätserkenntnis gehen damit einher.*

Diese These gilt es im weiteren Verlauf der Darstellung zu vertiefen und zu veranschaulichen.

Organisation oder: »Die Übertragung dieser Darlegungen aus dem Militärischen ins Politische bedarf keiner langen Diskussion«

»Der Gedanke: Ich kämpfe für mein Weib, ich kämpfe für mein Kind, läßt uns den Tod leicht nehmen. Im Bewußtsein, meine Pflicht getan zu haben, sterbe ich gerne, möge ich da auch für die Interessen der Kapitalisten mitgekämpft haben, und für solche Kämpfer kann selbst der Gegner nur Achtung haben.«(Aus dem Feldpostbrief eines deutschen Arbeiters aus dem Ersten Weltkrieg)[53]

»Wenn wir wirklich einmal das Vaterland verteidigen müssen, so verteidigen wir es, weil es unser Vaterland ist, als den Boden, auf dem wir leben, dessen Sprache wir sprechen, dessen Kultur wir besitzen, weil wir dieses unser Vaterland zu einem Land machen wollen, wie es nirgends in der Welt in ähnlicher Vollkommenheit und Schönheit besteht.« (Parteitag der SPD 1907)[54]

»Wir sind schon eine ›Nation‹, kein ›formloser Völkerbrei‹.« (Georg von Vollmar)[55]

Die bestens organisierte, ideologisch äußerst geschulte, mit den hervorragendsten theoretischen Denkern ausgestattete deutsche Arbeiterbewegung produzierte in ihrer Geschichte gleichzeitig die größten politischen Katastrophen, war gewissermaßen der größte Versager auf internationalem Terrain. Zu Beginn des Ersten Weltkrieges stand sie nahezu geschlossen hinter dem Aggressor in der Meinung, das Vaterland gegen die russische Barbarei verteidigen zu müssen. Bei Beendigung des Weltkrieges war niemand in der Lage, den Kräften in der Partei Einhalt zu gebieten, die sich die schwärzeste Reaktion ins Haus holten, um mit ihrer Hilfe die Rätebewegung blutig niederzuschlagen. Die stärkste, konsequenteste Kraft der parlamentarischen Demokratie in Deutschland ließ die faschistische Machtergreifung samt nachfolgender Liquidierung der Arbeiterparteien und Gewerkschaften unter dem Hohngelächter von Goebbels und Konsorten widerstandslos über sich ergehen. Verglichen mit dem Anspruch der Sozialdemokratischen Partei und der Gewerkschaften absolute Pleiten: und bei den Historikern immer wieder erstauntes Kopfschütteln. Wie konnte das passieren?

In den Arsenalen der Geschichtsschreibung der Arbeiterbewegung sind folgende Erklärungsmuster aufgeführt:

- Die Führung hat die Arbeitermassen verraten. Sie war kompromißlerisch und korrupt.
- Die Arbeitermassen folgten in preußischem Kadavergehorsam ihren Führungen und dem Kaiser, kritiklos, geistlos, wie eine Hammelherde.
- Die Erhaltung der Organisation um jeden Preis, der Organisationsfetischismus von Sozialdemokratie und Gewerkschaften waren schuld.
- Der Determinismus und Ökonomismus der Sozialdemokratie waren schuld. Sie hatte sich nicht wirklich auf politisches Handeln vorbereitet, denn nach ihrer damaligen Meinung folgte die Revolution mit der Sicherheit eines Naturgesetzes aus ökonomischen Entwicklungen, während die SPD in der Zwischenzeit hätte Däumchen drehen können.
- Der Vaterlandsbegriff verbunden mit der Meinung, es handele sich um einen Verteidigungskrieg, hat die Massen irregeführt.
- Die Sozialdemokratie war in den Ordnungsvorstellungen des monarchisch-autoritären Staates befangen.
- Es hat 1914 ebensowenig wie 1918 eine umfassende Konzeption sozialdemokratischer Politik gegeben.

Mir geht es nicht darum, diesen Erklärungen noch eine achte und neunte hinzuzufügen. Vielmehr will ich herausfinden, ob diese systematische Unfähigkeit zu zielgerichtetem Handeln, die Irrationalität der Parteipolitik, das Verfehlen der Realität in innerem Zusammenhang steht mit der Gesamtvorstellung von Fortschritt, Organisation und Sozialismus, so wie ihn die organisierte Arbeiterbewegung in *Anlehnung* an die bürgerliche Gesellschaft und innerhalb derselben entwickelt hat. Die andere Möglichkeit wäre die, daß es sich um immer wieder zufällige Abweichungen von einer, gemessen an den eigenen Zielen, eigentlich richtigen Geschichts- und Realitätsanalyse handelte.

Als Material zur Untersuchung dieser Frage habe ich die berühmt gewordene Auseinandersetzung um den Massenstreik im »Vorwärts« zwischen Rosa Luxemburg, Karl Kautsky und Anton Pannekoek ausgewählt. In dieser Auseinandersetzung steht die Frage nach den Formen der Vergesellschaftung der Arbeiter zur Diskussion, die Frage, wie die Klasse zu historischem Handeln innerhalb der klassengespaltenen Gesellschaft befähigt werden könne; um die Frage, wie zielgerichtetes Handeln eines kollektiven Subjekts oder vieler Subjekte im Zusammenhang möglich sein solle. Welche Bedeutung haben die einzelnen? Was ist das, die Masse? Welche Rolle spielt die Organisation, welche die Führung, welches Ziel ist angestrebt, welche Kulturvorstellung wird vertreten? Die relative Hemmungslosigkeit, mit der sich die deutsche Arbeiterschaft im Jahre 1914 in die Verteidigung des Vaterlandes stürzte, deutet auf den Zusammenhang ihrer Kulturvorstellungen mit denen des Bürgertums hin. Und das sind die einer männlich bestimmten Industriekultur. Die Debatte ist deshalb wichtig, weil hier außer zwei Männern eine Frau argumentiert, und sie argumentiert, wie zu zeigen sein wird, einigermaßen konsequent als Frau, ohne eine feministische Bemerkung zu machen.

»Mein lieber Pannekoek, darüber erfährt man bei der Genossin Luxemburg nichts. Ich verlangte von ihr ausdrücklich, sie solle uns genau sagen, ob der Massenstreik, den sie meine, ein Demonstrationsstreik sein solle oder nicht. Erst wenn wir das wüßten, könnte die Diskussion ein bestimmtes Resultat ergeben. Die Genossin Luxemburg war es, die der Beantwortung der Frage auswich mit der Erklärung, nur eine beschränkte Seele ... könne derartige Unterschiede machen, für einen richtigen Marxisten laufe alles durcheinander, politischer und ökonomischer Streik, Demonstrationsstreik und Zwangsstreik.«[56]

Also, der Genosse Kautsky hat der Genossin Luxemburg eine klare Frage gestellt, und sie bringt alles durcheinander. Was möchte der Genosse Kautsky denn? Bevor die Partei etwas tut, ja eigentlich schon bevor irgend jemand in der Partei anfängt zu reden (Vorsicht, Feind hört mit), muß eine klare Zielbestimmung mit klarer Definition der Mittel, die zu bestimmten Zielen führen, dasein: wieder das uns schon bekannte Kopf-Hand-Baumeistermodell. Das ist man sich als Kulturvolk schon schuldig: Denn »was vom Standpunkt des amorphen primitiven Streiks des revolutionären Rußlands eine überflüssige, pedantisch-engherzige Unterscheidung sein mochte, ist in *Westeuropa* [Hervorhebungen von CH.N.] eine wesentliche Bedingung jeder rationellen Streikführung« (170). »Zum Streik greift *der* [!] Arbeiter [in *Westeuropa* (!)] nur als Kampfmittel, wenn er die Aussicht hat, dadurch bestimmte Erfolge zu erzielen … und entspringt die Erfolglosigkeit schlechter Führung … so kann der Streik sehr leicht das Gegenteil dessen erzielen, was er bezweckte, niederdrückend auf die Arbeiter wirken«. (170) Wie die Genossin Luxemburg, nun hinwiederum sie pedantisch, nachweist, stimmt die Geschichte mit dem Westeuropa- im Unterschied zum Rußlandarbeiter nicht. »Von den 19.766 Streiks und Aussperrungen, die wir insgesamt seit 1890 bis 1908 hatten, waren weniger als die Hälfte ganz erfolgreich.« (204) Ein großer Teil endete mit Niederlagen. Das mußte wohl auch dem Genossen Kautsky bekannt sein, aber er steuert hier schon systematisch auf das zu, was er vermitteln will: daß es sich nämlich bei Streiks ebenso wie bei Kriegszügen um strategisch einheitlich kalkulierte Unternehmen handeln müsse und daß selbständiges und spontanes Handeln der Massen nur ins Unglück und in Zerstörung führen könne. Auf dem Terrain der Kriegsführung kennt sich Kautsky aus. Er ruft der Genossin zu: »Man führt nicht Vorpostengefechte mit schwerer Artillerie.« (177) Und er weiß auch, wie es geht: »Die sog. Unteroffiziere werden dann [wenn die Offiziere verhaftet sind] den Kampf zu leiten haben … sie müssen genau wissen, welches unsere Forderungen sind, dürfen nicht zum Rückzug blasen, ehe diese erfüllt sind

… müssen dafür sorgen, daß die einzelnen Gruppen … einheitlich vorgehen, daß sich die Masse nicht provozieren läßt.« (181) Um der begriffsstutzigen Genossin zu erklären, daß man nicht alles durcheinanderbringen dürfe, sondern klare Unterscheidungen zu treffen habe – Vorbedingung zielgerichteten Handelns überhaupt, wie Kautsky meint –, hatte der Genosse gleich in der ersten Antwort auf Rosa Luxemburgs Vorwürfe, die Partei sei untätig im Wahlrechtskampf, ihr Belehrungen über »die Regeln moderner Kriegswissenschaft« erteilt, die »zwischen zwei Arten der Strategie« unterscheide: »Angriffs- und Ermattungsstrategie« (101). Diesen Hinweisen, daß die Genossin gewissermaßen nicht auf dem laufenden sei, hatte er eine begeisterte Darstellung der Kriegsführung des Fabius Cunctator im Feldzug gegen Hannibal folgen lassen, um dann zu behaupten: »Die Übertragung dieser Darlegungen aus dem Militärischen ins Politische bedarf keiner langen Diskussion.« (106) Klar: Ermattungsstrategie, das sei das Richtige für die SPD, und dieser Devise folgt die Partei ja schon mit Erfolg seit Jahren. Massenstreiks, das sei Angriffsstrategie, »Kampf um Leben und Tod … letzte und höchste Kampfform« (177) oder, wie Rosa Luxemburg ironisch kommentiert, »jener apokalyptische Massenstreik, bei dem die stärksten Eichen krachen, die Erde bebt und die Gräber sich öffnen« (220). Zum Beinahe-Weltuntergang hochstilisiert, wird der Massenstreik von Kautsky als unbrauchbar für die Gegenwart zur Seite geschoben und in die Schublade »Revolution« abgelegt.

Überhaupt: Die Konsequenz, mit welcher Kautsky wie Pannekoek (als Syndikalist stand er dem Anarchismus näher) trotz Unterschieden im Detail (Pannekoek hat wohl Probleme mit der Ermattungs- und möchte lieber ein bißchen mehr Angriffsstrategie) Massenbewegung, Organisation und Klassenbewußtsein allein unter dem Gesichtspunkt des Krieges, des Machtkampfes mit dem Feind betrachten, ist schon verblüffend: Der Kampf um das Wahlrecht und die Verfassung geht nach Pannekoek »nur der äußeren Form« nach um »politische Grundrechte«, der »Inhalt des Kampfes« bestehe darin, »daß die Klassen ihre Machtmittel gegeneinander ins Feld führen und jede die des Gegners zu vernichten sucht« (286). Für Kautsky besteht »politische Aufklärung« im wesentlichen in »Einsicht in die Organisationen unserer Gegner« (180). »Je besser wir Staat und Gesellschaft begreifen, je genauer informiert wir über die Absichten und Machtmittel unserer Gegner wie über die Stimmungen und Machtmittel des Proletariats sind … je mehr werden wir unserem Gegner gewachsen sein … und um so zweckmäßiger werden wir handeln können.« (263) Die bürgerliche Klasse hat also ihre Armee, die Sozialdemokratische Partei hat ihr Proletariat, hat die Massen als Kampfinstrument zur Verfügung: »So wie sich der Umfang der Heere und Flotten unaufhaltsam vergrößert, vermehrt sich die Mitgliederzahl der Sozialdemokratischen Partei und der Gewerkschaften.« (233) Daß der Gegner »Absichten«, das Proletariat demgegenüber aber nur »Stimmungen« hat und die Partei gewissermaßen dazwischensteht – zum Proletariat wie der Heerführer und zum Gegner wie derjenige, der eben als Heerführer die andere Armee beobachtet –, daß die Partei sowohl die *Absichten* (!) des Gegners als auch die *Stimmungen* (!) des Proletariats zu ermitteln sucht: dies alles kommt nicht von ungefähr. Im Unterschied zu den Massen handelt der Gegner in der Tat zielbewußt. »Geistige Macht« nämlich, »straffe, feste Organisation«, »Einheitlichkeit des Willens, der von der Spitze ausgeht«, und damit »moralische Überlegenheit« (!) gesteht Pannekoek dem Gegner zu. (267) Dem stünden, gäbe es nicht die Partei, die Individuen »als einzelne Atome« mit »eigenen Ansichten, eigenen Meinungen, eigenen Interessen … eigenen Launen, unwissend, beschränkt, ein zersplitterter Haufen, machtlos, gefügig … eine tote inerte Masse« gegenüber (268–270). Aus Individuen ergeben sich also Massen, und beide sind eigentlich von Übel, jenseits von Kultur und Zivilisation.

Wo Pannekoek bei seiner dualistischen Weltkonstruktion aufhört, fängt Kautsky an, nämlich bei der Masse. Sie sei »von bloßen Instinkten getrieben«, neige zu »Explosionen und Erregungen«, könne in »Siedehitze« geraten, die »ungestüme Volkswut« sei »unberechenbar«, man sei sowohl vor »freudigen als auch vor peinlichen Überraschungen« nicht sicher, die Masse sei auf jeden Fall unfähig zu »positivem Schaffen«, sei nur zu einem »Akt der Zerstörung« in der Lage (242/43). Und das alles liege daran, daß ihr der »dauernde Zusammenhang« fehle, »sie sei nicht organisiert« (242).

Über diese ausgemachten Widrigkeiten, die »beschränkten« »Individuen« und die »von bloßen Instinkten« getriebenen Massen erhebt sich also die ORGANISATION: Sie vermittelt »Kraftgefühl und Halt« (256), wird mit »Vorbedacht und Planmäßigkeit geleitet« (251), sie erzeugt die »Disziplin des selbstlosen Enthusiasmus« (256), schafft Kontinuität, ermöglicht die »Ausnutzung jedes Sieges« (251), erzieht die Massen zur »Selbstzucht ... und politischem Verständnis ... zur Einheitlichkeit des Denkens und Handelns« und vor allem zu *»Disziplin«* (180/81). Anders gesagt, die Organisation stellt Kultur im Unterschied zur Barbarei dar, das Höhere im Unterschied zum Niedrigen, Geist im Unterschied zur bloßen Natur, Form im Unterschied zum Amorphen, im Unterschied zur bloßen Materie und was einem sonst noch alles an Dualismen einfallen mag. Die Unterschiede zwischen Kautsky und dem als Syndikalisten bekannten Pannekoek sind dabei im wesentlichen Unterschiede im Akzent. Für Pannekoek handelt es sich bei der Bildung der Individuen durch die Organisation selbst um den wesentlichen Kultivierungsprozeß. Diese Bildung, hat sie einmal stattgefunden, macht die Organisation selbst weniger wichtig. »Das Wesen dieser Organisation ist etwas Geistiges, ist die völlige Umwälzung des Charakters der Proletarier.« Für Pannekoek ist die Disziplinierung der Individuen, ihre Vergeistigung, durch die gewissermaßen jeder sein eigener Feldherr wird, das Wichtigste. Von daher ist er auch nicht so ängstlich gegenüber einer möglichen Schwächung der Partei oder ihrer Verfolgung durch den Gegner. Der im Proletariat verankerte Geist der Disziplin, »dieser Geist wird sich neue Formen schaffen«, wenn die Partei selbst zerschlagen sein sollte. Was bei Kautsky sich als Masse und Partei gegenübersteht, das glaubt Pannekoek gewissermaßen in die einzelne Person verlagern zu können: ein triebhaft individualistisch beschränkt primitiver Teil und ein organisiert diszipliniert heroischer Teil im Individuum. Dabei ist für Pannekoek wichtig, daß auch die Industrie kräftig bei diesem Zivilisierungswerk des Individuums mitgehalten hat: »Das Bindemittel, das die Individuen zusammenhält und sie zwingt, gemeinsam zu gehen, ist die Disziplin, die bewirkt, daß jeder sein Handeln nicht durch die eigene Einsicht, die eigene Meinung, das eigene Interesse, sondern durch Willen und Interesse der Gesamtheit bestimmen läßt. Die Gewohnheit, im organisierten Großbetrieb die eigene Tätigkeit einem Ganzen unterzuordnen, schafft im modernen Proletariat die Vorbedingung zu solchen Organisationen.« (268) Und fasziniert von diesen Wirkungen der Fabrikarbeit geht Pannekoek gar so weit, zusammen mit Rosa Luxemburg, wenn auch aus ganz anderen Gründen, der SPD das tiefsitzende Mißtrauen gegen die unorganisierten Arbeiter, hier die Bergarbeiter, anzukreiden: »Diese Massen sind in ihrem tiefsten Wesen so proletarisch wie keine andere; die Arbeit im Kapitaldienst hat ihnen instinktive [!] Disziplin eingepaukt. Ihre Kämpfe haben bisher den Charakter spontaner Ausbrüche gehabt, aber darin zeigten sie eine erstaunliche Disziplin und Solidarität und eine unerschütterliche Festigkeit im Kampfe ... In ihnen steckt nichts von dem alten Individualismus des unorganisierten Kleinbürgertums.« (282) »Ihre Klassenlage bewirkt, daß sie blitzschnell die Lehren der sozialistischen Organisation und des sozialistischen Klassenkampfes erfassen und anzuwenden wissen.« (283) Die Fabrikdisziplin bewirkt also revolutionären *Geist*, ohne daß die SPD da noch allzuviel hinzutun müßte. Der Großbetrieb ist produktiv für die Revolution: Er produziert die Unterordnung des Individuums, die proletarische Disziplin als revolutionäre Produktivkraft, als Fähigkeit zu gemeinsamem Handeln.

Kautsky geht, im Unterschied zu Rosa Luxemburg, davon aus, daß die lange Organisationsphase der deutschen Sozialdemokratie eben gerade bewirkt habe, daß das Proletariat – Gott sei Dank – nicht mehr einen solchen Unsinn mache wie das russische. Daß Rosa Luxemburg der deutschen Arbeiterbewegung die russische als Beispiel vorhalten will, ist ihm völlig unverständlich. Denn das Gute an der Organisation ist: Überraschungen sowohl »freudiger« als auch »peinlicher« Art werden durch ihre Existenz weniger wahrscheinlich. So freut sich Kautsky: »Es ist offenbar, daß nach einem halben Jahrhundert sozialdemokratischer Organisation und politischer Freiheit« Streiks ein anderes Aussehen gewinnen als »diese russischen Streiks«. Wie konnte die Genossin Luxemburg nur auf die Idee kommen, sich gerade diese zum Vorbild zu nehmen. Derartiges zu verhindern ist doch gerade Sinn und Zweck der täglichen Zivilisierungs- sprich Organisationsarbeit der Sozialdemokratie. Kurzum: »Die Organisierung großer Massen der Bevölkerung in politischen und gewerkschaftlichen Vereinen macht große Fortschritte … damit wird spontanen Ausbrüchen der unorganisierten Volksmassen der Boden eingeengt.« (248)

Über ihren Kopf hinweg signalisiert Kautsky dem anderen Genossen: »Unsere Freundin … die sonst so scharfsinnige und klare Denkerin« (164) hat vergessen, daß wir nicht in Rußland, sondern in einem zivilisierten Land leben. Schon der Genosse Bebel hatte da mit dem Zaunpfahl gewinkt: »Greift Rußland, der Hort der Grausamkeit und Barbarei, der Feind aller menschlichen Kultur, Deutschland an«, so »werden wir dem entgegentreten«.[57] Und mit einem Feldpostbrief des Ersten Weltkrieges wird zurückgewinkt: »Die besten Köpfe des internationalen Sozialismus, Marx, Engels, Liebknecht, Bebel, hat Deutschland hervorgebracht, und diese geben auch der Internationale das Gepräge. So haben wir denn auch das größte Interesse daran, daß die deutschen Waffen in diesem Völkerringen siegen werden.«[58]

Was Barbarei und Zivilisation betrifft, den Kampf des Höherwertigen gegen das Niedrige, so war ja schon die Organisationsarbeit ein solcher Kampf gewesen. Und um es despektierlich auszudrücken: Die Rückübertragung dieser Darlegungen aus dem Politischen ins Militärische bedurfte – zum geeigneten Zeitpunkt, als nämlich »das Vaterland in Gefahr« war – offensichtlich auch keiner langen Diskussion. Obwohl Kautsky klar ist, daß nicht nur die »amorphen« Massen, sondern auch die disziplinierte Armee Zerstörungsakte vollzieht, ja allein zu diesem Zwecke gemacht ist; obwohl er, da die Idee des Sozialismus und damit der Revolution ja aufrechterhalten werden muß, auf den Strom der »Volkswut« als befördernde Kraft für die Revolution rechnet, falls die Partei dieses an sich zerstörerische Element in eine produktive Richtung leitet (184), machen doch all die Texte deutlich, wofür sein Herz schlägt, Pannekoeks übrigens noch lauter als Kautskys: Macht, Disziplin, Ordnung, Schlagkraft, Fähigkeit zu zielgerichtetem Handeln in vorher bestimmten Zweck-Mittel-Relationen sind für beide absolutes Ideal. Beide sind enorm beeindruckt vom bürgerlichen Klassenstaat und von der Armee. Nur durch Mimesis, durch Nachahmung, kann dieser eindrucksvolle, moralisch überlegene Gegner geschlagen, disziplinlos, kopflos gemacht werden, wie Pannekoek meint. Zwar wird der Kadavergehorsam der preußischen Armee immer wieder kritisiert: Disziplin im Unterschied zu Kadavergehorsam bestehe ja auch darin, daß die Individuen dasselbe freiwillig aus eigener Überzeugung mit eigenen Zielsetzungen tun, was sie beim Kadavergehorsam blind auf Befehl anderer tun: nämlich absolut geschlossen und einheitlich handeln. Dem Gegner gewachsen sein, so handeln zu können wie er: Der bürgerliche Klassenstaat hat seine Armeen, die Partei hat ihre Massen. Was die Frage der Zivilisation angeht, so schlägt das Herz für den bürgerlichen Staat und seine Armeen: Einholen und Überholen war auch schon damals das Motto – und niemand kann annehmen, es sei die reine Not gewesen, die diese Anpassung erzwungen hätte: Es war auch der eigene Entwurf von Realität.

Wie gesagt, »unsere Freundin« Rosa Luxemburg hat ja durchaus andere Vorschläge, die aber, wie schon bekannt, alles durcheinanderbringen. Nicht nur, daß sie zwischen Barbarei und Zivilisation, Form und ungeformter Masse nicht zu unterscheiden weiß. Sie geht sogar so weit, zwischen Partei und Massen keine klare Grenze ziehen zu wollen: Die Kleinbürgerlichkeit von Massen interessiert sie nicht. Und natürlich: Einen strategischen Plan will sie auch nicht machen. Ihr fehlen gewissermaßen sämtliche Kriterien zur Ordnung der chaotischen Realität und ihrer systematischen Bearbeitung von oben. Ohne zu beachten, daß der Feind immer mithört, will sie eine offene Diskussion über den Massenstreik innerhalb der Arbeiterschaft, damit »nicht blindlings unter einem Affekt, sondern mit vollem Bewußtsein in sicherem Gefühl der eigenen Kraft« gekämpft werden kann (129). Vernunft und Emotion wirft sie schon einmal in einen Topf. Dabei hatte doch der Genosse Kautsky die Vernunft als Disziplin so schön mit den Emotionen, dem Gefühl konfrontiert und der Emotion ein neues, wenn auch bescheidenes Plätzchen, das der Hingabe, Aufopferung, Selbstlosigkeit, zugewiesen. In ihrer Chaotik geht Rosa Luxemburg sogar so weit, die Partei den Massen, statt die Massen der Partei unterzuordnen: »Es ist Sache der Partei- und Gewerkschaftsgenossen, in jeder Stadt und jedem Bezirk zu den Fragen der gegenwärtigen Situation Stellung zu nehmen und ihrer Meinung, ihrem Willen in klarer und offener Weise Ausdruck zu geben, damit die Meinung der organisierten Arbeitermasse als Ganzes sich Gehör verschaffen kann. Die Hauptsache also, worum es sich handelte, war, daß die Massen sich mit der Frage des Massenstreiks befassen und dazu Stellung nehmen. Ob ein Massenstreik möglich, angebracht, notwendig, würde sich dann aus der weiteren Situation und aus der Haltung der Masse ergeben.« (128) Denn die »Sozialdemokratie ist keine Sekte ... die aus einer Handvoll gehorsamer Schüler besteht, sondern eine Massenbewegung, in der Fragen, die sie im Innern erregen, so oder anders an die Öffentlichkeit treten müssen, ob man es will oder nicht« (124). Und da die Partei eben etwas anderes als eine Armeeführung ist, da das Phänomen der Massenbewegung dem Muster des gezielten strategischen Handelns der Struktur nach entgegensteht, da es eine Verleugnung der Realität wäre, ein Mythos, wollte man das anders sehen, ist auch »ein aus der Pistole geschossener, durch einfaches Dekret der Partei eines schönen Morgens ›gemachter Massenstreik‹«, ein Massenstreik als »bloß technisches Kampfmittel«, als »eine Art Taschenmesser«, »eine kindische Phantasie« (125, 127). Die Massen seien kein Werkzeug in der Hand der Partei. Und der Begriff »Selbstdisziplin«, den Rosa Luxemburg in solchen Zusammenhängen positiv benutzt, meint etwas anderes als die Spaltung des Individuums in einen herrschenden und einen unterworfenen Teil. Daß das, was sie meint, in der Fabrik gelernt werden könne, diese Vorstellung ist ihr – darauf werde ich im letzten Kapitel noch eingehen – vollends fremd. Selbstdisziplin sei durchaus nötig, aber eben Selbstdisziplin, geboren aus dem Gefühl der gegenseitigen Verbundenheit aufgrund gemeinsamer, wenn auch in unterschiedlichen Formen erfahrener Unterdrückung, aus dem Bewußtsein gemeinsamer Ziele.

So weit beziehungsweise so kurz an dieser Stelle die alternativen Vorstellungen der Genossin Rosa Luxemburg. In geeignetem Zusammenhang setze ich mich dann noch gründlicher damit auseinander. Nach dem Muster ihrer Kritik an der wohldurchdachten Taschenmessermethode hat sie sich im übrigen nicht nur in den deutsch-sozialdemokratischen Debatten geschlagen, sondern auch gegenüber den Bolschewiki.

Der Vorgriff auf Rosa Luxemburg war mir hier wichtig, weil an der sozialdemokratischen Massenstreikdebatte – so hoffe ich wenigstens – sichtbar geworden ist, daß das von mir vielzitierte Baumeistermodell von der organisierten Arbeiter»bewegung« in allen Lebenslagen angewandt wird.

Ein Versuch zur Thesenbildung

An dieser Stelle lasse ich die bisherige Zusammenstellung in vorläufige Thesen münden, die gleichzeitig auf das Folgende verweisen. Ich habe bei so etwas immer Skrupel, da gesammelte Thesen den Anschein erwecken, als sei damit alles auf feste, lernbare Punkte gebracht, was zuvor des längeren und breiteren entwickelt wurde, wobei dem Lesepublikum womöglich noch andere und sogar mehr Sachen aufgefallen sind als mir. Wenn ich jetzt trotzdem zu diesem Mittel greife, dann nur in dem Sinne, deutlich zu machen, was sich mir selbst, ganz subjektiv, im Moment als eine mögliche Frucht der Interpretationsarbeit aufdrängt.

1. Die Vorstellung von der *Naturbeherrschung* entwickelt sich mit der neuzeitlichen Naturwissenschaft und der im Zusammenhang mit ihr herausgearbeiteten »zweiten Natur«, der industriellen Produktion und ihrer Produkte. Das Erzielen eines sicheren Resultats nach vorgefaßtem Kopfplan setzt voraus, daß das verwendete Material sich widerstandslos und störungsfrei dem vorgefaßten Plan fügt. Anders gesagt: Ohne *»Material«* keine Naturbeherrschung. Ohne Objekte keine Subjekte. Die zweite Voraussetzung zur Erzielung sicherer Resultate ist, daß der Arbeitsprozeß selbst störungsfrei verläuft, ist die *absolute Sicherheit der Hand*, wie ich es hier mal nennen will.
2. Von »Natur« aus gibt es weder »Material« noch absolut sichere Hände und erst recht keine Köpfe, die diese Form des Verhältnisses zur Natur als natürlich betrachten. Die Produktion dieser drei Elemente ist selbst Inhalt der »Zivilisation«. Ihre Methode ist die Herauslösung bestimmter Elemente und menschlicher Fähigkeiten aus ihrem Gesamtzusammenhang zum Zwecke ihrer isolierten Sonderentwicklung. Der »lebendige« Zusammenhang, in dem sich die gewünschten Faktoren Kopf, sichere Hand, Material »von Natur aus« befinden, muß aufgelöst, die Faktoren müssen jeweils isoliert in einen neuen Zusammenhang gebracht werden.[59] Herauslösung, Zergliederung, Kategorisierung, Neuzusammensetzung, eine neue Ordnung gegenüber der Ordnung des Vorgefundenen, das sind die dabei angewandten Methoden. Das von der Geschichte her Gegebene erscheint in solchen Vorstellungen als Chaos, als Unordnung, als Unsicherheit, als Gefährdung des Kopfplans, als widerständig, muß also erst zu- und hergerichtet werden.
3. Naturbeherrschung nach dem entwickelten Modell ist mit Menschenbeherrschung einhergegangen. Alles wurde zum Material. Auch die Menschen waren unordentlich, chaotisch, unsicher, widerständig, betrachtet unter dem Gesichtspunkt, absolut sichere, nach zuvor ausgedachtem Plan verfügbare Hände zum Zwecke der Produktion einer zweiten Natur, der Technik, haben zu wollen.

4. Die Arbeiter sind nicht nur Objekt dieser Entwicklung. In ihren Theorien und Organisationen, in denen sich zumindest Teile der Arbeiterschaft als Subjekte, als selbstbewußt und nach eigenen Zielen Handelnde definieren, bleibt die Grundstruktur des Modells der Naturbeherrschung unkritisiert, ja wird zum Teil sogar mit besonderer Begeisterung begrüßt. Weil die organisierte Arbeiterbewegung das Verhältnis zur Natur nach dem Kopf-Hand-Baumeistermodell zur einzig produktiven und damit auch zur einzig gesellschaftsbildenden, also sozialen menschlichen, Praxis erhebt, kann sie, so scheint es wenigstens, gesellschaftliches Handeln allein nach diesem Modell entwickeln. Was bedeutet Naturbeherrschung? Die Hoffnung, auf der Basis genauester Kenntnis der »Naturgesetze« eine zweite Natur mit absoluter Sicherheit, Voraussehbarkeit, Planbarkeit, Wiederholbarkeit bauen zu können. Die gegebene Natur wird dabei zum Material. Und in der Dynamik des »realen Sozialismus« werden gesellschaftliches Handeln, Gesellschaftsplanung, Zukunftskonstruktion zunehmend nach diesem Modell gedacht: Vorgefundene Gesellschaft und vorgefundene Individuen erscheinen als Material. Frau kann das auch so ausdrücken: Natur, Gesellschaftsordnungen, Menschen erscheinen, vom Standpunkt des realen Sozialismus, als chaotisch, anarchisch, ungeordnet, widerständig, nicht vom planenden Kopf nach dem Baumeistermodell produziert. Sie müssen also für die Gesellschaftsproduktion nach dem Baumeistermodell erst hergerichtet werden.
5. Das Baumeistermodell scheint nicht ohne die Kopf-Hand-Trennung zu funktionieren. Warum nicht? Weil die Menschen nicht nach diesem Modell produziert sind. Weil sie keine Maschinen sind. Weil sie lebendig sind. Auch der hochdifferenzierte Denker Marx hat an diesem Punkt Entscheidendes übersehen. Der Traum, »Kopf« und »Hand« wieder zusammenzufügen, entspringt der Illusion, »Kopf« und »Hand« gemeinsam seien das Ganze an sich, seien die lebendigen, produktiven Individuen, die wirklichen Menschen, die durch ihr praktisches Handeln ihre Geschichte machen.

6. Der Kopf gilt nur als Kopf, als menschliches Instrument per se, wenn er es mit Objekten, mit Nichtwiderständigem zu tun hat. Hier verwickeln sich die Theorien der Arbeiterbewegung auch immer wieder in Widersprüche. Denn ihr Anspruch, die Abschaffung von Herrschaft, läßt sich im Kopf-Hand-Baumeistermodell nur in der Weise denken, daß alle erst dann zu wirklich menschlichen Menschen, zu Subjekten geworden sind, wenn alle es mit Objekten, mit Material zu tun haben. Menschen können sich in diesem Modell nur als Köpfe begegnen, können sich nur amputiert als gleichwertig anerkennen. Emanzipation von Herrschaft heißt in diesem Modell Befähigung aller Menschen zur freiwilligen Amputation. Diese Wahnidee korrespondiert mit der anderen, nämlich dem Glauben an die Möglichkeit einer unbegrenzten, aus dem Kopf heraus geborenen und sich immer neu zeugenden Produktivität. Die Elemente von Gewalt, Zerstörung, Destruktion, Vernichtung produktiver Quellen, die in den Isolierungs-, Neuordnungs-, Herauslösungs-, Zergliederungs-, Amputationsverfahren inbegriffen sind, werden nicht wahrgenommen oder als notwendige Zivilisationskosten achselzuckend akzeptiert.
7. Das bisher Gesagte bedeutet nicht, daß der Kopf sich im freien Himmel der Phantasie rein nach Spuk und Tollerei bewege, er ist vielmehr an »die Natur« gebunden. Die Baumeistertätigkeit ist nur insofern möglich, als die Naturgesetze per Störfaktorbeseitigungsverfahren erkannt und dann angewendet werden. Der Kopf ist so frei also nun auch wieder nicht. Das Naturgesetz ist gewissermaßen das Widerstehende per se, auf das er trifft, das allein anzuerkennen er befugt ist und nach dem er sich zu richten hat. Das Naturgesetz ist die Autorität. Gesetze zu erkennen die eigentliche Kopfaufgabe. Gemäß diesem Modell kennen die Tradition der Arbeiterbewegung und dann der reale Sozialismus neben Naturgesetzen gesellschaftliche Entwicklungsgesetze und psychologische Gesetzmäßigkeiten (Pawlowscher Hund). Und weil die Existenz solcher Gesetze als so sicher wie die der Naturgesetze vorausgesetzt wird, scheint eine

gesellschaftliche Neukonstruktion nach dem risikofreien Kopf-Hand-Baumeistermodell möglich, gesetzt den Fall, die gesellschaftlichen Entwicklungs- und die psychologischen Gesetze seien richtig erkannt. Wichtig ist, daß diese »menschlichen« Gesetze genausowenig vom Menschen gemacht erscheinen wie die Naturgesetze. Sie finden sich in der Gesellschaft und im Individuum, hängen weder vom Willen noch von der Willkür der einzelnen Köpfe ab. Eine erstaunliche Mischung also von der Wahnidee totaler Neukonstruierbarkeit, Machbarkeit auf der einen und Gehorsam gegen die behauptete Autorität des unabhängig vom Willen angeblich Gegebenen auf der anderen Seite. Und, wie bekannt, ein erstaunlicher Spielraum für die Begründung von Herrschaft durch angebliche Gesellschaftsnaturgesetze. An diesem Punkt scheiden sich kommunistischer und sozialdemokratischer Flügel. Für die Sozialdemokratie und die Gewerkschaften – ich spreche im Moment immer von Deutschland – gilt: Naturbeherrschung, ja. Organisation von Partei und Gewerkschaften nach dem Kopf-Hand-Baumeistermodell, klar. Aber die Gesamtgesellschaft darf erst ordentlich eingerichtet werden, wenn die Mehrheit das will und per Wahlzettel ausdrückt. An dieser »Freiheit« möchte die Sozialdemokratie festhalten.

So, jetzt reicht es zunächst, und ich habe auch schon ein Stück weit aufs Folgende hin spekuliert. Ob das etwas gebracht hat, weiß ich nicht, aber ich lasse es mal so stehen. Als Vorschlag.

3. Kopf und Hand allein können nur getrennt beisammen sein. Notizen zur Geschichte der feindlichen Brüder und zum Sozialstaat

Produktivkraftentwicklung als »maschinisierte Kampftätigkeit der Massen«

Wie stellte sich die Fraktion, die sich im »realen Sozialismus« dann durchsetzte – ich weiß, es gab auch Gegenpositionen, die sich aber eben nicht durchsetzten –, die weitere Entwicklung der Kombination von Kopf und Hand vor? Ich beginne mit einem extremen Zitat. Der einflußreichste sowjetische Arbeitswissenschaftler, A.K. Gastev, hatte im Jahre 1919 folgende träumerische Vision:

»Die Maschinisierung normt nicht nur die Gesten, nicht nur die Produktionsmethoden, sondern auch die täglichen Gedanken und die Psychologie des Proletariats in der auffälligsten Weise und vereinigt alles in einem äußersten Objektivismus ... Die Psychologie des Proletariats ... eröffnet einen neuen Arbeitskollektivismus, der nicht nur in den Beziehungen ganzer Gruppen von Menschen zu ganzen Gruppen von Mechanismen zum Vorschein kommt. Einen solchen Kollektivismus kann man als mechanisierten Kollektivismus bezeichnen. Die Erscheinungen dieses mechanisierten Kollektivismus sind jeder Persönlichkeit derart fremd, sind derart anonym, daß die Bewegung dieser Kollektivkomplexe sich der Bewegung von Dingen annähert, in denen es schon keine menschliche Individualität mehr gibt, sondern nur gleichförmige, normierte Schritte, Gesichter ohne Ausdruck und ohne Seele, die keine Lyrik, keine Emotionen mehr kennen und nicht durch Geschrei und Gelächter bewegt, sondern mit Manometer und Taxometer gemessen werden .. Der neue Masseningenieurismus verwandelt das Proletariat in einen sozialen Automaten.«[1]

Das war mitnichten als Horrorvision gemeint. Unter den neuen Köpfen, die sich für die schrankenlose Entwicklung der Produktivkräfte engagierten, gab es welche, die dies als ihren positiven Traum formulierten. Und revolutionsbegeisterte junge Männer sollen da anfangs durchaus mitgeträumt haben.[2] Es stimmt einfach nicht, daß die Sowjetregierung nur armes Opfer des Kapitalismus gewesen ist, wenn sie sich dann ab Mitte der zwanziger Jahre an die auf nichts und niemanden mehr Rücksicht nehmende »Entwicklung der Produktivkräfte« machte. Klar, die Herren von der Gegenfraktion im Westen waren erbost, daß ihnen die russische Revolution einen Strich durch ihren Traum von der einheitlichen kapitalistischen Weltgesellschaft gemacht hatte. Die wollten mit den Sowjets keine Bündnisse schließen, ließen sie im unklaren darüber, ob sie nicht eines Tages wieder zuschlagen würden, um dieses Menetekel, diese Barriere gegen ihre Vereinheitlichungsträume und -begierden aus dem Weg zu räumen. Die brauchten die ganze Welt als Reservoir für menschliche und natürliche Rohstoffquellen, zur Verwirklichung ihrer Wahnidee vom schrankenlos Geld und abermals Geld produzierenden Geld. Die Männer in der Sowjetunion konnten ihrer Bevölkerung gegenüber immer darauf hinweisen, nicht sie selbst forderten da so Rücksichtsloses, sondern sie seien – leider – zum Unmenschlichen gezwungen. Aber wie wir gesehen haben, die waren selbst keineswegs unschuldig, träumten durchaus Ähnliches, wenn auch in anderer, ihrer Meinung nach noch perfekterer, noch besserer Form. Schrankenlosigkeit, das wollten sie auch. Da war das Individuum, die menschliche Person, wie sie halt unter anderem von den Frauen »produziert« wird, fehl am Platze. Das war etwas Willkürliches, Subjektives, Egoistisches, Organisches, Zufälliges, Natürliches. Das mußte erst mal richtig zivilisiert, zur »Produktivkraft«, zur reinen Arbeitskraft umgeformt werden. Der »neue Mensch« mußte gemacht werden.

»Die Gewerkschaften wurden zu Organen der Anerziehung eines neuen Verhältnisses zur produktiven Arbeit, einer neuen Auffassung der Arbeit. Es war nicht die kleinbürgerliche Auffassung der produktiven Arbeit als eines Wirkungsfeldes der freien,

schöpferischen Kräfte des Menschen, als des Tätigkeitskreises seiner schöpferischen Persönlichkeit. Diese Auffassungen entsprechen dem Kleinbetrieb, und zwar dem ungenügend spezialisierten Kleinbetrieb.

In der modernen Großindustrie ist die produktive Arbeit keineswegs freie Arbeit, sondern im Gegenteil notwendige Arbeit; sie ist eine maschinisierte Kampftätigkeit der Massen, die schärfste Disziplin erfordert.«[3]

Eines wird hier deutlich, vom alten Genossen Marx hielten sie – zu den Zeiten, als er noch jung war – nichts mehr, auch wenn sie seinen Kopf noch soviel auf Plakaten und Plaketten abbildeten und behaupteten, das ist unser Mann. Mit seiner Vorstellung von der Menschwerdung und Vermenschlichung des Menschen-Mannes durch die Arbeit, die freie kopfgelenkte, selbstbewußte Tätigkeit, konnten diejenigen, die da sehr bald nach dem Umsturz über die »heroische Epoche der Oktoberrevolution« schrieben, nichts anfangen. Sie galt ihnen als kleinbürgerlich-subjektivistisch. Und irgendwie hatten sie gegenüber dem jungen-alten Genossen auch recht. Der hatte sich diese »freie Selbstbetätigung« für den Sozialismus schließlich als Tätigkeit von Superhirnen, lauter total entwickelter Individuen, restlos vollgefüllter Köpfe vorgestellt. Dafür hatten die Leute damals in der Sowjetunion wirklich keine Zeit. Der Produktionsapparat war so ziemlich kaputtgegangen im Krieg, viele Menschen waren umgekommen, die Überlebenden erschöpft, Hunger und Elend gingen um. Solch einen Luxus, wie Marx sich vorgestellt hatte, konnten sich die Männer der Oktoberrevolution nicht leisten. Und da griffen sie halt auf das bescheidenere spätere Modell aus dem »Kapital« zurück: Entwicklung der Produktivkräfte, damit die menschlichen Bedürfnisse nach »Lebensmitteln« ordentlich befriedigt würden, und dann Verkürzung des Arbeitstags: freie Zeit, Reich der Freiheit, der freien Entwicklung – im Unterschied zur Arbeit, dem Reich der Notwendigkeit, der unfreien Tätigkeit. So abweichend war das also gar nicht. Sie hatten auch wiederum recht, wenn sie überall die großen Fotos vom Kopf des Mannes mit dem großen Bart aufhängten.

»Wenn aber die Maschine den notwendigen«, also den unfreien, den Zwangscharakter »der Arbeit im Großbetrieb nicht erzeugt, so bringt sie ihn doch zum Ausdruck und verstärkt ihn, indem sie den Arbeiter ganz und gar der eisernen Logik der Bewegung der eisernen Maschine unterwirft … In einem modernen Betrieb gehen die blaugekleideten Menschen in der Masse der rauhen, keine Sekunde stillstehenden Maschinen unter.«[4]

Bis der Mensch-Mann einmal neben die Maschine treten, ihr Herrscher würde, den Naturprozeß als seinen Knecht zwischen sich und die Natur einschieben, die Arbeit seiner Hände damit überflüssig machen würde, müßte er sich erst einmal ins Reich der Notwendigkeit, unter die Maschine als die sachlich-dingliche Verkörperung der schrankenlosen Produktivität fügen. Und unter solchen Bedingungen war natürlich auch die Ausbildung einer eigenen Kopfkaste unumgänglich. So hatte sich das Marx allerdings auch wiederum nicht vorgestellt.

Die knirschende Begrifflichkeit der Sprache verdeutlicht, daß der Autor aus der Zeit unmittelbar nach der Oktoberrevolution der Meinung ist, er spreche hier von ehernen Naturgesetzen der Entwicklung. »Die Verstärkung des notwendigen Charakters der produktiven Arbeit ist die Kehrseite der Zunahme der Produktivität der gesellschaftlichen Arbeit.« Sie »bedeutet die Möglichkeit einer immer umfassenderen Befreiung der Gesellschaft von der notwendigen Arbeit; sie sichert ihr eine freie Zeit der freien Muße, die um so größer ist, je produktiver die Arbeit, d.h. je strenger ihr notwendiger Charakter ist. Die Entfernung der Elemente der freien schöpferischen Tätigkeit aus der produktiven Arbeit bedeutet im allgemeinen nicht ihre Vernichtung, sondern lediglich ihre Abtrennung … Die Befreiung der notwendigen Arbeit von den Elementen des freien Schöpfertums bedeutet die Befreiung des freien Schöpfertums von den Ketten der notwendigen Arbeit.«[5]

Das »freie Schöpfertum« sollte sich also in Zukunft in der arbeitsfreien Zeit entfalten. In der Zeit der »freien Muße« – im Gegensatz zur Arbeit, in der Zeit der zweckfreien Tätigkeit oder auch Untätigkeit. Nach der produktiven Arbeit in der Fabrik gibt es nichts mehr zu tun. Oder eben frei-zwecklose

Schöpferkraft per se. Jede Frau, die »auf Arbeit« geht, weiß, daß dies ein absoluter Blödsinn ist. Für sie gibt es noch die Hausarbeit, die Kindererziehung und die Beziehungsarbeit am Mann. Der fühlt sich dafür nicht verantwortlich, beansprucht seine »arbeitsfreie« Zeit als »Freizeit«, als Zeit, in der er sich nicht anzustrengen braucht, in der er bedient wird. Der geht davon aus, das Eigentliche, die Lebensmittel produzierende Arbeit, habe er ja getan, weiteres Wichtiges gebe es für ihn nicht zu tun. Zwar wird selten was aus der »freien Schöpfertätigkeit«; er ist so müde, daß ihm nichts »Freies« mehr einfällt. Aber dann will er wenigstens »freie Zeit«. Und den Frauen macht die Hausarbeit eigentlich ja auch keine Arbeit. Die entquillt mühelos ihrer Natur.

Ich höre schon die Einwände: Du vergißt mal wieder was ganz Wichtiges. Der reale Sozialismus hat sich die Sache doch gerecht vorgestellt, gleich für Mann und Frau: Beide leisten in der Fabrik produktive Arbeit, und in der Freizeit sind dann beide ganz frei: Denn für die Kindererziehung sorgt doch der »Staat«, die »Allgemeinheit«. Das brauchen die Frauen nicht mehr zu tun. Schließlich will die »Allgemeinheit« ja auch produktive Arbeitskräfte haben, um die Produktivkräfte insgesamt in flottem Tempo entwickeln zu können, damit es möglichst schnell »Lebensmittel« in Hülle und Fülle und »freie Zeit« in Hülle und Fülle gibt. Da kann sie sich nicht mit den borniert-egoistisch-individualistischen Erziehungsmethoden der Mütter abfinden. Da müssen die Kinder möglichst früh zur »Arbeitskraft« erzogen werden, damit sie auch was Ordentliches für die »Allgemeinheit« und irgendwann ja auch für sich selbst tun. Und die sonstige Hausarbeit: Das machen ja dann die Maschinen, die allgemeinen Waschanstalten, die allgemeinen Küchen etc. etc. Die Zeit der Frauen wird sich genauso in Notwendigkeit und Freiheit aufteilen wie die der Männer.

Nun, wir wissen alle, daß es so nicht geworden ist. Die Belastung durch Hausarbeit, Kocharbeit, Wascharbeit, Einkaufsarbeit ist bei den Frauen im »realen Sozialismus« zum Teil noch größer als bei uns. Es gibt mehr Kinderkrippen, Kindergärten. Aber die haben auch weniger den Sinn, die Frauen wirklich zu entlasten, sondern sollen bewirken, daß alle Frauen als Arbeitskräfte zur Verfügung stehen. Die höchste Frauenerwerbstätigkeitsrate existiert schließlich in den sozialistischen Ländern. Nicht, weil diese so für die Frauenemanzipation schwärmten – das tun sie natürlich mit Worten –, sondern weil sie beim »Einholen und Überholen« eine Menge mehr Arbeitskräfte brauchen, also, weil sie die Sache nicht ganz so effektiv gestalten wie die kapitalistische Fabrik. In der DDR kann sich der Mann scheiden lassen, wenn die Frau der Gesellschaft ihre »Arbeitskraft« verweigert, wenn sie meint, sie brauche ein bißchen mehr Zeit für die Kinder. So etwas gilt dort als reaktionär. Arbeitszeit für die Kinder, für die borniert-individualistische »Produktion« des menschlichen Lebens – nein, dafür hat die männliche Gesellschaft keine Zeit.

Ich höre schon: Du redest ja wie die CDU. Geh doch gleich zu Frau Hanna-Renate Laurien, die will ja auch die Frauen im Haus haben und die öffentliche Kindererziehung abschaffen. Ich nehme den Vorwurf auf dieser Stufe der Argumentation einfach mal hin. Später werde ich weitersehen. An dieser Stelle erinnere ich an Irmtraud Morgners »Amanda, ein Hexenroman«, in dem wir viel Kritisches gegen die Nichtachtung der Mütterarbeit finden können.[6] Und auch die andere Dichterin aus der DDR, Christa Wolf, schrieb ja wohl nicht zufällig ein Buch zur alten griechischen Sagenfigur Kassandra, die den Untergang voraussagte.

Ich blende noch einmal kurz zurück: Aus der Zeit der großen russischen Revolution wissen wir, daß sehr viele Arbeiter und Bauern mit frischem Mut an die Arbeit gingen. Die Sache mit den Produktivkräften leuchtete ihnen ein. Die Revolution hatte ihnen die Brust geweitet, sie spürten ungeahnte Kräfte in sich, gingen tapfer ans Werk. In den Filmen von Eisenstein und in der Literatur der damaligen Zeit kann das jeder/jede sehen und lesen. Ich will das nicht herunterspielen, im Gegenteil, ich war und bin auch immer noch begeistert davon. Und schließlich meldeten sich zu dieser Zeit auch die Frauen zu Wort. Ich denke an das, was Alexandra Kollontai geschrieben hat. Sie gingen an die Veränderung ihrer Verhältnisse, an die

Kritik des Familienpatriarchats und der Beziehungen zwischen Mann und Frau mit ebenso frischem Mut wie die Arbeiter an die Entwicklung der sachlichen, dinglichen Produktivkräfte. Die Frauen bestanden auf der Emanzipation ihrer menschlichen Produktivkräfte, aber sie waren auch mit die ersten, die zur Seite geschoben wurden. Warum denn wohl? Warum waren ihre Kräfte nicht brauchbar? Warum wollte Mann die nicht? Und nachdem Mann die nicht gewollt hatte, wollte Mann Stück für Stück auch die anderen Kräfte, die Gemüts-, Charakter-, Willenskräfte, kurz, die persönlichen Kräfte der Menschen, nicht mehr. Das traurige Ende ist bekannt. Ob da nicht das eine mit dem anderen zusammenhängt?

Für meine recht knappen Bemerkungen zum realen Sozialismus möchte ich mich entschuldigen, aber ich konnte mich einiger Hinweise nicht enthalten. Mich interessiert in diesem Zusammenhang jedoch vor allem, was sich bei uns, also mit der Sozialdemokratie und den Gewerkschaften, abgespielt hat.

Das Bündnis zwischen Kopf und Hand im »freien Westen«

Die Vertreter des »realen Sozialismus« vertreten die Position: Freiheit, das ist Einsicht in die Notwendigkeit. Ich bin frei, wenn mein Kopf weiß, daß die Produktivkräfte sich mit naturgesetzlicher Notwendigkeit entwickeln und ich dazu meinen naturnotwendigen Beitrag leisten, also schuften muß. Solange mein Kopf das nicht weiß, bin ich unfrei. Die Freiheit ist also allein eine Sache meines Kopfes. Die Hände arbeiten und arbeiten, der Kopf weiß, daß es nicht anders geht. Und er weiß auch, daß dieses »nicht anders gehen« so unumgänglich ist wie die Tatsache, daß der Stein, den ich aus meiner Hand freigebe, zu Boden fällt. Ich bin gewissermaßen naturgesetzlich mit der Natur verbunden. Nicht mit der Natur, so wie sie ist, in der tausend Faktoren aufeinandertreffen, in der Organisch-Unordentlich-Zufälliges herrscht, sondern mit der Natur, wie sie Galilei so sauber und rein in seinem Experiment hergestellt hat. Ich bin also mit meinen Händen so naturgesetzlich ununterbrochen tätig wie eine Maschine. Und mein Kopf weiß das, so wie der Kopf des Herrn Galilei die Naturgesetze wußte. Aber der meinte damit ja nicht die Tätigkeit seiner Hände.

Ich könnte dieses Motiv noch ein Weilchen weiterspinnen. Die ganze Erkenntnistheorie des realen Sozialismus ist nach diesem Modell gebaut. Der Kopf spiegelt auch dort wiederum nur die Naturgesetze wider, von denen behauptet wird, sie seien einfach so da und nicht erst als Resultate komplizierter Säuberungsprozesse zustande gekommen. Die Aufgabe des Kopfes reduziert sich darauf, einzusehen beziehungsweise überhaupt zu sehen, daß etwas so und so gesetzlich ist und gar nicht anders sein kann. Und das gilt schließlich nicht nur für die Natur, sondern auch für die Gesellschaft und die Produktion, wo die unumstößlichen Gesetze herrschen. Da die Normalmenschen damit bekanntlich einige Schwierigkeiten haben, übernimmt die Partei, »das Hirn der Klasse«, die schwierige Aufgabe, die Naturgesetze der Gesellschaft zu erkennen, um sie dann in die etwas widerspenstigen Köpfe der Werktätigen, die mit ihrer Kollektivarbeit beschäftigt sind, einzuflößen: der Nürnberger Trichter.

Ich erinnere an dieser Stelle noch einmal an das Zitat von Marx: »Was aber von vornherein den schlechtesten Baumeister von der besten Biene unterscheidet, ist, daß ER die Zelle in SEINEM Kopf gebaut hat, bevor ER sie in Wachs baut. Am Ende des Arbeitsprozesses kommt ein Resultat heraus, das beim Beginn desselben schon in der Vorstellung DES ARBEITERS, also schon ideell vorhanden war … ER verwirklicht im Natürlichen SEINEN Zweck, den ER weiß, der die Art und Weise SEINES Tuns als GESETZ bestimmt, und dem ER SEINEN Willen unterordnen muß.«[7]

Wenn überall an den entsprechenden Stellen das »Hirn der Klasse«, die Partei, eingesetzt wird, dann kommt das so ungefähr hin. Aber was sind dann die Arbeiter selbst, als einzelne? Das Natürliche, in dem das Hirn der Klasse seinen Zweck verwirklicht?

Rationalisierte Wirtschaft und Sozialstaat: die beiden Großgesamternährer

Und nun zur Sozialdemokratie und zu den Gewerkschaften. Eben dieser Begriff von Freiheit, den ich auch nicht so toll finde, hat sie geschreckt. Aber welches Muster wählten sie denn?

Mit der Weimarer Republik wurde aus der Taufe gehoben, was nach dem barbarischen Zwischenspiel des Faschismus, also der durch Terror erzwungenen totalen Unterordnung der »Arbeiter der Faust« unter die »Arbeiter des Kopfes« zum Zwecke einer möglichst effektiven Vernichtungsproduktion, dann auch die Bundesrepublik prägte: der »demokratische Sozialstaat«, oder wie ich es nennen würde: der Kompromiß zwischen Kopf und Händen, organisiert und verwaltet von den Arbeitsmännerköpfen, den Organisationen, Partei und Gewerkschaft. Die Position, die auf dem ADGB-Kongreß 1919 vertreten wurde, enthält im Kern alles Weitere, nur daß sich danach die Machtverhältnisse wieder zugunsten der Unternehmerköpfe verschoben:

»Deshalb sagen wir, daß neben den Arbeiterräten alle, die guten Willens sind, für das Gemeinwohl zu arbeiten, mitarbeiten dürfen, ja, mitzuarbeiten haben. All die Kenntnisse und Erfahrungen der Unternehmer, der Betriebsleiter, der Beamten können und wollen wir in Zukunft nicht unbenutzt lassen, sie werden gebraucht für das Allgemeinwohl.«[8]

Die Kopfvertreter der Hände waren also mehrheitlich der Meinung, die Hände allein schafften es nicht. Die vorfindbaren Köpfe würden gebraucht:

»Was nützt der Arbeiterschaft die Macht, wenn sie nicht in der Lage ist, sie zu gebrauchen, daß wenigstens die gleichen, möglichst aber noch höhere wirtschaftliche Leistungen erbracht werden können? Diejenigen, die heute alle Macht für die Arbeiterräte fordern, sind Männer, die wohl selbst niemals verantwortlich wirtschaftlich leitende Arbeit geleistet haben ... sonst müßten sie wissen, daß ... die große Masse der Arbeiterräte den mühseligen Weg des Lernens und der Erfahrungssammlung erst mal zu gehen hat, um für die Übernahme verantwortlicher und leitender Stel-

lungen sich reif zu machen ... Positives Wissen und Erfahrungen, die sehr weit über die des Teilarbeiters hinausgehen müssen, ja, noch mehr, Genialität, Charakter und Menschenkenntnis, eigener Wille und schöpferischer Drang, alle diese Eigenschaften ... sind notwendig, wenn ein Wirtschaftsführer mit Erfolg arbeiten will.«[9]

Und die Köpfe? Unterm Druck der Revolution und zum Teil sogar aus liberal-demokratischer Überzeugung erkannten sie an: Ja, es ist richtig, der Kopf allein bringt es nicht. Wir brauchen auch die Hände. Gemeinsam wollen wir den nationalen Reichtum mehren. Wir zwei sind die wirklich Leben produzierenden Kräfte. Einer ihrer klügsten Denker, der Professor Max Weber, meinte: »Wirtschaftspolitisch ist jedenfalls die höchstmögliche Rationalisierung der wirtschaftlichen Arbeit ... also des ›Fortschritts‹ [ja, in der Tat, bei Max Weber steht das in Anführungszeichen, der war nicht ganz so gläubig wie die Arbeitsmänner] in diesem technisch-ökonomischen Sinn ... eine Lebensfrage ... für die Möglichkeit einer erträglichen Existenz der Nation ... Und deshalb ist es eine gebieterische politische Notwendigkeit, daß den Trägern dieser rationalen Arbeit wenigstens jenes Mindestmaß politischen Einflusses zugewendet wird, welches ihnen nur das gleiche Wahlrecht gewährt. Denn in jenem einen wichtigen Punkt: dem Interesse an der *Wirtschaftsrationalisierung* ist, trotz aller sozialen Gegensätze, das Interesse der Arbeiterschaft mit dem der organisatorisch höchststehenden Unternehmer, und sind beide mit dem politischen Interesse an der Erhaltung der Weltstellung der Nation ... im Prinzip identisch. Und schnurstracks entgegengesetzt dem Interesse aller Pfründnerschichten und aller kongenialen Vertreter ökonomischer Stagnation.«[10] Die effektiv-rationale, also vernünftige, fortschrittliche Arbeit in den Fabriken ist die große Ernährerin der Gesamtnation.

Der Mann ernährt die Familie, die Fabriken ernähren die Gesellschaft. Ohne die Hände ist das nicht möglich. Die Hände müssen also auch ein Recht auf Ernährung haben. Das ist doch nicht so schwer zu begreifen: So warb der kluge Kopf von der Bourgeoisiefraktion bei seinen Klassengenossen um Einsicht.

Und die Spitzen gegen die »kongenialen Vertreter der Stagnation« mußten schließlich auch den Arbeitsmännern gefallen. Sie hofften schon lange auf jeden ruinierten Handwerker und Kleinbauern, daß der die Partei- und Gewerkschaftsarmee vergrößere. Denn die waren nicht fortschrittlich im Unterschied zu den rational organisierten, produktiven Händen. Das Bündnis zwischen Kopf und Hand in der von allen naturhaften Verunreinigungen gesäuberten großindustriellen Produktion – Max Weber fährt fort:

»Das gleiche Wahlrecht bedeutet zunächst nichts anderes als: Daß an diesem Punkt des sozialen Lebens der einzelne einmal nicht *wie sonst überall, nach seiner Besonderung in beruflichen und familienhaften Stellungen und nach den Verschiedenheiten seiner materiellen oder sozialen Lage in Betracht kommt, sondern nur als* Staatsbürger … *Die Einheit des Staatsvolks an Stelle der Gespaltenheit der privaten Lebenssphären kommt darin zum Ausdruck. Das hat mit einer Theorie von irgendeiner natürlichen* ›Gleichheit‹ *der Menschen natürlich nichts zu schaffen. Es bildet nur das Gegengewicht gegen die im Portemonnaie begründeten Ungleichheiten ... Annähernd gleich sind sie* [die Menschen] *in den unentbehrlichen Bedürfnissen des körperlichen Lebens …« Das gleiche Wahlrecht »umfaßt die Gleichheiten, welche der moderne Staat allein seinen Bürgern bietet, die rein physische Sicherheit und das Existenzminimum zum Leben«*[11].

Max Weber trifft den Nagel auf den Kopf. Wenn Hände und Köpfe zusammen vor sich hinproduzieren, ist noch nicht garantiert, daß alle auch ernährt werden. Sie schaffen zwar durch eine vernünftige Wirtschaft alles Notwendige heran, aber dann muß noch auf jeden das Allernotwendigste verteilt werden. Es bedarf des gleichen Wahlrechts, damit im Staat die Hände auch ihre rechtmäßigen Ansprüche anmelden können.

In diesem Zusammenhang vergißt Max Weber übrigens nicht zu erwähnen, daß die Arbeiterhände schließlich im vorausgegangenen Krieg ihr Leben fürs Ganze, für die Nation, geopfert hätten. Auch diese gesamtnationale Arbeit habe gewisse Rechte auf den Titel »Staatsbürger«, genauer »Sozialstaatsbürger« hervorgebracht. Dieser Zusammenhang zwischen gesamtgesellschaftlicher Kriegs- und Produktionsarbeit war im übrigen durchaus in sozialdemokratischem Denken und gewerkschaftlicher Praxis verankert.

»Durch die Einbeziehung der Gewerkschaften als Sprachrohr der Arbeiter zur Regierung und der Regierung zu den Arbeitern war faktisch nach über dreißigjährigem Kampf für den Anfang des Krieges die *Gleichberechtigung* der Arbeiter in einem wichtigen Punkte moralisch zur Verwirklichung gekommen. Einen nicht geringen Anteil an dieser Entwicklung trug das Militär, vor allem durch seine Anerkennung und Anwendung des Tarifvertrages in der Kriegswirtschaft, soweit diese militärisch beeinflußt war. Offiziere arbeiteten oft rückhaltloser als die Zivilstellen mit den Gewerkschaften zusammen ... Das erste Kriegshalbjahr hallte wider von der bewundernden Anerkennung der Leistungen der Arbeiterschaft ... an der Front wie in der Heimat und des vorurteilslosen Einsatzes der Arbeiterorganisationen für das deutsche Gesamtinteresse.«[12] Und der sozialdemokratische Geschichtsschreiber der »Sozialpolitik in der Weimarer Republik«, Ludwig Preller, von dem diese Einschätzung stammt, fährt fort: »... *Der Krieg wurde – die Begründung des Hilfsdienstgesetzes vom November 1916 sprach es klar aus – mehr und mehr eine Arbeiterfrage, und zwar in zwiefachem Sinne: es galt den physischen Einsatz der Arbeitnehmer zweckvoll zu organisieren, es war jedoch ebenso notwendig, die psychische Widerstandskraft dieser Arbeitnehmer zu pflegen, zu stärken und zu erhalten.*«[13]

Der freie Arbeitskraftverkäufer oder: »... daß er sein eigener Herr sei, mithin irgendein Eigentum habe«

In der Marxschen Theorie wird das Kopf-Hand-Baumeistermodell als ewig und allgemein gültiges Muster menschlicher Arbeit überhaupt unterstellt. Das speziell Historische, die kapitalistische Form an der Sache, sei zum einen die Trennung in Unternehmerkopf und Arbeiterhand, die Entfremdung der Arbeit, zum anderen die Tatsache, daß die Arbeitskraft als Ware gehandelt werde. Aufhebung des Lohnsystems und Aufhebung der Entfremdung, der Degradierung auf bloße »hands«, wie es im englischen Sprachgebrauch heißt, das sei die Aufgabe der sozialistischen Umwälzung. Mit dem Bündnis zwischen Kopf und Hand im Sozialstaat wird beides auf den Sankt-Nimmerleins-Tag verschoben.

Und damit komme ich auf mein Eingangsmotiv zurück: die Arbeitskraft als Ware. Bisher konnte dieses Motiv bei der Betrachtung sozialistischer Weltanschauung vernachlässigt werden. Denn schließlich gehörte die Revolution zur Grundlage der Hoffnungen und Ziele. Ich konnte mich daher darauf beschränken, nachzuzeichnen, welche Entwicklungsformen eine Arbeitsvorstellung annimmt, die Kopf und Hand allein, zusammengefügt in herrschaftlicher Konstellation, produktiv sein läßt.

Die Arbeit meiner Mutter wird aber nicht allein ihrem besonderen Charakter nach, den ich später im Kapitel »Was ist so mystisch an der ›Weiblichkeit‹?« noch genauer erläutern werde, aus der Betrachtung ausgegrenzt. Ihr Beitrag zur »Wirtschaft«, zum Warenmarkt, zum Profit fällt gleichfalls unter den Tisch. Es ist die Rechtsfigur des »freien Verkäufers seiner Arbeitskraft«, die da nicht weiter hinterfragt wird. Meine Ware Arbeitskraft, an deren Produktion sie doch entscheidend beteiligt war, hat für sie keinen Tauschwert, sie kann kein Recht auf eigenständiges Einkommen daraus ableiten, weil ich selbst diese Ware verkaufe und nicht sie. Und damit bin ich beim Thema: die Ware Arbeitskraft als frei verfügbares Eigentum ihres Trägers! Ihrer Trägerin?

Wie gesagt, bei den verschiedensten Punkten schüttelten sich Kopf-und Handvertreter die Hände. Doch im Unterschied zu den »Barbaren«, den »Bolschewiki«, den »Roten«, den – wie sie meinten – Liebhabern der Gewalt und Unfreiheit, waren sie für den Geist und seine Freiheit und für die Freiheit der Arbeitsmänner. Warum hielt die Bourgeoisie denn so unverrückbar am Privateigentum fest? Warum meinte sie, dieses sei die unabdingbare Grundlage der Freiheit? Selbst der Königsberger Philosoph, bei dem Frau immer den Eindruck gewinnt, daß er nur aus seinem Kopf bestand, war in dieser Sache unnachgiebig. Eine Freiheit in der reinen Luft des bloßen Kopfes gab es für ihn nicht. Sie mußte eine greifbar-materielle Grundlage haben:

»Die für den Staatsbürger erforderliche Qualität ist, außer der natürlichen (daß es kein Weib oder Kind sei) die einzige: daß er sein eigener Herr sei, mithin irgendein Eigentum habe.«[14]

Die Reformismusfraktion der SPD hatte sich, das ist ja bekannt, Schritt für Schritt von Marx abgewandt. Eduard Bernstein hatte die bürgerliche Philosophie entdeckt. Er mochte Kant: Staatsbürger gleich Eigentümer. Freier Bürger. Dazu gehörten die Frauen nicht, sie waren schließlich im Reich der Natur angesiedelt. Aber sei's drum. Die Sozialdemokratie will – wie sie gegenüber den feindlichen Brüdern, den Kommunisten, immer wieder hervorhebt –, daß die Freiheit der Arbeitsmänner sich nicht nur in der »Einsicht in die Notwendigkeit« erschöpft. Diese sollen einen eigenständigen Kopf haben und nicht nur als Klasse ein Kollektivhirn. Und weil es nahelag, gingen die Sozialdemokraten bei der Bourgeoisie borgen. Die Freiheit galt es auf der festen Basis des Eigentums, und zwar des Privateigentums aufzubauen. Und welches Eigentum hatte der Arbeiter? Immerhin, seine Arbeitskraft. Damit ließe sich doch was machen. Wenn den Arbeitern die Möglichkeit gegeben wäre, dieses ihr Eigentum lebenslänglich zu hegen und zu pflegen, sorgsam, ökonomisch, sparsam damit umzugehen, es nicht unter allen Bedingungen auf dem Markt anbieten zu müssen, so hätten sie doch einen ganz schönen Besitz, eine handfeste Basis für ihre Freiheit. Was läßt sich mit diesem Eigentum alles machen? Man kann ihm eine bestimmte Qualifikation geben, sich anstrengen, etwas zu lernen. Dann kann man dieses schöne Eigentum nämlich zu einem passablen Preis auf dem Arbeitsmarkt anbieten. Mann kann im Betrieb dafür sorgen, daß der Unternehmer nicht so verschwenderisch mit der kostbaren Arbeitskraft umgeht, dann hat Mann die Möglichkeit, lebenslang das Ding auf dem Markt anzubieten und die Familie zu ernähren. Wenn an einem bestimmten Ort die Fabrikherren zuwenig für die Arbeitskraft bieten, dann kann Mann an einen anderen Ort gehen, wo sich ein besserer Preis erzielen läßt. Ja, das Eigentum an der Arbeitskraft, das ist ein richtiges Gottesgeschenk in der Hand der Arbeitsmänner, da können sie sich auch mit der Bourgeoisie versöhnen, denn die will ja auch, daß der Mann frei über all sein Eigentum verfügt. Keinem anderen Mann ist irgendein gewalttätiger Zugriff darauf gestattet. Es geht alles ganz friedlich zu.

Aber so einfach war das für die Arbeitskraftbesitzer nicht. Schließlich ist ihr Eigentum unablöslicher Bestandteil ihrer lebendigen Person. (Marx) Und auch Max Weber meinte, ohne staatliche Beihilfe ginge das nicht. Um was ging es also? Um die Fortentwicklung des bürgerlichen Staats zum Sozialstaat. Die Elemente dieser Institution des Klassenkompromisses zwischen Unternehmerköpfen und Arbeiterhänden waren schon zuvor entwickelt worden. Aber in den Sozialstaatsklauseln der Weimarer Reichsverfassung wurde alles schwarz auf weiß festgehalten.

Art. 159. »Die Vereinigungsfreiheit zur Wahrung und Förderung der Arbeits- und Wirtschaftsbedingungen ist für jedermann und für alle Berufe gewährleistet.«

Das ist der Kern- und Hauptunterschied zum bourgeoisen Eigentümer. Denn um zu wirklichen Besitzern zu werden, müssen die Arbeiter gemeinsam, kollektiv, organisiert, und nicht willkürlich, individuell, mit dem Kapital verhandeln. Der *organisierte* Verkauf ihrer Arbeitskraft ist für sie wichtig. Die Gegenfraktion hat die Fabriken und Maschinen. Jeder kann ganz allein mit anderen Fabrik- und Maschinenbesitzern konkurrieren. Den Arbeitsmännern tat das nicht gut. Wenn sie untereinander konkurrierten, dann konnten die Unternehmer alles mit ihnen machen. Selbst die Bourgeoisiedenker sahen ab und zu ein, daß das rein marktmäßig-ökonomisch nicht Rechtens war. Und die Angst vor der Revolution im Rücken, erkannten die Unternehmer das Koalitionsrecht an. Und noch ein bißchen mehr:

Art. 157. »Die Arbeitskraft [na bitte, da ist sie ja!] *steht unter dem Schutz des Reichs.«*

Art. 161. »Zur Erhaltung der Gesundheit und Arbeitsfähigkeit, zum Schutze der Mutterschaft [also nicht der schwangeren Frauen als Personen!] *und zur Vorsorge gegen die wirtschaftlichen Folgen von Alter, Schwäche und Wechselfällen des Lebens schafft das Reich ein umfassendes Versicherungswesen unter maßgebender Mitwirkung der Versicherten.«*

Wenn die Arbeitskräfte »frei« sind, mobil, beweglich, jederzeit an jedem Ort verkäuflich, losgelöst von allen Ansprüchen der »Familie«, der Väter und Mütter auf Altersversorgung, wenn sie also im wesentlichen ganz einzeln und allein dastehende Individuen sind, ohne Blutsbande, dann muß auch im Alter, bei Krankheit und bei Wechselfällen die Gesellschaft für ihren Unterhalt sorgen. Sie ersetzt den Familienschoß.

Art. 163. »Jedem Deutschen soll die Möglichkeit gegeben werden, durch wirtschaftliche Arbeit [wir sehen, die WRV war durchaus präzise in ihren Begriffen, die legte noch mal klar, daß es sich nicht um irgendeine Arbeit, etwa die Hausarbeit und Kindererziehung, sondern um die »wirtschaftliche«, die Güter produzierende Arbeit handelt] *seinen Unterhalt zu erwerben. Soweit ihm angemessene Arbeitsmöglichkeit nicht nachgewiesen werden kann, wird für seinen notwendigen Unterhalt gesorgt.«*

Artikel 163 verbrieft das berühmte »Recht auf Arbeit« plus Arbeitslosenversicherung. Ich halte diese Artikel der Weimarer Verfassung für wichtig, will man/frau begreifen, was denn nun der Sozialstaat eigentlich ist, diese Errungenschaft, die da angesichts der Angst vor Schlimmerem von der SPD den Eigentümern des sachlichen Eigentums, der Fabriken und der Maschinen, abgehandelt wurde. Schließlich ist er ja heute noch der wesentliche Traditionsbestandteil der Arbeiterbewegung. Und wir sehen klar und deutlich: *Sozialstaat, das ist die Anerkennung des freien Privateigentümers und Verkäufers seiner Arbeitskraft unter Berücksichtigung der Besonderheiten seiner speziellen Ware.* Nicht mehr und nicht weniger. Die Anerkennung steht zwar nur auf dem Papier. Inflation und Weltwirtschaftskrise zeigten dann sehr schnell, daß das Papier allein nicht reicht Aber auf den Sozialstaat war die Sozialdemokratie stolz. Auf das Papier, auf das »Recht«. Nicht zufällig waren die wichtigen sozialdemokratischen Männerköpfe in der Weimarer Republik diejenigen, die jetzt die Theoretikerfraktion bildeten, Juristen. Und die waren begeistert: *»Das Arbeitsrecht war das Prunkstück der Republik geworden. Es stellt das Bindeglied zwischen Republik und Arbeiterschaft dar.«*[15]

Und um den Kreis zu schließen, zur materiellen Grundlage des Bündnisses zwischen Kopf und Hand: Hugo Sinzheimer, einer der Cheftheoretiker-Juristen der Sozialdemokratie in der Weimarer Republik, formulierte den Artikel 165 der Weimarer Reichsverfassung: *»Die Arbeiter und Angestellten sind dazu berufen, gleichberechtigt in Gemeinschaft mit den Unternehmern an der Regelung der Lohn- und Arbeitsbedingungen sowie an der gesamten wirtschaftlichen Entwicklung der produktiven Kräfte mitzuwirken.«* Dem Arbeiter müsse »Mitverantwortung ... für das wirtschaftliche Ganze und dafür ein Teilnahmerecht auch an der wirtschaftlichen Leitung« übertragen werden. »Dann wird er auch verantwortlich für die Erhaltung der Grundlagen, nicht etwa des Kapitalismus, aber der Produktion, die unabhängig von der kapitalistischen Rechtsform ist.«[16] Daß der Arbeiter nicht verantwortlich für die Produktion ist, wird hier als Grenze seiner Produktivität betrachtet. Eigentum als Rechtsform begründe abhängige Arbeit. Demgemäß könne dem Arbeitsrecht, »in dem die zentrierende Kraft nicht das Eigentum, sondern der Mensch ist«[17], die Funktion zukommen, eine neue Ordnung schrittweise zu begründen. Und wer ist »der Mensch«? Der Eigentümer seiner produktiven Arbeitskraft. Nicht weniger und nicht mehr. Trotz aller schönen Reden der Sozialdemokratie über Humanität, Menschlichkeit, Gerechtigkeit und was sonst noch alles. DER MENSCH, das ist etwas Amputiertes. Und das sind die harten Fakten, die Tatsachen, der wirkliche Inhalt des Kompromisses zwischen Kopf und Hand. Eduard Heimann, ein sozialdemokratischer Theoretiker aus der Weimarer Republik, der Sozialismus und Liberalismus miteinander zu versöhnen suchte, meinte: Karl Marx habe übersehen, daß Kapital und

Arbeit, die beiden Produktionsfaktoren, aufeinander angewiesen seien.[18]

»Wenn man – durchaus im Sinne des Liberalismus – die Ausstattung mit Eigentum als die Bedingung der Freiheit betrachtet, so kann man den Arbeiter nicht als eigentumslos bezeichnen; seine Arbeitskraft ist ihrem früheren Eigentümer, dem Feudalherrn, enteignet und ihm selbst übereignet worden, zur freien Verfügungsgewalt und zum freien Nutzungsrecht.«[19]

Seine Einschätzung der Sozialpolitik: »Das sozialpolitische Programm des Liberalismus hat sich durchgesetzt.«[20]

Eines ist von vornherein klar. Die Mütter als Produzentinnen der Ware Arbeitskraft sind in dieser Konstruktion nicht berücksichtigt. Im Gegenteil, zum Selbstbewußtsein des Arbeiters gehört ja, daß die Arbeitskraft, wenn auch sein einziges, so doch unumschränkt *sein* Eigentum ist. Und: Die eigentliche, fortschrittliche Arbeit, die einzig wirklich produktive, der gesamten Gesellschaft nützliche, das ist die »wirtschaftliche« Arbeit und insbesondere die rationalisierte Arbeit in der großen Industrie. Sozialpolitik will die »bestmögliche Ordnung des Sozialgefüges im Hinblick auf das Arbeitsleben der menschlichen Gesellschaft«. Nirgends findet sich eine Andeutung – was natürlich nicht überrascht –, daß damit auch die Arbeit der Produktion und Reproduktion der Ware Arbeitskraft in der Familie gemeint sein könnte. Die existiert nicht für die sozialdemokratischen Fortschrittsmänner. Als unbezahlte »Natur«voraussetzung der Produktion bleibt sie, bis auf weiteres, nämlich bis zum Jahre 1977 im Familienrecht verankert. Die Ehefrau darf bis dahin ihre Arbeitskraft nur verkaufen, wenn der Ehemann damit einverstanden ist. Nur unverheiratet und verwitwet kommt sie in den Genuß, uneingeschränkt freie Eigentümerin ihrer Arbeitskraft zu sein. Wie eine »Leibeigene« bleibt die Ehefrau an den Besitzer ihrer unfreien Arbeitskraft gebunden, darf den Ort nicht verlassen, wo der Ehemann arbeitet, und muß ihm folgen, wohin er geht.[21] Qua Ehevertrag ist sie zur unbezahlten Produktion und Reproduktion der Ware Arbeitskraft verpflichtet.

Und nach § 218 zur Kinderproduktion für die Nation. Statt Zuchthaus – große Reform – steht in der Weimarer Republik nur noch Gefängnis auf Abtreibung. Die Bewegungen von sozialdemokratischen Frauen und Ärzten gegen § 218 reichten nie hin, die Mehrheit der Reichstagsfraktion davon zu überzeugen, daß dieses Strafgesetz abzuschaffen sei. Dort erhoben sich durchaus dezidierte Stimmen für den per Gefängnisandrohung erzwungenen Dienst der Frauen an der Macht der Nation, der Bevölkerungs-, der Arbeitskräftevermehrung. Der Mensch, der Eigentümer, die Rechtsperson – alle diese liberalen Errungenschaften gingen an den Frauen als Müttern und Ehefrauen glattweg vorbei. Und die SPD wunderte sich immer erneut, daß das Eigentum des Ehemannes, die Ehefrau und Mutter, nicht die Fortschrittsmänner wählte, sondern eher die katholische Zentrumspartei, die viel Aufhebens von der Mütterlichkeit machte. Die SPD fand die Frauen undankbar, hatte sie doch den – ansonsten – Eigentumslosen unterm Druck der Revolution immerhin das Wahlrecht geschenkt. In der Tat, ein Querschläger zur Gesamtkonstruktion, denn, wie gezeigt: Staatsbürger gleich Eigentümer. Und den Frauen gehört nicht mal ihr Bauch. Und in der Ehe darf der Mann auch jederzeit über sein Eigentum verfügen, sexuelle Dienstleistungen stehen ihm zu. Nichts da von Freiheit, Gleichheit, Gewaltlosigkeit.

So wenigstens sah es auf dem Papier aus, im Recht, in dieser zivilisierenden Institution per se, die die SPD-Arbeitsmännerkopffraktion als das Allerheiligste betrachtete. Über das Recht könne DER MENSCH zum Mittelpunkt der Gesellschaft gemacht werden. Wie wir gesehen haben, waren im wesentlichen nur die Arbeitsmänner gemeint und die auch nur als Amputierte.

Verdrängung und Ausgrenzung charakterisieren den sozialdemokratischen »Diskurs« zur Frauenfrage. Der Ruf »reaktionär« ertönte, sobald die Mütterarbeit, Mütterlichkeit thematisiert wurde. Das überließ Mann der politischen Rechten. Was sollte sein. Die Frauen brauchten doch nicht zu heiraten, dann blieben sie freie Lohnarbeiterinnen, ihr Leben lang.

Rationalisierung, Vernunft und der irrationale Rest

Gemeinsames Interesse an einer rationalen Produktion war, wie gezeigt, die Basis für das Bündnis zwischen Unternehmerköpfen und Arbeitsmännerhand-Vertretern, wenn es auch bald – im Faschismus – wieder aufgekündigt wurde, natürlich von den Köpfen. Was ist das nun – zweckmäßiges Gestalten der Produktion? Ich lasse hier den sozialdemokratischen Kopf sprechen, der sich in der Weimarer Republik die meisten Gedanken zu dieser Frage gemacht hat, Otto Bauer. Er singt ein Loblied auf die Verwissenschaftlichung der Produktion:

»Nach dem amerikanischen Vorbild suchte man auch in den anderen Ländern aufzuzeigen, welche Verluste an Energie, an Wärme, an menschlicher Arbeitskraft, an Rohstoffen aus der herkömmlichen Arbeitsweise folgen und wie sie durch methodische Verbesserung der Arbeitsverfahren ausgemerzt [!] *werden könnten.«*[22] »Ausmerzung« war damals anscheinend ein durchaus respektabler Begriff. Mit Zustimmung zitiert Otto Bauer einen anderen Autor: »Rationalisierung bedeutet die Überwindung der aus Gewohnheit, Gedankenlosigkeit und Affekt entstehenden Verlustmöglichkeiten.«[23] Die Auswahl des Zitats macht deutlich, wo der Sozialdemokrat selbst steht. Denn der gleiche Tatbestand läßt sich auch anders ausdrücken: Der Ingenieur Taylor hatte kein Blatt vor den Mund genommen. Das tradierte Management fand er höchst unzureichend. Wie sah er dessen Funktion? *»Die erfahrensten Manager überlassen deshalb gern ihren Arbeitern die Lösung der Probleme, wie sie ihre Arbeit am besten und praktischsten verrichten. Sie betrachten es als ihre Aufgabe, jeden Arbeiter dahin zu bringen, daß er sich möglichst anstrengt, möglichst hart arbeitet, alle seine überlieferten Kenntnisse, seine ganze Geschicklichkeit, seine Intelligenz und seinen guten Willen, in einem Wort, seine ganze ›Initiative‹ zur Verfügung stellt, um für seinen Arbeitgeber den größtmöglichen Gewinn zu erzielen.«* Diesen Zustand der Abhängigkeit der Unternehmensführung von der Initiative und dem persönlichen Einsatz der Arbeiter gelte es zu beseitigen. Was ist also für ihn »wissenschaftliche Betriebsführung«? *»Befreiung der Werk-*

statt von jeder denkbaren geistigen Arbeit«, Ersetzung der » Person durch die Organisation«, die vom Management ausgeht. An die Stelle aller persönlichen Kräfte der Arbeiter habe die Wissenschaft zu treten. Und wie Frederick Taylors Beschreibungen seiner Kämpfe mit den Arbeitern zeigen, war die Durchsetzung der »Vernunft« keine einfache Sache.[24]

Dem Sieg des reinen Denkens, der Effizienz, der Zahl und des Maßes, der reinen Zweckmäßigkeit waren Klassenkämpfe vorausgegangen, und der Sieger stand eindeutig fest: das Management, die wissenschaftliche Betriebsführung, der Ingenieur. In diesem Zusammenhang sei nur angemerkt, daß damit die betroffenen Arbeiter auch zunehmend unfähig wurden, ihre Interessen gegen das Kapital selbst zu formulieren: Das Zeitalter der wissenschaftlich geschulten Interessenvertretung begann, zumindest in Deutschland. Sachgemäße Verhandlungen mit dem Kapital bedurften zunehmend sachgeschulter Betriebsrats- und Gewerkschaftsköpfe. Aber all das erscheint Otto Bauer ganz uninteressant für die Einschätzung der Rationalisierung. Nur noch die »Arbeitskraft« allein und ihre vernünftige Verausgabung ist ihm wichtig. »In vielen Fällen erspart die Rationalisierung dem Arbeiter nutzlose, unproduktive Anstrengung ... in anderen Fällen dagegen zwingen die neuen Arbeitsverfahren die Arbeiter, intensiver zu arbeiten ...«, und das sei keine positive, keine »*biotechnische* Rationalisierung«, sondern »Intensivierung der Arbeit«.[25] Nicht maximale, sondern optimale Verausgabung von Arbeitskraft, kein Raubbau; volkswirtschaftlich, nicht betriebswirtschaftlich höchste Nutzung – darum müsse es der Arbeiterschaft gehen.

»Bezeichnet man ... mit dem Worte Rationalisierung die Verwissenschaftlichung der Betriebsführung, so liegt ihr Wesen gerade darin ... daß jener ›Denkmechanismus‹, der von den physikalischen Wissenschaften entwickelt worden ist, nun auch auf die Verwertung der menschlichen Arbeitskraft ... angewandt wird ...«[26]

Ingenieure, Gelehrte seien die geistigen Träger der Bewegung, und deren eigentliches Interesse sei die »höchstmögliche Wirtschaftlichkeit der nationalen Gesamtindustrie« und die »möglichst wirtschaftliche Haushaltung mit der nationalen

Arbeitskraft«[27]. Doch die Weltwirtschaftskrise zeige ihnen, »welche Schranken der kapitalistische Charakter der Produktion der gesellschaftlichen Rationalisierung setzt. Das den Rationalisierungswissenschaften immanente Ziel der gesellschaftlichen Rationalisierung gerät in schroffsten Gegensatz zu den Ergebnissen der kapitalistischen Rationalisierungspraxis«[28].

Auch in unmittelbar politischem Zusammenhang legt Otto Bauer klar, welche Sozialismushoffnungen er aufs ingenieurmäßige Denken setzt. »Feste und objektive Normen«, »exakte Rechnung«, »objektiver Maßstab«, »lehrbare und lernbare Regeln«, »nüchterne Berechnung« – all das sei nicht nur Grundlage für eine sozialistische Produktion, sondern könne und solle auch zur Grundlage der Demokratie werden. Ausscheidung alles Gedankenlosen, Affektiven, Abenteuerlichen, Gewohnheitsmäßigen – mit der Rationalisierung entwickle sich eine *»nüchterne, positivistische, relativistische Denkweise, ein Denken in Wirkungsgraden …«. Die Stimme der Leidenschaft werde »nüchterner Berechnung unterstellt, die jede soziale Umgestaltung mit den geringstmöglichen Opfern … und erst dann und in dem Maße« vornehme, »wenn und soweit die Mehrheit des Volkes … für sie gewonnen ist. In dieser Denkweise wurzele die moderne Demokratie.«*[29]

Es gebe gewisse irrationale Restbestände, »persönliche Phantasie«, »Sehnsucht nach Wagnis, Abenteuer, Erleben«, die als strikte Feinde von Vernunft und Demokratie einzuschätzen seien: Sie treiben »die einen dem Faschismus, die anderen dem Bolschewismus« zu.[30] Sozialismus ist für ihn der endgültige Sieg der naturwissenschaftlich-physikalischen Denkweise bei der Organisation der Gesamtgesellschaft. Der Rest ließe sich nicht gebrauchen, im Gegenteil, er sei gefährlich. Welche Probleme daraus entstehen könnten, daß der »Rest« nicht verschwindet, wenn er jenseits der »Vernunft« gesehen wird, darauf weiß Otto Bauer – außer daß er gegen faschistisches und bolschewistisches Abenteurertum ist – keine Antwort.

Der österreichische Sozialdemokrat Otto Bauer war mitnichten ein Außenseiter. Im Gegenteil: Seine Position steht für die sozialdemokratisch-gewerkschaftliche Durchschnitts-

und Mehrheitsmeinung. Für diese war die Arbeitswissenschaft im Himmel allgemeiner Menschenvernunft angesiedelt. Die nach naturwissenschaftlichen Regeln organisierte Verausgabung von Arbeitskraft könne – spätestens im Sozialismus – mit einer Mehrung des Volkswohlstands für alle einhergehen. Höhere Löhne und niedrigere Preise würden das »Automobil« zum »Volksartikel« machen, so hoffte der deutsche Metallarbeiterverband Ende der zwanziger Jahre. Und diese Hoffnungen galten nicht nur im reformistischen Lager. *»Das revolutionäre Automobil wird der Sache der revolutionären Arbeiterklasse dienen.«*[31]

Die »Vergewaltigung der menschlichen Natur« wird dem Kapital überlassen

Was war die Grundlage für das Bündnis zwischen Kopf und Hand? Die Gemeinsamkeit der Interessen hinsichtlich einer möglichst effektiven, rationalen Produktion. Das Kapital machte die Sache mit den produktiven Kräften schließlich ganz ordentlich. Spätestens nach dem Zweiten Weltkrieg begann es, nicht nur in den USA, sondern auch in der Bundesrepublik und in anderen OECD-Ländern, Autos, Waschmaschinen, Eisschränke, Radios, Fernsehapparate, Fotoapparate, Wohnsilos und was noch alles Schönes auszuspucken. Die Frage ging zunehmend nur noch darum: Wie wird verteilt? Kriegen die Arbeiter genügend von alldem ab, können sie sich das kaufen? Der Konflikt um die Verteilung: die Lohnfrage. Die Gewerkschaften waren ganz glücklich. Schon in der Weimarer Republik hatte Fritz Tarnow, einer von den Spitzenmännern des ADGB, entdeckt, daß die Unternehmer ohne hohe Löhne gar nicht mehr auskommen könnten. An wen sollten sie sonst all das, was sie da in ihrer rationalisierten Massenproduktion herstellten, verkaufen? Das war praktisch, die Gewerkschaften brauchten doch nur mit volkswirtschaftlich, am Allgemeinwohl orientierten Argumenten zu zeigen, daß die Unternehmer als Ganzes die hohen Löhne der Arbeiter nötig hätten wie das täglich Brot, daß es nur ihre eigene, individualistisch bornierte Dummheit sei, wenn sie versuchten, die Löhne zu drücken. Die Wissenschaft legte klar, daß zur rationalisierten Massenproduktion hohe Löhne gehörten – und das würde ja auch das Klassenbündnis der Hand- und Kopfarbeiter stärken. Nun, wir wissen, die Sache lief nicht so einfach.

Aber was mir jetzt wichtig ist: das Hinwegsehen der sozialdemokratischen Köpfe über die Fabrikarbeit. Ganz weggesehen haben sie ja nie, sie hatten schon festgestellt, daß die Demokratie, die Freiheit der Arbeitsmänner vor den Fabriktoren haltmachte, daß die nur auf dem Arbeitsmarkt bestand, nur da, wo um den Preis gehandelt wurde, nicht dort, wohin die eigentümliche Ware Arbeitskraft dem Fabrikbesitzer folgt, zögernden Schritts, weil sie – wie Marx richtig vermerkte – »die Gerberei« erwartet. Die Fabriken waren schließlich noch Eigentum der Bourgeoisie. Das war in den Augen der Politikerköpfe ein Restbestand von Unfreiheit, da müsse früher oder später auch an die Demokratisierung herangegangen werden. Bevor das möglich sei, müsse Mann aber erst mal einiges wissen, die Köpfe ausbilden, ein paar kompetente Köpfe gegen die Unternehmermännerköpfe setzen. Daß die Trennung von Kopf und Hand bei jedem einzelnen Arbeiter aufgehoben werden könne, daran glaubten sie nämlich schon lange nicht mehr. Entweder Lebensmittel – die Gewerkschaften hielten den amerikanischen Autoproduzenten Ford glatt für einen Sozialisten – oder Einheit von Kopf und Hand, bewußte, freie Tätigkeit für jeden einzelnen Arbeiter, also kleinbürgerliche, zurückgebliebene, unproduktive Arbeit. In diesem Punkt waren sich Sozialdemokraten und Bolschewiki durchaus einig. Der Traum von der Aufhebung der Trennung zwischen Kopf- und Handarbeit war endgültig ausgeträumt. Und was blieb als Ausweg? Die arbeitsfreie Zeit, genauso wie bei den bösen Russen. Gegen Ende der zwanziger Jahre schüttelt der ADGB resigniert-hoffnungsvoll den Kopf. Er betrachtet die sozialdemokratische Freizeitkultur und meint, diese sei eine »Protestbewegung gegen die Vergewaltigung der menschlichen Natur durch die technische Entwicklung, Versuche der gequälten Kreatur, dem unausweichlichen Zwang des ›Fortschritts‹, der für Millionen die lebendige Einheit von Beruf und Leben zerstört hat, den eingeborenen Willen zu einem sinnhaften Dasein entgegenzusetzen«[32]. Die waren damals immerhin noch der Traurigkeit fähig, sahen ab und zu, was da Schlimmes passierte bei der Erzielung der höchsten Produktivität, klagten über die »Entseelung« der Arbeit. Aber sie wußten sich auch nicht besser zu helfen als die Bolschewiki. Als wichtig für die Produktion galt den Gewerkschaften der sparsame Umgang mit dem Privateigentum der Arbeitsmänner, der Arbeitskraft. Sie plädierten immer wieder für eine »Menschenökonomiepolitik« – ja, so hieß das damals. Aber ansonsten überließen sie das »Reich der Notwendigkeit« dem Kapital. Für die normierten Gesichter, die Maschinenmenschen, waren sie nicht verantwortlich, sie wuschen sich die Hände in Unschuld. Sie sagten zwar dem Kapital: Rationalisiere, rationalisiere, das ist Moses und die Propheten. Aber Loblieder auf »blaue Ameisen« haben sie nicht gesungen. Wir sehen, die Sozialdemokratie machte sich die Sache ganz praktisch. Sie war begeisterte Anhängerin der Rationalisierung und des technischen Fortschritts, sah auch, daß dabei die Menschen zu Maschinen degradiert wurden, aber das tat ja das Kapital. Die »freien Männer« von Politik und Gewerkschaften konnten ihr humanes Gesicht wahren. Es ist auch kein Wunder, daß sie sich nie sonderlich darum bemühten, die Produktion in eigener Regie zu übernehmen, denn sie wußten es ja auch nicht besser als die feindlichen Brüder im Osten, sie hätten es ja auch so gemacht, denn den »Zwang des Fortschritts« erkannten sie an, der war für sie ein Naturgesetz. Da gab es nur eins: möglichst die Arbeitszeit zu verkürzen, damit noch ein bißchen was Menschliches übrigblieb.

Kommen wir noch einmal auf meine Mutter zurück: Vor einiger Zeit legte ich im Seminar Schritt für Schritt dar: Wenn es »gerecht« – also nach den Regeln des Warentauschs – zuginge, könnte meine Mutter gewisse Rechte bezüglich des Verkaufs der in mir inkorporierten Ware Arbeitskraft anmelden. Protest wurde laut. Die jungen Männer beschwerten sich: Aber meine Mutter hat doch mich gemacht, mich als lebendige Person, mich als Individuum, sie hat mich geliebt, sie hat doch nicht einfach eine Ware produziert, um sie später zu verkaufen. Du kannst doch hier nicht für den Sklavenhandel auf die Barrikaden steigen.

Logisch war die Sache ja in Ordnung, aber alles sträubte sich dagegen. Und an dieser Empörung ist ja auch was Richtiges. Wenn schon die ganze kapitalistische Ökonomie, wenn die Gesellschaft an mir nur als Ware Arbeitskraft Interesse hat, so soll es doch wenigstens einen Bereich geben, in dem ich als Mensch gelte, als konkrete, lebendige Person, in dem nicht in Geldbeträgen gerechnet wird, wo ich nicht »ökonomisch« reduziert bin. Weil die Frauen nach der Vorstellung der bürgerlichen Gesellschaft ihre Arbeit »aus Liebe« tun und nicht um des Geldes willen, bin ich ein Mensch, darin sehe ich bestätigt, daß ich eben noch mehr bin als nur eine Arbeitskraft, die einen Preis hat. Mein »irrationaler Rest« ist schließlich nicht einfach weg. Selbst aus dem Munde unserer gegenwärtigen CDU-Regierungsoberen bekomme ich immer wieder bestätigt: Es darf nicht nur die Wirtschaftswelt geben, es muß auch was Menschliches bleiben, die zwischenmenschlichen Beziehungen, und dafür seien die Frauen wie geschaffen, dafür seien sie verantwortlich. Auf der einen Seite die Wirtschaft – da geht es rational zu; auf der anderen Seite die Liebe – da geht es emotional zu, und dafür gibt es auch kein Geld. Beides sei notwendig, sonst hielten es die Leute nicht aus.

Mütterliche »Liebe« und kapitalistische »Arbeit«: wie gut sie sich doch ergänzen.

Der Triumph des Kopf-Hand-Baumeistermodells und die Niederlage von 1933

Wie wirkte sich denn nun all das aus, was über das Verhältnis von Köpfen und Händen in der großen Industrie in dem Moment herausgefunden und praktiziert wurde, als sich die »Arbeiterbewegung« selbst vor das Problem gestellt sah, Verantwortung zu übernehmen? Bis hin zum Ersten Weltkrieg hatten sich die Arbeitsmänner darüber schließlich keine großen Gedanken zu machen brauchen. An allem, was unschön lief, war das Kapital schuld. Dem war Mann zwar für die Fabrikdisziplin und die massenhafte Anhäufung von Arbeitsmännern an bestimmten Orten dankbar. Damit lieferte das Kapital bekanntlich die allerschönsten Voraussetzungen für seinen eigenen Untergang, nämlich eine disziplinierte Partei- und Gewerkschaftsarmee, aber was die Produktion selbst anging, da wurde gern geträumt: Höchste Produktivität durch freieste Entfaltung aller Arbeitsmännerfähigkeiten. Der allseits gebildete Facharbeiter, der durch polytechnische Bildung von Jugend an befähigt wäre, von Beruf zu Beruf zu springen, schwebte als sozialistisches Ideal vor. Als es dann an die harten Fakten ging, als die Partei- und Gewerkschaftsköpfe diesseits und jenseits der Bruderbarrikade einmal selbst sagen sollten, wie sie denn mit diesem Traum vom rundum gebildeten Facharbeitsmann eine effektive, rationalisierte, höchstproduktive Industrie hinzaubern wollten, gab es ein böses Erwachen. Und wie wir gesehen haben, wurde dieses böse Erwachen von den feindlichen Brüdern in unterschiedliche ideologische Gewänder gehüllt. Die einen begannen vom maschinisierten Fabrikkollektiv zu schwärmen, die anderen deckten dasselbe schamhaft zu und versteiften sich um so heftiger auf die Freiheit des Arbeitskraftverkäufers vor den Fabriktoren. Wenn schon nicht innerhalb, so sollte er wenigstens außerhalb der Fabrik einen Kopf haben dürfen. Der Traum von der freien Kopf-Hand-Baumeistertätigkeit eines jeden Arbeitsmannes in der großen Industrie war ausgeträumt. Marx hatte da ja auch schon seine Zweifel gehabt. Als jugendlichem Feuerkopf war ihm die Idee gekommen, daß die Hände nicht mehr nötig sein und alle zu freien Superköpfen werden könnten. Später hat er auf die arbeitsfreie Zeit außerhalb der Fabrik als Freiheitsreich verwiesen, und dann träumte er auch zur Abwechslung wieder davon, daß irgendwie im Kommunismus für alle die Arbeit zum ersten Lebensbedürfnis würde. Klares und Eindeutiges war ihm mitnichten zu entnehmen.

Die Frage also: Hatte das böse Erwachen in puncto große Industrie Folgen für die Organisationen der Arbeiterbewegung selbst? Anhand der Probleme, die die Genossin Luxemburg mit der Partei- und Gewerkschaftsdemokratie quer durch die verschiedenen Arbeitsmännerfraktionen hatte, ist schon deutlich geworden, daß auch damals alle mit der demokratischen Kopf-Hand-Baumeistermethode ihre Schwierigkeiten hatten, und zwar schon lange bevor die Organisationsköpfe über die Organisation der Industriearbeit in eigener oder Mitverantwortung nachzudenken gezwungen waren. Aber immerhin, die Genossin konnte ihre Stimme noch innerhalb der Parteien erheben, ihre Kritik war unangenehm, Mann machte Kopfgymnastik in Hülle und Fülle, um ihr das Gegenteil zu beweisen. Denn den normalen, durchschnittlichen Alltagsarbeitern und Arbeiterinnen leuchtete die Kritik der Genossin durchaus ab und zu ein: daß nämlich zum Beispiel der Massenstreik nicht einfach eine Art Taschenmesser in den Hosentaschen der Parteioberen sei, das diese nach gerade mal vollendeter Kopfarbeit entweder hervorziehen oder zurückstecken können. Daß alle verantwortlich seien für die Arbeit der Revolution und nicht nur ein paar Spitzenköpfe, damit liebäugelten die sozialdemokratischen »Massen« damals noch. Die Genossin war noch gefährlich mit ihren Ideen. Und als es tatsächlich an die Arbeit ging, 1917 in Rußland und 1918 in Deutschland, da klappte die Taschenmessermethode bekanntlich überhaupt nicht. Die Anhänger der Kopf-Hand-Trennungsmethode bekamen dann die Sache wieder in den Griff, aber ein historischer Erfolg im Sinne der normalen Arbeitsmenschen ist dabei nicht hervorgesprossen. Wenigstens ist das meine Einschätzung.

Um es kurz zu Beginn zusammenzufassen: Rosa Luxemburg wären die Haare zu Berge gestanden, wenn sie noch hätte miterleben müssen, was die beiden feindlichen Brüder nach 1918 an Organisationsarbeit geleistet haben. Die Idee von den Führern, die alles im Kopf haben – die Bezeichnung »Führer« kommt nicht von ungefähr, die wissen, wie der Laden zu laufen hat –, und den Massen, den Händen, die in die richtige Richtung geführt werden müßten, weil sie selber zu blöd seien, die wurde, um es mal despektierlich auszudrücken, zu einem richtigen Knüller. Gut, es gab auch hier Differenzen zwischen den feindlichen Brüdern. Die entzündeten sich entlang den unterschiedlichen Interpretationen der Freiheit der Arbeitsmänner. Aber daß es Führer auf der einen, Massen auf der anderen Seite geben müsse, das war, spätestens zu dem Zeitpunkt, als es um die Frage ging, den Faschismus zu verhindern, vereinheitlichter Glaubenssatz. Sosehr sich Kommunisten und Sozialdemokraten auch sonst in die Haare bekamen, in diesem Punkt gab es keine Differenzen. Dazu eine Blütenlese:

Zunächst die Rechts-Mitte-SPD:

»Wir sozialdemokratischen Führer sind die Träger des Willens der sozialdemokratischen Arbeiter.«[33] Die Sache ist klar, sozialdemokratische Arbeiter und sozialdemokratische Führer, die gehören zusammen, und die Arbeiter sind mit allem einverstanden, was die Führung macht. Und die kommunistischen Arbeiter gehören zur kommunistischen Führung. Unterschiedliche Arbeitersorten, unterschiedliche Führersorten:

»In einer Riesenstadt wie Berlin gibt es neben den eigentlichen Industriearbeitern, den Handlungs- und Büroangestellten, den Arbeitern und Angestellten der Eisenbahn und des Verkehrs eine riesige Masse von Gelegenheitsarbeitern, Zugereisten, Ungelernten, Deklassierten, Ruinierten, Kleinrentnern, proletarisierten Kleinbürgern, mit schwer definierbarem Einkommen, schließlich in größerem Maße als anderwärts jene zweifelhaften *Elemente, die man mit dem Namen* Lumpenproletariat *bezeichnet. Aus dieser teigigen Masse, die widerstandslos allen Eindrücken ausgesetzt ist, ohne sich formen zu lassen, rekrutiert sich die kommunistische Wählerschaft.«*[34]

Teigige Massen verdienen auch keine ordentliche Führung. Es ist wirklich prima, wie in der historischen Realität sich alles so sauber fügt. Wenigstens im Jahre 1929. 1933 im Januar, als der ordentliche SPD-Mann Friedrich Stampfer die von der KPD organisierte Großdemonstration gegen die Hitlersche

Machtergreifung observiert, sieht für ihn die Sache nicht mehr ganz so sauber aus. Er stellt mit Erstaunen fest, daß da doch ein tapferes, ordentliches, wenn auch hungerndes und frierendes Proletariat marschiert, und kommt zu dem Schluß:

»Die Führer« der KPD, »diese geistig und moralisch nicht gerade hochstehende Führerschaft, verdienen diese Gefolgschaft nicht.« Die SPD und diese Massen gehören »in unserem Bewußtsein zusammen«.[35]

Ja Gott, die Erkenntnis, daß diese Massen nicht nur teigig und abenteuerlich seien, bis dahin gängige Mehrheits-SPD-Meinung, kam ein bißchen spät, und die Idee, sie gehörten eigentlich zur SPD-Führung, war auch nicht originell und vor allem nicht weiterführend. Die Situation war schließlich fünf vor zwölf.

Und jetzt die KPD:

»Unter dauernder Beschimpfung ihrer Arbeiterführer wurden die sozialdemokratischen Massen dazu aufgefordert, ihre bisherige Überzeugung aufzugeben, das alte Vertrauensverhältnis zu lösen und sich der kommunistischen Führung anzuvertrauen.«[36]

Diese Bemerkung stammt zwar von der SPD, aber sie stimmt trotzdem. Genauso sah es aus. Auch hier allerdings gab es Schwankungen in der Linie. Zeitweise waren kommunistische Führer allein, zeitweise sogar kommunistische Massen zusammen mit ihren Führungen der Ansicht, es gehe alles ganz ordentlich zu, auch die SPD-Parteianhänger seien Sozialfaschisten wie ihre Führungen und müßten bis aufs Messer als Hauptfeind bekämpft werden. Diese Sauberkeitslinie wurde allerdings, wie bei der SPD, spätestens, als es zu spät war, und zwar mit dem spiegelbildlich gleichen Argument, nämlich die tapferen SPD-Arbeiter gehörten zur tapferen KPD-Führung, endgültig korrigiert:

»Das rote Berlin wird unter der Führung der KPD weitere Massenbataillone aus dem Boden der Betriebe und Stempelstellen stampfen … zur Niederringung der faschistischen Konterrevolution, und zu diesem Ringen, ihr sozialdemokratischen und

freigewerkschaftlichen Arbeiter, reichen wir euch … erneut und in unverbrüchlicher und solidarischer Verbundenheit die Bruderhand zum gemeinsamen, trotzigen Massenkampf. Vorwärts in eiserner antifaschistischer Geschlossenheit, allen sozialfaschistischen Spaltern zum Trotz.«[37]

Eindrucksvolle Worte, in der Tat, aber das klappte ja nicht, wie bekannt.

Zwischen den Linien

gab es die eine oder andere Abweichung vom Kästchenbauen und Hin- und Herrücken. Da schwante einigen Schlimmes, aber das Führer-Massen-Modell war auch da nicht in Frage gestellter Glaubenssatz. Als Beispiel nenne ich den linken SPD-Flügel, der sich ja dann teilweise in einen neuen Kasten, die SAPD, abspaltete. Sie hielt der SPD vor, diese würde sich zu sehr mit den bürgerlichen Parteien einlassen, statt sich auf die Massen als das Eigentliche zu verlassen.

»Unsere Macht liegt nicht im Parlament, auch nicht in der Regierungsbeteiligung, sie ist aufgebaut auf dem Vertrauen der Arbeitermassen zur Partei … Wir dürfen auch nicht den Anschein aufkommen lassen, als wollten wir diese kapitalistische Wirtschaft auf Kosten der Arbeiter sanieren und retten.« Es bestehe die Gefahr, daß die Politik der SPD, nämlich die Massen zu einer Koalitionsgesinnung mit den bürgerlichen Parteien erziehen zu wollen, »von den Massen nicht verstanden werde. Ist dies aber der Fall, dann setzen wir die Stärke der Partei und der Gewerkschaften aufs Spiel«.[38]

Die Leute hatten ja irgendwo recht, eine SPD-Politik zu kritisieren, die ihre Führungsaufgaben gegenüber den Massen im wesentlichen darin sah, denen beizubringen, daß Mann im Verein mit dem Kapital und den bürgerlichen Parteien mucksmäuschenstill durch den Krisenschlamm hindurchwaten müsse, egal, wie gehungert und gefroren wurde, um den Faschismus an der Machtergreifung zu hindern. Die Strategie hat ja bekanntlich nicht geklappt. Aber das Gegenkonzept der Zwischenlinier war auch windig:

»Dagegen hat die sozialistische Erziehung ... das Bewußtsein der Proletarier mit den Anschauungen, Gedanken und Gefühlen der notwendigen Zukunft zu erfüllen und dadurch die unentbehrlichen intellektuellen und moralischen Bedingungen für die Verwirklichung einer klassenlosen Gesellschaft ...« zu schaffen.[39]

Ein bißchen richtige Sozialismustheorie plus Gefühlsbeigaben durch den Nürnberger Trichter, von einer einsichtsvollen SPD-Führung den Massen vermittelt – ich glaube, das war auch nicht der Weisheit letzter Schluß. Wenn bei den »Massen« selbst nichts vorhanden war, sondern erst in den Kopf getrichtert werden mußte, wenn da auch wieder nur die falsche Führungspolitik zur Verantwortung gezogen und die Massen im Zustand kindlicher Unschuld und Verantwortungslosigkeit gesehen wurden, dann konnte daraus nichts werden, es wurde ja auch nichts, die Kritiker blieben weitgehend unter sich. Das hätte ihnen die Genossin Luxemburg auch schon vorher sagen können, aber sie war ja tot, und ob sie sich hätte Gehör verschaffen können, wäre sie nicht umgebracht worden, möchte ich bezweifeln.

Eine Untersuchung des Führer-Massen-Modells in der Weimarer Republik bringt eigentlich nicht viel Neues gegenüber dem, was ich schon anhand der Massenstreikdebatte gezeigt habe. Es finden allenfalls Akzentverschiebungen statt. Das Modell selbst wird nicht mehr diskutiert, sondern gewinnt den Charakter einer als naturnotwendig anerkannten Handlungsform. Und es wird an die inhaltlich-politischen Ziele, die sich die beiden feindlichen Brüder stellen, angepaßt. Sozialdemokratie und Gewerkschaften sehen sich ja nun als Teilhaber an der Macht. Sie agieren und verhandeln auf der Basis von politischen und von Rechtspositionen mit dem Kapital und den bürgerlichen Parteien. Wer verhandelt, muß wissen, um was es geht, muß mit dem Gegner geistig ebenbürtig verkehren können. Wissenschaftlich geschulte Köpfe werden gebraucht für die Betriebsratsarbeit, für die Tarifverhandlungen, für die staatliche Verwaltungsarbeit, für die parlamentarischen Auseinandersetzungen. Die schon bei Lassalle auffällige besondere Liebe zum Kopf, dem Staatskopf, dem Parteivorstandskopf, dem Wissenschaftskopf, kann sich jetzt voll entfalten. Sozialdemokratische Macht sei »geistige Herrschaft ... keine physische Kraftentfaltung«[40]. Das geht ganz klar gegen die KPD, die vom gewaltsamen Aufstand, von der organisierten Arbeiterschaft als einer Art Kraftmaschine zur Beseitigung der bürgerlichen Klassenmacht träumt, wobei die Parteiführung natürlich die Hebel bewegt und die Richtung bestimmt. Wenn ich die Sprüche verfolge, die die KPD nicht immer, aber häufig losläßt, kommt es mir vor, als hätte der Parteiführungskopf die Funktion eines Baggerführers, und die Massen, die sind der Bagger mit ordentlichen Schaufeln vorn, mit deren Hilfe das System aus den Angeln gehoben werden kann. Damit der Bagger funktioniert, muß der Baggerführer die Maschine instand halten, ölen, mit Dieselbrennstoff versorgen. Und was bedeuten diese Arbeit, diese Baggernahrung für mein Bild? Daß den Massen eingetrichtert wird, wo der Feind steht, nämlich rechts von der KPD, und daß es ohne den Schaufelbagger nicht geht. Kommunistische Bildungsarbeit müsse den der Arbeiterklasse feindlich gesinnten Charakter der sozialdemokratischen Politik aufzeigen, das »Bürgertum aus dem Bewußtsein der proletarischen Klasse entwurzeln« und die »lebendige Hingabe und Opferwilligkeit erwecken, die in der roten Armee und in allen denen, die Träger der neuen Gesellschaft sein werden, wirksam sein müssen, um die neue Ordnung siegreich zu behaupten«[41].

Ich weiß nicht, ob der Vergleich mit dem Bagger ganz stimmig ist. Aber den Unterschied zum Führer-Massen-Modell der SPD und der Gewerkschaften macht es deutlich. Bei beiden habe ich den Eindruck, daß ihre Führer sich eher als eine Art Rechtsanwaltsfraktion begreifen, die, im Unterschied zum Mandanten, der Masse, die Gesetzbücher kennt, dem Mandanten klarmacht, was geht und was nicht geht, ihm »Vernunft« beibringt und den Mandanten hinwiederum insofern ordentlich vertritt, als sie die Rechtssätze genausogut, wenn nicht besser gelernt hat als die Gegenpartei, die Gutachten zum objektiven Gang der zu verhandelnden Dinge, etwa zur Wirtschaftslage, beibringt und auf diese Weise ihrer Sache zum

Erfolg verhilft. Im Hintergrund schwelt dann noch irgendwo der Volkszorn, wir kennen das ja von Prozessen gegen Kindesentführer oder Kindesmörder, und die Rechtsanwaltsfraktion weist das Gericht ab und zu dezent darauf hin, es ist ihr aber immer ein bißchen peinlich. Volkszorn, das hat schließlich nichts mit der Zivilisation und dem »Recht« zu tun, das ist mehr etwas »Physisches«, »Emotionales«, »Unvernünftiges«.

Häkelmuster dieser Art finden sich auch in der Literatur der Weimarer Republik zur Arbeiterbildung. »Die Konsequenz aus der geänderten politischen Struktur [gemeint ist hier die Republik im Unterschied zum Kaiserreich] für den inneren Aufbau der Partei muß ein Führerauswahlsystem sein, das den besten Kräften den Aufstieg innerhalb der Partei tatsächlich möglich macht.« Demokratie zwinge nämlich zur Auseinandersetzung mit dem Gegner[42] und erfordere damit Staats- und wirtschaftliche Kenntnisse ... die bisher Monopol akademischer Jugend gewesen seien.[43] Die »Ausbildung von Kräften für machtpolitisch zentrale Positionen« sei notwendig als »Gegenstück zum industrialisierten Syndikus«.[44] Sachkenntnisse seien gefordert, die den großen Funktionärskörper fähig machen, jede Situation geistig zu beherrschen.[45] Die »Zentralisierung und Intensivierung der Wirtschaft« erforderte eine »Fülle intelligenter Kräfte«.[46] Die Aneignung des »Erkenntnisstands der Wissenschaften«[47] – gemeint sind hier die bürgerlichen Wissenschaften im Unterschied zur marxistischen Weltanschauung – sei notwendig. Zum Zwecke der Machtauseinandersetzung mit der Bourgeoisie sei auch eine »an sich unsoziale Auslese« der jetzt »Kräftigen und Entwicklungsfähigen« zu rechtfertigen.[48] Es entstehe so der Widerspruch, daß die politische Demokratie, die Republik, für die Arbeiterbewegung in ihrer inneren Organisation gerade die hierarchisch-elitären Momente verstärke, aber daran ließe sich nichts ändern. Die Brechung des Monopols der Bourgeoisie auf das Wissen, die Aneignung von Kenntnissen: das sei die neue Machtposition.

»Führerauslese und Führerbildung stehen im Mittelpunkt aller Gewerkschaftsarbeit der Gegenwart.« Den Führern müsse auch »eine bürgerliche Lebenshaltung ermöglicht werden«, sonst bestehe die Gefahr, daß sie mit ihrer kleinbürgerlichen Lebenshaltung auch kleinbürgerliche Denkformen übernähmen. So steht es in einem mir prägnant erscheinenden Artikel des Gewerkschaftsmannes Theodor Cassau, und er fährt fort: *»Da die gewerkschaftliche Organisation der Gefolgschaft und Disziplin des letzten Mannes im letzten Betrieb stets gewiß sein muß, muß sie auch die geistige Verbindung ihrer Leitung mit jenem letzten Mann allezeit lebendig erhalten. Das … gelingt nur, wenn der sachgeschulte Funktionär als Mittler zwischen der Führung und den Mitgliedern tätig ist … Ein ernsthaftes und selbständiges gewerkschaftliches Bildungswesen muß dafür sorgen, daß die erkenntnismäßigen Voraussetzungen des Handelns bei Mitgliedschaft und Führung gleich sind, soweit das erreichbar ist … Einheit zwischen disziplinierter Mitgliedschaft und sachkundiger Führung« werde durch gewerkschaftliche Mitgliederschulung angestrebt.*[49] *»Sach- und Zweckschulung« soll auch breiten Kreisen der Mitglieder zukommen, um »gewerkschaftliche Disziplin fester zu gründen auf der Einsicht der Mitglieder«.*[50]

Ich glaube, es ist nicht notwendig, daß ich dieses Modell von der sachgeschulten Führung bis in die Gegenwart hinein im einzelnen nachweise. Ich erinnere mich nur an einen Kommentar zum Korruptionsskandal des gewerkschaftseigenen Unternehmens »Neue Heimat« im Funktionärsorgan des DGB, »Die Quelle«, in dem aus dieser ganzen Geschichte der Schluß gezogen wurde, die Mitglieder seien immer noch nicht richtig über die großen Verdienste des gewerkschaftseigenen Unternehmens informiert. Die Devise müsse lauten: Aufklärungsarbeit. Und auch der andere Aspekt hat sich ja in wünschenswerter Weise erfüllt: Kleinbürgerliche Lebenshaltung und kleinbürgerliche Denkformen kann Mann wie Frau heutzutage weder dem Neue-Heimat- noch dem Gewerkschafts-Management vorwerfen.

Und was hat das nun alles damit zu tun, daß die Köpfe der Arbeiterbewegung – die Rechtsanwaltsfraktionen, die Baggerführer – die Trennung von Kopf und Hand und die Leitung der Hände nach den Ideen der Köpfe in der großen Industrie akzeptiert haben? Spätestens, wie gesagt, nach der russischen und nach der Novemberrevolution? Die Rechtsanwaltsfraktion drückt die Sache klar und deutlich aus. Theodor Cassau begreift die Gewerkschaften als eine Art Großbetrieb auf der anderen Seite der Barrikade.

»Der Zusammenfassung der toten Produktionsmittel in relativ wenigen Händen steht hier die Zusammenballung der lebenden Produktionsmittel, der Arbeiterschaft, gegenüber. Die Arbeiterbewegung kann keine wirtschaftliche Macht in die Waagschale werfen, dagegen aber Menschenmacht, Massenmacht … Im wirtschaftlichen Kampf kann sie ebenfalls nicht Sachgüter, sondern muß Menschen wirken lassen … Sie ist der Träger der Massenorganisation.«[51]

Spannend, was das jetzt wohl ist, die »Arbeiterbewegung«? Zunächst einmal, sie ist so etwas wie ein »Großbetrieb«, und der ist »seinem Wesen nach autoritär … Er verlangt die berufliche Leitung durch wenige«. Beim Großbetrieb sei das kein Problem, wie der Schreiber fortfährt, denn da würden schließlich sachliche Produktionsmittel eingesetzt. Er vergißt in diesem Moment erstaunlicherweise, daß in den Fabriken ja auch noch Arbeiterinnen und Arbeiter sind. Auf diese Weise sieht er nur beim Großbetrieb Gewerkschaft gewisse Probleme mit der wesenhaft autoritären Organisation. Aber die seien zu lösen durch den »stufenmäßigen Aufbau der Organisation«. Diese schaffe die Möglichkeit, »daß die kleine Mitgliedergruppe, die sich genau kennt, für ein kleines Gebiet ihren Beauftragten wählt«, und so geht es dann weiter, stufenförmig, treppauf, von unten nach oben. Auf diese Weise gestalte sich die Organisation in glücklichster Weise demokratisch und trotzdem autoritär.

»Die Gewerkschafter sahen die mangelnde Vertrautheit der Massen mit der Gewerkschaftspraxis und machten mancherlei Vorschläge auf organisatorischem Gebiet. Die Mitglieder sollten durch Zwang zum Versammlungsbesuch … und damit auch zu einem besseren Verständnis der gewerkschaftlichen Führung erzogen werden … Wenn sich auch jeder darüber klar war, daß die Entscheidungen derartiger Vertreterversammlungen nicht anders als die bisherigen Vorstandsentscheidungen ausfallen würden, so war doch die Verantwortung auf viele Schultern verteilt, und jeder, der Verantwortung mit trug, mußte für den Beschluß eintreten.«

Wenn es nur um die Arbeitskräfte ginge, wären damit eigentlich alle Probleme gelöst. Aber da gebe es bei ihnen noch einen irrationalen, emotionalen Rest. Der intellektuelle Vorsprung der »Führer« produziere Mißtrauen und gegebenenfalls Vorwürfe wie »Arbeiterverräter«.

Das Prinzip bedürfe demgemäß einer Ergänzung, »und diese liegt auf dem Gebiet des Willens«. Den repräsentieren die »Massen« – im Unterschied zu den »intellektuellen Führern«. Der »Massenführer lebt nicht vom Denken der Massen, sondern von ihrem Fühlen. Die Zusammenballung zur Masse senkt den Intellekt, aber verstärkt das Gefühl. Der Führer schöpft ... seine Kraft als Kopf der Massen aus ihrem Wollen.« Er dürfe sich nicht »von der Massenstimmung treiben lassen«, die Masse dürfe für den Führer andererseits »nicht zum bloßen Mittel werden«. Die Masse müsse »stets fühlen, daß der Mann ihres Vertrauens für sie Arbeit leistet, zu der sie nicht befähigt ist, und daß er sie ausschließlich um ihretwillen tut ... Er muß aber auch die Psychologie der Massen genau kennen, wissen, wie sie reagieren, wie sie zu behandeln und zu beeinflussen sind«.[52]

Diese Doppelkopfkonstruktion habe ich in der Literatur vor dem Ersten Weltkrieg noch nicht gefunden. Ich denke da an Lassalle. Bei ihm waren Wille und Vernunft, wenigstens seiner eigenen Einsicht nach, in einer einzigen Kopfperson miteinander verknüpft. Der Glaube an das sozialistische Endziel galt auch noch als was wissenschaftlich Begründetes. Bei Liebknecht desgleichen, bei Kautsky im übrigen auch, obwohl bei ihm vor lauter streng wissenschaftlicher Begründung des naturnotwendig erfolgenden kapitalistischen Zusammenbruchs ganz ohne Zutun des Willens und ohne große Anstrengungen der Arbeiterklasse die mehr emotionale Seite schon ziemlich abhanden gekommen war.

Jetzt, in der Weimarer Republik, wird das Problem systematisch-wissenschaftlich angegangen. Für die vernünftige Arbeitskraft, die ihre Privateigentümerinteressen per Gewerkschaftsorganisation in rationaler Weise durchzusetzen sucht, die intellektuellen Führer. Und fürs sozialistische Gemüt die Massenführer. Diese müssen dann eine spezielle Qualifikation in Sachen Massenpsychologie besitzen, weil an das sozialistische Endziel außer den Massen beziehungsweise dem Rest in ihnen, der nicht in den Arbeitskraftverkäufer aufzulösen ist, niemand mehr so recht glaubt. Der Autor verrät uns auch nicht, welche Funktion die Massenführer für den Kampf mit den Kräften jenseits der Barrikade haben sollen. Er sagt nur, welche Funktion sie gegenüber dem irrationalen sozialistischen Glaubensrest haben, wenn der mal wieder hochkocht: behandeln und beeinflussen, wie es die väterliche Liebe mit unvernünftigen Kindern tut, wenn sie nicht autoritär, sondern modern, kinderpsychologisch geschult und orientiert ist. Und der Papa tut ja schließlich auch alles nur um der Kinder willen, überhaupt gar nichts für sich selbst. Er opfert sich für die Familie, die Führer opfern sich für die Arbeiterklasse.

Jetzt könnte jemand kommen und sagen: Du hast das ja nun alles ganz schön auseinandergepuzzelt, die Geschichte mit der Rechtsanwaltskopffraktion und die mit der Baggerführerkopffraktion. Uns ist auch klargeworden, daß die eine Fraktion mehr auf den Kopf, die andere mehr auf die Hände und die physische Gewalt als jeweilig besonders bevorzugte Machtinstrumente setzt, wir glauben dir auch, daß das alles seine längeren Traditionen hat, wir nehmen dir sogar noch ab, daß es ein etwas männlich-großindustriell einseitiges Denken und Handeln ist, aber was hast du denn dagegen? Es ging halt nicht anders. Die große Industrie, der zentralisierte Staat, der Kapitalismus waren da, dem mußte halt was entgegengesetzt werden, eine Gegenmacht, und wie hätte die sich denn anders organisieren sollen?

Darauf antworte ich: Das anscheinend so notwendige Führer-Massen-Modell klappte in dem Moment, als es gefährlich wurde, einfach nicht. Es war im Jahre 1933 ebenso wie im Jahre 1914 und im Jahre 1918 in puncto Macht gegen die andere Seite der Barrikade ein Rohrkrepierer. Die Hände und auch ein Teil der Köpfe haben es bitter ausbaden müssen. Sie legten sich, weil sie sich trotzdem von dem Modell nicht trennen wollten, nach der Katastrophe die Story zurecht, wenn die beiden feindlichen Brüder gemeinsam, einheitlich, mit einem Kopf und einer Massenhand, statt in zwei Teile gespalten, agiert hätten, dann hätte es geklappt. Aber ich glaube nicht mehr daran. 1914 hat es nicht geklappt, obwohl sie damals noch nicht zu zweit waren. Und es war schließlich nicht einfach so ein böser Zufall, daß sie sich entzweiten, jeder dann seinen eigenen Kasten baute und gegen den anderen Kasten, als den Konkurrenten, losschlug. Sieg oder Niederlage. Wer ist der Stärkere, wer hat die stärksten Bataillone? Auch dieses Modell ist aus der Männerwelt hinreichend bekannt.

Zum Abschluß noch eine *Skizze des bitteren Endes.* Das möchte ich kurz anhand der Auseinandersetzungen um einen Generalstreik angesichts der Hitlerschen Machtergreifung umreißen, die in den SPD- und Gewerkschaftsführungsgremien zum besagten Zeitpunkt ausgetragen wurden. Ich will zeigen, warum es nicht zum Streik kam. Und welche Träume kurz vor dem bitteren Ende noch geträumt wurden. Das Baumeister- und Konkurrentenmuster im Kopf, bin ich die Dokumentation von SPD-Gewerkschafts-KPD-Texten vom Januar bis zum Mai 1933 durchgegangen. Daraus jetzt noch einmal, nach bewährter unwissenschaftlicher Methode, eine Blütenlese:

»Alle notwendigen Vorbereitungen« unserer »in Verteidigung befindlichen Truppe … sind geprüft und vervollständigt. Leute, seid wachsam, haltet euch bereit, tut nichts, ehe nicht von denen, die das Gesamtmaß der Verantwortung tragen, die Weisung ergeht, jetzt muß losgeschlagen werden. Es kann nicht anders gehen, als daß unsere Mitglieder nur dann in Aktion treten, wenn es von oben herab befohlen wird, damit wir nicht schon vorher erwürgt am Boden liegen.«[53]

Nun: Weder der »Von-oben-herab-Befehl« noch die Weisung erging, und erwürgt am Boden lag Mann spätestens nachher. Da konnte Mann sich nicht auf eine einheitliche Parole einigen, war andererseits aber höchlichst zufrieden darüber, »daß die Arbeiter nur« seinen »Parolen folgen würden und nicht denen der Kommunisten«[54], stellte dann wieder beunruhigt fest, daß, »wenn sich die Stimmung steigere«, die

Arbeiter womöglich doch »den kommunistischen Parolen Folge leisteten«[55], erwog unter anderem im Zusammenhang mit diesen Befürchtungen einen eintägigen Generalstreik, »durch den auch gewissermaßen ein Ventil geöffnet würde«[56]. Die Frage »Was kommt danach?«[57] blieb drohend und unbeantwortet stehen. Dazu fiel den Führungsköpfen nichts ein. Sie hatten Angst, sich in »eine Situation hineinzustürzen, deren Sklaven« sie »dann seien«. Und das konnte nicht angehen. Den Feldherrnhügel zu verlassen, die Fäden aus der Hand zu verlieren, nein, das war unmöglich. Mann könne sich nicht von »gefühlsmäßigen Gesichtspunkten bestimmen« lassen. Das Drängen der Arbeiterschaft »auf unmittelbare Aktion« sei zwar »menschlich begreiflich, aber sachlich falsch!«[58] »Ruhe, Überlegung, Disziplin, das ist unsere Pflicht!«[59] Das »Vorgehen einzelner Betriebe« müsse »verhütet werden«, sonst »tastet man eventuell die Gewerkschaft selbst an«, das heißt »nimmt die Führer in Schutzhaft, beschlagnahmt die Häuser und die Kassen«.[60]

Die Führer, die Häuser und die Kassen, also »die Gewerkschaften selbst« – aber die müßten doch gerade erhalten bleiben. »Organisation, nicht Demonstration ist die Parole der Stunde. Die Gewerkschaften werden dieser Losung durch verstärkte Werbetätigkeit auch in der kommenden Zeit treu bleiben.« Wir schreiben den 31. Januar 1933! »Geschlossenheit der Organisation … Erhaltung und Ausbau einer einheitlichen Front der Arbeiterschaft in ihren Gewerkschaften«, darum gehe es.[61]

Am 22. April des Jahres 1933 erfahren die – sicherlich etwas erstaunten – Mitglieder von bevorstehenden erstaunlichen Machtzuwächsen. Mit der NSDAP laufen Verhandlungen: Zusammenlegung aller Gewerkschafts- und Betriebsorganisationen – ADGB, Christliche Gewerkschaften, Hirsch-Dunckersche Gewerkschaften, NS-Betriebszellenorganisation, Stahlhelm-Selbsthilfe, gelbe Verbände. »Somit dürfte der große Block der Arbeitergewerkschaften sehr bald über 6 Millionen Arbeiter umfassen … Nach zweckentsprechender Umgestaltung der drei Großorganisationen der Beamten, Angestellten und Arbeiter wird man dann mit einem Gewerkschaftsheer von annähernd 10 Millionen Organisierter sehr bald rechnen dürfen.« Einfach großartig: nicht nur 4 Millionen, sondern in Zukunft 6 Millionen, ja, 10 Millionen. »Es bleibt nur noch die Frage, wieweit die Einsetzung eines Kommissars [gemeint ist ein Herr von der NSDAP] für die neuen Einheitsgewerkschaften erforderlich ist und wieweit seine Aufgaben und Rechte gehen sollen.« Sonst also keine Probleme: die ersehnte Einheit, Masse, Kraft. Aber ganz sicher ist man sich der Sache nicht. Appell: »Unsere Kollegen dürfen unter keinen Umständen fahnenflüchtig werden: Denn entsprechend der Stärke unseres Gesamtverbands wird auch unser Einfluß bei der Umgruppierung … sein. Wir wollen« uns »hinüberbringen in das gewaltige, werdende neue Gebilde der Einheitsorganisation aller Gewerkschaften«[62]. Sicherlich, da schrieb man schon den April 1933, und der SA-Terror, auch gegen Gewerkschaftshäuser, war schon an der Tagesordnung. Trotzdem, mußte das sein? Der Leiter der nach Zerschlagung des ADGB aus der Taufe gehobenen DAF, NSDAP-Mitglied Dr. Ley, kommentiert im Mai 1933:

»Uns täuscht der schlaue Fuchs nicht! Lieber geben wir ihm einen letzten Fangschuß, als daß wir jemals wieder dulden würden, daß er sich erhebe … Die Gewerkschaftsführer mögen noch soviel Ergebenheit heucheln – es ist besser, sie befinden sich in Schutzhaft … Deine Institutionen aber [angesprochen ist der deutsche Arbeiter] sind uns Nationalsozialisten heilig und unantastbar.«[63]

Und die Kommunisten? Verhaltene bis offene Genugtuung am 9. Februar: »Uns, die Anhänger der revolutionären Gewerkschaftspolitik … hat die Kapitulation der Gewerkschaftsführer nicht überrascht … Es ist unsere Aufgabe, in die Massen der gewerkschaftlich organisierten Arbeiter die Erkenntnis über den Bankrott ihrer Illusion … zu tragen.« Als ob die Leute das nicht inzwischen auch gemerkt hätten. Und die Parole: »Sofortige Besetzung aller wählbaren Positionen mit Anhängern des entschiedenen Klassenkampfs.«[64] Statt der schlechten eine gute Führung, und da bietet man wohl nichts Besseres an als sich selbst. Wir schreiben, wie gesagt, den Februar 1933.

… und was die Bilder zeigen!

Ich habe zwei Bildbände herangezogen, beide herausgegeben von Elefanten Press Galerie, Berlin.

John Heartfield, ein Mann, ein Künstler, der seine Arbeit in den Dienst der Kommunistischen Partei stellte.

Käthe Kollwitz, eine Frau, kein Parteimitglied, aber mit den Unterdrückten solidarisch. Meine Thesen fand ich in den Bildern bestätigt.

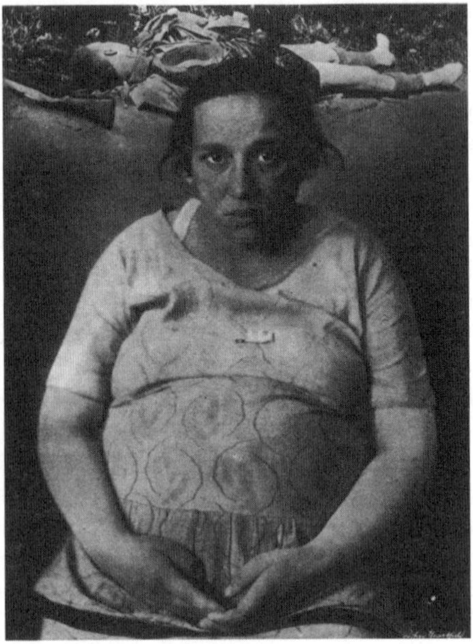

SCHWANGERE FRAUEN, § 218, ABTREIBUNG
Das Bild ist gestellt. Bewußt! Eine Studiofotografie. Es ist das einzige Bild im Ausstellungskatalog, das eine Frau in der Hauptrolle zeigt. Würdelos, ohnmächtiger Blick, ein Opfer der Natur? der Gesellschaft? Jedenfalls bar jeglicher Menschlichkeit: »*Gebärmaschine*«. Die Anklage gegen die Gesellschaft denunziert die Frau zum Opfer ohne Bewußtsein! Vielleicht wird aber auch die Schwangerschaft selbst als Zustand der Naturunterworfenheit denunziert!

Das Kind im Bauch nimmt der Frau die letzte Kraft, die sie doch für die Lebenden, sich eingeschlossen, brauchte: Müdigkeit, Hoffnungslosigkeit – aber das sind schließlich menschliche Ausdrucksformen.

»Die hochschwangere Frau vor einer verschlossenen Tür – ihre ausgemergelten Gesichtszüge verweisen darauf, daß sie Hilfe braucht.« Eine Person. Sie klagt an. »Ihre Anklage richtet sich gegen den Mann, der sie geschwängert hat, den Arzt, der ihr nicht helfen darf, den Gesetzgeber, der ihr verbietet, abzutreiben.«[65]

EINHEIT ODER VERBRÜDERUNG
Im gesamten Katalog findet sich kein Bild, auf dem Männer sich einander zuneigen. Gemeinsamkeit wird immer als Einheit definiert. Hier zwei *Hände*, sie greifen nach – einander. Am Ineinandergreifen der Zahnräder einer *Maschine* sollen sie sich orientieren.

Zwei Männer, zwei Menschen wenden sich in Angst und Hoffnung einander zu. Der eine beschwört das Vertrauen des anderen. In der körperlichen Umarmung drückt sich der Erfolg des beschwörenden Blickes aus. Sie fördert das Vertrauen. Das Bild heißt »Verbrüderung«.

WIDERSTAND
Eine Menschendemonstration fügt sich zur Faust. Das Motiv – wie immer: Viele müssen zu einer werden, zu einer Einheit, hier, zu einer Faust. Massen. Keine Personen.

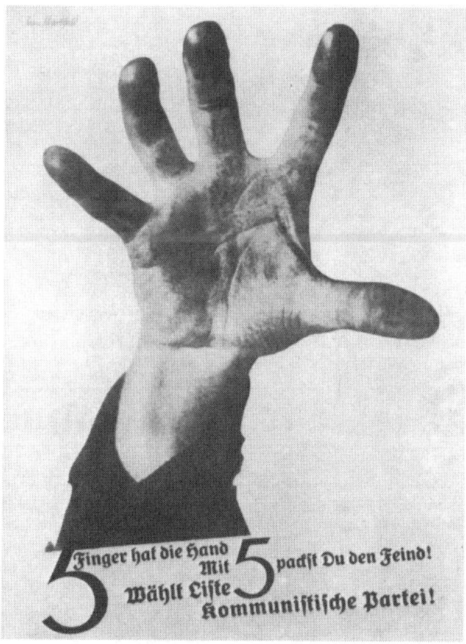

Immer wieder das Motiv, *die Hand*, zur drohenden Faust geballt oder aggressiv zupacken wollend, auf jeden Fall: siegessicher. Das Resultat scheint festzustehen.

Die Gestalt der »schwarzen Anna« und die Radierung »Losbruch« aus der Folge »Bauernkriege«. Mit heftiger Gebärde gibt die Frau das Zeichen und ihre Kraft für die losstürmende Horde von Bauern. Ihr Gesicht sehen wir nicht. Ihr aufgerichteter Körper, die hochgeworfenen Arme: Wut, Entschlossenheit. Symbol gleichzeitig der Wiedergewinnung menschlicher Würde, die in den Gesichtern der Bauern so gut wie nicht zu finden ist. Sinnbild des Aufstands, auch wenn er eine Niederlage wird.

Nie wieder Krieg. Auch hier die Bewegung des Körpers nach oben, vorwärts, in die Zukunft. Mit einer Hand berührt die Gestalt ihren eigenen Körper. Keine Faust, keine Drohung gegen den Feind, aber Zukunftshoffnung, Freiheit und Entschlossenheit.

EINHEIT ODER SOLIDARITÄT
Den Begriff »Solidarität« habe ich auf keiner der Montagen gefunden. Einheit heißt es immer wieder. Und was ist ihr Inhalt? Drei Männer, nur ihre Hände berühren sich, und die drei haben einen gemeinsamen *Besitz*, die Erdkugel. Ein variiertes Herkulesmotiv?

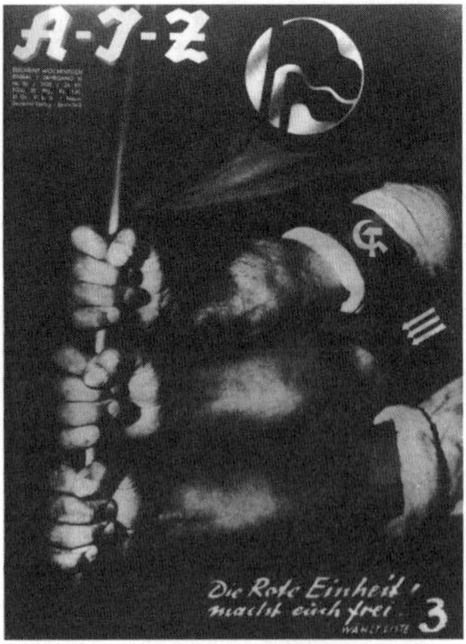

Drei Arme, durch Parteisymbole als unterschiedliche gekennzeichnet, greifen, nein, packen nach *einer* Fahne, einem Einheitssymbol. Entschlossen, dynamisch, siegessicher!

Drei Männer und eine Frau, Personen mit eigenen Gesichtern, *mit Händen und Körpern* in eine Kette geschlungen, auch Schutz suchend. Angst und Leiden, Mut und Entschlossenheit, die aus der Gemeinsamkeit kommen. Hoffnung: daß die Kette nicht endet! Kein fertiges Resultat.

POSITIVE BILDER
Männer, Maschinen, Waffen, Hände, *Herren* der Zukunft, Helden; Fahnen werden aufge»pflanzt«.

Frauen, Männer, Kinder – Zuneigung, Hoffnung, Widerstand.

4. Die Sozialstaatskrise oder: Der drohende Sieg der körperlosen Köpfe

Ich habe mir lange überlegt, ob ich das Thema am Beispiel der BRD-Geschichte durchspielen soll. Das bringt jedoch, soweit mein Überblick reicht, nicht viel Neues. Die Würfel sind spätestens nach dem Ersten Weltkrieg gefallen. Alles, was danach kommt, ist in der Tat Variation des gleichen. Ich komme lieber sofort aufs drohende bittere und dann wohl auch endgültige Ende Numero zwei zu sprechen, das, was in den nächsten Jahren? Jahrzehnten? – vielleicht – ansteht. Als Aufhänger nehme ich das Thema vom Ernährer und vom Sozialstaat.

Die Rebellion der Familienväter gegen den großen Sozialstaatspapa

Mit dem Ernährermythos im Kopf: Also ganz falsch ist es ja nicht, wie meine Mutter schon gesagt hat, aber es ist halt nur die halbe Wahrheit über die Produktion des Lebens, über die Arbeit, die dafür nötig ist – und wenn eine halbe Wahrheit zur ganzen gemacht wird, dann kann das furchtbar schiefgehen; wie gesagt, den Ernährermythos im Kopfe sehe ich mir zunächst die CDU an. Die möchte, daß der Papa zu Hause wieder der einzige Ernährer ist. Die will den Ernährer als männlichen Charakterkopf, als Familienoberhaupt, das Frau und Kinder versorgt. Die will von der einzelnen Person, vom Individuum nicht abrücken. Die Frauen sind nicht gemeint, die verströmen von Natur aus Wärme und Mütterlichkeit, tun nichts, was wirklich ernährt, nein, die Wirtschaft, die Industrie, das Handwerk, das ist schon das Wichtigste. Und den technischen Fortschritt wollen die »Konservativen« inzwischen ja noch mehr als die sozialdemokratischen Fortschrittler, die ihn bisher für sich als unabdingbaren Mythos gepachtet hatten. Zum Beispiel das Kabelfernsehen: Die SPD traute sich nicht so richtig ran, und als die CDU an die Reihe kam, war die Sache klar. Kabelfernsehen wird gebraucht, damit die Wirtschaft wieder was zum Investieren hat, wir kommen nicht daran vorbei. Da sind die Väter ganz rücksichtslos, vergessen, daß dergleichen für die Familie gar nicht gut ist. Sie haben ihre prima Kästen: Die Familie ist die Familie, das Oberhaupt ist das Oberhaupt, und die Wirtschaft, das ist die Wirtschaft. Wenn die nicht funktioniert, kann Papa kein Geld heimbringen. Und dann ist er auch gar kein richtiger Ernährer mehr, dann schwindet seine Familienautorität, dann sagt die Frau: Zu nichts bist du nütze, nicht mal dazu, Geld heimzubringen! Damit Papa den Charakterkopf in der Familie hoch tragen kann, braucht er Knete, und die kriegt er nur, wenn alle Investitionshemmnisse beseitigt werden, wenn Kabelfernsehen, Atomraketen, Autobahnen, Atomkraftwerke und was die Industrie noch alles zu liefern hat, produziert werden können. Und dafür setzen sich die Familienväter und Ernährer ein. Was dann passiert, ist ihnen eigentlich egal. Hauptsache, die Mama zweifelt nicht an ihnen. Hauptsache, sie haben in der Familie das Sagen – wo sie sonst schon kaum noch irgendwo das Sagen haben. Helmut Schelsky, konservativer Chefideologe, drückt das so aus:

»Je mehr die zuteilende Gerechtigkeit des Sozialstaats überhandnimmt, um so deutlicher bilden sich soziale Mechanismen heraus, die den Menschen [spannend, wer das wohl ist, der Mann, die Frau, beide? – Wir werden sehen] *seiner personalen Selbständigkeit berauben und ihn, scheinbar zu seinem Wohle, entmündigen.«*[1]

Das ist es also, was die Herren stört am Sozialstaat: daß dieser der große Papa ist – mündig, erwachsen. Das Volk, die Kinder: unmündig, unerwachsen, zwar ernährt vom großen Vater, aber eben deshalb auch abhängig von ihm. Die Kritik am Patriarchat ist für die Herren der Aufstand der Söhne gegen den Vater, der einzelnen Ernährer gegen den Sozialstaat. Sie wollen wieder selbst ernähren.

»Das Eigenplanungs- und Eigenverantwortungsbewußtsein – daß man für sein Alter und für Not- und Krankheitsfälle vorsorgt – und die dementsprechenden Lebenssinnhandlungen langfristiger, generationshafter Art« – Der Mann stottert ja nur noch, was ist denn mit ihm los? – *»sind weitgehend auf den zuteilenden Staat verlagert worden. Daseinsvorsorge und Daseinsfürsorge sind – schon von der Bibel her – die wesentlichen immanenten Sinngebungen des menschlichen Daseins.«*

Dasein-Dasein-Dasein. Hat der Mann solche Angst, daß er plötzlich verschwunden sein könnte?

»Indem man sie [also die Daseinsfürsorge-vorsorge] ›kollektiviert‹, *sie dem einzelnen und der einzelnen Familie als ihre Uraufgabe wegnimmt zugunsten von großorganisatorischer Betreuung, entmündigt man den Menschen und drängt seine Lebenspflichten und -erwartungen in den Konsum des bloß Gegenwärtigen.«*

Schelsky meint also, daß das Eigentliche am Menschen, die vorsorgende Planung für die Zukunft, diesem genommen würde. Die Leute leben nur noch so in den Tag hinein, konsumieren, was kommt, gewissermaßen wie die Kühe auf der Weide, die sich ja auch nicht darum kümmern, ob das Gras im nächsten Jahr noch wächst. Ich finde den Gedanken ganz erwägenswert, aber ernsthaft mache ich mir dazu erst einen Vers, wenn ich weiß, wer »der Mensch« ist.

»Erst indem der Mensch als eigenständiges Subjekt die anthropologischen Grundaufgaben menschlichen Daseins selbst auf sich nimmt, durch SEINE Arbeit und Leistung SEIN und SEINER Familie Leben zu erhalten, Kinder zu ZEUGEN und aufzuziehen um SEINER eigenen Zukunft willen – und nicht nur als instinktiv-irrationalen Luxus bei sozialer Benachteiligung – Vorsorge für Krankheit, Alter, Notzeiten zu treffen und schließlich den Nachkommenden als ERBE zu hinterlassen, daß sie ihr Leben leichter und menschenwürdiger führen können, erst indem DER MENSCH sich dieser Grundaufgaben MENSCHLICHEN Daseins ständig und individuell stellt, erfährt ER persönliche Lebensbestätigung etc. etc.«[2]

Ich glaube, ich gehe nicht fehl in der Annahme, daß hier DER MANN gemeint ist und sonst gar niemand. Da könnte ich jetzt seitenlang die bürgerliche Philosophie über den MANN, sprich MENSCH, sprich PRIVATEIGENTÜMER, sprich SUBJEKT, sprich AUTONOM, sprich ZEUGUNG, sprich ERBSCHAFT, runterbeten, von der englischen Philosophie, von Hobbes, Locke bis hin zur hohen deutschen, sprich Hegel, Kant. Sie haben das nur sprachlich etwas souveräner ausgedrückt. Ich lasse mal den berühmten politischen Philosophen um die Wende des 18. Jahrhunderts, den Engländer John Locke, sprechen. Auf Hegel gehe ich dann im folgenden Abschnitt ein. Schließlich bietet sich so die Gelegenheit, wenigstens einige Anmerkungen zum bürgerlichen Weiblichkeitsbild unterzubringen, das ich ja bisher im wesentlichen habe rechts liegenlassen.[3]

»Diese Gewalt gehört dem Vater … sie geht Hand in Hand mit der Ernährung und Erziehung der Kinder.«[4] *Durch die Macht, den Erben zu bestimmen, »verpflichten Väter in der Tat ihre Kinder zum Gehorsam«*[5]. *»Weil die Frau fähig ist, zu empfangen und de facto in der Regel von neuem schwanger wird und niederkommt, lange bevor das ältere Kind für seine Erhaltung die elterliche Hilfe nicht mehr benötigt … dadurch ist der Vater gezwungen, für diejenigen zu sorgen, die er gezeugt hat.«*[6] *In der Ehe gibt es Konflikte, »d.h., daß es irgendwo eine Herrschaft gibt«, ist notwendig. »Diese fällt naturgemäß dem Manne als dem fähigeren und stärkeren Teil zu.«*[7]

Der Philosoph redet also noch nicht so dunkel von DEM MENSCHEN daher, für ihn gibt es Männer und Frauen, und manchmal – was ich hier nicht zitiert habe – schwankt er auch ein bißchen zu den Müttern hin. Aber letztlich ist die Sache klar: Privateigentum beruht auf Arbeit, auf Männerarbeit, die Natur, die »gemeinsame Mutter«, ist weiter ohne Bedeutung.[8]

»Ja wenn wir die Dinge richtig veranschlagen wollen, so wie sie in unseren Gebrauch kommen, und die einzelnen Kosten berechnen, die auf ihnen liegen, wenn wir weiter wissen wollen, was sie eigentlich der Natur *verdanken und was der* Arbeit, *so werden wir sogar herausfinden, daß man in den meisten Fällen neunundneunzig Hundertstel ganz dem Konto der Arbeit zuschreiben muß.«*[9]

Und die Mutter SEINER Söhne, die ist ja auch dauernd nur dabei, zu empfangen, nachdem ihr und ihren Geschlechtsgenossinnen die Macht über ihren eigenen Körper durch zweihundertjährige Hexenverbrennungen enteignet worden ist. Und was die Söhne betrifft, so braucht es ja in der bürgerlichen Klasse eine lange Zeit, bis sie zu reinen bürgerlichen Kopfmenschen hochzivilisiert sind. Und bis die Töchter begriffen haben, daß sie keinen Kopf, sondern nur Gefühle haben, das geht auch nicht so schnell. Da muß er die Mutter schon ernähren, durch SEINE ARBEIT. Und fortschrittlich ist das Ganze ja auch noch: Denn wem gehörte die Mutter Natur, die Erde? Dem Feudaladel, den alten politischen Vätern, den Despoten – und die werden ja gerade durch die Söhne entmachtet, haben auch nichts Rechtes mehr zu bieten, nur so ein bißchen Erde, wo doch von der Arbeit = den Söhnen jetzt alles selbst gemacht wird. Zu Hause natürlich, gegenüber den Frauen, da wollen sie schon weiter die Herren sein. Die Lage ist gegen Ende des 17. Jahrhunderts noch nicht ganz geklärt, aber im Laufe des 18. und 19. Jahrhunderts siegt dann die Söhnedemokratie, mehr oder weniger. Und gleichzeitig werden die Mütter vollends entmachtet. Meine Geschlechtsgenossin Hannelore Schröder hat das im einzelnen in ihrem Buch »Die Rechtlosigkeit der Frau im Rechtsstaat« nachgewiesen. Es ist mit empörter Leidenschaft verfaßt, geschrieben in den siebziger Jahren.

Nehmen wir noch einmal das EIGENSTÄNDIGE SUBJEKT, von dem Schelsky schwärmt. Wer ist das in der bürgerlichen Philosophie? Bei John Locke ist die Sache so ziemlich geklärt: der naturbeherrschende, die Natur sich als Privateigentum aneignende Mann. Er kann mit seinem Eigentum machen, was er will, er ist frei. Niemand darf es ihm mit Gewalt abnehmen. Er ist insofern anderen gleichgestellt. Friedlicher Handel. Austausch ohne Gewalt. Und wer alles fällt nicht unter die Bezeichnung? Die Knechte, die Arbeiter, die in Lohn sind. Die Frauen. Die Kinder beziehungsweise Töchter. Die Söhne werden ja Erben. Die versklavten Völker, sie haben nämlich angeblich ungerechte Kriege geführt und werden deshalb unterworfen. Wir sehen also, zu den EIGENSTÄNDIGEN SUBJEKTEN gehört vielleicht ein Fünfhundertstel der Menschheit, der Rest ist Objekt der Arbeit, Aneignung, Ausbeutung, Privateigentumsbildung – kurz gesagt: der *Gewalt* der weißen Männer unterworfen.

Und was dem heutigen Ideologen der politischen Rechten nicht gefällt, ist die Tatsache, daß die Arbeiter und inzwischen sogar ein bißchen die Frauen auch zu eigenständigen Subjekten aufgestiegen sind. Ihm wäre es ja recht, wenn sie dabei nicht den Sozialstaat aufgebaut hätten, den Chefernährer, der ihnen helfen soll, mit ihrem etwas prekären Eigentum, der Ware Arbeitskraft, lebenslang sparsam und nutzbringend zu wirtschaften. So hatten es sich die Arbeitsmänner wenigstens vorgestellt. Der Sozialstaat läßt sie in die Klasse der weißen Männer, der Privateigentümer aufsteigen. Ohne ihn hätten sie es nicht geschafft. Das habe ich zuvor – so hoffe ich wenigstens – in hinreichender Deutlichkeit dargestellt. Mit ihm haben sie es auch nicht geschafft, wenigstens nicht auf Dauer. Und das Schlimme an der Sache ist: Der Großernährer hoch oben braucht immer mehr Geld, um den Söhnen ihr Erbe, ihr Eigentum, ihr Privateigentum, ihre Arbeitskraft, den freien Verkauf ihrer Arbeitskraft zu sichern. Entgegen den Träumen der väterlichen Sozialdemokraten produziert er ja nicht selbst, was er da verbraucht. Nein, die Söhne produzieren es, und der große Vater beutet sie aus. Das ist die entscheidende »Erkenntnis«. Von dem schlitzohrigen Volkshelden aus Bayern hören wir das allenthalben und auch sonst. Nicht mehr das Kapital, sondern der Sozialstaat – das sei der wahre Ausbeuter. Zwar kein »klassenhaftes Ausbeutungssystem«, wie Herr Schelsky meint, aber eben doch eines. Und warum beutet der Sozialstaat die Söhne aus?

»Das Entscheidende aber ist, daß diese Abschöpfung vor allem dem Machtgewinn der Herrschenden dient … da die politisch Herrschenden jeweils ihre Anhänger mit den dadurch geschaffenen bürokratischen Stellen versorgen, wird der Sozialstaat zum wesentlichen Teil zu einer Apparatur der Machtgewinnung und der Postenverteilung.«[10]

Wie gesagt: Ein neuer Vatermord steht an: Darin besteht wohl der innerste Sinn der »großen Wende«, die rund um den Erdball von den weißen Männern, nicht allen, aber eben einer bestimmten Fraktion, verkündet wird. Und sie sind ja so froh, daß auch eine Frau mitmacht, die Frau Thatcher. Und die ist sogar besonders scharf. Das Interessante und Neue daran, der entscheidende Unterschied zur ganzen bürgerlichen Philosophie ist: Die Söhne, die da rebellieren, wollen nur noch Familienväter sein, die interessiert das Allgemeine, die Gesellschaft nicht mehr. Sie wollen nur noch von ihrer Ehefrau als Ernährer, Versorger, Planer, Herr anerkannt werden. Das genügt ihnen.

Familie ist wieder »in« : Seht euch unseren Hollywoodschauspieler samt Ehefrau an, ein wirklich vertrauenerweckender Ehemann. Seht euch unseren neuen Regierungschef, Herrn Kohl, an, das ist ein richtiger lieber Papa, und so tritt er auch auf, der will auch nur Familienvater sein. Gut, Strauß, bei dem ist das noch ein bißchen anders, aber der ist ja auch vorgesehen für Zeiten, wenn die Sache doch nicht klappen sollte.

Industrie und Gesellschaft. Das ehemalige Reich der Sonne wandelt sich zum Reich des Todes

Und warum die Flucht in die Familie? Warum wollen die Herren Söhne denn die Gesellschaft nicht mehr so recht sehen? Schließlich war sie doch der große Hit für den liberalen Philosophen John Locke und in der ganzen bürgerlichen Philosophie – ja – und schließlich auch in der Praxis.

Aber ich bleibe noch bei der Philosophie, der Haupt- und Staatswissenschaft des aufsteigenden Bürgertums. Hegel zum Beispiel: Für ihn ist die Familie das »Reich des Todes«, der Frau; die *Gesellschaft, der Staat,* das ist *»das Reich der Sonne«,* der Bewußtheit, der Arbeit, des Privateigentums, des Denkens, der Geschichte, kurz DES MANNES. Es ist das Gemeinwesen, das, wie Hegel es ausdrückt, »an der Weiblichkeit seinen inneren Feind« erzeugt.[11] Das Familienmitglied ist vergänglich, Teil der Natur, wird geboren und stirbt. Der Bürger, der Mann, der weiße Mann nimmt an der Geschichte, der EWIGKEIT teil, wird dadurch gewissermaßen unsterblich.

»Weil er nur als Bürger wirklich und substantiell ist, so ist der Einzelne, wie er nicht Bürger ist und der Familie angehört, nur der marklose Schatten.«[12]

Die Männer damals betrachteten sich also mit stolzgeschwellter Brust in dem, was sie da produziert hatten: dem Reich der Arbeit, der Industrie; den Gesetzen, die den gewaltlosen Austausch zwischen den Männern regeln; den freien Verträgen, die von Herren, von eigenständigen Subjekten, geschlossen wurden; dem bürgerlichen Staat, den sie in mehr oder weniger brüderlicher Vereinigung auf die Welt gebracht hatten, damit er aufpasse, daß ihnen niemand mit Gewalt etwas wegnehme; dem Rechtsstaat, der das Privateigentum schützt. All das sahen sie mit glänzenden Augen. Das konnte sich doch sehen lassen, das überdauerte doch den einzelnen Familienvater, das blieb, wenn er starb. Sie fühlten sich als etwas Starkes, wenn sie auf all diesen Fortschritt blickten: Ihr Werk. Die *Frauen,* die hatten damit nichts zu tun. Sie produzierten ja nur das zufällige, sterbliche, natürliche Individuum. *Reich des Todes.* Und Hegel war ein kluger Mann. Die bürgerliche *Gesellschaft erzeuge die Weiblichkeit als ihren Feind.* So meinte er.

Marx war in diesem Punkt viel blauäugig-naiver. Der sah »die Weiblichkeit« überhaupt nicht mehr. Der braucht sich in dem Punkt auch gar keine Sorgen zu machen.

Allmählich klärt sich, warum die Herren, die da den neuen Vatermord propagieren, die Söhne, die nicht mehr den Feudalpatriarchen, sondern den Sozialstaatspatriarchen umbringen wollen, nur noch Familienväter sein wollen, warum sie so erwartungsvoll und hoffnungsvoll auf ihre Frau blicken, damit wenigstens die noch sieht, was sie leisten. Ich habe es ja schon an früherer Stelle gesagt: Das Haupt der Gorgo, das wollen sie nicht sehen. In dem, was sie da produziert haben, können sie sich nicht mehr freudigen Auges ansehen. Da läuft ihnen der kalte Schauder über den Rücken. Und irgendwas Soziales wollen sie auch noch machen. Die Frauen produzieren die Kinder und spiegeln sich in ihnen, die Männer bringen das Geld. In diesem Geld allein können sie sich noch anschauen als nützliche Gesellschaftsmitglieder. Ihre soziale Ader, ihr Bedürfnis nach Kontakt mit anderen Menschen, ihr Bedürfnis, von anderen gebraucht zu werden – das kann sich nur noch in der Familie verwirklichen. Die Frau guckt allein aufs Geld, wieviel ist es, was bist du wert? Sie denkt auch nicht darüber nach, wofür das verdient wurde, ob bei der Arbeit Atomraketen, Kabelfernsehen oder was auch immer entstanden ist, die Kinder müssen ernährt werden: also! Ein anderer Chefideologe, der Berater des amerikanischen Präsidenten, George Gilder, sagt das dann auch alles viel einfacher als der dunkel verschlüsselte Text seines Kollegen Schelsky:

»Die mangelnde Voraussicht ist das Resultat der geschwächten Stellung der Familienväter.«

Um das klarzulegen: George Gilder ist der festen Überzeugung, der Sozialstaat sei deshalb so schädlich, weil er Mutter und Kind das Leben auch ohne Ernährer, ohne den väterlichen Charakterkopf ermögliche. Er entmachte die Männer in dieser ihrer Rolle, und dann leisteten diese nichts mehr, dann gebe es eine Wirtschaftskrise.

»Das Leben der armen Leute unterliegt allzuoft dem gleichen hastigen Rhythmus von Anspannung und Entspannung, der die sexuellen Abenteuer junger lediger Männer kennzeichnet. Die weibliche Sexualität hat sich dagegen in Jahrtausenden dem viel langsameren, gleichmäßigen Rhythmus von Schwangerschaft und Kinderaufzucht untergeordnet.«

Die Frauen haben nur Lust, wenn sie ein Kind planen. Sonst sollen sie den Mann auch, bitte sehr, in Ruhe lassen, damit er in der Wirtschaft Leistung erbringen kann. Aber jetzt wird es spannend:

»Frauen haben deshalb ein weiträumigeres Lebensgefühl, besitzen in ihrem Körper ein Stück Ewigkeit.«

Aha! Da ist es also, das Reich der Sonne, die Ewigkeit, die Unsterblichkeit.

»Das Leben in einer zivilisierten Gesellschaft erfordert die Unterordnung des hastigen Gefühlslebens der jungen Männer unter

die auf Dauer angelegten mütterlichen Instinkte [die Hervorhebungen stammen von mir, CH.N.] *der Frau. Genau das geschieht in der Einehe – der Mann zähmt seinen Sexualtrieb, und die Frau läßt ihn durch die* Geburt der Kinder teilnehmen an der Ewigkeit. *Er gibt ihr den Lohn seiner Arbeit, den er sonst für sinnlose Vergnügungen verwenden würde. Die Frau gibt ihrem Mann eine Zukunft, er dankt ihr das mit Treue und lebenslanger Fürsorge durch Arbeit. Harte Arbeit ist die wirksamste Waffe gegen die Armut, doch die Ehe ist die beste Voraussetzung für den sozialen Aufstieg durch höherqualifizierte Arbeit.«*[13]

Ich muß sagen, mir fällt es selbst wie Schuppen von den Augen, welch ein Glück, daß ich Hegel noch im Kopf hatte, der die Sache ja genau umgekehrt sah! Sonst wäre mir nämlich diese kopernikanische Wende gar nicht aufgefallen. Weil die Zukunft in den Schoß der Frauen verlegt wird, haben die Männer hinreichende Motivation und Legitimation, die Gesellschaft nicht mehr zu beachten. Schon früher war mir das aufgefallen, in einem Artikel, den ich 1980 zur Frage »Sozialstaatskritik von rechts und von seiten der Alternativbewegung«[14] geschrieben habe. Da war mir schon so komisch vorgekommen, daß diejenigen, die da die Große Wende propagieren, selbst gar keine Staatsbürger, sondern nur noch Familienmitglieder, nur noch Ernährer – aber selbst das war mir damals noch nicht richtig klar – sein wollen. Den Staat, den überlassen sie den Experten von der Politik, die das gelernt haben. Die machen einen ordentlich wehrhaften Apparat, damit sie sich ungestört von öffentlichen Angelegenheiten der Leistungserbringung für die Familie widmen können: Die wehrhafte Demokratie, technisch ausgerüstet, sorgt fürs ruhige Familienleben, also dafür, daß die Wirtschaft ungestört von den Störern der Ökologie-, Antiatom etc.-Bewegung investieren kann, damit die Ernährer ihren Lohn kriegen. Und die Frau will nicht so oft mit dem Ehemann schlafen, damit er ordentliche Leistung bringt. Denn sonst funktioniert ja die Wirtschaft wiederum nicht.

Und die Rückkehr der Ehemänner und Söhne aus dem ehemaligen Reich der Sonne, das jetzt zum Reich des Todes geworden ist, ins ehemalige Reich des Todes, das jetzt als einziger Sonnenstrahl erscheint, ist für die Frauen auch eine ganz verlockende Idee: die Weiblichkeit, nicht mehr als Feind, sondern als Versöhnung. Die Rückkehr der verlorenen Männer und Söhne. Na bitte, das ist doch etwas.

Und wie sieht es mit der Verantwortlichkeit, mit der freien Person, mit der Person, die schuldig werden kann, aus? Wie sieht es nun mit der Daseinsvorsorge für die Zukunft aus? Ja, da fällt mir die Geschichte aus Sindbad, dem Seefahrer ein: Die Leute haben es sich ganz gemütlich eingerichtet, auf einer Insel, bauen ihre Gärtchen, bauen ihre Zäunchen, lassen sich's gutgehen – und plötzlich bebt die Erde, bewegt sich – und der Ozean verschlingt alle. Es war gar keine richtige Insel, es war ein Walfisch, und der taucht unter.

Das Beispiel ist nicht ganz treffend, denn für den Walfisch sind ja die Inselbewohner nicht verantwortlich, er ist bloß daseiende Natur. Aber das Haupt der Gorgo, von dem die Herren den Blick gerne abwenden, haben sie selbst gemacht, sie haben die Frauen weggeschoben aus der Gesellschaft, haben deren Arbeit zu einem Nichts erklärt, um diese Schreckensgestalt produzieren zu können – ungestört. Und jetzt wollen sie einfach den Kopf in unseren Schoß legen, sind für nichts verantwortlich, es ist ihnen halt so passiert. Und sie machen sich und uns ja auch immer vor, es sei alles gar nicht so schlimm, im Gegenteil, das Reich des Todes, das sie da produzieren, fort und fort, sei doch etwas ganz Nützliches, Produktives, damit würden sie uns ernähren und beschützen. Geschlechtsgenossinnen, glaubt ihnen nicht, daß sie das glauben! Nehmt den alten Hegel ernst, nehmt den Berater des Hollywoodschauspielers ernst. Die Männer müßten sich nicht in unseren Schoß flüchten, wenn sie daran glaubten, daß das alles so in Ordnung sei.

Ich nehme den Ideologen der CDU beim Wort: Verantwortlichkeit, Person, Vorsorge für die Zukunft, Vorsorge für die Kinder. Ja, er hat recht, das ist notwendig, aber so, wie der Herr das stotternd und unsicher und trotzdem wie ein Glaubensbekenntnis vorträgt, so geht es nicht, so kann sich niemand, weder die Frauen noch die Männer, der Verantwortung entziehen.

Und, meine Geschlechtsgenossinnen, glaubt ihnen nicht, daß Mann, Frau und Kinder sich von Geldscheinen ernähren könnten. Die monatliche Knete bringt es nicht. Wenn nämlich die Arbeit, für die die Herren das Geld bekommen, immer zerstörerischer wirkt, wenn sie keine Nahrung mehr bringt, dann helfen das beste Einkommen, die beste Karriere nichts mehr. Geldschein bleibt Geldschein, den können wir nicht essen.

Wo haben die Herren denn ihren Kopf gelassen? Oder: Der Kopf als Alleingebärer

Eigentlich widerstrebt es mir, arrogant zu werden, aber wenn ich so lese, Jahr um Jahr, was die Leute, die die Geschicke der Welt lenken und die gefährlich werden können, im Kopf haben und zu Papier bringen, muß ich mich fragen, wo haben die Herren denn ihren Kopf gelassen? Auf den waren sie doch immer so stolz. Den führen sie uns Frauen doch immer noch vor als ihr spezielles Unterscheidungsmerkmal zu unserer gering entwickelten Denkfähigkeit. Und: So ein Kopf ist auch eine ordentliche Naturkraft, damit läßt sich doch einiges machen. So viel geht da hinein. So viele verschiedene Elemente der Realität lassen sich da in Zusammenhang bringen. Ja, wo haben die Herren ihren Kopf gelassen?

Sie gehen natürlich immer noch davon aus, daß der Kopf das Tollste, und nicht nur das, daß er, wie schon der alte Marx mit Begeisterung für die Zukunft voraussah, nun endgültig das eigentliche und einzige lebenspendende Körperstück geworden ist. Nein, die Hände werden nicht mehr gebraucht. Die Köpfe machen jetzt zunehmend alles. Da mir dieser Punkt sehr wichtig erscheint, will ich wieder eine ausführlichere Zitatenlese geben. Alles mögliche, was mir in den letzten Jahren auffällig geworden ist, schießt da plötzlich zusammen.

Es war ungefähr im Jahre 1978, als ich zum erstenmal bei der Lektüre der »Frankfurter Rundschau« stutzte: Da wurde über einen – soviel ich weiß im rechten Lager angesiedelten –

amerikanischen Theoretiker, *Daniel Bell,* berichtet. Bell habe für die Gegenwart eine Revolution weitreichenden Ausmaßes bezüglich der Quellen des gesellschaftlichen Reichtums ausfindig gemacht. An die Stelle der Arbeit sei das Wissen getreten. Die qualifizierten Köpfe seien heute die eigentlichen Reichtumsproduzenten. Die Arbeit sei eigentlich überflüssig geworden. Ich gehe den Bericht der »Frankfurter Rundschau«[15] im folgenden Schritt für Schritt durch:

»Adam Smith hatte vor 200 Jahren ›eine Untersuchung über Natur und Wesen des Volkswohlstands‹ veröffentlicht ... Smith brach mit der Vorstellung, daß der Boden die Quelle allen Reichtums sei.«

Dazu hatte Smith gute Gründe, wir finden das ja auch bei John Locke. Die wollten das alte Feudalpatriarchat stürzen, und ohne eine neue produktive Quelle ging das nicht.

»Er setzte damit den Hebel an, um die Feudalgesellschaft niederzureißen. Für ihn war die Arbeit die Basis des Reichtums ... Dieser Grundgedanke ist von Wirtschaftstheoretikern wie Ricardo, Marx und Keynes kultiviert und zu Arbeitswertlehren, Mehrwertlehren und Vollbeschäftigungstheorien verfeinert, aber niemals in Frage gestellt worden.«

Also, das stimmt nicht ganz. Marx war der letzte, der das mit aller Entschiedenheit sagte. Und nach ihm hat die bürgerliche Volkswirtschaftstheorie die Frage, woher denn der Reichtum komme, was die produktiven Kräfte seien, wie eine heiße Kartoffel fallen lassen. An der Arbeit als Reichtumsquelle hing nämlich jetzt die rebellierende Arbeiterschaft, und die Sache war zu gefährlich geworden. Mann trieb sich dann die nächsten fünfzig Jahre auf dem Markt herum, schaute sich um, wie das mit der Verteilung, der Nachfrage, dem Angebot, dem Nutzen eines Gutes, den Preisen etc. etc. sich abspiele. Ungeheuer komplizierte Gedanken und Rechnereien waren nötig, um nicht mehr auf die Arbeit zu sprechen zu kommen. Was den Studenten da so alles an Scholastik vermittelt wird, ist schon eine Zumutung. Ja, und dann kam Gott sei Dank nach dem Ersten Weltkrieg, wie wir schon gesehen haben, die Sozialdemokratie zu Hilfe. Sie fand, daß Arbeit und Kapital ganz gut zusammen wirtschaften könnten. Das Kapital solle seinen Titel »Eigentum an den Produktionsmitteln« nicht so ernst nehmen, der sei doch nicht so wichtig. Schließlich seien die Herren von der Unternehmerseite zusammen mit dem Management notwendig, sie seien die Köpfe, Mann brauche sie, Mann wolle sie ja gar nicht beseitigen, allenfalls wolle Mann Köpfe, die ein bißchen mehr in die Richtung »Allgemeinwohl«, »höchste Produktivkraftentwicklung« statt »höchster Profit« dächten. Das Bündnis von Hand und Kopf wurde angeboten. Wie gehabt.

Und dann passierte etwas Erstaunliches. Die bürgerlichen Theoretikerköpfe waren fähig, auch mal wieder ein Weilchen ganz Passables zu denken, statt sich nur in den feinen Gespinsten der Bewegungen von Angebot und Nachfrage herumzutreiben. Keynes sah tatsächlich, daß die Arbeitslosigkeit was Schlimmes war, dem Bündnis zwischen Hand und Kopf zuwiderliefe, vielleicht auch gefährlich werden könnte. Er sah noch, daß es einen Staat gab. Und er meinte, die Arbeiter seien selbst nicht an der Arbeitslosigkeit schuld. Alle sozialdemokratischen Parteien und Gewerkschaften haben sich fünfzig Jahre lang bei Keynes für diese vergleichsweise schlichte Erkenntnis bedankt. Die Männer von der Arbeitertheoriefraktion wußten das natürlich lange vor ihm. Ihnen war klar, daß die Arbeiter nicht im Luxus prassen, und sie sahen auch, daß die Arbeiter nicht einfach faul waren. Das waren nämlich die Gründe, die die Kollegen des Herrn Keynes anführten, falls sie überhaupt die Arbeitslosigkeit wahrnahmen: Die Gewerkschaften seien schuld. Sie trieben die Preise der Ware Arbeitskraft zu hoch. Wenn die Preise dieser Ware gegen Null fielen, dann gebe es auch keine Arbeitslosigkeit.

Vor lauter Dankbarkeit gegenüber dem Theoretikerkopf von der Bourgeoisiefraktion vergaßen die Sozialdemokraten sogar, daß sie das, was Keynes dann sagte, vorher schon alles entwickelt hatten. Sie ließen ihm das Verdienst, dachten wohl, sie könnten den Herrn und seine Kollegen einbinden, wenn sie ihm ein bißchen schmeichelten.

Wir waren bei Keynes, daß er sich, entgegen der Behauptung der »Frankfurter Rundschau«, mitnichten Gedanken über die produktiven Quellen gemacht habe. Ihm ging es darum, ganz pragmatisch etwas gegen die Arbeitslosigkeit zu tun. Was dabei an Reichtum herausspringen würde, war so ziemlich egal. Das Beispiel: Löcher in die Erde graben und wieder zuschaufeln, so daß es nachher aussieht wie vorher, ist ja bekannt. Hauptsache, die Leute sind beschäftigt. Im Seminar habe ich das immer so erklärt: Hitler war ein guter Keynesianer. Er baute eine gewaltige Rüstungsproduktion auf, und die Wirtschaft klappte wenigstens für ein Weilchen wieder. In den USA hat man es zunächst noch ein bißchen anders versucht: hat Talsperren gebaut. Aber wirklich gut ging es den Amerikanern auch erst, als sie anfingen, England mit Waffen zu beliefern, und richtigen Aufschwung nahm die Wirtschaft, als endlich der Kriegseintritt der USA durch den inszenierten Unfall von Pearl Harbor möglich geworden war.

Ich komme wieder auf die »Frankfurter Rundschau« und mein damaliges Aha-Erlebnis zurück.

»Jetzt wird dieser Grundgedanke [daß nämlich die Arbeit, und nicht der Boden, Quelle allen Reichtums sei] *radikal verändert. Bell und andere Theoretiker geben dem Wissen statt der Arbeit den zentralen Platz in der Volkswirtschaft. Das bedeutet Umsturz: Die Arbeitswertlehren verlieren ihren Boden – das macht Marxisten und Neomarxisten nervös. Jetzt wird eine Wertlehre des Wissens gesucht – und da tappen die Wissenschaftler und die Praktiker im dunkeln.«*

Na ja, ob die Praktiker so im dunkeln tappen, das werden wir noch sehen. Aber zunächst zur Frage der Nervosität. Ich als überzeugte Marxistin wurde damals keineswegs nervös. Im Gegenteil, ich hatte ja die schönen Zitate aus den »Grundrissen zur Kritik der Politischen Ökonomie« im Kopf. Mit den Prognosen über die allmächtig-produktiven Superhirne hatte ich damals auch noch nicht solche Probleme. Ich dachte, na bitte, da haben wir es ja, der Kommunismus steht vor der Tür. Marx war doch wirklich gut. Die Hände werden nicht mehr gebraucht. Nur noch die Köpfe. Die auf dem Wert, das heißt der Messung der Handarbeitszeit, beruhende Produktionsweise bricht zusammen. Es kann ja spannend werden in der nächsten Zeit, wenn das selbst die Herren von der politischen Rechten entdecken.

Beunruhigend war natürlich, wie sie die Sache mal wieder interpretierten. Wenn die Köpfe alles produzieren und die Hände nicht mehr gebraucht werden, dann sei es auch höchste Zeit, mit dem Schabernack der politischen Demokratie Schluß zu machen, so meinten sie. Daniel Bell habe »aus der Struktur und Dynamik des wirtschaftlichen und sozialen Veränderungsprozesses auf einen Sachzwang zur Einschränkung persönlicher Freiheit … geschlossen … Bell sieht eine Gesellschaft heraufkommen, in der die politische Führung mit Hilfe einer sich zur neuen Klasse herausbildenden ›Wissenselite‹ mehr und mehr alle gesellschaftlichen Bereiche zentral plant und damit der unmittelbaren Gestaltung der Betroffenen entzieht«.[16]

Die Sache ist eigentlich klar: Wenn die Hände nichts Produktives mehr tun, wenn sie nur noch konsumieren wollen, immer mehr und immer mehr – und dieser Lehrsatz der bürgerlichen Volkswirtschaftslehre von der Unendlichkeit der Bedürfnisse und der Knappheit der Mittel wurde als innerstes Heiligtum der Wirtschaftswissenschaft ja nicht einfach zur Seite gelegt, den hütet diese Theoretikerfraktion wie einst die alten Israeliten ihre Bundeslade –, wenn also die Hände immer noch immer mehr konsumieren wollen und sonst nichts Rechtes tun, gewissermaßen von den wenigen Köpfen schmarotzen, dann können sie auch nicht weiterhin an den allgemeinen Regierungsangelegenheiten teilnehmen. Schließlich waren sie ja als Staatsbürger nur deshalb aufgenommen worden, weil wirklich nicht länger zu übersehen war, daß es ohne die Hände mit der Wirtschaft nicht ging. Spätestens die Revolutionsandrohungen hatten das gezeigt.

Ja, und jetzt also, welch beglückende Nachricht für die Produktionsmittel-Eigentümer-Kopffraktion: Die Hände werden nicht mehr gebraucht. Die Mittel sind nach wie vor knapp. Aus der Erde sprudelt es ja auch nicht mehr so richtig hervor. Die Mahnungen des Club of Rome über deren Endlichkeit hatten die Ohren der genannten Herren durchaus erreicht. Die

Köpfe sind die Hauptproduzenten. Der gordische Knoten, die Frage, wie denn bei endlicher Erde unendliche Bedürfnisse befriedigt werden könnten, ließe sich allenfalls durch strengstes Nachdenken und durch Aufwendung aller Kräfte der Köpfe lösen. Kein normaler menschlicher Kopf kann sich schließlich vorstellen, wie ein solch schwieriges Rätsel zu lösen ist. Da müssen Superhirne her. Und die müssen auch bestimmen, wie es mit der ganzen Gesellschaft weitergehen soll. Schließlich könnte es ja auch gefährlich kriseln, bis die Köpfe endlich das Problem gelöst hätten. Die Hände denken immer noch, sie schaffen das Wichtigste, und wollen deshalb auch mehr und mehr konsumieren. Das geht nicht. Da muß erst mal ein Weilchen gründlich nachgedacht werden. Und damit die Hände inzwischen keinen Unsinn machen, muß halt auch ein starker Staat her, der den Leuten zeigt: Immer nur konsumieren und nichts Richtiges mehr produzieren, Leute, das geht nicht.

Ich war dann auch gar nicht mehr erstaunt, als sich in meinem eigenen Arbeitsbereich, der Hochschule, einiges zu verändern begann. Selbst die Sozialdemokraten sahen das ein: Köpfe müssen her, wir brauchen eine neue *Elite.* Unserem damaligen SPD-Wissenschaftssenator Glotz leuchtete das ein. Der einzige Unterschied zur Produktionsmittel-Eigentümer-Kopffraktion war, daß er meinte, die Köpfe müßten auch noch ein bißchen sozial verantwortlich an die Gesellschaft denken. Das fand die reine Kopffraktion nicht. Sie ging davon aus, daß die Köpfe nur denken, denken, denken müßten, immerzu, immer besser, immer qualifizierter, immer ungestörter von irgendwelchen sozialen Rücksichten – das belaste sie nur, sie kämen dann nicht auf die Lösung des Rätsels. Und das Rätsel ist ja wirklich schwierig.

Für das Bildungssystem hat das Folgen. Klar: Da müssen wieder Eliten ausgebildet werden. Was soll der ganze Humbug mit der Massenuniversität, die Köpfe müssen dann viel zuviel unterrichten, und noch die Zeit für Hochschuldemokratie, da kommen sie doch gar nicht mehr zum Eigentlichen. Und sie können sich dann auch gar nicht richtig darauf konzentrieren, herauszufinden, wo denn unter den vielen Studenten hier und da noch so ein Superkopf sitzt, um sich auf ihn zu stürzen und ihn in die einzig wirklich produktive Fraktion, die Kopfelite, hinaufzubefördern.

Noch ein Nachtrag ist wichtig. Klar ist: Das Problem, das es zu lösen gilt: unendliche Bedürfnisse, endliche Erde, ist ein reines »Produktivkraft«-, ein rein technisches Problem. Die ganze Gesellschaftswissenschaft wird nicht mehr gebraucht. Die Forschungsmittel müssen sich auf die »harten Kernbereiche« der Technik konzentrieren. Alles andere ist ornamentaler Schnörkel aus vergangenen Zeiten.

Ihr seht schon, die Herren haben die Idee, ihre höchsteigenen Köpfe seien Alpha und Omega, keineswegs aufgegeben. Im Gegenteil. Sie haben sie zum allein noch sprudelnden Lebensmittelquell erhoben. Und was die Gesellschaft angeht, so hatten wir ja schon gesehen: Hier wird der Kopf in den Familien-Mutterschoß gelegt, hier wird er nicht mehr gebraucht.

Auf »die Gesellschaft« sollte Mann auch am besten gar nicht mehr schauen. Denn dort passiert so einiges Unerfreuliche. Die Hände, die in unseren westlichen Regionen so teuer gewordenen Hände, werden ja tatsächlich von den Produktionsmittelbesitzern immer weniger gebraucht. Dabei hängen sie leider am Mittelstück, dem Körper, dran. Der braucht Wohnung, Nahrung, Kleidung – leider immer noch. Und die Leute wollen einfach nicht einsehen, daß das nicht mehr so recht geht und daß sie eigentlich auch gar kein Recht mehr haben, etwas zu fordern. Denn wer nicht arbeitet, der soll auch nicht essen. Das hat doch die Arbeiterbewegung auch immer gesagt. Diese Leute, das sind ja alles Schmarotzer. Und die Hände, die das Glück haben, noch etwas tun zu dürfen, noch ein Weilchen, sagen auch, ihr übrigen, ihr arbeitslosen Hände, ihr schmarotzt ja nur. Nun gut, ich weiß, sie haben ab und zu noch ein paar Haken im Kopf. Aber vor einiger Zeit auf einer Konferenz der GEW zum Thema »Wissenschaft in gesellschaftlicher Verantwortung« hat das der Herr von ganz oben vom Düsseldorfer DGB auch noch mal betont: Die Gewerkschaft ist eine Organisation von *Arbeitsplatzbesitzern* und damit basta. Für uns Arbeitsplatzbesitzer sollt ihr Köpfe, ihr Wissenschaftler denken. Ihr sollt euch mal ein bißchen mehr von uns kontrollieren lassen, damit ihr auch das Richtige denkt. Nun, ich habe in aller Öffentlichkeit dankend abgelehnt.

Und noch eine Beobachtung. Ich komme auf Schelsky zurück. Der hat schon vor einigen Jahren ein Buch mit dem Titel »Die Arbeit tun die anderen« geschrieben.[17] Darin wendet er sich an die Arbeitsplatzbesitzer, an die Hände, die noch was zu tun haben. Er erklärt ihnen: Seht mal, all die blöden Intellektuellen, diese Linken, die über die Gesellschaft nachdenken, tun doch gar nichts Produktives, die leisten doch nichts – in den harten Kernbereichen; sie erzählen euch nur dummes Zeug, wollen euch aufwiegeln, die Gesellschaftsdenkerköpfe. Hört nicht hin. Sagt ihnen, ihr seid auch so Schmarotzer, ihr tragt doch nichts zum Bruttosozialprodukt bei, haltet euren Mund, arbeitet erst mal was Richtiges.

So ist das also: mit den Händen, mit den Köpfen. Wenn ich an die schönen Zeiten der bürgerlichen Philosophie denke und daran, wie dankbar die Hände vor hundert Jahren dem alten Marx oder auch Lassalle waren, daß diese von den Händen, ihren Leiden, ihren Interessen ausgingen – dann komme ich direkt ins Träumen. Aber warum mußte sich Marx auch auf den Kopf und die Hände beschränken. Wie kommt es denn, daß ich bei der Nachricht in der »Frankfurter Rundschau« vor einigen Jahren zunächst beseligt stutzte, ja, und dann stellte sich genau das Gegenteil heraus. Ich glaube, es ist gar nicht so schwer zu erklären. Die Sache: Alle werden zu Superhirnen ist so grundfalsch, daß auch die Eigentümer-Kopffraktion darüber mit einem milden Lächeln hinweggehen kann. An dem Punkt ist übrigens Schelsky ganz klug, er hat bemerkt, daß es gerade hier bei Marx hapert – und: Er zieht die – inzwischen dargelegten – Konsequenzen. Was seine Entdeckung des wichtigen Fehlers von Marx angeht, so kann ich ihm nicht mal widersprechen. Der Mann hat einfach recht. Beim Genossen Marx läßt sich in diesem Punkt leider kein wissenschaftliches Argumentationsmaterial gegen die Eigentümer-Kopffraktion holen, bei dem alten schon das eine oder andere, aber bei dem jugendlichen Feuerkopf nichts.

Ich kann mich nun doch nicht enthalten, von dem Kollegen des Herrn Schelsky auf der anderen Seite des Atlantiks, Mr. Gilder, abschließend noch was zum besten zu geben. Es ist einfach zu treffend.

»Der einzige stabile Anlagewert inmitten der Erschütterungen und Unsicherheiten ist ein diszipliniertes Gehirn.«

Na bitte, ich sag's doch die ganze Zeit.

»Materielle Dinge vergehen, doch Geist und Willenskraft können für die verunsicherte Menge Zeichen setzen.«

So ähnlich meinte das doch auch der Genosse Lassalle.

»… sich in Siliconchips und Beton konkretisieren, bevor die Konkurrenz aufwacht.«

So platt materialistisch war der Kopf Lassalle nun allerdings nicht. Die Fronten Idealismus–Materialismus/Privateigentum–Arbeiterschaft haben sich anscheinend verkehrt.

»Die besten, die überzeugendsten, die erfinderischsten und beweglichsten Geister bergen mehr Reichtum als der größte Geldvorrat.«

Jetzt wird's spannend. Der stellt wohl das heilige Privateigentum selbst in Frage. Tatsächlich:

»Reiche Leute befinden sich in der Lage des Glücksspielers, der gegen die Bank spielt … Sein Ruin ist zu 90 % sicher … die reichen Familien sind im Laufe der Zeit Fährnissen ausgesetzt, die ihr Vermögen ziemlich rasch aufzehren … die großen Vermögen wachsen und vermindern sich mehr nach den Gesetzen der Wahrscheinlichkeit und Ungewißheit, als durch den Zinseszins.«

Stellt euch das vor: Die ganze feste Basis wankt für ihn: Vom Kapital als Geld, als Schatz, als Industrieanlage hält er nichts mehr. Von der Erbschaft erst recht nichts. Die nächste Generation tät's verschleudern. Von der Ökonomie, der Statistik, all diesen schönen rechnenden Wissenschaften, nein, auch nichts, die hält der Mann ebenfalls für absolut überholt. Darauf ließe sich nicht bauen. Da ist er übrigens insgesamt weiter als sein biederer deutscher Kollege. Der glaubt nämlich noch an Privateigentum, Erbschaft und Zukunftssicherung. Sein Kollege George Gilder, der Reagan-Berater, meint dagegen, die Wirtschaft, der Reichtum, all das sei ein Glücksspiel. Sicherheit, nein, die gibt es nicht mehr.

»Die Waffen in diesem Kampf sind nicht Geld und Maschinen [also das traditionelle Kapital/Privateigentum an den Produktionsmitteln], *nicht Produktionszahlen und Einkommensstatistiken, sondern Einfallsreichtum und Zuversicht. Über allem steht der zuversichtliche Glaube an die Kraft der freien Wirtschaft, die sich auch in der ungewissen Zukunft durchsetzen wird.«*[18]

Wie war das noch mit dem autonomen, freien, gleichen Subjekt? Wie hören wir es von John Locke bis Kant, von Kant bis Hegel? »Die einzige Bedingung, daß jemand sein eigener Herr sei, ist, dass er ein Eigentum habe.« Und noch einmal: Was erhofften sie sich vom Eigentum? Sicherheit, Planung der eigenen Existenz, Schutz gegen Willkür, gegen die Willkür des Feudalstaates, gegen die Überraschungen der Natur – denn diese wurde ja jetzt durch Arbeit, sich kristallisierend im Privateigentum, beherrscht – kurz: Freiheit. *Selbstbestimmung. Subjekt* sein, sich selbst nach eigenen Zielen bestimmen, *nicht Objekt* sein, nicht Opfer von Willkür und Zufällen. Und sie erhofften sich davon glückliches Leben. So steht es sogar in der amerikanischen Verfassung von 1787.

Der Herr Gilder ist da anderer Meinung. Er meint nur noch die Freiheit und das Glück des Glücksspielers.

Und jetzt noch der Knüller zum Schluß: Es fügt sich alles wunderbar zusammen:

»Der menschliche Geist ist nicht notwendigerweise auf sich selbst angewiesen oder an ein einzelnes Gehirn gebunden. Der Geist hat Zugang zu einem höheren Bewußtsein, das – nach Jung – das ›kollektive Unbewußte‹ oder auch Gott genannt wird. Wenn ein menschlicher Geist sich mit dem lebendigen Bewußtsein, aus dem der Kosmos letztlich besteht, vereint, gewinnt er neue Einsichten und nimmt neue Ideen wahr, die nichts anderes sind als in unbekannte Zukunft projizierte Geistesblitze. Nur so entsteht neues Wissen.«[19]

Es ist dann noch viel von der »Unverzichtbarkeit eines Glaubensbekenntnisses« die Rede. Ich enthalte mich weiterer Kommentare. Ich ziehe nur noch für mich einige Folgerungen. Das

Buch, aus dem ich zitiere, hat »die Wissenschaft« und die Wissenschaftssprache hinter sich gelassen. Es redet in einfachen Zungen. Das paßt auch inhaltlich. Der Herr glaubt nicht mehr an die Wissenschaft. Er glaubt nur noch an den Geist im Kosmos, der hoffentlich ein paar Geistesblitze aussendet. In einem stimme ich Mr. Gilder zu. An die Wissenschaft, so wie sie geworden ist, glaube ich auch nicht mehr. Aber ich sehe doch noch etwas: Leute – mit Köpfen, Händen, dem unsagbaren Mittelstück, mit Gefühlen, Bedürfnissen etc. Ich sehe Menschen. Und ich meine, bevor sie anfangen, auf die Geistesblitze aus dem Kosmos zu warten, sollten sie sich doch vorsichtshalber lieber selbst ansehen, sollten sie überlegen, ob sie die verschiedenen Körperteile und Naturkräfte nicht doch wieder in ein zusammenhängendes Ganzes bringen können, damit sie womöglich der Vernunft noch eine – wenn auch geringe – Chance geben. So wie der Herr aus der »Neuen Welt« möchte ich die Menschheitsgeschichte und auch die Aufklärung doch nicht über Bord werfen. Ein bißchen was halte ich schon von gewissen Erbschaften.

Zum Ende der Auseinandersetzung mit den rechten »Ernährern« noch einmal zum »Frankfurter Rundschau«-Artikel:

»Smith brach mit der Vorstellung, daß der Boden Quelle allen Reichtums sei. Er setzte damit den Hebel an, um die Feudalgesellschaft niederzureißen. Für ihn war die Arbeit die Basis des Reichtums. Jetzt wird dieser Grundgedanke radikal verändert. Bell und andere Theoretiker geben dem Wissen statt der Arbeit den zentralen Platz in der Volkswirtschaft.«

Und welche Gesellschaft wird oder soll auf diese Weise wohl niedergerissen werden? Die Hände, die Arbeiter, werden nicht mehr gebraucht. Produktiv sind nur noch die Köpfe. Wer nicht gebraucht wird, wird nicht ernährt, wer nicht arbeitet, soll auch nicht essen. Den Ernährer-Arbeiter mit seinem Sozialstaat als Stütze, den soll es nicht mehr geben. Es ist keine Nahrung mehr für ihn vorhanden.

5. Die Hände am Ende?!

Die Traurigkeit der Industriesoziologen oder: Ist Wissen wirklich noch Macht?

Die Arbeitsmänner und auch ihre Vertreter in den höheren Etagen der Gesellschaft sollten schon ernst nehmen, was die Herren von »jenseits der Barrikade« – so jenseits ist das übrigens nicht – da träumen. Das Buch des Amerikaners Gilder ist nicht einfach ein Witzbuch. Auf der Basis solcher fixen Ideen wird gegenwärtig vom größten und mächtigsten Staat der Welt Politik gemacht.

Also, die Arbeitsmänner und ihre Vertreter: Ich weiß, sie sind inzwischen auch vollständig in Hand und Kopf aufgeteilt. Das ist ja zunächst das Verlockende am Gewerkschaftsapparat und den Institutionen, die es sonst noch gibt, zum Beispiel den Betriebsräten, daß da in die Kopfarbeit aufgestiegen werden kann. Sie müssen all das wissen, was sich auch in den Köpfen auf der anderen Seite der Barrikade befindet. Wissen ist Macht, das hat schon der alte Liebknecht gesagt. Dem Spruch verschrieben sich Sozialdemokraten und Gewerkschaften. Und spätestens seit dem Händeschütteln zwischen Hand und Kopf nach der mißglückten Revolution der Arbeitsmänner im Jahre 1918 haben die »Organisationen« sich auf die Strategie der Trennung zwischen Hand und Kopf eingelassen. Dem Kapital müssen harte Fakten entgegengehalten werden. Der Kopf muß ihm beweisen, daß letztlich eine Gemeinsamkeit der Interessen besteht. So sind dann ganze Wissenschaftszweige, gewerkschafts-, arbeitsmännerorientiert, entstanden, die das bis ins Detail nachzuweisen suchen. Der ganze »Linkskeynesianismus« als Zweig der Volkswirtschaftslehre beweist ununterbrochen, daß es mit dem Wachstum nur funktionieren kann, wenn die Hände mehr und mehr davon bekommen. Anderenfalls entstehen Krisen. Aber es ist furchtbar, das Kapital will das einfach nicht einsehen. Und was passiert? Wer nicht hören will, muß fühlen! Die Krise ist da. So ein Pech, übrigens für beide, für die Unternehmer und für die Arbeitsmänner – für die Frauen natürlich auch, aber die wurden ja nicht gefragt. Und dann gibt es noch die Industriesoziologie und die Wissenschaft von der Humanisierung der Arbeit. Ganze Institute beschäftigen sich damit. Die quälen sich redlich zu zeigen, daß ein bißchen Humanisierung, ein bißchen weniger Lärm und giftige Luft in der Fabrik, ein paar Handgriffe mehr am Werkstück statt weniger, ab und zu mal 'ne Pause, daß all das durchaus auch dem Kapitalwachstum auf die Sprünge helfen würde. Aber, wie gesagt, das bringt auch meistens nichts. Das Kapital sieht, Arbeitskräfte gibt es doch mehr als genug, da haben wir ein schönes Reservoir, der ganze »Weltmarkt« ist voll von Arbeitskräften, die zivilisierten Länder haben auch einen Überschuß, und wir brauchen ja nicht mehr so viele. Also, was soll's, da herrscht kein Mangel, im Gegenteil: Wir können verschwenderisch mit ihnen umgehen. Und der Rest? Der starke Staat, die wehrhafte Demokratie, hat doch ganze Heere von Polizisten auf die Beine gestellt, und die ganze großartige Überwachungstechnik, daran verdienen wir doch auch noch, das kann uns doch nur recht sein. Gut, die Polizisten kosten einen ganze Menge, aber sie lassen sich ja vielleicht dereinst auch durch eine bessere Technologie ersetzen. Das ist alles nur eine Frage der Zeit.

Wie gesagt, die Köpfe, die gewerkschaftlich orientierten Wissenschaftler, quälen sich ab, sie sind auch meistens sehr traurig, weil ihre schönen Ergebnisse vom Kapital zur Seite geschoben werden. Sie freuen sich über jeden Betriebsrat, der mal was von ihnen will. Die Köpfefraktion der Arbeitsmänner ist ihre einzige Hoffnung, vielleicht, daß diese ihre Erkenntnisse doch gebrauchen könnten.[1]

Aber für die wird es auch allmählich zuviel, all das detaillierte Wissen in die Köpfe zu bekommen, sie schaffen es nicht mehr, verstehen die ganzen komplizierten Überlegungen auch immer weniger. Die Herren von der anderen Seite der Barrikade haben ihr ausgebautes Kopfsystem, das ganze Management, das lassen die sich was kosten. Und so ein freigestellter Betriebsrat hat halt nur einen Kopf, wo die andere Seite viele hat. Selbst wenn er Tag und Nacht schuftet, Frau und Kinder nicht mehr sieht, selbst nur noch Kopf ist, alles andere beiseite legt, weil er sich für die Arbeiterklasse diszipliniert, opfert – er schafft es einfach nicht. Nun hat er gedacht, wenn ich erst mal meiner Handarbeit los und ledig und in meine höheren Teile aufgestiegen bin, dann werde ich es denen zeigen. Dann bin ich ja auch selbst was Besseres, gehöre ein bißchen zu denen, dann nehmen die mich ernst: Ordentlich pauken, und wir werden doch mal sehn. Das ganze Arbeitsrecht, inzwischen ja auch schon furchtbar viel und furchtbar kompliziert, und die ganze Arbeitswissenschaft und die ganzen Kopfprodukte aus unseren gewerkschaftlich orientierten Instituten: immer rein damit. Und, was sieht der Betriebsratskollege: Es klappt nicht. Für die Hände, für die Kollegen, die Kolleginnen sind häufiger weitab, wird die Lage schlechter, und er hat auch nichts mehr vom Leben, nicht mal mehr Freiheit, nicht mal ein bißchen Raum für die »Selbstverwirklichung«, für die doch nun schon hundert Jahre gekämpft wird, wenigstens in der Zeit nach der Arbeit. Es ist wirklich die reinste Tragödie, es ist eigentlich nur noch traurig. Und auch in den Gewerkschaften geht es meist traurig, wenn auch diszipliniert zu. Das ist furchtbar anstrengend. Wenn sich da nicht ab und zu die Kolleginnen ein bißchen radikal, ein bißchen emotional zu Wort melden würden, dann wäre da gar nichts mehr los.

Ich glaube, ich bin mitten im Thema: Das Händeschütteln zwischen Hand- und Kopfarbeit – es waren übrigens auch in der Weimarer Republik eher die Kopfvertreter der Hände, die die Sache so patent fanden – hat zu keinerlei erfreulichen Resultaten geführt. Und drüben, jenseits der Mauer, sieht es auch nicht besser aus. Dort haben sie eine etwas andere Kombination von Hand und Kopf gewählt, dachten, mit der schrankenlosen Entwicklung der Produktivkräfte und der schrankenlosen Befriedigung der schrankenlosen Bedürfnisse nach Gütern gehe es besser, wenn der Profitmacher und der freie Arbeitsmann ein bißchen zur Seite treten, wenn alles ordentlich von oben herab geregelt wird, geplant, zielorientiert, vom Hirn der Klasse und nicht mehr nach der unordentlich-kapitalistischen Methode. Dem war leider nicht so, auch wenn einige immer noch glauben, dort sei das Arbeitsmännerparadies auf Erden. Auch da ist alles so traurig. Sie haben uns nicht gezeigt, wie Mann es macht, im Gegenteil. Da halten wir uns doch lieber an unsere eigene Kopffraktion, die risikofreudigen Unternehmer, sie haben die Sache mit der Schrankenlosigkeit besser geschafft. Nun gut, die Sache mit den Bedürfnissen und deren wachsender Befriedigung funktioniert auch nicht recht. Aber was soll's. Vielleicht später mal, vielleicht, wenn die Krise vorbei ist, vielleicht schaffen die Herren das doch, wenn sie ihren Kopf anstrengen, warten wir halt ab.

Und schon sitzen wir in der Falle. Das ist ja das Furchtbare. Uns fällt selbst nichts Besseres ein als den Herren Unternehmern und Politikern jenseits der Barrikade. Und daß die eigentlich am Ende sind, demonstrieren sie ja handfest mit ihrem ganzen Bombenarsenal. Und den Männern jenseits der Mauer, dem Hirn der Klasse, fällt dazu auch nichts anderes ein, als sie einzuholen und vielleicht eines Tages zu überholen. Jedenfalls hören wir von ihnen nach wie vor Sprüche dieser Art. Sie schauen, was machen die Herren im Kapitalismus, das sind ja schließlich unsere Geschlechtsgenossen, von denen können wir was lernen; ja, und wenn die mit ihrem Latein am Ende sind und Bomben auf Bomben häufen, dann machen wir das halt auch.

Der große Sozialstaatspapa unter Streß

Als ich mich mit den Vatermordgedanken von rechts auseinandersetzte, habe ich einfach etwas unterstellt: den Sozialstaat als großen Ernährer. Das war nicht ganz korrekt – bezogen auf den Maßstab klar nacheinander entwickelter Thesen –, aber ich glaube, der Sprung mitten hinein in die Gedankenwelt der neuen Familienväter, die wieder selbst ernähren wollen, hat einiges deutlich gemacht, auf das jetzt aufgebaut werden kann. Wenn Frau Sozialdemokraten reden hört, zum Beispiel über »die Menschen draußen im Lande«, steigt immer ein *väterliches Bild vom Staat* im Kopf auf: Er hat sich halt zu sorgen, trägt die Verantwortung für die ihm Anvertrauten, fürs Volk. Er will, daß es diesem gutgeht, daß es sein täglich Brot hat und produktiv arbeiten kann.

Der Staat ist gleichzeitig der Kopf fürs Ganze, fühlt sich auch den einfachen Leuten, den noch etwas unerwachsenen Männern, Frauen und Kindern, überlegen.

»Zu den Forderungen, die die Menschen an den Staat stellen, gehören vor allem das Recht auf nützliche und lohnende Arbeit für alle, die arbeiten können; das Recht auf Essen, Kleidung, Wohnung; das Recht auf Ausbildung mit gleichen Entwicklungsmöglichkeiten für alle; das Recht auf Schutz gegen Krankheit, Armut, Alter und bei Unglücksfällen.«[2] Komisch, kann der Staat das denn, gegen Alter schützen? So allmächtig ist der doch gar nicht?

»Ein Staat, der den Menschen diese Rechte gibt, die der Wohlfahrt der vielen und nicht den Privilegien der wenigen dienen; in dem die Arbeitskraft, die Wissenschaft [also Hand und Kopf] *und alle produktiven Quellen für positive Ziele organisiert sind; der die Produktion entwickelt, um den Lebensstandard des Volkes zu erhöhen – ein solcher Staat ist es wert, daß man für ihn arbeitet und Opfer bringt.«*[3]

Hier wird deutlich, welch weitere Entwicklungen die Kopfgeburten des Genossen Lassalle genommen haben. Willy Brandt sagt, der Staat entwickle die Produktion, um den Lebensstandard des Volkes zu erhöhen. Er muß da etwas verwechseln, denn der Staat produziert nicht selbst. Das rutscht einfach schnell mal so durch. Die Sozialdemokraten von der Politikerfraktion wären selbst gern die allmächtigen Ernährer und Lebensschöpfer. Wie könnte es sonst zu solch irritierenden Verwischungen im Gang der Worte kommen. Sicherlich, im Kopf wissen sie, daß die Hände und die Köpfe produzieren, aber in ihren väterlich-allmachtsträumenden Gefühlen stellt sich etwas quer, da flippen sie plötzlich in die Metaphysik aus. Gut, die Worte stammen aus der Zeit um 1945. Aber zu der Zeit wollten die Sozialdemokraten doch auch nie, daß der Staat selbst produziert.

Noch einmal ein kurzer Blick ins »Godesberger Programm« der SPD von 1959, das ja für viele immer noch aktuell ist.

»Als Sozialstaat hat er für seine Bürger Daseinsvorsorge zu treffen, um jedem die eigenverantwortliche Selbstbestimmung zu ermöglichen … Gesellschaftliche Zustände, die zu individuellen und sozialen Notständen führen, dürfen nicht als unvermeidlich und unabänderlich hingenommen werden … Die Wirtschaftspolitik *muß auf der Grundlage einer stabilen Währung die Vollbeschäftigung sichern, die volkswirtschaftliche Produktivität steigern und den allgemeinen Wohlstand erhöhen. Um alle Menschen am steigenden Wohlstand zu beteiligen, muß die Wirtschaft den ständigen Strukturveränderungen planmäßig angepaßt werden, damit eine ausgeglichene Wirtschaftsentwicklung erreicht wird.«*

Klar, die freien, eigenverantwortlichen, selbstbestimmten Privateigentümer unterschiedlichster Sorte schaffen schon die Grundlagen für die Ernährung, aber der Staat ist doch eigentlich das Wichtigste, der gute Hausvater, der Vorsorge für die Zukunft trifft, Daseinsvorsorge, planend, vorausschauend, vernünftig und irgendwie auch selbst produktiv: Wie heißt es? »Die Wirtschaftspolitik muß … die volkswirtschaftliche Produktivität steigern und den allgemeinen Wohlstand erhöhen.« Der klug planende Kopf hoch oben kann eigentlich alles. Diesen Eindruck hatten auch die jungen Frauen und Männer im Seminar, denen ich den Text zur Interpretation vorlegte. Ohne von mir in irgendeiner Weise manipuliert worden zu sein – schließlich wollte ich überprüfen, ob meine Assoziationen vorurteilsbeladen sind –, sagten sie: Nun ja, da ist doch der Sozialstaat der Vater, der für alle was bereithält. Und es war ihnen ein bißchen rätselhaft, was denn nun überhaupt mit »eigenverantwortlicher Selbstbestimmung« gemeint sei und mit der »Freiheit des Individuums«, die dann später noch auftaucht. Ich konnte sie beruhigen: Wie gehabt, gemeint ist, daß jeder Privateigentümer seiner Arbeitskraft ist. Und noch eine Entdeckung haben wir bei der Durchsicht des »Godesberger Programms« gemacht: Warum nämlich die väterlichen Sozialdemokraten so verzweifelt und verbissen an der Entwicklung der Atomenergie festhalten! Festgehalten haben? Der Text hat einen Vorspruch, lyrisch-emphatisch, und der sagt eigentlich alles. – Ich flechte jetzt Darstellung und Kommentar ineinander.

Entgegen den begeistert-großartigen Gesten des erwähnten Anfangsgedichts war es nicht »der Mensch«, sondern der weiße Mann, der »die Urkraft des Atoms entfesselte«, »ungeheure Reichtümer ansammelte«, »sich die Räume dieser Erde unterwarf«. Die Sache nun sei ambivalent: »In Waffen starrende Machtblöcke«, »totalitäre Systeme« und die Möglichkeit, daß »durch menschliches Versagen das Chaos der Selbstvernichtung ausgelöst werde«, das seien die bedrohlichen Perspektiven der »höchsten Entwicklung der Produktivkräfte«. Aber die Entfesselungs-, Ansammlungs- und Unterwerfungstätigkeit sei gleichzeitig auch »die Hoffnung dieser Zeit«, daß nämlich »der Mensch im atomaren Zeitalter sein Leben erleichtern, von Sorgen befreien und Wohlstand für alle schaffen kann, wenn er seine wachsende Macht über die Naturkräfte nur für friedliche Zwecke einsetzt … daß der Mensch dann zum erstenmal in seiner Geschichte jedem die Entfaltung seiner Persönlichkeit in einer gesicherten Demokratie ermöglichen kann zu einem Leben in kultureller Vielfalt, jenseits von Not und Furcht«. Und was ist nötig, damit diese glücksbringenden Perspektiven der Naturbeherrschung endlich Realität werden? »Eine neue bessere Ordnung der Gesellschaft … der demokratische Sozialismus«, was immer das ist.

Die Entfesselung der Urkraft des Atoms durch die Wissenschaftlerköpfe sei zwar nicht ganz geheuer, aber in einer richtigen Gesellschaftsordnung, welche die Sozialdemokraten herzustellen sich bemühen, sei sie die unendlich sprudelnde Quelle einer freien, glücklichen, sorgenlosen, kultivierten Gesellschaft, ein Perpetuum mobile für die Verwirklichung des Reichs menschlicher Harmonie.

Der Familienpatriarch auf der Rechten, der Sozialstaatspatriarch auf der Linken – gegen beide habe ich etwas. Und ich kenne das ja: Wenn du nicht gehorsam bist, kriegst du eine gelangt. Was der sozialdemokratische Großernährerpatriarch sich alles zugelegt hat, um zuzulangen. Die rechten und die linken Ernährer sind beide inzwischen gerüstet bis an die Zähne. Das tausendjährige Reich mit seiner SS und seinen SA-Schlägerhorden war dagegen geradezu mittelalterlich zurückgeblieben, es ist ja dann auch nicht tausend Jahre alt geworden, obwohl – nach innen – der damalige Stand der Gewalt- und Überwachungszivilisation schon ausreichte.

Brauchten wir denn das alles, wenn die sozialdemokratischen Politiker hoch oben wirklich davon überzeugt wären, daß sie ihre freundlich tolerante, ein bißchen herablassende, aber immerhin väterliche Ernährerrolle, in die sie sich hineingesteigert haben, auf die Dauer durchhalten könnten? Gut, im Moment sind sie mal wieder aus dem Schneider. Da macht alles, was sie auch, vielleicht ein bißchen zögernder, aber immerhin, gemacht hätten, der böse Feind von der anderen Seite, die REAKTION, der Teufel in Person, mit dem wir ja auch lange geschreckt wurden, um der Mannschaft des Bundeskanzlers, dem großen Steuermann und seiner Crew, die Stange zu halten. Und sie hatten ja auch recht. Die CDU ist noch einen Zacken schärfer. Denn die SPD-Ernährer sorgen sich nach wie vor fürs Allgemeinwohl, notfalls mit Gewalt. Die flüchten sich nicht so schnell in den Familienmutterschoß, haben für das INDIVIDUUM mit seinen Privilegien und seiner Willkür nie etwas übrig gehabt. Auch nicht für dessen Verantwortlichkeit, wenigstens nicht für die der »kleinen Leute«. Verantwortlich sind bei ihnen nur die Experten fürs Allgemeinwohl hoch oben. Ansonsten war immer die »GESELLSCHAFT« an allem schuld. Die Unternehmerwillkür muß beseitigt werden, die Arbeiterwillkür muß beseitigt werden. Die Partei und die Gewerkschaften sind dafür die geeigneten Institutionen. Da lernt MANN, was Gesellschaft ist, im Unterschied zum unordentlichen, kleinbürgerlichen Individuum: DISZIPLIN. Und wenn die geübt wird, dann gibt's genügend Lebensmittel, dann brauchen sich die MENSCHEN nicht mehr zu sorgen, dann sind sie frei von Existenzangst, dann haben alle eine sichere Zukunft in Wohlstand, Frieden und Freiheit. Was für den Familienpatriarchen der Gehorsam gegenüber den Eltern und vielleicht noch gegenüber dem lieben Gott ist, ist für den Sozialstaatspatriarchen die Disziplin. Ruhig-verantwortlich überlegt die jeweilige Spitzenmannschaft, was gemacht werden muß, damit den »Menschen draußen im Lande« oder den Gewerkschaftsmitgliedern nichts passiert. Einfach wild drauflosstreiken, nein, das geht nicht, das kann doch schaden, hört nur auf eure Führung. Papa weiß schon, was für euch gut ist. Nun ja, historisch gesehen hat das nie so geklappt, ich denke da nur an das Jahr 1933 und seine Folgen, aber der Mythos wurde wohlbehalten über den Faschismus hinweggerettet. Es ist immer wieder ein Wunder, wie wenig doch die tägliche Erfahrung für den Kopf vermag.

Hören wir noch Originalton des Steuermanns Helmut Schmidt, der, es ist noch gar nicht so lange her, das Schiff verlassen hat.

Die Bundesrepublik gehöre zur »obersten Spitzengruppe«, zahle » Weltspitzenlöhne, Weltspitzenrenten« und erbringe »Weltspitzenleistung«. Die Rationalisierung und der technische Fortschritt müßten weiter flott vorangetrieben werden. »Wenn die neu entstehenden Arbeitsplätze auf die Dauer einen höheren realen Lohn, ein höheres reales Einkommen bringen, wenn also insgesamt gesichert ist, daß die Lohn- und Arbeitsbedingungen, die neuen Arbeitsplätze als etwas besser angesehen werden als die alten, dann sind die seelischen Probleme, die mit dem Wandel verbunden sind, zu verkraften. Wenn das nicht so ist, so sind möglicherweise die seelischen Probleme nicht zu verkraften, dann führen sie zu politischen Problemen, zu sozialen Problemen.«

Für den Steuermann war die Sache eindeutig: Steigende Löhne sind das Wichtigste, so sieht er die Arbeitsmänner. Von diesem Primärbedürfnis abgetrennt gibt es noch etwas Ungreifbares, die Seele, aber die kann durch Steigerungen des

Lohneinkommens leicht beruhigt werden. Schwierig wird es erst, wenn das nicht mehr klappt.

»Wenn also die Gesamtnachfrage ... nicht so ist, daß sie genug andere Arbeitsplätze entstehen läßt, führt das zu ... Problemen, hat es immer mal wieder geführt in den letzten 200 Jahren ... Es hat noch nie technischen Fortschritt gegeben ohne Beunruhigung der beteiligten Arbeitnehmer. Ein seelisches Problem, infolgedessen ein politisches Problem ... immer anders, im Prinzip immer gleich: Besorgnis und Angst vor dem Wandel und trotzdem das Wissen, daß der Wandel notwendig ist, wenn die Forderungen nach mehr Humanität, nach besserem Wohlstand, nach weniger Arbeitszeit erfüllt werden sollen.«

Irgendwie törnt mich der Text nicht an. Es ist alles so traurig und so falsch und gleichzeitig so langweilig. Ich weiß, das ist kein Kriterium. Trotzdem: seit 200 Jahren immer das gleiche triste Schicksal, aus dem sich dann immer wieder das Gute, Wahre und Schöne wie der Phönix aus der Asche erhebt, in Form einer etwas volleren Lohntüte und ein wenig verminderter Arbeitszeit.

»Natürlich ist das richtig, daß der Staat zukünftige Industrie und zukünftige Arbeitsplätze fördert, wenn sie sich anders nicht entfalten können, aber es muß sich ja der von dieser elektronischen Rationalisierung getroffene Mensch im Büro nun wirklich fragen, ob das in seinem Interesse ist. Es ist gar nicht so leicht, ihm klarzumachen, daß es im Gesamtinteresse liegt, infolgedessen auch in seinem.«[4]

Oder, noch einen Zahn schärfer: ein hessischer Minister auf einer Bürgerversammlung: »Wenn hier etwas gegen Ihren Willen geschieht, dann geschieht das in Ihrem Interesse.«

Was die sozialdemokratische Regierung macht, ist immer richtig, denn sie denkt ja schließlich, im Unterschied zu den bornierten und egoistischen, von Augenblicksverfassungen getriebenen einzelnen »Betroffenen«, ans Allgemeinwohl, und das ist, der Begriff sagt es schon, immer auch das Wohl des einzelnen. Es ist übrigens inzwischen furchtbar anstrengend geworden, die Wirtschaftsrationalisierung und den technischen Fortschritt zu fördern, weil ohne die Wirtschaft ja auch der Sozialstaat nicht geht, der Wohlstand und Humanität sichert. Und die Leute, die dabei arbeitslos werden oder deren Arbeitsplatz noch ein bißchen unmenschlicher wird, haben damit Schwierigkeiten. Sie haben den Eindruck, es sei nicht in ihrem Interesse. Sie sind einfach zu blöd. Deshalb sitzt die väterliche Sozialdemokratie oben und hat für den Notfall auch den Polizeistaat zurechtgezimmert – der Möglichkeit nach. Beim Anblick des Bundeskanzlers Schmidt hatte ich in den letzten Jahren seiner Regierung immer ein bißchen die Angst, eines Tages klappt er vor verantwortlicher Überanstrengung fürs Allgemeinwohl einfach zusammen, und die SPD ist dann ganz hilflos. Der Steuermann bekam ein immer verquälteres und gestreßteres Gesicht. Es war gar nicht mitanzusehen, all die Verantwortung, die er da auf seinen Schultern trug. Na, und der Herr Börner in Hessen hatte es doch auch sooo gut gemeint mit den Menschen da unten im Volk, und dann waren die anderer Meinung. Da war er tief enttäuscht, flippte mit seiner Polizei vor lauter traurig-wütender Enttäuschung mehr aus als bisher irgendein Chef der Reaktionären.

Ach, was soll ich dazu noch Interessantes sagen. Im Endeffekt läuft es halt auf das gleiche hinaus wie bei den Familienpapas. Was soll all das schöne Gerede vom Allgemeinwohl, von der Gesellschaft, für die Mann sich verantwortlich fühlt, wenn dann doch die Geistesblitze aus der Unternehmerkopffraktion das Entscheidende sind. Und die Polizei. Die Wirtschaft, den technischen Fortschritt, den fördert die CDU doch auch, da ist sie gar nicht so staatsfeindlich, da wird mit Hilfe von Steuergeldern das Nötige gemacht, damit die Wirtschaft, unabhängig von irgendeinem im Volke geäußerten Bedarf, ordentlich investieren kann. Bei den Familienpapas geht es wenigstens noch ein bißchen rebellisch zu. Die wollen einen neuen Vatermord. Aber bei der Sozialdemokratie – nur noch angestrengte Hilflosigkeit.

Interessant an den Auslassungen des großen Steuermanns sind allerdings noch die zitierten Weltspitzenlöhne und die Weltspitzenrenten. Das erinnert mich an einiges. Ja, der Kaiser

Wilhelm, und nicht nur er, auch die Bourgeoisiemänner und sogar eine gewisse Anzahl von Arbeitsmännern wollten doch auch Weltspitze sein, wollten einen Platz an der Sonne, und ab und zu haben sie auch vom Gipfel im Sonnenschein geträumt. Sie haben es dann ja auch im Ersten Weltkrieg versucht, es gab sogar Arbeitsmänner, die überzeugt im Schützengraben lagen, weil sie die Weltspitzentheoretiker, den alten Marx und den alten Engels, zu ihren Volksgenossen zählen konnten. Und eine so hohe Arbeiterkultur, die muß nicht nur verteidigt werden, sie muß auch siegen. So dachten sie wenigstens. Doch damit war es dann nichts.

Die Arbeitsmänner waren dann zunächst über die Herrenclique hoch oben empört. Sie machten Revolution. Immerhin: Dabei ist der Sozialstaat herausgekommen. Und Helmut Schmidt war doch ein tapferer Soldat im Zweiten Weltkrieg, aber dafür ist er ja auch nicht. Die Lösung also: Weltspitze auf friedlichem Wege. Sozialstaat und die weltbekannte Disziplin und Streikunwilligkeit der deutschen Arbeitsmänner und dann noch der Mann mit der Prinz-Heinrich-Mütze und seinen wirtschaftspolitischen Spitzenkenntnissen an der Spitze: So stellte er sich das wohl vor – an die Spitze segeln in sozialdemokratischer Manier. Die fleißigen Deutschen mit ihrem geordneten Sozialstaatswesen, endlich haben sie es geschafft. Und da fällt mir ein Artikel aus meinen Seminarmaterialien des Jahres 1980 in die Hände: Was steht da?[5]

»Strauß hofft auf die Arbeiter« [so die Überschrift]. »Der deutsche Arbeiter [die Geschlechtszugehörigkeit ist dankenswerterweise hier gleich zu Beginn klargelegt], sagt sich der Kanzlerkandidat, ist im Grunde seines Herzens konservativ, konservativer jedenfalls als ein höherer Angestellter aus Schwabing oder Bogenhausen, der sich nach Aufnahme in die Münchener Schickeria sehnt. Die oft jahrzehntelange Anhänglichkeit an die Sozialdemokratie bei gleichzeitigem Unmut über vieles ... widerlegt nicht jene These ... Der deutsche Arbeiter ist längst nicht mehr der Proletarier von ehedem, sondern ein selbstbewußter Mensch mit Eigentumswohnung und im Urlaub erworbenen Weltkenntnissen.«

Ja, was soll ich denn nun dazu sagen – zu der Kombination zwischen Weltspitzenlöhnen und Herrn Straußens Reflexionen über DEN DEUTSCHEN ARBEITER.

Ich lass' ihn selbst noch ein bißchen weiterreden, zeige, was er der SPD ins Stammbuch schreibt.

»Ein MANN [Hervorhebungen wieder CH. N.], *der wie in SEINEM Reihenhaus in der Bundesrepublik Deutschland Zucht und Ordnung haben möchte, der über die vielen Türken in SEINEM Viertel sich aufregt, der die Steuereinträge auf SEINEM Lohnstreifen mit wachsendem Entsetzen beäugt und zu der Überzeugung gelangt ist, daß der Staat mit diesen Summen nicht pfleglich genug umgeht, ein MANN schließlich, der keinen Bedarf an sozialen Minderwertigkeitskomplexen hat und deshalb gern auf den Anspruch hört, ein tüchtiger und begehrter FACHARBEITER sei für die Gesellschaft ebenso nützlich wie ein stellungsuchender Soziologe. Außerdem muß dieser Arbeiter sich selbst überwinden können und die CDU-Meinung teilen, der Sozialstaat habe seine Grenzen mittlerweile erreicht.«*

Strauß war ihnen ein bißchen zu unberechenbar – unpreußisch-schlitzohrig; aber der freundliche Familienpapa Kohl, der immer so ein Gesicht macht, als sei alles in bester Butter, der hat es dann geschafft. Eine Menge deutsche Arbeitsmänner und auch Frauen haben sich überwinden können, ihm dabei zu helfen. Und dazu hat auch die Crew von der SPD ihr gerüttelt Maß beigetragen.

Das Problem mit der Gleichheit

Ich höre schon die Einwände: »Du bist ja nicht auf dem laufenden. Die Ära von Bundeskanzler Schmidt ist doch vorbei. Die SPD ist in der Opposition. Hier und da macht sie sogar tastende Versuche, mit den Grünen zu kooperieren. Der Weltspitzensozialstaat reißt keinen Arbeitsmann mehr vom Hocker. Im Gegenteil: Den Arbeitsmännern sind doch inzwischen selbst Bedenken gekommen, ob sie nicht über ihre Verhältnisse gelebt haben. Die Sozialstaatsweltspitze wird ihnen dauernd um die Ohren gehauen: Sie sei schuld daran, daß die Deutschen mit den Japanern nicht mehr recht konkurrenzfähig seien.«

Nun ja, dies alles ist mir schließlich bekannt. Trotzdem: Ich flechte die Schnur noch ein Stück weiter, und vielleicht verbindet sie sich dann doch mit der gegenwärtigen Realität. Schließlich fällt die Idee von der Weltspitzenleistung nicht vom Himmel. Wie hieß es bei Sozialdemokraten der Weimarer Republik? Nicht das Eigentum, sondern die Leistung solle entscheiden, der Mensch solle im Mittelpunkt der Wirtschaft stehen. Abschaffung aller Willkürmacht, aller Privilegien und aller gesellschaftlichen Zustände und Einrichtungen, wo nicht die Leistung über das Schicksal des einzelnen das letzte Wort spreche. Und weil die bundesrepublikanischen Arbeiter so fleißig und fähig sind und weil die bundesrepublikanisch-sozialdemokratische Wirtschaftspolitik so geschickt war: deshalb Weltspitze – allein auf der Basis von Wirtschaftsleistung, ohne militärische Machtpolitik, ohne Gewalt, gemessen allein am gleichen Maßstab, dem Weltmarkt, dem alle anderen in gleicher Weise unterliegen.

An dieser Stelle will ich noch einmal auf Marx zurückgreifen, und zwar auf einen Satz aus seiner »Kritik des Gothaer Programms«, der viel von seinen frühen Träumereien über die Superhirne, in denen ALLES, das heißt das gleiche, drinstecken soll, wettmacht.

»Dieses gleiche *Recht ist stets noch mit einer bürgerlichen Schranke behaftet … Die Gleichheit besteht darin, daß an* gleichem Maßstab, *der Arbeit, gemessen wird. Der eine ist aber physisch oder geistig dem andern überlegen, liefert also in derselben Zeit mehr Arbeit oder kann in derselben Zeit mehr arbeiten … Dies* gleiche *Recht ist ungleiches Recht für ungleiche Arbeit. Es erkennt keine Klassenunterschiede an, weil jeder nur Arbeiter ist, wie der andre; aber es erkennt stillschweigend die ungleiche individuelle Begabung und daher Leistungsfähigkeit der Arbeiter als natürliche Privilegien an. Es ist daher ein* Recht der Ungleichheit, seinem Inhalt nach, wie alles Recht. *Das Recht kann seiner Natur nach nur in Anwendung von gleichem Maßstab bestehn;*

aber die ungleichen Individuen (und sie wären nicht Individuen, wenn sie nicht ungleiche wären) sind nur an gleichem Maßstab meßbar, soweit man sie unter einen gleichen Gesichtspunkt bringt … z. B. im gegebenen Fall sie nur als Arbeiter *betrachtet und weiter nichts in ihnen sieht … Ferner: Ein Arbeiter ist verheiratet, der andere nicht; einer hat mehr Kinder als der andere etc. Bei gleicher Arbeitsleistung und daher gleichem Anteil an dem gesellschaftlichen Konsumtionsfonds erhält also faktisch der eine mehr als der andere … Um alle diese Mißstände zu vermeiden, müßte das Recht, statt gleich, vielmehr ungleich sein.«*[6]

Um was geht es? Die Menschen erkennen sich als Privateigentümer, als weiße Männer, als Arbeitskraftbesitzer und als Besitzer dieses Privateigentums, als Gleiche an. Das Privateigentum an Kapital und an Arbeitskraft, der freie Handel mit diesen beiden produktiven Faktoren per se: Der Versuch eines jeden, mit Hilfe dieses seines Privateigentums Wohlstand und Sicherheit zu erwerben, das ist Sinn und Inhalt bürgerlichen und sozialstaatlichen Rechts. Die sonstige Verschiedenheit der Menschen geht in diese Vorstellung von Gleichheit nicht ein.

Alle sollen die Möglichkeit haben, nach freiem Willen und nach eigenen Kräften klug mit ihrem jeweiligen Eigentum umzugehen, ihre Fähigkeiten zu entwickeln, sich selbst zu bestimmen. Wenn Papa keine Knete hat, den Kindern das Studium zu bezahlen: Es soll keine Schranke für die freie Entfaltung sein. Der Sozialstaat gleicht diese im Portemonnaie begründete Ungleichheit aus. Wenn jemand krank wird, der Sozialstaat sorgt für die Reparatur der Arbeitskraft, damit der freie Verkauf des Arbeitsvermögens weiter vonstatten gehen kann. Wenn jemand arbeitslos wird, der Sozialstaat sorgt dafür, daß er dennoch Rechtssubjekt, potentieller, freier Arbeitskraftverkäufer bleibt, indem die Arbeitslosenversicherung ihn vor Verelendung und Degradation bewahrt. Wenn Kinder ungünstige, »schichtenspezifische« Voraussetzungen für die Qualifikation ihrer Arbeitskraft haben, die Vorschulerziehung sorgt »kompensatorisch« für Ausgleich. Eine arbeitnehmerorientierte Ausbildung bemüht sich darum, daß eine lernfähige, flexible Arbeitskraft zustande kommt, die sich den jeweiligen technischen Revolutionen geschickt anzupassen vermag. Gegen die kurzfristigen Interessen der »Wirtschaft«, Arbeitskräfte vom Bildungssystem geliefert zu bekommen, die ohne Anpassungszeit unmittelbar und bruchlos verwendbar sind, bezieht dieses sozialstaatliche Selbstverständnis Stellung. So ungefähr hatte sich das die sozialliberale Koalition gedacht.

Jeder nach seinen Fähigkeiten, jeder nach seinen Leistungen. Wer seine Arbeitskraft hoch qualifiziert hat, unternehmerisch klug alle Marktchancen zu ihrem günstigen Verkauf wahrnimmt, Arbeitsplatz und Arbeitsort ohne Rücksicht auf Freundschaften, Kollegen, Nachbarschaften, Lebenszusammenhänge verläßt, sobald woanders was Günstigeres winkt, der bekommt auch hinreichend Rente und Arbeitslosenunterstützung im Falle von Friktionen des Arbeitsmarkts. Wer eine niedrige Rente bekommt, ist also letztendlich selbst schuld: Eigenverantwortlichkeit des Rechtssubjekts, des Verkäufers, des Eigentümers seiner Arbeitskraft.

Nur die Leistung in der Wirtschaft zählt. An ihr wird von mir und anderen mein Wert gemessen. Wer eine höherbewertete Arbeit leistet, bekommt mehr Lohn, weil er angeblich mehr für das allgemeine Wohl tut: Gerechtigkeit, Gleichheit, Abwesenheit von Willkür und Privilegien, gleiche Chancen, Messen am gleichen Maßstab. Es ist ein Recht der Männer: Die Forderung »Gleicher Lohn für Mann und Frau« wurde nie ernsthaft vertreten. Sollen sich die Frauen doch mal ein bißchen anstrengen, ihre traditionelle Frauenrolle kritisieren, aufgeklärtes Bewußtsein bilden, ihre Arbeitskraft ordentlich qualifizieren, sich nicht immer wieder von der Reaktion auf die Mütterlichkeit festlegen lassen. Sollen sie doch auch mal ihre völlig irrationalen Bewertungskriterien bei der Lohnarbeit hintanstellen, sich abgewöhnen, ihr Verbleiben oder Nichtverbleiben an einem Arbeitsplatz davon abhängig zu machen, ob sie dort mit den Kolleginnen gut auskommen. Sollen sie doch versuchen, eine rational kalkulierende Arbeitskraft zu werden, und ihre Ware dort verkaufen, wo sie den besten Preis bringt, ohne Rücksicht auf sonstige Verluste, sollen sie sich Ellenbogen anschaffen, Durchsetzungsvermögen, um Karriere zu machen. Die Männer können schließlich nichts dafür, daß die Frauen das so schwer lernen wollen. Warum heiraten sie auch, warum lassen sie sich immer wieder darauf ein, Kinder zu bekommen?

Die Frauen machen effektiv die meiste Arbeit in der Gesellschaft, zwei Drittel, wenn Hausarbeit und Berufsarbeit zusammengezählt werden. Sie bekommen dennoch die niedrigsten Löhne und Renten. Das ist sattsam bekannt. In der Familie, nach der Arbeit, sind die Frauen für die Hausarbeit, für die Kinder, für den Mann verantwortlich. Trotzdem, ihre Gleichheit wird behauptet in der Forderung »Gleiche Arbeitszeit für alle« – die Arbeit zu Hause rechnet nicht als Arbeit: »Ich arbeite nicht, ich bin Hausfrau.«

Die Vorstellung von Gleichheit und Gerechtigkeit, die der Gewerkschaftspolitik und dem Sozialstaat zugrunde liegt, mißt Ungleiches mit gleichem Maßstab, und sie befördert die Ausgrenzung, die Verdrängung des ganzen »Rests« gesellschaftlich und für die einzelnen Individuen notwendiger Arbeit. Indem sie die Gerechtigkeit, die Gleichheit auf einer solch illusionären Basis aufbaut, befestigt sie ein System der Ungerechtigkeit und der Ungleichheit. Sie bindet das Bewußtsein, die Empfindungen, die gegenseitige Wahrnehmung der Menschen an diese Ungleichheit.

Die Menschen, auch die Arbeitsmänner messen sich und ihre Frauen an diesem Maßstab der Ungleichheit. Sie nehmen sich gegenseitig nicht als Gleiche wahr. Immer gibt es für die Arbeitsmänner noch jemanden, der tiefer steht. Für die deutschen Männer sind das die Frauen und die »Gastarbeiter«. Für die »Gastarbeitermänner« nur noch die Frauen – immerhin. Die Männer halten es für ganz gerecht und natürlich, daß sie sich abends vor den Fernseher hocken und die Frau die Kinder ins Bett bringt, ihnen ein Bier holt und wer weiß was noch alles. Denn sie haben ja mehr Lohn gebracht, haben mehr »geleistet« »auf Arbeit«. Der Lohnstreifen zeigt es. Stellt euch nur mal vor, was bei unseren deutschen Arbeitsmännern, die für den Sozialstaat, für Gerechtigkeit und gleichen Lohn für gleiche Leistung sind, los wäre, wenn die Frauen die Forderung aufstellten: Arbeitet ihr ruhig weiter acht Stunden, wie gehabt, aber wir wollen nur noch vier Stunden arbeiten – und zwar fürs selbe Geld, denn wir machen ja noch die Hausarbeit. Ein Sturm der Entrüstung über derlei Ungerechtigkeit würde sich erheben. Und dann noch einige schöne Ausreden: Damit würde doch nur die häusliche Arbeitsteilung verfestigt, die geschlechtsspezifische. So kämen die Frauen nicht weiter. Die meisten Männer fühlen sich zwar nach wie vor fürs Haus und für die Kinder nicht verantwortlich, außer eben, daß sie Knete beibringen, aber im Falle eines Falles ist dann jedes Argument recht. Und dann haben sie ja auch schon seit hundert Jahren die schöne Forderung, daß die ganze häusliche Frauenarbeit von den öffentlichen Institutionen und den Maschinen zu übernehmen sei, ja, und bis das endlich geschieht, legen sie sich aufs Ruhekissen. Sie haben ja ein gutes Gewissen, sie sind nicht verantwortlich dafür, daß der Staat das immer noch nicht gemacht hat.

Und um der gegenwärtigen Lage wirklich gerecht zu werden, müßten die Frauen ja auch noch verlangen: Damit wir den gleichen Lohn für ungleiche Arbeitszeiten in der Industrie, im Büro, bekommen, müßt ihr uns was abgeben. Denn viele von euch produzieren ja gar keine Lebensmittel mehr in den Fabriken. Soviel ist nicht mehr da. Ihr müßt euch entweder darum kümmern, daß wieder mehr Nützliches produziert wird und nicht soviel von dem, was nur noch zerstört oder gar nicht gebraucht wird. Oder ihr müßt euch mit einem niedrigeren Lohn, daß heißt mit einer geringeren Summe von Lebensmitteln, zufriedengeben. Beides zusammen geht nicht.

Nein, nein, solcherlei Einsichten darf Frau den deutschen Arbeitsmännern nicht zumuten. Die würden dann doch gar nicht kämpfen. Die fühlten sich ja ungerecht behandelt. Schließlich fühlen sie sich nicht verantwortlich dafür, daß immer mehr kaputtgemacht wird. Das macht das Kapital, die Unternehmer. Und diese fühlen sich auch nicht dafür verantwortlich, daß die Industrie noch keine automatische Bierholmaschine für die Muße vorm Fernseher produziert hat. Und sie sind natürlich auch nicht dafür verantwortlich, daß die

Kinder nicht schon vom ersten Lebenstag an in öffentliche Kinderkrippen ganztägig und ganznächtlich abgeliefert werden können. Für alle diese Mängel ist die Gesellschaft verantwortlich. Sie hätten es ja gern so, aber die Gesellschaft will einfach nicht, die sieht alle diese schönen Forderungen nicht ein. Sie können doch nichts dafür, wenn die Frau völlig genervt und überarbeitet ist.

Es ist natürlich auch ein bißchen schlitzohrig, all dies dem Marx anzuhängen. Daß da die Arbeit meiner Mutter nicht gesehen wird (vgl. S. 24–34), hat er schließlich bis zu seinem Lebensende nicht entdeckt. Aber immerhin, er hat herausgefunden, daß, wie er meint, die Natur keine Maschine ist, die lauter gleiche Exemplare hervorbringt, sondern daß sie unordentlich produziert, Ungleiche, Individuen – und das fand er anscheinend nicht einmal schlecht. Im Sozialismus müsse in Rechnung gestellt werden, daß die Individuen unterschiedliche Exemplare ihrer Gattung sind: immerhin etwas, auch wenn ich das nicht alles der Natur in die Schuhe schieben würde. Denn schließlich sind Individuen ja auch noch in unterschiedlicher Weise von ihren Müttern – gut, die Väter sind mit ihrer väterlichen Liebe auch dabei – zu Menschen produziert worden. Darin steckt verschiedenartige Arbeit, nicht nur die moderne, fortschrittliche Fabrikarbeit, sondern borniert Zurückgebliebenes. Keine genaue Regel – auch wenn sich die ganze Zeitschriftenliteratur plus Erziehungsbücher für die Mütter so dafür einsetzen, daß alle das gleiche machen. Aber da nun wieder die »Wissenschaftler« verschiedene »Approaches« haben, nützt das auch nicht viel. Dieser ungerechte Zustand wäre erst zu beseitigen, wenn alle Kinder vom Tag der Geburt an, also sozusagen aus dem Mutterleib in staatliche Erziehungsanstalten abgeliefert würden, die alle genau dasselbe mit allen Kindern machen. Aber das wäre immer noch ungleich, selbst wenn alle Kindergärtnerinnen nach einem einheitlichen Lehrbuch verfahren würden. Denn schon aus dem Mutterleib kommen die Kinder mit verschiedenen Anlagen, Fähigkeiten, Charaktereigenschaften. Die Fortschrittsmänner haben zwar versucht, nachzuweisen, daß das nicht stimmt, daß alle gleich wären, wenn alle genau die gleiche Erziehung erhielten, aber ich glaube nicht daran. Die Reaktion hat da Gegenbeweise, die sollten Mann und Frau schon ernst nehmen, auch wenn sie aus dem rechten Lager kommen. Und die Mütter haben in diesem Punkt meist auch eine andere Einschätzung. Ich gebe ja zu, die Reaktion möchte beweisen, daß die Natur Eliten produziert und blöde Massen. Daß das nicht stimmt, wissen wir. Schließlich ist die Menschheit den größten Teil ihrer Entwicklungsgeschichte ohne diese Kunstprodukte ausgekommen, und damals hatte sie auch noch größere Chancen als heute. Was muß also gemacht werden, damit endlich die soziale Gerechtigkeit hergestellt wird? Die Menschen dürfen einfach nicht mehr von so zurückgebliebenen organischen »Produktionsinstrumenten« wie dem Mutterleib und der individuellen Liebe zwischen Mann und Frau produziert werden. Die müssen nun mal endlich in den Fabriken gemacht werden. Und die Gentechnologie ist schließlich schon eifrig am Werk, hat dabei allerdings etwas ganz anderes als die soziale Gerechtigkeit im Sinn.

Marx meinte ja: Reproduktionskosten = Lohn = fabrikproduzierte Lebensmittel, das wäre es. Und dann bleibt nur noch der unbezahlte, triebhafte, natürliche Rest, die Zeugung. Und Frau könnte weiterspekulieren: Wenn der Rest noch beseitigt wird, wenn die »Menschenproduktion« voll und ganz nach menschlich-männlicher Ordnung und Regel beherrscht wird – Resultat vorher im Kopf geplant und dann an die Arbeit, und am Ende springt das heraus, was zuvor gewünscht –, dann ist endlich die soziale Gerechtigkeit hergestellt, dann sind endlich alle ganz gleich.

Aber damit ist das Problem auch noch nicht gelöst. Dann gibt es immer noch junge Kräftige und alte Kranke oder auch junge Kranke und Kräftige mittleren Alters. Da wäre es doch am besten, die Menschen gleich durch Maschinen zu ersetzen. Hier sitzen wir wieder in der Falle, denn das sagt sich das Kapital ja seit langem. Dagegen haben schließlich selbst die Arbeitsmänner etwas. Sie müssen doch ihre Familie ernähren. Die Katze beißt sich in den Schwanz.

Zum Beispiel die 35-Stunden-Woche

Ich weiß, ich betrete jetzt eine gewerkschaftliche Tabuzone, trotzdem: Die 35-Stunden-Woche ist aktuell. Die Linken in den Gewerkschaften haben sie zu ihrem Hauptkampfziel erklärt. Solidarität, gleiche Arbeitszeit für alle, gleiche Verkürzung der Arbeitszeit, Gemeinsamkeit, Solidarität – so läuft die Kette. Anders ginge es nicht, anders wäre kein Widerstand zu organisieren. Nun, es fällt mir schwer, ein endgültiges Urteil in dieser Sache zu haben. Vielleicht sind die Verhältnisse wirklich so, daß es anders nicht geht. Aber wie sind sie denn?

In der Politik, wachsende Arbeitslosigkeit durch Arbeitszeitverkürzung anzugehen, für alle gleich, stecken natürlich einige Voraussetzungen:

1. daß die Produktivkraft der Arbeit weiterhin angestiegen sei und durch Arbeitszeitverkürzung als Fortschritt für die Lohnabhängigen angeeignet werden könne. Selbst linke Intellektuelle, die sonst Kritischeres äußern, reden plötzlich wieder von der »gigantischen Entwicklung der Produktivkräfte«, von der massiven Verminderung »gesellschaftlich notwendiger Arbeitszeit«[7]. Alle Erinnerung an die ökologische Diskussion, daß nämlich die Produktivkräfte womöglich sich inzwischen als gigantische Destruktivkräfte zu entpuppen beginnen, ist plötzlich vom Tisch gewischt. Mann setzt auf den Fortschritt, die Rationalisierung, die technische Revolution in der großen Industrie, in den Zweigen, die auf dem Weltmarkt um einen Platz an der Sonne konkurrieren. Es ist das alte Muster. Dem Kapital wird der »Fortschritt der Produktivkräfte« überlassen: Die Lohnabhängigen eignen sich ihn durch Lohnerhöhung respektive durch Arbeitszeitverkürzung an. Gewinn an Reichtum, Reichtum an freier Zeit, die dann wahlweise durch »das Leben« im Unterschied zur Arbeit, durch »Muße«, durch Lernen für die bessere Kontrolle des Produktionsapparates, die »soziale Kontrolle des technischen Fortschritts«[8] aufgefüllt werden könne. Und, wie praktisch, die Arbeitslosigkeit

werde gleich mit beseitigt, alle arbeiten, alle haben mehr Zeit für die »Selbstverwirklichung«. Die alten schönen Träume werden aufpoliert auf dem Tablett gereicht. Und kein Zufall: Auf den Stelltafeln der IG Metall strahlt die aufgehende Sonne. Mir wurde auch angetragen, aus Solidarität eine Patenschaft für solch eine Stelltafel zu übernehmen. Ich habe es nicht über Kopf und Herz gebracht.

2. Orientierungspunkt für die Kampagne zur 35-Stunden-Woche sind die mit höchster Produktivität arbeitenden Zweige. Da lese ich mit Erstaunen, um die kleinen Betriebe brauchten wir uns gar keine Sorgen zu machen. Wenn eine Reihe von ihnen eingingen, so könne der Staat ja durch Arbeitsbeschaffungsmaßnahmen die wegfallenden Arbeitsplätze restaurieren. Auch in diesem Punkt nichts Neues unter der Sonne: Daß die Kleinbetriebe, die Handwerksbetriebe zurückgeblieben seien und an ihre Stelle endlich eine rationelle Produktion zu treten habe, kennen wir doch schon aus der Weimarer Republik. Diese ganze Produktion gehöre auf den Müllhaufen der Geschichte. Die kämpfende Arbeiterklasse, die gewerkschaftlich-sozialstaatlich orientierte, hält sich ans große Kapital, da wird der wahre Reichtum, da wird die rationalisierte, vernünftige, effektive Produktion organisiert: Wer vom Reich der arbeitsfreien Zeit schwärmt, ja, der hat mit der »Kleinbourgeoisie« nichts am Hut.

3. Als gesellschaftlich notwendige Arbeit gilt allein die in der rationalisierten, rationalisierbaren Produktion. Daß es ganze Bereiche gibt, in denen die »Produktivkräfte«, ich verzichte ausnahmsweise darauf, sie als gleichzeitige Destruktivkräfte zu bezeichnen, mitnichten fortschreiten, im Gegenteil, nämlich überall da, wo eben Maschinen unbrauchbar sind: in der Erziehungsarbeit, Sorgearbeit, Pflegearbeit an Kindern, Kranken, Alten – und natürlich auch am genervten Ehemann, bleibt ausgegrenzt – wie gehabt. Da liegt zwar offen auf der Hand, daß die konservative Wende in zweierlei Weise bezahlte Arbeit vermindern möchte, ja, daß die neue Idee der Regierung von rechts gerade darin besteht:

die bezahlte Arbeit an der Produktion und Reproduktion der Ware Arbeitskraft im öffentlichen Sektor zu vermindern und sie als unbezahlte Arbeit auf die angeblich von der Natur dazu Geschaffenen, die Mütter, die weiblichen Wesen zu laden. Aber das hat nichts zu bedeuten, es ist glatter Zufall, hängt mit den Strategien zur Verbesserung der Machtposition des Kapitals doch nicht zusammen: Das gehört in den Bereich Weltanschauung – Ideologie. Allenfalls dient es noch der Bereinigung der Arbeitslosenzahlen. Denn die Mütter rechnen ja nicht.

4. Die neuen Technologien sind zwar schlimm, aber so schlimm nun auch wieder nicht. Sie müssen nur sozial kontrolliert werden. Wenn die Computer statt zentral, dezentral geschaltet sind, wenn die Facharbeiter auf der Basis ihres alten Wissens einen selbständigen Dialog mit dem Gerät führen können, dann ist die Sache doch gar nicht so schlecht, dann haben die neuen Produktivkräfte doch auch im Arbeitsprozeß durchaus was Humanes. Zwar habe ich noch nirgends etwas darüber gelesen, was denn die Frauen, die da, jede isoliert, an ihrem Textverarbeitungsgerät sitzen und mit ihm einen, sei's humanen, sei's inhumanen, Dialog führen, machen, wenn sie abends den Dialog mit den Kindern und dem Ehemann führen sollen. Ob sie dazu noch in der Lage sind, ob ihnen nicht endgültig die Kräfte zu dieser zweiten Berufsarbeit ausgehen, wenn sie nicht mehr mit den Kolleginnen sprechen können, sondern nur noch mit der Technik, aber solche Fragen gehören ja schließlich auch nicht in den Bereich gewerkschaftlicher Arbeit. Das Feld überlassen die Arbeitsmänner zur Beackerung der politischen Rechten und, wenn's schon sein muß, den Feministinnen, und mit beiden wollen sie bekanntlich nichts zu tun haben. Humane Technik ist etwas, das den Facharbeiter angeht, damit er sich in seiner Arbeit als Werkzeug machendes Tier auch selbst verwirklichen, zur Person entwickeln kann.

5. Ich weiß, die Frauen tauchen auch auf. Es ist durchgesickert, daß viele von ihnen, eine stetig zunehmende Zahl, in Teil-

zeitarbeitsverhältnissen beschäftigt sind. Und daß Frauen sogar immer wieder mal die Teilzeitarbeit für gar nicht so schlecht halten. Und dann ist ja noch bekannt, daß das Kapital von der flexiblen Arbeitszeit schwärmt. Die Sache ist also klar und auch durchaus nicht emanzipiert: Die Männer sind plötzlich ganz engagiert, beginnen von der Frauenbefreiung zu schwärmen. Die Frauen, die da Teilzeitarbeitsplätze wollten, seien ja völlig zurückgeblieben, die würden damit die geschlechtsspezifische Arbeitsteilung verfestigen. Zwar wird zugestanden, daß im Bereich Teilzeit wenig gewerkschaftliches Engagement hinsichtlich der Sicherung bestimmter sozialstaatlicher Errungenschaften stattgefunden hat, aber sei's drum: Jetzt geht es um die 35-Stunden-Woche, und dann brauchen wir auch keine Teilzeitbeschäftigung mehr, dann können alle Vollarbeitsplätze bekommen. In einem Jahrgang der gewerkschaftlich-gewerkschaftskritischen Zeitung »express« habe ich die Stimme eines Mannes entdeckt, der sagt, er wolle zu Hause mehr Verantwortung übernehmen! Dazu sei die 35-Stunden-Woche gut. Immerhin, bei zwölf Nummern mit insgesamt etwa 300 Zeitungsseiten! Und nun zu den Kolleginnen, die ja auch für die allgemeine gleiche Arbeitszeitverkürzung sind, die das Bedürfnis nach individueller Arbeitszeit als eine Falle des Kapitals entlarvt haben, in die die Arbeiterinnen, die ganz normalen, nicht gewerkschaftlich organisierten Mütter, blind und unbewußt hineintappen. Letzteren wird es einfach alles zuviel, sie sehen, daß sie so oder so keine befriedigende Arbeit finden, brauchen aber das Geld, auch wenn es wenig ist, die Kinder brauchen sie und der Mann ja auch – also Teilzeit, besser als gar nichts, besser, als nur zu Hause rumzuhocken und die Welt draußen, außerhalb der 2 ½-Zimmer-Wohnung im allgegenwärtigen Märkischen Viertel, nur noch durch den Mann mitzubekommen. Und der bringt auch nicht viel mit heim, vor allem keine anderen, erwachsenen Gesichter, keine Frauen, die zu treffen sie sich freuen würden, weil sie den gleichen Kummer mit ihrem Alten und mit ihren Kindern haben, die auch davon träumen, wie das alles für die

Frauen besser sein könnte – mit der Liebe und der Arbeit. Die gewerkschaftlich bewußten, die fortschrittlichen Kolleginnen rechnen diesen Frauen nun genau vor, daß da ein ganz falsches, ein geradezu unsolidarisches Bedürfnis besteht, wodurch sie selbst ihre Situation weiter verschlechtern. Das Kapital beutet sie in der kürzeren Arbeitszeit noch mehr aus, weil sie ja ein bißchen frischer sind. Qualifikationschancen haben sie gar keine mehr – die hatten sie zwar vorher auch nicht –, aber was soll's. Die ganzen sozialen Sicherungen treten nicht ordentlich, ist die Arbeitszeit nur von kurzer Dauer, gar nicht in Kraft. Das Kapital spart also an ihnen. Ihnen steht keine ausreichende Rente, kaum Arbeitslosenversicherung zu. Die häuslich-geschlechtsspezifische Arbeitsteilung wird weiterhin aufrechterhalten, mit der Emanzipation durch Lohnarbeit geht es nicht voran. Und die CDU spart an Kindergärten.

Das ist ja alles richtig. Und wenn mir jetzt eine Kollegin von der IG Metall gegenübersäße, alle diese Argumente brächte und vielleicht noch ein paar mehr, die ich vergessen habe, ich weiß nicht, ob ich mich ihr verständlich machen könnte. Ganz ohne den Zusammenhang, aus dem heraus ich Position beziehe.

Zunächst: Welche Tatsachen machen mich immer wieder schwankend in dieser Sache? All die oben genannten Argumente der Gewerkschaftsfrauen treffen zu. Ich habe selbst die Untersuchungen gelesen, daran gibt es nichts zu deuteln. Als Hochschullehrerin kann ich zum Beispiel gut sagen: Ich will auf eine Zweidrittelstelle, zwei Semester Vorlesung, ein Semester frei für Zweidrittel des bisherigen Gehalts (sogar ein bißchen mehr, da ich dann weniger Steuern zahlen muß). Die Lage der Frauen, die in einem Industriebetrieb oder in einem Kaufhaus auf Teilzeitstellen arbeiten, ist grundverschieden von der meinigen. Argumentiere ich da nicht vielleicht in der Rolle der Privilegierten, die nur sich sieht und sonst niemanden? Nehme ich die Probleme der Kolleginnen hinter der Kaufhaustheke überhaupt nicht wahr? Bin ich leichtfertig?

Und dann die Sache mit der 35-Stunden-Woche. Das ist doch in der Tat eine ordentliche Forderung, im Vergleich zu dem, was in anderen Gewerkschaften, der IG Chemie zum Beispiel, diskutiert wird. Dort wird in Richtung Verkürzung der Lebensarbeitszeit gedacht. In dreißig oder weniger Jahren bist du völlig ausgepowert vom Kapital. Und dann gehörst du auf den Müll, wirst in ein Altengetto abgeschoben, wo du nur noch auf deinen Tod wartest. Und noch was anderes: Bei einer Verkürzung der Wochenarbeitszeit können doch auch die Männer ein Stück Verantwortung für die häusliche Arbeit und die Kinder übernehmen. Und im übrigen ist es doch überhaupt gut, daß eine Gewerkschaft wieder mal gestreikt hat, kämpfen will. Da ist ein Stück radikales Bewußtsein, das gefällt mir.

Und welche Argumente, welche Fragen stehen dagegen? Wie viele aus der Arbeitsmännerfraktion haben denn die 40-Stunden-Woche als Gelegenheit benutzt, ein Stück Selbstverantwortung bei den häuslichen Tätigkeiten auf sich zu nehmen? Und wenn sie es taten, dann lag es bestimmt nicht an der 40-Stunden-Woche. Wann waren die Männer denn mal solidarisch mit der Forderung der Frauen nach Abschaffung der untersten, der Frauenlohngruppen, nicht nur in Worten, sondern auch in Taten?

Selbst bei blühender Konjunktur hat die IG Metall dem Kapital gerade mal die Abschaffung der untersten Frauenlohngruppe abgetrotzt. Wie viele der Gewerkschaftsmänner, die jetzt so schön argumentieren, beteiligen sich denn zu Hause an der Hausarbeit, statt immer mit der Ausrede zu kommen, sie hätten was Besseres zu tun, nämlich sich für das Wohl der Arbeiterschaft zu opfern? Wie viele Männer haben sich denn im Kampf gegen Paragraph 218 und gegen die Gewalt in den Kreißsälen engagiert? Wie viele Männer sind bereit, bei anstehender Beförderung auf eine höhere Stelle zu sagen: Nein, da ist die und die Kollegin, die ist schon viel länger im Betrieb, die kann das auch. Laßt sie mal ran, ich als junger Schnösel will nicht vor ihre Nase gesetzt werden, ich finde das entwürdigend – für mich und für sie. Wie viele Männer kämpfen denn dagegen, daß mit ihrer Arbeit alles mögliche kaputtgemacht wird? Und, bei allen schönen Worten, wann hat es die IG Metall denn mal zum *Kampfgegenstand gemacht*, daß, Verbalradikalismus hin, Verbalradikalismus her, in zunehmendem Maße Massen von Frauen – nicht von Männern – bei Teilzeitarbeit in besonderem Maße ausgebeutet werden? Wann hat die Gewerkschaft zum Gegenstand einer Tarifauseinandersetzung gemacht, daß auch Männer das *Recht* auf Teilzeitarbeit haben, wenn die Kinder klein sind und sie sich solidarisch mit ihrer Frau um sie kümmern wollen? Wann ist denn in den Gewerkschaften darüber diskutiert worden, daß Hausarbeit und Kindererziehung auch echte, produktive Arbeit ist, individuell und gesellschaftlich notwendig, und daß deshalb betroffene Kolleginnen und Kollegen den gleichen Lohn, wenigstens in den unteren Lohngruppen, für verkürzte Arbeitszeit erhalten sollen? Wo seht ihr denn noch ein Engagement gegen die Lohndifferenzierung, die den größten Teil der Frauen, deren Männer wenig verdienen, in einen Achtstundentag zwingt, auch wenn die Kinder klein sind und eigentlich alles über ihre Kräfte geht? Welcher Arbeitsmann erwägt denn, daß die Sache mit dem gerechten Lohn für höher qualifizierte Arbeit vielleicht doch nicht ganz stimmt, da er sich selbst ja nicht alleine gemacht hat, sondern seine Mutter mit einem großen Stück Arbeit daran beteiligt war, was die Unterschiede doch ein bißchen weniger gerecht macht, zumal sie nichts dafür gekriegt hat. Viele Arbeitsmänner finden nichts dabei, daß ihre Mutter von einer Hungerrente lebt, außer daß es gut wäre, sie bekäme mehr. Aber selbst etwas abgeben, nee, das ist doch mein gerechter Leistungslohn, den habe ich allein verdient. Die Gesellschaft ist dafür verantwortlich, nicht ich. Welche Gewerkschaft hat denn versucht, dafür zu kämpfen, daß bei Teilzeitbeschäftigungen hinreichende Zahlungen an die Rentenkasse geleistet werden und dafür vielleicht ein bißchen weniger für die oberen Gehalts- und Lohngruppen? Ich könnte noch mehr Fragen aus meinem Füllhorn aufs Papier lassen. Aber ich lasse es mal dabei bewenden.

All dies wäre machbar, wenn das Bewußtsein da wäre. Aber es ist halt nicht da. Und der »Kampf« um die 35-Stunden-

Woche verfestigt nur noch einmal das alte, zurückgebliebene Bewußtsein. Und die fortschrittlichen Kolleginnen? Ich sehe doch, daß sie die Sache mit der individuellen Arbeitszeitgestaltung auch ganz gut fänden, und dann ertappen sie sich, kriegen ein schlechtes Gewissen: Das ist ja unsolidarisch, individualistisch, und dann disziplinieren sie sich zur gewerkschaftlichen Einheitsforderung und glauben, daß sie damit die »zurückgebliebenen« Kolleginnen überzeugen könnten. Nein, das wird nicht klappen, diese werden weiterhin in Teilzeitarbeit besonders ausgebeutet, und die Teilzeitstellen werden sich vermehren. Und von den Gewerkschaften haben die Mütter keine Hilfe zu erwarten, solange die Sache mit dem Arbeitnehmerpatriarchat nicht zum Thema gemacht wird.

Nur der Klassenfeind ist verantwortlich, wir waschen unsere Hände in Unschuld

Immer nur auf den »allmächtigen« Klassenfeind zu verweisen, das ist nicht nur falsch, das ist auch unredlich. Schließlich haben die Arbeitsmänner doch ein Bündnis mit ihm geschlossen: schrankenlose Entwicklung der Produktivkräfte durch die geregelte Zusammenarbeit zwischen Kopf und Hand, ohne Rücksicht auf die Tatsache, daß auch die Natur »produziert«, daß auch sie gewisse »Arbeits«zeiten hat. Sie braucht nämlich sehr lange, braucht Jahrhunderttausende oder zumindest Jahrhunderte, bis sie unter bestimmten gegebenen Bedingungen alle ihre produktiven Kräfte herausgearbeitet, die »höchste« Produktivität entwickelt hat. Die Menschen könnten ihr dank ihres Kopfes in ihrem eigenen menschlichen Interesse helfen, diesen ihren naturwüchsig, ohne Kopfarbeit erreichten Stand zu vervollkommnen, aber sie tun es nicht. Die Arbeitsmänner haben sich mit dem sachlichen Privateigentum verbündet als Privateigentümer ihrer Arbeitskraft, von der sie glauben – und das macht ihre Arroganz gegenüber den Frauen und ihr Selbstbewußtsein aus –, sie sei die einzige Arbeit, die einzige produktive Kraft neben den Unternehmerköpfen.

Und schließlich haben die Arbeitsmänner mit den anderen Privateigentümern von jenseits der Barrikade noch ein zweites Bündnis geschlossen: daß sie ihre Arbeitskraft als ihr spezielles Privateigentum betrachten. Sie haben sich eingebildet, nur ihre Tüchtigkeit, ihre Leistung, ihre Anstrengung zur »Qualifikation« der Arbeitskraft bewirke, daß diese was bringt – und bestimme, wieviel sie bringt. Sie haben die Gewalt gegen ihre Frauen in den Kreißsälen zugelassen, und sie verbringen Gewerkschaftsmännerabende immer noch ab und zu mit sogenannten »dreckigen Witzen«, in denen die Sexualität der Frauen und ihre eigene entwürdigt, aus dem Bereich des Menschlichen ausgegrenzt wird. Sie nehmen an der Entwürdigung und Ausbeutung der Frauen – und auch der »unzivilisierten« Völker – teil. Mich überzeugt der Brustton der empörten Entrüstung nicht mehr, wenn plötzlich so gegen die andere Seite der Barrikade losgezogen wird, wo Mann doch selbst mit einem Bein auf dieser anderen Seite steht. Gut, was die »Verteilung« angeht, da ist die andere Seite plötzlich der böse allmächtige Klassenfeind, dem »eins reingehauen« werden muß. Aber was die Produktion angeht, was den Mythos von der einzig produktiven Industriearbeitskraft angeht, da schütteln sie sich doch nach wie vor dauernd die Hände.

Und die Sache mit dem allmächtigen Klassenfeind ist auch falsch. Der hat kein unerschöpfliches Füllhorn zur Verfügung, um es auszuschütten. Es ist nicht nur sein böser Wille, seine Profitsucht, daß die Arbeitskräfte nicht genug abbekommen. Die Handmänner und die Kopfmänner haben gemeinsam so viel verschwendet, sind so furchtbar unökonomisch gewesen, daß nun wirklich nicht mehr viel übrig ist. Mann kann sich nicht aus der Verantwortung ziehen. Und nachdem beide zusammen mit all den anderen produktiven Tätigkeiten und Kräften so lange geaast haben, mit dem, was sie einfach als »Natur«, als »Stoff«, als »bloße Materie« im Unterschied zur angeblich einzig produktiven Kopf-Hand-Baumeisterarbeit denunziert haben, inklusive Teilen ihrer selbst, ist davon halt nicht mehr viel da. Der Herr jenseits des Atlantiks hat schon recht, wenn er sich von der Erde wegbegibt und auf den Geist aus dem Kosmos hofft. Die Gewerkschaften tun das zwar nicht mit Worten, aber mit Taten. Und an dem Punkt, wo es darum geht, die Unternehmer zu zwingen, mit der Arbeitskraft im Betrieb ökonomisch umzugehen, wurde ja auch nie wirklich gekämpft. Da wurde die Verschwendung zugelassen: ist halt unumgänglich, andernfalls gibt es nicht genug Autos und Fernsehapparate.

Und noch eins: Einfach darauf zu hoffen, daß die Völker der dritten Welt, die »Unzivilisierten«, uns Nahrung liefern, nachdem bei uns soviel kaputtgeschlagen ist, das geht auch nicht. An diesem Punkt macht uns der Klassengegner einen Strich durch die Rechnung. Der hat nämlich auch gemerkt, daß da immer noch mehr zu holen ist, und er glaubt, auf uns verzichten zu können, wir sind ihm zu teuer geworden. Gut, das ist auch für ihn keine dauerhafte Lösung. Aber die bei uns stationierten Bomben sind nicht nur für die bösen Russen da. Die sind auch für uns da. Wenn wir die Zusammenhänge nicht begreifen, haben wir keine Chance mehr. Und weil ich somit auch keine habe, sage ich offen meine Meinung, ich behaupte nicht, daß ich alles zu Ende gedacht habe, sage auch nicht, daß es vielleicht doch noch andere Interpretationen gibt: Es ist mein Erkenntnisstand.

Ich erlebe es selbst immer wieder in meiner Gewerkschaftstätigkeit: Der »Klassengegner«, das Kapital, die Unternehmer, der böse Staat – all das sind hervorragende Alibis, jegliche individuelle Verantwortlichkeit von sich wegzuschieben. Du bist ganz »klassenbewußt«, weißt, wo der Feind steht, bist selbst im Zustand des unschuldigen Kindes, benutzt deinen Kopf dazu, den Feind zu entlarven, die Fronten von Schuld und Unschuld, von Gut und Böse klar abzustecken. Und was passiert? Du erfährst immer erneut – wenigstens in den letzten Jahren – deine totale Ohnmacht. Es wird immer schlimmer, du kannst noch soviel entlarven, du kannst empörter und empörter werden, es ändert sich nichts in deinem Sinne. Der Gegner ist knochenhart. Und er hat das Geld und die Polizei. Natürlich finden es die männlichen Kollegen unmöglich, daß kaum noch Frauen an der Hochschule eine Chance haben. Aber schon bei einer Forderung wie: Bei gleicher Qualifikation soll, wenn ein Mann und eine Frau alternativ zur Auswahl stehen, die Frau die Stelle bekommen, kriegen sie Bauchschmerzen und erzählen dir, sie würden zum Doktor gehen, um eine Geschlechtsumwandlung vornehmen zu lassen. Du erzählst, daß ein Spitzel vom Senat ins Seminar geschickt wurde, der dann gefragt wurde, wie er sich bei derart entwürdigenden Aufgaben fühle? Antwort: Er könne nicht anders, habe Anweisung, müsse seine Familie ernähren – und: Dem Kollegen von der Stamokap-Fraktion leuchtet das unbedingt ein. Da ist ein Kollege, der macht viel in der Alternativszene, hat keine Zeit, noch auf die Gewerkschaftsversammlungen zu gehen, hat die Idee, gutbezahlte Beamte könnten doch die Forderung stellen: Wir wollen Arbeitszeitverkürzung ohne Lohnausgleich und Einrichtung neuer Stellen für die, die unten nachkommen und wenig Hoffnung haben, noch eine Arbeit zu bekommen. Der Forderung solle mit einem Streik Nachdruck verliehen werden. Die Empörung fortschrittlicher Gewerkschaftskollegen kocht hoch: Der kommt von außen, der ist ein Gewerkschaftsfeind, der will uns unseren gerechten Lohn streitig machen. Soll der Staat doch weniger für Rüstung ausgeben – dann funktioniert schon alles prima. Sie gehen, vielleicht, noch auf eine Friedensdemonstration, sie beteiligen sich, vielleicht, auch an einem halbstündigen »Streik« gegen die neuen Pershings – und ansonsten hat sich's. Sie haben ein pausbäckig gutes Gewissen: »Wir machen doch keine ›Verzichtspolitik‹.«

Ihnen wäre es ja auch recht, wenn alle soviel verdienen würden wie sie. Sie fänden es toll, wenn alle einen Arbeitsplatz hätten. Und natürlich sind sie gegen Kabelfernsehen, Autobahnausbau und Atomkraftwerke. Trotzdem: Die »Wirtschaft« soll nur wachsen und wachsen und wachsen, damit wir uns beruhigt auf unserem »gerechten« Studienrats- oder Professorengehalt ausruhen können. Wir sind doch keine Caritas, wir sind eine Kampforganisation, was können wir dafür, daß es so viele Leute ohne Chance gibt, belästige uns damit nicht, wir vertreten hier unsere Interessen als Lehrer und damit basta. Wir schieben doch nicht die Frauen in den Haushalt, in die Arbeitslosigkeit, das macht doch die CDU, die ist so reaktionär, wir sind für die Emanzipation: Allen Frauen eine Stelle, wie wir sie haben, mit einem Gehalt, wie wir es haben – das fänden wir prima. Aber irgendwie wissen die Kollegen ja auch, daß ihre schönen Forderungen mit der Wirklichkeit nichts mehr zu tun haben. Schließlich lesen sie Zeitung. Sehen fern. Machen ihre Erfahrungen in der Schule. Und es passiert etwas Faszinierendes. Die spontan hochkochende Wut richtet sich plötzlich weniger gegen den »Klassenfeind«, das »Kapital«, den »bösen Staat« – es ist ja bekannt, daß von daher nur Schlimmes kommt, was regst du dich noch darüber auf? Nein, in den Kampforganisationen, die nichts mit so Rückschrittlich-Reaktionärem wie Caritas zu tun haben, kannst du beobachten, wie der Gegenstand der Wut sich verschiebt: Es geht gegen die »Gewerkschaftsfeinde«, diejenigen, die meinen, es gebe auch noch eine gewerkschaftliche Selbstverantwortung für die Arbeitslosen, gegen diejenigen, die meinen, so gerecht sei der Lohn vielleicht doch nicht, gegen die, die dem Klassenfeind in die Hände arbeiten, weil sie »uns was wegnehmen wollen«. »Ich bitte dich, dazu ist doch eine Gewerkschaft nicht da.« Die verteidigt alles, so wie es ist. Zur eigentlichen Bedrohung werden die arbeitslosen Jugendlichen, diejenigen, die durch Selbsthilfe irgendwie versuchen, sich noch eine Existenz zu halten, bei Hungerlöhnen, bei langen Arbeitszeiten: Die gefährden doch unsere gewerkschaftlichen Errungenschaften. Die Wut gegen den »bösen Feind, Staat und Kapital« gerinnt zur tönern-verbalradikalen Phrase, die konkrete, lebendige Wut verlagert sich auf die, die nichts haben, die trotzdem leben wollen, arbeiten wollen. Und die meinen, eine andere Verteilung von Einkommen und Arbeitszeiten sei doch gar nicht schlecht.

Ich frage mich manchmal: Wie weit ist es denn von hier aus noch zu dem Bewußtsein, die eigentlichen Gegner der »Arbeitenden« seien die »Nichtarbeitenden«? Ich weiß, daß dies eine sehr provokante Frage ist, aber ich stelle sie trotzdem. Schließlich erlebe ich ja auch im Seminar, daß die jungen Frauen und Männer das neue Klassenschema, das die CDU entwirft, einleuchtend finden, wenn ich es an die Tafel male. Hier die produktiven Arbeiter, Kopf und Hand – da die unproduktiven Nichtarbeiter, Frauen, Jugendliche, Arbeitslose, Studenten, alte Leute, und die zweite Klasse wird von der ersten ohne Gegenleistung ernährt. Meistens reicht die Frage, was denn heute die Klassen der Gesellschaft seien, daß sie bereits selbst dieses Schema entwickeln. Die Studentinnen und Studenten sind im übrigen traurig über diese »Erkenntnis«, denn sie ordnen sich ja selbst in die »ausbeutende« Klasse, die unproduktiven »Nichtarbeiter« ein. Ja, und wenn der Staat den Arbeitenden, den Produktiven was abzieht, um es der Klasse der Nichtarbeitenden zuzuschieben, nimmt er dann nicht wirklich an der Ausbeutung teil? Wird er denn dann nicht in der Tat vom Sozialstaat zum Ausbeuterstaat?

Was war denn die Aufgabe des Sozialstaates? Den produktiven Arbeitskräften die Möglichkeit eines lebenslangen Verkaufs ihres Privateigentums, der Ware Arbeitskraft, zu sichern – und die Garantie, im Alter eine ausreichende Rente zu haben.

Der Sozialstaat ist ein Teil der »produktiven«, »arbeitenden« Gesellschaft. Er trägt selbst zum »Wachstum der Produktivkräfte« bei, indem er eine lebenslange Produktivität der Ware Arbeitskraft sichert. Der Sinn dieser Institution wird doch völlig ins Gegenteil verkehrt, wenn sie jetzt auf diejenigen etwas umverteilt, die womöglich nie in den Genuß kommen, »produktive« Kräfte zu werden. Und wenn diese dann noch meinen, die Arbeit im einzig produktiven System der »Lohnarbeit« sei nicht so reizvoll, man/frau könne sich da gar nicht selbst verwirklichen – dann ist die Sache klar. Die wollen nicht arbeiten, die wollen was Besseres sein, die wollen Privilegien – und wir, wir sollen sie noch ernähren? Nein, so geht das nicht. Ich habe das jetzt scharf überzogen, aber ich glaube, so ungefähr sehen die Fallinien aus, auf denen die noch arbeitenden Hände und die noch arbeitenden Köpfe, Kapital und

Arbeit, unversehens auf dieselbe Seite der Barrikade gelangen – und auf der anderen Seite steht der Rest der Gesellschaft. Der gehört dann auch nicht mehr zur »Gesellschaft« dazu. Denn die »Gesellschaft«, das ist ja das »produktive« System, die Wirtschaft, das Privateigentum an Produktionsmitteln und an Arbeitskraft. Was steht in der »Errungenschaft« der Novemberrevolution von 1918, der Weimarer Reichsverfassung: »Die *Arbeitskraft* steht unter dem besonderen Schutz des Reiches.« Nicht mehr und nicht weniger. »Interessiert den einzelnen Unternehmer die Leistung des Arbeiters nur so lange, als er den Arbeiter verwendet, so ist die Gesellschaft an der Leistung des Arbeiters während seiner ganzen Lebensdauer interessiert.«[9]

Mit dem Arbeitsrecht werde »DER MENSCH« in den Mittelpunkt des Gemeinwesens gerückt. Im Arbeitsrecht wurden Sinn und Zweck des Sozialstaats von den SPD-Juristen der Weimarer Republik formuliert. Die Hoffnung trog. Nicht DER MENSCH, nicht einmal DER MANN ist Mittelpunkt weder der Wirtschaft noch des Sozialstaates. Sondern: das KAPITAL und die ARBEITSKRAFT. Nicht weniger und nicht mehr. Und die Arbeitskraft ist sehr teuer geworden, und das Kapital braucht auch nicht mehr viel davon! Der Berater des amerikanischen Präsidenten, George Gilder, hat, wie gesagt, wahrhaftig kein Witzbuch geschrieben.

Warum drehten die »Kleinbürger«, die in ihrer alten Produktionsweise, in ihrer Existenz Bedrohten, in der Weltwirtschaftskrise durch? Warum bildeten sie die Massenbasis des Faschismus, ob sie nun noch ein Einkommen hatten oder nicht! Weil die »Entwicklung der Produktivkräfte«, weil »Kapital und Lohnarbeit« ihnen sagten, ihr seid unnütz, ihr werdet nicht mehr gebraucht, ihr seid zurückgeblieben, ihr seid reaktionär, ihr seid nicht produktiv. Und wer garantiert uns, daß die fortschrittliche, die »demokratische« Arbeiterklasse, die Arbeitskräfteklasse nicht durchdreht, wenn die Entwicklung der Produktivkräfte ihnen zeigt, ihr seid zurückgeblieben, ihr seid unbrauchbar, ihr seid unmodern, und zudem kostet ihr zuviel?

Ist die Marxsche Werttheorie wirklich eine umfassend kritische Theorie?

Die Frage stelle ich für heute! Kann weiterhin an der Marxschen Werttheorie als einer radikal-kritischen Theorie festgehalten werden? Was wird nach Marx im Wert gemessen? Die verausgabte Arbeitszeit. Worin besteht die Ökonomie des Kapitals? In der Arbeitszeitersparnis. Worin besteht die Ökonomie des realen Sozialismus? In der Arbeitszeitersparnis. In ihr repräsentierten sich die »ungeheuren Produktivkräfte«, die der Kapitalismus entwickelt und die Grundlage für den Kommunismus als der endlich zu sich gekommenen Menschheitsgeschichte sein sollen. Was sagt die Werttheorie über das Verhältnis von Kapital und Arbeit? Zwischen den beiden finde Äquivalententausch und Ausbeutung gleichzeitig statt. Äquivalententausch, Gleichheit, Gewaltlosigkeit, Gerechtigkeit, insofern der Arbeiter im Lohn das bezahlt bekomme, was er während des Arbeitsprozesses verausgabe: die Kosten für die Regeneration von »Nerven, Muskel und Hirn«, die Lebensmittel, die für diese Regeneration nötig seien, die Reproduktionskosten. Ausbeutung finde statt, weil die Arbeiter mehr produzieren, als ihre Reproduktion kostet. Dieses Mehrprodukt eigne sich das Kapital in der Form des Profits an.

Marx hat nun aber selbst gesagt, daß die Arbeiterinnen und Arbeiter verarmen, verelenden, degradiert, ihrer eigenen produktiven Kräfte beraubt werden. Das Kapital eignet sich also anscheinend etwas an, was es nicht bezahlt. Anscheinend wird mehr und anderes verausgabt, als durch die in den Fabriken erzeugten Lebensmittel wiederhergestellt werden kann. Sonst käme es doch nicht zu Verarmung und Degradierung. Allein die These, die Intensivierung der Arbeit bewirke diese Erscheinungen, reicht nicht hin, die eigenen Prognosen von Marx schlüssig innerhalb der Werttheorie unterzubringen. Denn theorieimmanent wäre doch die Folgerung: Der Lohn muß höher werden. Die Leute müßten halt mehr essen, Freizeit haben und schlafen. Dann sei die Sache in Ordnung. Aber sie ist ja nicht in Ordnung. Die Leute essen heute zum Teil mehr als genug, und die Arbeitszeit ist mit einer 40-Stunden-Woche auch nicht so besonders hoch. Trotzdem findet statt, was Marx prognostizierte. Die Arbeiterinnen und Arbeiter werden nicht nur objektiv ausgebeutet, was sie auch nur dann begreifen könnten, wenn sie den Lohnfetisch, den Anschein, sie bekämen ihre ganze Arbeit bezahlt, durchbrechen würden. Das war ja eine beliebte These während der Zeit der »Rekonstruktion der Marxschen Theorie«. Sie werden auch wirklich, faktisch, real ausgebeutet. Die Kräfte schwinden. Es wachsen ihnen keine neuen. Das Altwerden ist in unserer Gesellschaft mit Degradierung verbunden, und das war, soweit ich sehe, in der vorangegangenen Menschheitsgeschichte nicht so.

Nun gibt es allerdings bei Marx für das von ihm beschriebene Phänomen einen durchaus schlüssigen, wenn auch meines Erachtens auf keinen Fall hinreichenden Erklärungsansatz.

»Die geistigen Potenzen des Produktionsprozesses erweitern ihren Maßstab auf der einen Seite, weil sie auf vielen Seiten verschwinden. Was die Teilarbeiter verlieren, konzentriert sich ihnen gegenüber im Kapital. Es ist ein Produkt der manufakturmäßigen Teilung der Arbeit, ihnen die geistigen Potenzen des materiellen Produktionsprozesses als fremdes Eigentum und sie beherrschende Macht gegenüberzustellen...« Dieser Scheidungsprozeß »vollendet sich in der großen Industrie, welche die Wissenschaft als selbständige Produktionspotenz von der Arbeit trennt und in den Dienst des Kapitals preßt«[10]. *»Sie entwickelt die gesellschaftliche Produktivkraft der Arbeit nicht nur für den Kapitalisten, statt für den Arbeiter, sondern durch die Verkrüppelung des individuellen Arbeiters.«*[11]

Es ist das alte Motiv. Der kapitalistische Produktionsprozeß diene nicht der Menschwerdung durch Arbeit, wie dies die vorhergehende Menschheitsentwicklung kennzeichne, sondern enthaupte den Arbeiter, beraube ihn seines Kopfes, degradiere ihn zur Hand. Dies ist mit individueller Verkrüppelung gemeint. Und wenn Marx auch noch sooft beschwor, es handele sich hier um die spezifisch kapitalistische Form, so war er doch nicht in der Lage, irgendeine realitätsträchtige Phantasie zu entwickeln, wie diese Enthauptung rückgängig gemacht werden könne. Zur Erinnerung noch einmal die verschiedenen Lösungsvorschläge: 1. Alle werden zu Superköpfen, in denen sich die gesamte Wissenschaft befindet (Grundrisse). 2. Die Arbeitszeit wird auf ein Minimum reduziert (Kapital, Band 3). 3. Die Arbeit wird wieder zum ersten Lebensbedürfnis (Kritik des Gothaer Programms). Dieser Vorschlag ist angesichts des von Marx selbst empirisch Beschriebenen ebenso unrealistisch wie die Idee, alle müßten alles wissen. Die Beliebigkeit der verschiedenen Lösungsvorschläge zeigt die Sackgasse an, eine Sackgasse, in die bekanntlich auch die »reale Arbeiterbewegung« hineingerannt ist. Auch der Vorschlag in den »Grundrissen«, den Reichtum der Gesellschaft an der arbeitsfreien statt an der Arbeitszeit zu messen – der reale Sozialismus behauptet ja, daß er das täte –, führt meines Erachtens nicht aus der Sackgasse heraus. Ich erinnere an das Beispiel mit dem Lindenbaum und dem DDR-Arbeiter. Ich könnte nun des längeren und breiteren ausführen, warum mir die Darstellungen von Marx über die Entwicklung der großen Industrie im allgemeinen und ihre spezifische kapitalistische Form im besonderen nicht helfen, meiner Phantasie den wirklichen Unterschied deutlich zu machen. Und den realen Sozialisten haben die begrifflichen Unterscheidungen auch nicht weitergeholfen, was bestimmt nicht daran liegt, daß sie etwa zu dumm gewesen wären, Marx zu begreifen. Ich halte daran fest, daß Marx seine Prognose von der Zerstörung der Springquellen des Reichtums, der Arbeitskraft und der Erde, nicht in seine Werttheorie integriert hat, und daß ihm das nicht gelungen ist, liegt vielleicht doch auch daran, daß sie in diese Theorie nicht zu integrieren ist. Oder? Kritisiert die Werttheorie wirklich umfassend den Begriff und die Praxis von Ökonomie, nach der das Kapital agiert? Wozu bedurfte sie der komplizierten Aufschlüsselungen des Lohnfetischs, also der reinen Kopfeinsicht, daß Ausbeutung stattfinde, obwohl es nicht den Anschein habe? Und diese These steht ja auch wiederum in einem verqueren Verhältnis zur anderen, daß nämlich das Kapital die Produktivkräfte entwickele, indem es die geistigen Potenzen des Produktionsprozesses den Arbeitern als sie beherrschende

Macht entgegensetze. Das heißt doch nichts anderes, als daß das Mehrprodukt, das die kombinierten Arbeiter produzieren, eben nicht ihren persönlichen, eigenen produktiven Kräften entspringt, sondern den geistigen Potenzen, die ihnen nicht mehr gehören, die in Unternehmer- und Managerköpfen angesiedelt sind. Daß sie in acht Stunden mehr produzieren, als sie zum Leben, zur »Reproduktion der Arbeitskraft« brauchen, hat nichts mit ihrer eigenen Kraftentfaltung zu tun. Das ist schließlich auch die vertrackte Schranke, an die jeder imaginierte Versuch einer Arbeiterdemokratie in der Fabrik stößt.

Ich will das Problem auf dieser Ebene nicht weiter hin und her wälzen, da ich auf diese Weise auch nicht weiter komme als zu ungelösten Fragen.

Marx hat einiges bemerkt, indem er sah, was mit den Leuten passierte in den Fabriken. Aber seine »Werttheorie«, die unter anderem besagt, im Lohn würden die Reproduktionskosten bezahlt, hier fände Äquivalententausch statt, korrigierte er deshalb nicht. Er hat dann auch nur noch darauf gehofft, daß die Zusammenballung von Arbeitern in den Fabriken der großen Städte, also das Werk des Kapitals, selbst zur revolutionären Kraft würde. Die Personen nicht, die wurden ja, wie von ihm selbst gezeigt, ihrer produktiven Kräfte beraubt. Er hoffte auf die »List der Vernunft«. Aber eine umfassende Vorstellung darüber, was im kapitalistischen Produktionsprozeß alles abhanden kommt, geraubt wird, hatte er nicht. Er meinte, es sei vor allem der Kopf. Aber das stimmt nicht. »Kraft, ›Vermögen‹, Lebendig-Sein, Mensch-Sein, das ist es, was den Arbeitern abhanden kommt.«[12]

Die Sache andersherum angefaßt: Heute zeigt sich doch: Eine Ökonomie, die sich bei der Güterproduktion auf die Ersparnis von Zeit beschränkt, ist keine Ökonomie, weder in kapitalistischer noch in realsozialistischer Form! Und das macht die Werttheorie nicht deutlich. In ihr ist allein das Verhältnis zwischen Kapital und Arbeit oder, einzelbetrieblich gesehen, das Verhältnis der Köpfe zu den Händen als Ausbeutungsverhältnis gefaßt. Gespart wird nur an dem, wofür das Kapital zahlt, an der verausgabten Arbeitszeit. Dafür muß es zahlen, weil ihm Privateigentümer von Arbeitskraft entgegenstehen, weil es diese Ware auf dem Markt kauft. Aber die faktische Produktivität, die wirkliche »Produktivkraftsteigerung« nährt sich nicht allein aus dem, wofür das Kapital einen Preis zahlt. Mag das Kapital den »Reichtum« an der Arbeitszeit, die im Produktionsprozeß verausgabt wird, messen oder nicht. In seiner wirklichen Gestalt, *als Tauschwert und Gebrauchswert in einem, in seiner zusammengenommenen Wert- und »Stoff«gestalt nährt es sich nicht nur aus der Arbeitszeit, die es nicht bezahlt, sondern aus der Beraubung und Verwüstung von allem Möglichen, was es deshalb nicht bezahlen muß, weil kein Eigentümer da ist, der einen gewaltfreien Austausch, einen Äquivalententausch, einen gerechten Tausch fordern könnte.*[13]

Dem Arbeitsmann gegenüber, der unglücklich über den Verlust seines Kopfes ist, kann es behaupten, was willst du denn, ich benutze doch nicht deinen Kopf, ich benutze nur meinen eigenen. Sieh dich im realen Sozialismus um, da bist du auch enthauptet, zwar von einer anderen Kopffraktion, aber im Endeffekt läuft es auf das gleiche hinaus. Das sind die technischen Notwendigkeiten. Trotzdem, es nährt sich aus dieser Enthauptung, denn die kombinierte Kopf-Hand-Methode, ein Produktionsprozeß, in dem alle gemeinsam ihre eigenen Kopf-Hand-Baumeister wären, ist mit Sicherheit weniger »produktiv«, gemessen an dem Verhältnis von Arbeitszeitinput und Güteroutput. Wäre es anders, der reale Sozialismus hätte es sicherlich entdeckt. Den Müttern und Ehefrauen der »Arbeitskräfte« kann das Kapital sagen: Was wollt ihr denn, Lohn für Hausarbeit, das ist doch Unsinn, was verkauft ihr mir denn? Was besitzt ihr denn? Ihr seid doch keine Sklavenhändlerinnen. Die Arbeitskräfte gehören doch sich selbst, wir leben doch in einer freiheitlichen Gesellschaft und nicht im alten Rom. Zahlung findet nur zwischen Eigentümern statt. Und ihr habt nichts zu verkaufen. Das Wasser hat keinen Besitzer, der Regen nicht, die Luft nicht. Die »Natur« ist nicht Besitzerin des Regens, der Luft, des Wassers, der Böden, der Bodenschätze. Sie kann keinen Preis auf dem Warenmarkt einfordern, nicht vor Gericht gehen und sagen, für das, was du mir nimmst, mußt du mir etwas geben. Nur der Privateigentümer des Bodens bekommt etwas, wenn er zivilisierter Bürger, also Privateigentümer, und nicht ein unzivilisierter indianischer Stamm, also Gemeineigentümer, ist. Und der Privateigentümer des Bodens gibt der Erde ja auch nichts zurück.

Die eigene Ökonomie des Kapitals, die Messung des »Reichtums« am »Wert«, an der Arbeitszeit, grenzt alles mögliche, womit es unökonomisch umgeht, was es verschwendet und ausraubt, praktisch aus. Aber indem Marx diese eigene Ökonomie des Kapitals beschreibt und große Teile des Ausgegrenzten nicht ins Blickfeld kommen, verliert die Kritik einen entscheidenden Stachel. Und meine These ist: Das männlich beschränkte Muster versperrte den Blick. Die Schwärmerei für die Baumeistermethode als das einzig und eigentlich Menschliche bestimmte die sozialistische Weltanschauung. Nach technisch-naturmenschenbeherrschenden Modellen konstruiert, hat sich in den Organisationen der Arbeiterbewegung die Trennung von Kopf und Hand und die Nichtachtung der anderen menschlichen Kräfte, der »Emotionen«, der Gefühle, dieser Kräfte der zwischenmenschlichen Wahrnehmung, noch einmal wiederholt. Mimetische Anpassung an den Gegner fand statt. Nicht rein, nicht ungebrochen, nicht von Anfang an, sondern in dem, was im Laufe der Geschichte, im Laufe der Durchsetzung der großen Industrie herausgekommen ist. Sicherlich, ich habe nur die deutsche Arbeiterbewegung im Blickfeld. Woanders kenne ich mich zu wenig aus. Aber für das, was ich untersucht habe, gilt, daß die Hoffnungen von Marx, die Zusammenballung von Arbeitern in den Fabriken, ihre auf dieser Basis erfolgende Organisierung, also dieses Werk des Kapitals plus subjektiver Zutat der organisierten Arbeiterklasse, werde eine beziehungsweise die entscheidende rebellische Widerstandskraft bilden, sich als falsch herausgestellt haben. Von wem sind die großen Revolten in der Geschichte der Arbeiterbewegung getragen worden? Von den in die »Normalität« der täglichen Fabrikarbeit eingebundenen, den disziplinierten, den ihrer Kopf- und Gemütskräfte beraubten Arbeitern? Nein. Die beiden russischen Revolutionen wurden von Männern und Frauen gemacht, die noch nicht vollständig vom vorkapitalistischen Milieu, von der unzivilisierten Vergangenheit abgenabelt waren. Für die deutsche Sozialdemokratie – in ihrer Mehrheitsposition – galt die russische Arbeiterbewegung, galten die Revolten von 1905 und 1917 als chaotisch, barbarisch, zurückgeblieben. Die großen Revolten Ende der sechziger und zu Beginn der siebziger Jahre in Italien erhielten ihre rebellische Kraft von den Arbeitern aus dem bäuerlichen Milieu Süditaliens. Die deutsche Novemberrevolution brach in einer Situation aus, in der die Normalität der Fabrikarbeit durch den Krieg aufgehoben war. Bei den ihr vorausgegangenen Streiks in der Rüstungsindustrie spielten die Frauen eine wesentliche Rolle. In der Revolution selbst spielten die Berliner Metallarbeiter, also Leute, die sich in Produktionsprozessen befanden, in denen die Enthauptung der Arbeiter noch nicht voll durchgesetzt war, eine wichtige Rolle. Oder übersehe ich jetzt etwas ganz Wichtiges?

Erinnern wir uns: Das Werkzeug machende Tier, der Baumeister, der die Zelle im Kopf plant, bevor er sie mit den Händen baut, sei Träger der Geschichte, der Kulturentwicklung, der Zivilisation. Die Geschichte selbst sei die von Industrie und Austausch. Das menschliche Leben werde von Kopf und Hand produziert. Auf der höchsten menschlichen Entwicklungsstufe, auf die die Geschichte zustrebe, bringe nur noch der Kopf Leben hervor, nachdem er sich die niederen Teile vollständig unterworfen habe. Die Beherrschung von Natur und Gesellschaft vom Kopf her sei der eigentliche Sinn, das Ziel, der Zweck der Menschheitsgeschichte überhaupt. Der Mann sei der Ernährer. Zum Menschen könne die Frau nur aufsteigen, wenn sie zum Baumeister, zum als völlig autonomes, freies Subjekt handelnden Mann werde. Ihre Arbeiten bei der »Reproduktion der Gattung« würden dann zu menschlichen, kulturellen, zivilisatorischen Arbeiten, wenn auch die Produktion der nächsten Generation nach dem Baumeistermodell und vollends als gesellschaftlich organisierte Tätigkeit erfolge. Das Individuum, so wie es der Familie angehöre, sei nichts, die Gesellschaft sei alles. Alle bisherige Geschichte sei nur Vorgeschichte, alles menschliche Leben bis hin zur endgültigen Herrschaft des Kopfes sei nichts eigentlich Menschliches. Und daraus folgert Marx klar und deutlich:

»Die Entwicklung der Fähigkeiten der Gattung Mensch« findet »zunächst auf Kosten der Mehrzahl der Menschenindividuen und ganzer Menschenklassen« statt.[14]

Ich muß gestehen, vor fünf Jahren – ich kann es in einem Artikel von damals nachlesen – habe ich selbst noch daran geglaubt: So sei es schließlich gelaufen. Und das kann doch nicht alles sinnlos gewesen sein, diese ganzen Opferungen von Menschenleben für die Zukunft!

Heute frage ich mich, was denn meinen damaligen Glauben an diesen Satz von Marx unterscheidet von meinem kindlichen Glauben an die Gerechtigkeit, die Gleichheit, die nicht auf der Erde, sondern erst im Himmel hergestellt werde. Die Guten werden belohnt, die Elenden und Unterdrückten gehen eher in das Himmelreich ein als die Reichen, die Ungerechten. Nach welchem anderen Gesetz ist dieses Himmelreich denn konstruiert als nach dem, das Marx formuliert: Die Opferungen von Menschenleben, die er da als kapitalistisches Werk beschrieb, müßten doch irgendeinen Sinn haben, und der sei der Kommunismus, die Auflösung des Rätsels der Geschichte: Nahrung für alle, Gleichheit, Gerechtigkeit, jeder nach seinen Fähigkeiten, jeder nach seinen Bedürfnissen. – Das Himmelreich wurde zwar auf die Erde verlegt, aber erst für das Jahr 2000 folgende. Was wir heute für diese Epoche erwarten, ist ja keineswegs das Himmelreich. Die Zukunft hat ihre Strahlkraft verloren, sie ist zur angstbesetzten Bedrohung geworden. Die »Naturgesetze der Geschichte«, auf die sich der reale Sozialismus beruft, haben die Lösung des Rätsels der Geschichte als Vernichtungsorgie produziert. Das war also der Sinn? Wenn ich auf die Zukunft hoffe, habe ich keine Hoffnung mehr. Die alltägliche Gegenwart tritt in ihr Recht ein. Der Begriff des Fortschritts verblaßt.[15]

6. Was ist so mystisch an der »Weiblichkeit?«

Hinsichtlich der Frage, was das denn nun sei – weibliche Arbeit, weibliche Produktivität –, habe ich bisher eine Hohlform entwickelt. In Auseinandersetzung mit den männerherrschaftlichen Zügen, die den Arbeits-, Produktivitäts- und Handlungsmodellen der Arbeiterbewegung meiner Einsicht nach eingeprägt sind, habe ich gezeigt, was speziell weibliche Arbeit und Produktivität nicht ist, und nur am Rande, was sie denn nun ist. Und an dieser Stelle muß ich noch einmal auf meine Einleitung zurückkommen: In der Geschichte und Theorie der Arbeiterbewegung kenne ich mich aus. In die Auseinandersetzung mit der Geschichte und Theorie der Frauen, der Frauenbewegungen habe ich nicht ansatzweise soviel Arbeit hineingesteckt, ich befinde mich gewissermaßen noch auf der ersten Stufe, nehme sie als Faktum wahr, lese, was mir bei meinem knappen Zeitfonds zu lesen möglich ist, ziehe Verbindungslinien zu meinen eigenen Erfahrungen und meinen bisherigen Wissensbeständen. Die Lektüre hat für mich auch den Charakter der Suche nach der eigenen Identität. Und häufig gibt es ein beglückendes Finden. Die Sache beginnt sich in meinem Kopf zu strukturieren. Und was sich da bisher strukturiert hat, will ich im folgenden darstellen: Was haben Frauen, was haben feministische Wissenschaftlerinnen zu dieser Frage herausgefunden, welche Mosaiksteine kann ich bei meinem gegenwärtigen Erkenntnisstand zusammentragen in der Hoffnung, daß sich Umrisse eines Bildes ergeben?

Und wenn das Mosaik historisch bruchstückhaft bleibt, so liegt das nicht nur an der vergleichsweise geringeren Zeit, die ich dieser Frage gewidmet habe. Es liegt auch am historischen Tatbestand der Verdrängung der Frauenarbeit aus der »Geschichte«, der erst bruchstückhaften Rekonstruktionsarbeit, die Frauen nun unternommen haben, nicht, weil sie sich keine Mühe gegeben hätten, sondern weil ihnen Zeit und Geld fehlten und weil das Verdrängte sich nur schwer rekonstruieren läßt.

Die Praxis bestimmt das Bewußtsein, daran halte ich fest

»Da, wo die Spekulation aufhört, beim wirklichen Leben, beginnt also die wirkliche, positive Wissenschaft, die Darstellung der praktischen Betätigung, des praktischen Entwicklungsprozesses der Menschen.«[1]

Wie gesagt, für solche Sätze können auch wir Frauen uns bei Karl Marx und Friedrich Engels nach wie vor bedanken. Die Spekulation hört auf, die Wissenschaft beginnt bei der Darstellung der praktischen Betätigung der Menschen. Nur, daß die beiden zwar von »den Menschen« gesprochen und, ohne es selbst zu merken, die Männer gemeint haben. Die feministische Wissenschaft also geht von der praktischen Tätigkeit der Frauen aus, von ihrem »tätigen Lebensprozeß«, der, wie auch bei den Männern, unter »bestimmten Bedingungen« stattfindet.[2] Und was sind die bestimmten Bedingungen, die für die Frauen im Unterschied zu den Männern existieren, die Naturvoraussetzungen, die keine Spekulation und keine Kopfgeburt aus dem Wege räumen kann? Daß sie die Kinder aus ihrem Leib gebären und an ihrer Brust stillen. Der unsägliche mittlere Teil ihres Körpers ist wichtig für ihre spezielle Produktion, die Produktion der lebendigen Menschen. »Die Arbeitsinstrumente, die körperlichen Produktionsmittel, die bei dem biologisch und anthropozentristisch verzerrten Arbeitsbegriff mitgedacht werden, sind immer nur Hand und Kopf, nicht aber der Uterus und die Brust der Frau. Menschliche Körper sind in sogenannte wahrhaft ›menschliche‹ (Kopf und Hand) und ›natürliche‹, d.h. ›animalische‹ (Genitalien, Uterus, Brust), Teile aufgespalten …« Der Begriff der geschlechtlichen Arbeitsteilung »verschleiert die Tatsache, daß die männlichen Tätigkeiten als wirklich menschliche (d.h. bewußte, rationale, geplante) gelten, während die weiblichen wiederum hauptsächlich als durch ihre ›Natur‹ bestimmt erscheinen«.[3]

Was die Frau da während der Schwangerschaft »produziert«, hat sie mitnichten als »Resultat«, so wie es dann bei der Geburt herauskommt, vorher in ihrem Kopf geplant, und deshalb gilt dieser »Produktionsvorgang« als animalisch, vormenschlich, obwohl das »Resultat« doch die lebendigen Menschen sind. Ja, die Männer möchten sich am liebsten selbst gebären, mit ihrer eigenen Kopf-Hand-Baumeistermethode. Marx notierte: »Indem aber für den sozialistischen Menschen die ganze sogenannte Weltgeschichte nichts anderes ist als die Erzeugung des Menschen durch die menschliche Arbeit ... so hat er also den anschaulichen, unwiderstehlichen Beweis von seiner Geburt durch sich selbst, von seinem Entstehungsprozeß.«[4]

Im Sozialismus soll es endlich soweit sein: die Selbstgeburt des Mannes aus seiner eigenen speziellen Produktionsmethode. Alles Bisherige war Vorgeschichte. Wer da entthront werden sollte, das war der Vaterschöpfergott, der alte Patriarch. Daß er eine patriarchalische Version der alten Mutterschöpfungsgöttin war, geriet erst gar nicht ins Blickfeld.[5]

Daß der Stein aus der Hand zur Erde fällt, wenn sie ihn freigibt, ist ein anerkanntes, anständiges Naturgesetz, eine Notwendigkeit, die der Kopf nicht beiseite schieben kann. Aber daß die lebendigen Menschen aus dem Körper der Frauen hervorgebracht werden und daß dies historisch Folgen gehabt hat für die praktische Tätigkeit der beiden Geschlechter, für ihr Verhältnis zur »Natur«, zu ihrem Körper, das wird ja so gerne als biologistische, ein bißchen unanständige Angelegenheit weggedrängt. Auch Frauen beteiligen sich daran. Nein, ich bin doch nicht durch meine Biologie bestimmt. Ich bin ein Mensch, ich kann mich ganz nach eigenem, freiem Willen selbst machen. Und dies ist eben nicht der Fall. So abgenabelt von der Natur sind wir nicht. Wir gebären uns nicht aus unserem Kopfe. Es ist ein Naturgesetz, daß wir das nicht tun. Und von den Träumereien meiner Geschlechtsgenossin Sulamith Firestone, für die »nachrevolutionäre Zeit« das »Potential moderner Embryologie«, die »künstliche Fortpflanzung« ins Auge zu fassen, um die Frauen »von der Tyrannei der Fortpflanzung« zu befreien, halte ich nichts.[6]

Was ist so störend an der Tatsache, daß Frauen mit ihrem Körper Menschen »produzieren«? Von einem Wesen, das den Titel Mensch beansprucht, wird etwas gemacht, das nicht vorher im Kopf genau ausgedacht wurde. Frauen können zwar unter günstigen Bedingungen beeinflussen, ob sie ein Kind bekommen oder nicht, aber auf das, was dann im Detail dabei herauskommt, haben sie keinen Einfluß. Und das gilt ja auch für eine ganze Menge anderer Frauenarbeiten. Kann sie wissen, ob ihre »Beziehungsarbeit« wirklich den Erfolg hat, den sie sich vorher im Kopf zurechtlegte? Nun, sie wird es versuchen: die berühmten weiblichen »Listen der Ohnmacht«. Aber der Erfolg ist nie ganz sicher. Kann sie wissen, was bei ihrem Arbeitsanteil am Großziehen der Kinder herauskommt? Sie mag versuchen, das männliche Muster nachzuahmen, also ein sicheres Resultat zu erzielen, aber die vielfältigen Faktoren, die da von ihr unkontrolliert und unkontrollierbar wirken, setzen ihren Anstrengungen eine Grenze, und das weiß sie. Dieses Bewußtsein, dieses bewußte Sein über ihrer Tätigkeit und deren Resultaten, über den Grenzen ihrer Kopfpläne, prägt die Frauen. Was heißt das, die Frauen haben mit »Lebendigem« zu tun? Nichts anderes, als daß sie bei vielen ihrer Tätigkeiten nicht in den Genuß der Erfahrung kommen, autonom planende und bestimmende »Subjekte« zu sein, die sich in ihrer Tätigkeit mit »Objekten«, mit Widerstandslosem, konfrontieren. Du handelst, du bist tätig, durchaus ziel- und zweckgerichtet, aber am Ende kommt eben kein im Kopf gedachtes Resultat heraus. Der Erfolg ist unsicher. Ja, die Frauen sind »abhängig« in ihrer Arbeit, abhängig von anderen Menschen. Kinder, Ehemänner, Verwandte, Freunde, Nachbarn sind keine Dinge, die beherrscht werden, auch wenn es versucht wird, sie sind keine Arbeitsgegenstände, keine Rohstoffe für die autonom planende Kopfarbeit. All das funktioniert nicht nach dem Subjekt-Objekt-Modell.

Was die Kopf-Hand-Baumeistertätigkeit produziert hat, ist einfach und simpel, das gilt selbst für die Mondraketen im Vergleich zu so etwas »Einfachem« wie der Entstehung eines Kükens im Hühnerei.[7] Alle Begriffe von »Humanität«, »Freiheit« und »Gleichheit«, die die Männergesellschaft entwickelt hat, bewegen sich entlang ihren vergleichsweise simplen Produktionsmethoden. Was träumte Marx in den »Grundrissen«? Abschaffung von Herrschaft, indem in allen Köpfen das gleiche vorhanden ist, das »akkumulierte Wissen« der Weltgesellschaft. Jeder kann jeden und alles übersehen und kontrollieren. Anders gehe es nicht. Anders sei die gegenseitige Anerkennung der Menschen als gleiche, die Abschaffung von Herrschaft nicht denkbar. Die italienische Kommunistin Rossana Rossanda, führendes Mitglied der »Manifesto-Gruppe«, einer linken Abspaltung der KPI zur Zeit der Studentenrevolte, konfrontiert die Vorstellungen von Gleichheit, Freiheit und Brüderlichkeit, die auch ihr Denken die längste Zeit ihres Lebens geprägt hatten, in einer Reihe von Interviews mit Vorstellungen aus der Frauenbewegung. Die Skepsis der Frauen gegenüber der sozialistischen Gleichheitsutopie fällt ihr dabei besonders ins Auge:

»Doch schon bei Gleichheit vernahm ich einen Ton, der nicht nur anders klang als gewohnt, sondern auch beunruhigend: Dieser Grundwert, immerhin der des Kommunismus und der sozialen Revolution unserer Epoche, wurde mir zwar zugestanden, aber nur als Voraussetzung der Verschiedenheit. Die Frauen, die man stets ungleich behandelt hatte, fürchteten offenbar die dem Recht, den gesellschaftlichen Normen und selbst der politischen Sprache immanente Verallgemeinerung nicht weniger als die Diskriminierung, der sie unterworfen waren ... Von der Gleichheit, dieser großen Parole der Utopie, fürchteten sie eine Vernebelung der Unverwechselbarkeit des Individuums, der Person.«[8]

Die unverwechselbare Person, das Individuum ist den Frauen wichtig. Und das hängt nicht mit irgendeiner mystischen »Weiblichkeit« zusammen, sondern mit ihrer »unter bestimmten Bedingungen« erfolgenden »praktischen Lebenstätigkeit«. Warum haben Frauen solche Schwierigkeiten in der Männerpolitik? Rossana Rossanda versucht dieses Problem zu erfassen:

»Das Hindernis besteht, glaube ich, in der Art von Beziehungen, auf denen die Politik, so wie sie stets praktiziert wurde, aufgebaut ist und die sich von jenen Beziehungen unterschieden, die die Frauen als sinnvoll und unabdingbar empfinden, nicht nur,

um bestimmten Vorstellungen zum Zuge zu verhelfen, sondern auch, um gemeinschaftlich handeln zu können. Ich meine damit, daß der Staat, die Institutionen, die Parteien (z.T auch die Familie) die persönlichen Beziehungen vernachlässigen, sie nicht als lebenswichtigen, fundamentalen Faktor gelten zu lassen. Sie sind aber der Schlüssel zur inneren Qualität jeder Gesellschaft. Die politischen Verfahrensweisen dagegen implizieren die Formalisierung der menschlichen Beziehungen in Rollen, Funktionen, Hierarchien usw. Für mich ist klar, daß die Frauen, um sich auszudrücken, sich verändern zu können, auf die Person setzen, so wie sie ist, unverhüllt.«[9]

Was die italienische Kommunistin hier feststellt, zeigt in aller Eindeutigkeit, daß trotz aller Überformungen durch die kapitalistisch-männliche Kultur eine spezifisch weibliche Kultur nicht einfach verlorengegangen ist. Ist das ein vorkapitalistischer, vorzivilisatorischer Überrest? Nein, es ist Resultat der Tatsache, daß die Ware Arbeitskraft menschlich inkorporiert, also kein Elektromotor ist; daß der Kapitalismus die Naturtatsache des lebendigen Menschen, dieses komplizierten Produkts der Naturgeschichte, und natürlich auch, aber nicht nur, der menschlichen Tätigkeit *beider* Geschlechter nicht aus der Welt geschafft hat; daß an diesem Punkt die vorkapitalistische und die kapitalistische Menschheit miteinander verbunden sind und daß die Verbindung über die spezifische, eben nicht einfach naturbeherrschende, »Produktionsweise« der Frauen vermittelt ist. Dieser Tätigkeit entspringen keine »gleichen« Exemplare der Gattung Mensch, sondern unterschiedliche. Unverwechselbarkeit der einen Person spielt in der Sexualität der Frauen immer noch die entscheidende Rolle. Ich weiß, es gibt Abweichungen von der Regel, und es soll ja besonders modern und fortschrittlich sein, wenn einem die Person egal ist. Aber warum gibt es nur ausnahmsweise Männerprostitution für Frauen, warum enthaupten die Männer in ihrer »erotischen Kunst« die Gegenstände der Begierde? Die Prostitution ist eine sehr alte Einrichtung der Männergesellschaften, nicht erst ein kapitalistisches Produkt. Die Stammesgesellschaften kannten sie allerdings nicht.

In der Verantwortung für Kinder, Kranke und Alte müssen die Frauen Beziehungen von »Mensch zu Mensch« praktizieren, die nicht aus der eigenen Stärke und Überlegenheit ein Verhältnis der Ausbeutung und Unterdrückung herstellen. Eine Vorstellung menschlicher Gleichheit, sozialen »Verhaltens« entwickeln die Frauen in ihrer arbeitenden Praxis angesichts der »Verschiedenheit«. Die Schwächeren – Kinder und alte Leute sind nun mal schwächer – sind für die Frauen trotzdem Menschen, unterscheiden sich zwar von ihnen, sind aber deshalb nicht einfach »ungleich«. Und in diesem Punkt kann ich Rossana Rossanda auch nicht zustimmen, wenn sie schreibt: »Wir Frauen sind es, die das Leben reproduzieren, vor jeder politischen Vermittlung. Die ›natürlichen‹ Gesetze entziehen sich dem Formalismus des von den Menschen geschriebenen Rechts, enthalten zwar ein Höchstmaß an Freiheit (die Unantastbarkeit der Person), aber auch ein Höchstmaß an Willkür (die ›natürliche‹ Macht des Stärkeren, die Gewalt der Triebe), ein Höchstmaß an Auflehnung, aber auch ein Höchstmaß an Unterdrückung.«[10] Die Verantwortlichkeit für die Reproduktion des Lebens bedeutet nicht »das Leben«, das »Natürliche« selbst. Die »natürliche« Macht des Starken ist eben kein Traditionsbestand der ja gar nicht einfach natürlichen Arbeitspraxis des weiblichen Geschlechts. Gesellschaftliche Institutionen und soziale Alltagspraxis von Frauen stehen sich nicht wie Geschichte und Natur gegenüber. Frauen haben eine spezielle Kultur von Gesellschaftlichkeit, die Resultat ihrer Arbeit ist, ihrer Verantwortlichkeit für die Kinder, die ihnen historisch in der Regel aus der Tatsache, daß sie die Kinder zur Welt bringen, zugefallen ist. Ich berufe mich hier auf Maria Mies:

»Viele Wissenschaftler sind zu dem Schluß gekommen, daß die Mutter-Kind-Gruppen die ersten Zellen der Gesellschaft waren, daß Frauen und Kinder beim Sammeln und im frühen Hackbau zusammenarbeiteten. Diese Autoren sind der Ansicht, daß erwachsene Männer nur temporär und peripher in diese frühen matristischen Gruppen integriert waren … Die Produktivkräfte, die in diesen Zellen entwickelt wurden, waren nicht nur technologischer Art, sondern vor allem auch menschliche Kooperationsfähigkeit, der Sinn für die ›Planung für morgen‹, die Fähigkeit, voneinander und aus früheren Erfahrungen zu lernen. Die Entwicklung von Verantwortlichkeit füreinander.

Wir können den Gegenstandsbezug der Frauen wie folgt zusammenfassen:

a) Ihre Interaktion mit der Natur ist ein reziproker Prozeß. Sie verstehen ihren eigenen Körper als produktiv, wie sie die Natur auch als produktiv verstehen und nicht nur als Material für ihre Produktion.
b) Obwohl sie sich die Natur aneignen, führt diese Aneignung doch nicht zu Eigentums- und Herrschaftsbeziehungen. Sie verstehen sich weder als Eigentümerinnen ihrer Körper noch der Natur, sondern kooperieren vielmehr mit den Produktivkräften ihrer Körper und der Natur zur Produktion des Lebens.
c) Als Produzentinnen neuen Lebens werden sie auch die Erfinderinnen der ersten Produktionswirtschaft. Ihre Produktion ist von Anfang an soziale Produktion und beinhaltet die Schaffung sozialer Beziehungen, d.h. die Schaffung von Gesellschaft. Der weibliche Gegenstandsbezug zur Natur, wie er sich im Laufe der Geschichte herausgebildet hat und wie er materiell immer gegeben ist, wurde unter der Einwirkung des patriarchalischen Zivilisationsprozesses verändert, so daß die meisten Frauen heute das Bewußtsein ihrer eigenen Produktivität, die nach wie vor besteht, verloren haben.«[11]

Das stimmt, ich beziehe mich auf den letzten Satz, und stimmt auch wieder nicht. Wie wäre sonst zu erklären, daß für die Frauen die Person und die Beziehungen zwischen Personen so wichtig sind bis hin zur Struktur der Empfindungen und der Sexualität. Richtig ist, daß den Frauen das Selbstbewußtsein verlorengegangen ist, aber ihren Widerstand, ihre eigenen Wünsche und Ziele formulieren sie nach wie vor nicht unabhängig von der Praxistradition ihres Geschlechts. Und worin bestehen diese Wünsche und dieser Widerstand, sobald er sich zu formulieren sucht: in der Ablehnung der Hierarchie, das heißt – unter den heutigen Verhältnissen – des »Messens am gleichen Maßstab«, dem ja eine historisch nie gekannte Ungleichheit zwischen den Menschen entsprungen ist, gerade eben während der politischen Form der Demokratie. Nie gab es ein Oben, das die Vernichtung der gesamten Menschheit zu beschließen in der Lage war, und nie ein solches Maß an Ungleichheit in der Verteilung des »Reichtums«. Diese »Gerechtigkeit« der Männer – ich weiß, sie ist nie ganz verwirklicht worden –, in der die »natürlichen« Verschiedenheiten zwischen den Menschen in extreme Unterschiede bei der Verteilung von Macht, Reichtum und Ansehen umgemünzt werden, und das alles unterm Zeichen der »Humanität«, unter der Prämisse, daß jeder Mensch gleich und frei geboren sei, betrachten die Frauen mit Skepsis. Die Chancengleichheit, nach der jeder je nach Naturbegabung aufsteigen oder in der Gosse landen kann, ganz selbstverantwortlich, die also auf ein Recht des Stärkeren hinausläuft, ist nicht die Erfüllung des Gleichheitsbegriffs, den die Frauen haben.

»Mir schien, die Genossin wollte sagen, daß man unter ›Demokratie‹ auch eine Lebensform, eine Qualität der Individuen und ihres Verhältnisses zueinander verstehen kann. Zum Beispiel: nicht konkurrieren, sich zügeln, wenn man andere unterdrücken will.«[12] *»Demokratie ist nicht nur ein formaler Mechanismus, sondern ein Wert, eine innerliche Kultur.«*[13]

Und die Engländerin Sheila Rowbotham, ebenfalls von der politischen Linken, schreibt: »Die Idee einer Selbsterfahrungsgruppe (obwohl nicht immer die Realität) ist, daß man verletzbar und offen sein kann, ohne vernichtet zu werden ... Die Feministinnen haben das ›Schwesterlichkeit‹ genannt; es enthält eine genauere Vorstellung von Demokratie als das ›Brüder‹ (und ›Schwestern‹) der Gewerkschaft.« »Schwesterlichkeit erweitert den in Solidarität enthaltenen Begriff von Kollektivität. Sie ist nicht nur öffentlicher Akt bewußten Zusammenseins, sie ist persönliche Sorge und Liebe, ohne die Entfaltung der Kreativität unmöglich ist.«[14]

Roger Garaudy beschreibt, wie nach vierjährigen Machtkämpfen zwischen den Parteien in Portugal eine Frau zur Ministerpräsidentin berufen wurde, die den Versuch machte, »eine andere Idee von Politik in Angriff zu nehmen«.[15] »Anders als auf dem gewohnten Weg der Macht, auf dem man zuerst mit den starken und organisierten Kräften handelseinig zu werden sucht ... richtet die Regierung Pintasilgo ihre Aktionen auf Dinge, die in erster Linie jene Bevölkerungsschichten berühren, die keine Macht zu Forderungen und zur Druckausübung besitzen: ältere Menschen, Behinderte, Kinder ... Das Recht auf Schutz durch die Gesellschaft, unabhängig davon, welchen Bezug man zur Arbeit hat, das Recht auch des Kindes auf diesen Schutz, unabhängig von der Funktion seiner Eltern, das setzt voraus, daß jede Funktion des Staates nur die Antwort ist auf Ansprüche, die ein jeder einfach aufgrund seines Menschseins stellt ...« Bewußt wurden »Entscheidungen nicht nur in Lissabon auf der Ebene der zentralen, stets wuchernden Bürokratien getroffen, sondern jeweils an Ort und Stelle in den Regionen, wo die Premierministerin hinkam, um auf die lokalen gewählten Vertreter und ihren Rat zu hören und auf die gesamte betroffene Bevölkerung, die aufgefordert war, zu den Vorschlägen der gewählten Vertreter die eigene Meinung zu sagen«. Die Ministerpräsidentin hatte eine »politische Grundorientierung, die die Bürger zu ermutigen sucht, ihre Dinge selbst in die Hand zu nehmen und sich *persönlich* und *kollektiv* an der Machtausübung zu beteiligen«.[16] Schutz der Schwachen, Ansprüche der einzelnen an die Gemeinschaft aufgrund ihres »Menschseins«, persönliche Verantwortung eines jeden, Dezentralisierung, Beteiligung der Person an der gemeinschaftlichen Arbeit der Politik, Selbstverantwortung. Am Beispiel Rosa Luxemburgs werde ich noch genauer zu zeigen versuchen, welche Vorstellungen gesellschaftlichen Handelns entstehen, wenn eine Frau aus der Arbeitstradition ihres Geschlechts heraus »politisch« wird. Was heißt das? Wenn sie den Rahmen der Familie, der Nachbarschaft, der Freundinnen überschreitet, in den sie in den »geschichtemachenden« Gesellschaften, den Männerzivilisationen, zurückgedrängt worden ist. Wie kann die soziale Kultur der Frauen politisch werden? Wo liegen die Unterschiede, wo liegen Versöhnungsmöglichkeiten, wo liegen unversöhnbare Widersprüche zu den Traditionen von Politik, die auf dem Baumeistermodell und dem Fortschritt der Güterproduktion als dem A und O beruhen? Diese Fragen lassen sich meiner Einsicht nach nicht spekulativ beantworten.

Rossana Rossanda formuliert am Ende ihres Buches das Problem resignierend in einer Weise, wie es nicht lösbar ist.

»Die Politik muß sich notwendig in Rollen und Institutionen ausdrücken, solange keine Gesellschaft existiert, in der zumindest die materiellen Grundlagen für Gleichheit geschaffen sind. Solange es Ausgebeutete und Unterdrückte gibt, können diese nicht kämpfen, ohne sich eine Identität, eine Organisation und ein Handlungskonzept zu geben, die freilich sofort dazu tendieren, sich zu verselbständigen, sich in Institutionen zu verwandeln. Dem ist mit einer Rekonstruktion der Bedeutung der Person allein nicht zu begegnen. Es stimmt nicht, daß das Private unmittelbar politisch sein kann und umgekehrt. Das sind nichts als voreilige Vereinfachungen angesichts der immensen Schwierigkeit, ein politisches Verhältnis zu stiften, ohne die Besonderheit der Peron auszulöschen; auf das individuell Besondere ein Prinzip zu gründen, das verallgemeinerungsfähig, d.h. politisch, ist.«[17]

In der Tat, so bleibt der Antagonismus bestehen. Das Private ist nicht einfach politisch. Aber sind denn Tätigkeit und soziale Kultur der Frauen hinreichend mit dem Begriff »das Private«, das »individuell Besondere«, beschrieben? Und was meint die Autorin mit »materiellen Grundlagen für Gleichheit«? Vertraut sie wirklich unbesehen auf die weitere Entwicklung der großen Industrie?

Tut Penelope wirklich nichts?
Notizen zu männlichen Verdrängungskünsten

Ich habe jetzt sehr schnell den Bogen von einer Grobskizze weiblicher Produktivität hin zu den schwierigen Fragen der Politik- und Vergesellschaftungsformen gespannt. Zurück also zur Konkretisierung des »weiblichen Musters«. Einiges dazu erfahren wir aus den Bezeichnungen, mit denen Männer in einer jahrtausendealten Geschichte der Verdrängung Frauenarbeit charakterisiert und denunziert haben, um ihre These, da geschähe nichts Relevantes, zu rechtfertigen.

In einem Artikel mit dem Titel »Die Spindel der Notwendigkeit« interpretiert Gertrud Treusch-Dieter den Mythos von den Moiren Lachesis, Klotho und Atropos, die um eine Spindel sitzen, »die die Lose der zur Wiedergeburt ausstehenden Leben hervorbringt«. Die drei Moiren »bewegen die Spindel und sind sie gleichzeitig«[18]. Und: Sie »sind Spindel und Schoß zugleich. Es besteht keine Differenz zwischen dem, was sie sind, und dem, was sie tun«. Der Mythos findet sich bei Plato. »Aus der Funktionsweise der Spindel der Notwendigkeit ergeben sich als männliche Bestimmungen für die weibliche Produktivität

- Immerwährende Rotation, bloßes Tun. Was hervorgebracht wird verschwindet, noch ehe es da ist. Währenddessen entsteht es schon wieder neu.
- Die Ebene einer Objektivation in der Zeit wird nicht erreicht. Die Tätigkeit der Spindel hat keine geschichtliche Relevanz. Sie ist immerwährendes Jetzt ohne Gegenwart. Luft.
- Die Tätigkeit der Spindel ist reines Naturgeschehen. Ohne Zutun der in ihr, an ihr und auf ihr Beschäftigten, bewegt sie sich selbst, bringt aus sich selbst hervor, scheinbar«[19]

Die weibliche Produktivität wird in ein Nirgendwo verbannt. Die von Spindel und Schoß erzeugten Lebensschicksale treten erst ins Diesseits, bekommen erst Leben, nachdem ein Ungewitter und ein Erdbeben sie hierhin und dorthin getrieben haben. Und: Sie vergessen, was sie als Los gezogen haben.[20] Gertrud Treusch-Dieter folgert:

»Die Verbannung der weiblichen Produktivität aus dem Blick und Wissen des Mannes beruht auf einer doppelten Leugnung. Er leugnet in ihr zum einen den Raub [Hervorhebung CH. N.], *die permanente ursprüngliche Akkumulation in der Form der*

Beraubung der Frau. Zum anderen leugnet er in ihr die sich aus diesem Raub ergebende Abhängigkeit.«[21]

Warum ich diese Mytheninterpretation hier mit hineinnehme? Ich selbst habe auf dem Gebiet keine Kenntnisse, ich nehme das mal so, wie es dasteht. Es ergibt sich: Verdrängung der Ausbeutung weiblicher Arbeit aus dem Gesichtsfeld der Ausbeutenden ist nicht erst ein Produkt kapitalistischer Geschichte.

Gertrud Treusch-Dieter interpretiert noch ein zweites Beispiel männlicher Verdrängungskünste. Das Märchen von der »Faulen Spinnerin«: »Auf einem Dorfe lebten ein Mann und eine Frau, und die Frau war so faul, daß sie immer nichts arbeiten wollte. Was ihr der Mann zu spinnen gab, das spann sie nicht fertig.«[22] Die Autorin zeigt dann, daß der Mann die tägliche Arbeit der Frau gar nicht als Arbeit wahrnimmt. »Daß sie immer nichts arbeitet und immer nichts arbeiten will, gilt aus dem Blick des Mannes. Was die Frau bedarfsdeckend tut, übersieht er, und was sie für den Verkauf leistet, sieht er nicht, denn er nimmt es ihr, kaum, daß es fertig ist. Er sieht es an als das Seine, nicht als das Ihre. Das Produkt ihrer Arbeit, das Garn, ist für ihn Rohstoff zum Handeln ... Die auf dem Markt zwischen dem Nehmen von Garn und dem Geben von Werg herausgeschlagene Münze behält er.«[23] Und dann zeigt sie den Widerstand der Frau, mehr zu produzieren, als gebraucht wird. »Garn soll sie kochen. Statt Essen? Nein. Zusätzlich zum Essen. Der Herd, das Zentrum der Gebrauchsökonomie, der Ort der Sättigung selbst ist in Gefahr. Er soll umgemünzt werden in einen Ort des Hungers, für den die Sättigung nur Mittel zum Zweck, größeren Hungers ist. Hunger nach ... mehr Wert, nach Mehrwert ... nach Unverdaulichem, das nicht im Magen liegt, sondern bar auf dem Tisch ... Garn soll sie kochen. Er hält es also für roh? Wenn er in dem Garn, in dem Produkt ihrer Arbeit Rohstoff sieht, warum soll er es nicht so sehen? ... Statt des Garns legte sie einen Klumpen Werg hinein und ließ es immerzu kochen.«[24] Ihrem Mann sagt sie, er solle rechtzeitig nach dem Kessel sehen, sonst verkoche das Garn und werde zu Werg. Sie geht weg. Als er zum Kessel kommt, erblickt er das Werg. Den Schuldvorwurf gegen sich hat sie umgekehrt in sein Schuldgefühl, er sei nicht rechtzeitig aufgestanden. »Und er sprach in Zukunft gar nicht mehr von Garn und Spinnen.«

Gertrud Treusch-Dieter interpretiert: »Von Anfang an sind beide ökonomisch im Spiel, die Gebrauchs- und die Tauschökonomie. Und noch eine dritte: die der Geschlechter, des Paars. Diese dritte Ökonomie aber ist die von Gerechtigkeit – oder von Schuld.«[25] Die Frau soll ein Schuldgefühl bekommen, weil sie nach Ansicht des Mannes zu wenig arbeitet. Der Mann eignet sich etwas ohne Gegenleistung an, ist also schuldig gegenüber der Frau, wenn sie »fleißig« ist und nicht »faul«. Und die Frau besteht im Märchen auf ihrer »Faulheit« und sichert sich ab, indem sie dem Mann ein Schuldgefühl entsprechend seiner eigenen Logik vermittelt. Er hat nicht rechtzeitig nach dem kochenden Garn gesehen, und so ist es verdorben.

Mit der Ausbeutung der Frauen durch Männer geht die Verdrängung der weiblichen Produktivität einher, und dieser Zusammenhang erzeugt Mythen über die Frauen, bestimmte männliche Bilder. Der Widerstand der Frau im Märchen gegen Mehrarbeit zum Zwecke einer auf »Fortschritt« gerichteten, männlich bestimmten Produktion erscheint als Faulheit. Ihre Produktion von unmittelbar Brauchbarem, ohne Umwege von Menschen Gebrauchtem, gilt nicht als Arbeit. *Das Bild von der Weiblichkeit als bloßer Natur ist das Zeichen, unter dem unterbezahlt und unbezahlt Frauenarbeit angeeignet wird.* Daß gar nicht ausgebeutet werde, wird in diesem Bild behauptet. Die Arbeit der Frauen vergegenständliche sich nicht, erzeuge kein Produkt, bringe nichts Dauerhaftes zustande, sei »ohne Anfang und Ende«, habe in sich »keine Festigkeit«, und deshalb sei sie naturhaft-ungeschichtlich. So steht es schon bei Platon.[26]

»Für das männliche Bewußtsein kreist das weibliche Tun bloß in sich selbst, denn es wiederholt sich jeden Tag und hat kein Ende. So orientierungslos erscheint es damit der patriarchalischen Gesellschaft [hier ist Männerherrschaft, nicht Väterherrschaft gemeint] *als nicht-gesellschaftliches, nicht-geschichtliches Handeln. Die weibliche Produktivität im Haus definiert sich erst*

durch die Gesamtheit der Handlungsabläufe. Sie sind untrennbar aufeinander bezogen – und sie wiederholen sich immer wieder aufs neue, ohne sichtbaren Anfang und ohne sichtbares Ziel. Wie das Weben der Penelope.«[27]

»Für das männliche Bewußtsein *kreist* das weibliche Tun bloß in sich selbst ...«[28] Der Mythos von Penelope, die zu Hause sitzt, auf den heimkehrenden Seefahrer, der Abwechslungsreiches erlebt hat, wartet, webt und das Gewebte abends immer erneut auftrennt, wurde zur beliebten Charakterisierung weiblicher Arbeit in der bürgerlichen Gesellschaft. Penelope tut – eigentlich – nichts, denn ihre Arbeit bleibt ohne Resultat. Und es ist schon erstaunlich, mit welcher Kopfleidenschaft Marx entschlüsselt, daß es ein Fetisch sei, wenn der Lohn als Äquivalent der geleisteten Arbeit erscheine. Diesen Mythos hat er akribisch enthüllt, den Fetisch der Lohnform, der die Ausbeutung verhüllt. Was wollte er wissenschaftlich beweisen? Daß die Arbeiter die wirklichen Produzenten des »Reichtums« sind, daß sie stolz und selbstbewußt sein könnten, daß sie es zurückweisen sollten, wenn das Kapital behaupte, es sei der eigentliche Produzent und sie nur arme Anhängsel. Den uralten Mythos, die Frauen täten zu Hause nichts, was für die Gesellschaft relevant sei, hat er, ohne auch nur mit der Wimper zu zucken, übernommen, obwohl er doch meinte, »*alle* Verhältnisse, in denen der Mensch ein erniedrigtes, ein geknechtetes, ein verlassenes, ein verächtliches Wesen ist, müßten eingestürzt werden«.[29] Und noch heute strengen sich Marxisten und Marxistinnen an, mit aller Gewalt nachzuweisen, daß die Frauen zu Hause keine »gesellschaftlich notwendige Arbeit« tun.[30] Sie versuchen, das leidenschaftliche Interesse der Feministinnen, aufzuzeigen, daß trotz aller Männermythen der Kapitalismus ohne die Arbeit der Frauen zu Hause und bei der Kindererziehung existenzunfähig wäre, mit Hilfe einer Theorie zurückzuweisen, die an anderer Stelle so vehement den Versuch machte, Ausbeutung zu entschleiern, unsichtbar gemachte Arbeit sichtbar zu machen.

»Als konstitutives Moment verbleibt der Arbeit der Frau die Sorge, ursprünglich eigentlich eine geschlechtsunspezifische Kom-

ponente menschlicher Arbeit überhaupt: die alltägliche Sorge für das menschliche Überleben. Diese Arbeit ist nicht oder zumindest nicht vordringlich auf eine Vergrößerung des Ertrages gerichtet, sondern auf die kontinuierliche Sicherung und Erhaltung des Gegebenen, Erarbeiteten.«[31]

Genau das ist es auch, warum die Männer meinen, die Frauen hätten mit der Geschichte nichts zu tun. In Wissenschaftssprache gefaßt: Das Wesentliche bei der Arbeit der Frauen ist die *Reproduktion* menschlichen Lebens, nicht die *Produktion* von Gütern. *Und, was dabei wichtig ist, solche Arbeit ist »nicht vordringlich auf eine Vergrößerung des Ertrages gerichtet«.* Die systematische Vermehrung der Dinge, der *Fortschritt* in diesem Sinne, das ist in der Tat nicht das Terrain der Frauen bei ihrer häuslichen Arbeit. Zwar »fungiert das Weibliche« in der bürgerlichen Ideologie – in der sozialistischen gibt es bekanntlich nicht einmal dies, sondern nur mittelalterlich Zurückgebliebenes – »als eine Energiequelle«. Doch eben, wie gesagt, eine, in der keine Arbeit steckt:

»Die magische Bedeutung der Kreissymbolik hat eine uralte Tradition und bezieht sich vor allem auf die zyklischen Naturprozesse, wie etwa die jahreszeitlichen Abläufe, wie der ›ewige‹ Wechsel zwischen Geburt und Tode, Tag und Nacht. Sie hat ihre Gültigkeit als ein objektives *Prinzip, in einem nie endenden und nie beginnenden* objektiven Gesetz, *das mit der Natur gegeben ist. Immer wieder kehrt der Naturkreislauf zu seinen Anfangsbedingungen zurück, jedenfalls aus der Optik einer männlichen Welt … des männlich-menschlichen Fortschrittsprozesses … denn er* endet – *seiner eigenen Definition nach* – in einem Produkt. *Für die Naturprozesse gilt das nicht, sie sind ständig im Prozeß von Wachsen und Vergehen, Bewegungen.«*[32]

Es ist eben kein Zufall: In gleicher Weise wie die Frauenarbeit im Haus wird die Arbeit der »primitiven« Völker als unproduktiv denunziert.[33] Ilona Ostner hat Ähnlichkeiten zwischen der bäuerlichen Selbsterhaltungsproduktion und der Frauenarbeit im Haus festgestellt, was übrigens nicht heißt, daß die Hausfrauenarbeit ein zurückgebliebener Rest ist. Darauf werde ich noch eingehen. Wichtig ist: Die auf Selbsterhaltung, auf die Erhaltung von menschlichem Leben unmittelbar ausgerichtete Arbeit wird von den »zivilisierten« Völkern als Nichtarbeit, als nicht Wert schöpfende, als ungesellschaftliche Arbeit angesehen. Und warum? Weil sie ebenfalls ausgeraubt wird.[34] Bei den Berechnungen zum Pro-Kopf-Einkommen der Länder der dritten Welt erhält man/frau immer den Eindruck, die Bevölkerung müßte längst verhungert sein; fünfzig Dollar pro Jahr und pro Kopf. Wovon leben die Menschen denn überhaupt? Die sind ja furchtbar arm dran, die müssen wir endlich zivilisieren, entwickeln, diese unterentwickelten Völker. Wir müssen ihnen mal zeigen, wie Mann sich richtig ernährt, ja, wir müssen sie ernähren, indem wir ihnen unsere Produkte verkaufen, und sie zwingen, Sachen zu produzieren, die sie bei uns verkaufen können. Das Resultat ist bekannt, die Leute werden immer noch ärmer. Und was die statistische Erfassung der Frauenarbeit angeht: Ich habe mich immer gewundert, wie sich die deutsche Bevölkerung in der Inflation – wo sich übrigens handfest zeigte, daß man Geld nicht essen kann – und in der Weltwirtschaftskrise überhaupt über Wasser gehalten hat. Da stand nämlich großen Teilen der Arbeiterfamilien nicht annähernd das Existenzminimum zur Verfügung, so sagen die Statistiken. Andere Nachrichten finden sich auch in marxistischen Wirtschafts- und Sozialgeschichten nicht. Warum sind damals denn nicht mehr verhungert? Oder nach dem Zweiten Weltkrieg, als es das Geld, die Industrie etc. ja kaum noch gab?

»Was in den Untersuchungen fehlt, ist eine genauere Darstellung und Analyse der Auswirkungen, die die wachsende Inflation auf das tägliche Leben und Überleben der Arbeiterfamilien hatte … Eine solche Analyse hätte zwangsläufig den Blick auf die Arbeiterfrauen gelenkt, die mit dem Zusammenbruch des Geld- und Lohnsystems die zentrale Rolle bei der Sicherung des alltäglichen Lebens einnahmen … Mit sinkendem Lohneinkommen wird die Hausarbeit der Frau für das Überleben der Familie immer wichtiger. Die ökonomische Bedeutung von Mann und Frau verschiebt sich zugunsten der Frau … Die Phantasie, Lebensklugheit und Findigkeit der Frauen und nicht zuletzt ihre Fähigkeit, solidarische Beziehungen zu

Verwandten, Freunden und Nachbarinnen aufzubauen, die in der Not aushelfen, entschied letztlich über den Abstieg ins Subproletariat, d.h. über Obdachlosigkeit, Krankheit, Alkoholismus und schließlich die Auflösung der Familie.«[34] Und genauso habe ich es selbst als Kind erlebt, in der Kriegs- und vor allem der Nachkriegszeit, als das Geld meines Vaters eigentlich zu nichts mehr wert war, außer zur Bezahlung der Wohnungsmiete und der kärglichen Rationen auf Lebensmittelkarten.

Sperr sie ein, dann bleibt sie klein

Um doch noch einmal zu Differenzierungen zu kommen: Es gibt eine uralte Geschichte der Verdrängung weiblicher Arbeit und Produktivität, aber es existieren auch entscheidende Unterschiede zwischen alten Patriarchaten und der Männerherrschaft der Neuzeit. Erst die bürgerliche Gesellschaft trennt Natur und Gesellschaft, Familie und Staat, Frauen und Männer, Haushalt und Unternehmen, Reproduktion und Produktion, Liebe und Arbeit, Person und Institution in der allseits bekannten Weise auseinander, produziert diese getrennten Elemente zum Teil überhaupt erst.[35] Erst die bürgerliche Gesellschaft löst die Produktion von der täglichen Reproduktion ab, von der menschlichen Bedürfnisbefriedigung. Erst sie kennt Produktion um der Produktion beziehungsweise um der Akkumulation von Kapital willen, Anhäufung von Geld, von Besitz, von Eigentum, von Macht als *schrankenlose* Bewegung: messen des gesellschaftlichen Reichtums an der Vergrößerung des jeweiligen Werts der einzelnen Kapitale und – Einstellung der Produktion, Gefährdung der Reproduktion des Lebens der Menschen, wenn diese Anhäufung von Kapital, also Wachstum um des Wachstums willen, nicht mehr klappt. Oder: Produktion von Todesmitteln, wenn die Produktion von Lebensmitteln keinen Profit mehr bringt. Macht des toten Kapitals über die lebendigen Menschen – so hatte es Marx ausgedrückt. Von Beginn an geht das bürgerliche Subjekt mit dem Trieb der schrankenlosen Vermehrung seiner Macht und seines Einflußbereichs schwanger, prägt die Eigentümer als Charaktermasken des Kapitals und seiner Maßlosigkeit. Und im Sparen der kleinen Leute kann sich der Geist des Kapitals auch bei denen, die wenig haben, ein Stück weit verankern. Faszination darüber, daß Geld Geld heckt, eine gewissermaßen jungfräuliche Geburt, Geburten wie die der Athene aus dem Kopf des Zeus, Selbstvermehrung des reinen Stoffs. Marx sagt, das Kapital werde selbst zum »automatischen Subjekt«. Seine Agenten seien nur Charaktermasken des Kapitals. Sie ständen unter dem Zwang, den das ökonomische Naturgesetz ausübe, seien selbst gewissermaßen unschuldig. Die Frage, welche Männerbedürfnisse und Männeridentitäten es waren, die sich so gut in diese Charaktermaske fügen, wird von ihm nicht gestellt.

Erst die bürgerliche Gesellschaft kennt das autonome Subjekt, den Privateigentümer, der frei über sein Eigentum, seine Sachen verfügt, *über Objekte*, über Gegenstände seiner Willkür, die kein eigenes Leben haben, über Waren, Objekte im Unterschied zum Subjekt. Und Subjekte gibt es hier nur, weil es Objekte gibt. Im Begriff des Subjekts ist die Macht, die Herrschaft, die freie Verfügung über Natur, Waren, Arbeitskraft und Frauen eingeschlossen. Nicht mehr nur der Feudalherr kann sich durch den Waffenbesitz etwas als Objekt aneignen, jeder Bürger kann das nun – angeblich ohne Gewalt. Die Natur wird beherrscht, erst im 17. Jahrhundert taucht sie als zu Unterwerfende in der Literatur auf und als ihr Gegenüber: das männliche Subjekt. Die Natur wird endgültig zum Rohstoff, verliert ihre eigene lebendige Gestalt, wird Material, das erst durch den Geist oder die Arbeit geformt wird.

Erst die bürgerliche Gesellschaft kennt auch die Konkurrenz als *reguläre Beziehung* zwischen den Wirtschaftenden, die Feindlichkeit der Individuen untereinander, die anderen als Grenze der eigenen Entfaltung, den Kampf aller gegen alle. Erst die bürgerliche Gesellschaft macht die Abstraktion, und zwar täglich praktisch, daß die Menschen gleich seien, insofern sie sich als Eigentümer, als Warenbesitzer, als Austauschende, als Verfüger über Sachen bis hin zur eigenen Arbeitskraft auf dem Markt gegenübertreten. Und dort sollen ja eben Gewaltlosigkeit, gleichwertiger Tausch, Nicht-Raub herrschen. Auf dem Markt soll jeder soviel bekommen, wie er gibt. Gerechtigkeit, Gleichheit, Freiheit. Für die Arbeiter wird dann später der gerechte Lohn zum A und O. Gleicher Lohn für gleiche Leistung, gleicher Preis für gleiche Waren, ungleicher Lohn für ungleiche Leistung. Nicht die lebendigen Individuen erkennen sich als Gleiche an, sondern die Warenverkäufer. Dies ist der Kern des bürgerlichen und dann auch des sozialdemokratischen Humanitätsbegriffs, der gegenseitigen Anerkennung als Subjekt – als Marktteilnehmer. Daß die Frauen da weitgehend ausgeschlossen sind, zeigt sich unter vielem anderen noch heute im geringeren Lohn. Und daß, wer »dumm« und »faul« ist, wenig bekommt, wer »klug« und »fleißig«, dagegen viel – all das ist in dem Gleichheitsbegriff auch eingeschlossen: messen der unterschiedlichen Individuen am gleichen Maßstab, Vergleichung, »Gerechtigkeit«. Marx hatte schon auf die Grenzen dieses Gleichheitsbegriffs aufmerksam gemacht: »Gleiches Recht für ungleiche Individuen (und die Individuen wären keine Individuen, wenn sie nicht ungleich wären) ist ungleiches Recht.«

Der Humanitätsbegriff beruht auf einer Abstraktion vom ganzen, lebendigen Individuum, die in der Praxis täglich vollzogen wird. Sie erscheint als Fortschritt in der Humanität für die, die sich daran beteiligen, durchaus zum Teil als Rückschritt für die Ausgegrenzten, auf jeden Fall aber als Rückschritt für die kolonisierten Völker, dann wohl auch für die Frauen und zunächst auch für die Lohnarbeiter, die ohne monopolisierte Verhandlungsmacht, ohne Gewerkschaften zum Verkauf ihrer Arbeitkraft unter allen Bedingungen gezwungen werden können, eben keine gleichberechtigten Teilnehmer am Markt sind, nicht frei, sondern »weil der Hunger sie treibt«, ihre Arbeitskraft zu allen Bedingungen verkaufen: zunächst also ein Gewaltverhältnis.

Der bürgerliche Humanitätsbegriff basiert auf Ausgrenzung, Ausbeutung und Herrschaft. Denn das autonome Subjekt ist eine Fiktion, sobald die Sphäre der Öffentlichkeit und des Marktes verlassen wird. Im Arbeitsalltag in der Fabrik und in der Familie gibt es den absolut selbstbestimmten, freien Charakterkopf nicht. Und die Frage: Ist das Ideal des bürgerlichen Subjekts nicht überhaupt eine Fiktion? Daß die bürgerliche Gesellschaft ein Bild von der Weiblichkeit entwickelt, in dem die Frauen mütterlich, liebevoll, hilfsbereit gegenüber allem Schwachen sind, zeigt, daß sie auf die Existenz des Ausgegrenzten angewiesen ist: die Emotionalität, die Anpassungsfähigkeit, die »Unsachlichkeit«, den Nichtäquivalententausch, die »Liebe«. Darin, daß sie die Ausgegrenzten gleichzeitig als schwach und unproduktiv denunziert, drückt die Männergesellschaft aus, daß sie all dies ausbeutet.

Alle als gesellschaftlich relevant erachteten Institutionen sind so organisiert, daß sie die speziellen sozialen Fähigkeiten der Frauen, gewonnen auf der Basis ihrer sozialen Arbeit in der Familie, ausgrenzen: also alles »Weibliche«, Emotionale, Persönliche, die Liebe als Fähigkeit der Menschen, sich als Menschen aufeinander zu beziehen, ohne einander »gleich« zu sein. Diese Fähigkeiten sind der Rohstoff, aus dem sich die männlichen Institutionen nähren, weil sich die Männer daraus nähren. Das »weibliche Arbeitsvermögen« ist Rohstoff für die Männerinstitutionen und keinesfalls eigenständig. Der Mann ist sozial, nicht wenn er sich persönlich um die Schwachen kümmert, sondern wenn er Geld für die Familie beibringt und sich für das Allgemeinwohl, den Staat, die Politik, für die Klasseninteressen, also für etwas Höheres, für Gesellschaftliches, einsetzt. Das sogenannte Privatleben gilt es gegebenenfalls zu opfern.

Bei den Unterklassen sieht alles noch wieder anders aus. Schließlich sind die Arbeiter beziehungsweise die ihnen innewohnende Arbeitskraft auch Rohstoff, Objekt für den Produktionsprozeß des Kapitals. »Subjekte« sind sie nur, wenn sie ihre Arbeitskraft verkaufen, wenn sie um die Höhe des Lohns kämpfen, um das Verhältnis von Lohn und Leistung. Aber auch da handeln sie weniger als Individuen, sondern als »Kollektiv«, vertreten in der Gewerkschaft. Aber eine bürgerliche Familienexistenz streben sie trotzdem an: Die Frau des Facharbeiters soll lieber nicht »arbeiten« gehen, wenigstens gibt es darum Konflikte. Das alles ist natürlich viel zu knapp umrissen.

Umgekehrt machen die Frauen selbst, insofern sie eben »weiblich« im bürgerlichen Sinne sind, die Ausgrenzung mit. Für sie erschöpft sich soziales Verhalten in der Mütterlichkeit, der Liebe zum Mann, zu den Kindern, zu dem *eigenen* Mann und zu den *eigenen* Kindern, ihrem *einzigen Eigentum*, das aber eben – Tragödie der Frauen – »leider« kein richtiges ist, keines, über das einfach frei verfügt werden kann, auch wenn die Frauen Versuche in diese Richtung unternehmen. Für den Staat, die Politik, die Institutionen, die Gerechtigkeit, die allgemeinen Interessen – für all dies interessieren sie sich nur, wenn sie die »Weiblichkeit« schon kritisiert haben. Die Liebe ist eine absolut individuelle Angelegenheit. Und das Rätsel: Wie können Frauen Politik machen, sich für »alle Menschen« interessieren, »human« sein, ohne zu Männern zu werden, die ja durch diese Form der Gesellschaft offensichtlich auch nicht human geworden sind? Ich habe keine per Kopfgeburt produzierbare Lösung des Rätsels parat.

Also: Die sozialen Beziehungen, die Frauen eingehen, sind nicht durch Äquivalententausch, »Gerechtigkeit«, »Gleichheit« in diesem Sinne geprägt. Frauen sind mit lebendigen Individuen konfrontiert, die stark, aber auch schwach, widersprüchlich sind. Die Abstraktion auf den Warenverkäufer fällt ihnen in der Regel schwer, das geht bis hin zu ihrem Verhältnis zum Lohn, wenn sie berufstätig sind. Die Kategorie des gerechten Leistungslohns und das ganze gewerkschaftliche Bewußtsein, das sich um diese Kategorie rankt, hat sich bei den Lohnarbeiterinnen nie richtig verankert.

Eingesperrt in die Familie, kann ihre tägliche Arbeitserfahrung keine Kraft entfalten, die die gesellschaftlichen Machtverhältnisse kritisierte.

Kleiner Exkurs zur Beziehungsarbeit

Der Philosoph Descartes hat gesagt: »Ich denke, also bin ich.« Das ist bei mir anders. Ich habe Krach mit meiner Freundin. Die Wut überschwemmt mich, dabei mag ich sie ja. Ich leiste Kopfarbeit, überlege, wie kam sie wohl dazu, sich so zu verhalten, warum bin ich so aufgebraust. Meine Freundlichkeit wächst wieder ein Stückchen, aber die Wut verflüchtigt sich nicht so einfach. Wir beginnen zu streiten. Du hast ... Ich habe ... Warum hast du ...? Warum habe ich ...? Zwischendurch lege ich den Arm um sie. Das bringt uns ein großes Stück vorwärts. Und bei der Arbeit, an die wir dann beide wieder gehen, beschäftigen sich Gedanken und Gefühle noch eine Weile mit der Angelegenheit. Wie war das also? Ich habe was gefühlt, dann habe ich gedacht, dann habe ich noch meinen Arm benutzt. Herz, Kopf, Körper, alles wechselweise und zusammen in einem Zeitablauf. Und es war harte Arbeit. Meiner Freundin ging es ähnlich. Beim Mittagessen floß es wieder *frei* und ungestört zwischen ihr und mir. Sie hatte inzwischen also auch einiges geleistet. Wir konnten uns wieder von Mensch zu Mensch verständigen. Mit dem Kopf allein hätten wir das bestimmt nicht geschafft.

Ja, sagt die Philosophie, das mag ja richtig sein für das Privatleben, aber in der Gesellschaft, in der Politik, im Staat, bei der Bank, in der Wirtschaft – da ist das halt alles ganz anders. Mag sein, sage ich, nein, ich weiß sogar sicher, daß es so ist. Aber das hat Folgen fürs sogenannte Privatleben. Das Problem ist also: Wir haben hier meine Freundin, eine Frau mit Kindern und ihrer dazugehörigen Arbeitsweise, und mich, eine Frau, kinderlos, aber trotzdem in weiblicher Arbeit geübt. Und dann ist da die Welt der Männer. Sie brauchen ihre Arbeitskraft ganz für die Wirtschaft, den Staat, die Wissenschaft. Da bleibt schwer Zeit für Beziehungsarbeit, diese Tätigkeit, bei der alles durcheinandergeht, Kopf, Körper, Gefühle – und bei der die allgemeine Theorie nicht alles lösen kann, bei der die ganz individuelle Geschichte eine Realität ist, die nicht zur Seite geschoben werden kann.

Aber eigentlich geht es gar nicht durcheinander, es ging bei mir durchaus hintereinander, wenn auch zum Teil gleichzeitig: Erst war ich sauer, dann Kopf- plus Gefühlsarbeit, dann Umarmung, dann wieder Überschwemmung, dann erneute Kopfarbeit, dann veränderte Gefühle. Da findet durchaus Entwicklung statt.

Diese sogenannte Hysterie von Frauen: Was ist das? Du kommst von der Lohnarbeit nach Hause, er auch. Er hat Probleme gehabt. Er läßt einfach mal Luft ab. Er bearbeitet die Probleme nicht, nein, er ist einfach sauer, auf dich. Du weißt nicht, warum. Du überlegst. Was hat er denn? Was könnte ihm begegnet sein? Versuchst dich, in seine Situation zu versetzen. Du fragst. Kriegst keine Antwort. Er weiß ja selbst nicht, was mit ihm los ist, er arbeitet ja nicht daran. Er verweigert diese Arbeit, er lädt ab, auf dich. Er hat sich erleichtert. Ihm geht es wieder gut. Aber dich quält die Angelegenheit. Du bist unruhig, kannst dich nicht konzentrieren, arbeitest mit Kopf und Gefühl. Du versuchst, ihn in die Arbeit einzubeziehen, er soll auch ein Stück übernehmen. Und er: Er weiß gar nicht, was du willst? Es ist ihm völlig rätselhaft. Diese komische Frau. Was hat sie denn wieder. Nun ja, so kann die Sache ein Weilchen hin und her gehen, und wenn es schlimm ist, wirst du an einem bestimmten Punkt hysterisch. Du kannst es einfach nicht fassen, daß er überhaupt nicht sieht, was er dir da aufgeladen hat. Die wilde Empörung steigt in dir hoch, daß er dich auch noch für ein bißchen verrückt erklärt, wenn du jetzt nicht mehr loskommst. Er fühlt sich bestätigt in der Meinung, er sei ein durch und durch gesunder, normaler, kräftiger, psychisch stabiler Mensch, und du, na ja, die Frauen, die sind halt ein bißchen komisch und unstabil. Er nährt sein Selbstbewußtsein, seine Sicherheit davon, daß er auf dich Arbeit ablädt und gar nicht sieht, daß er es getan hat.

Dies nur als kleine Skizze eines Ablaufs. Ich sage nicht, es handle sich hier um die allgemein gültige Form. Ich spreche nur von meiner Wut, das heißt von der Wut, die den Begriff Ausbeutung in mir verankert hat. Es stimmt nicht ganz. Auch andere Frauen haben mir nahezu identische Beispiele erzählt: »Und dann hat er gesagt, ich ginge luxuriös mit der Zeit um, ich hätte keinen Sinn für Ökonomie, wenn ich versucht habe, ihn in die Arbeit, die er mir aufgeladen hat, einzubeziehen.«

Thesen zur Frauenarbeit

Ich mache jetzt den Versuch, die Mosaiksteine, die ich in der bisherigen Darstellung, aus den Ergebnissen der feministischen Forschung und meinen eigenen Erfahrungen und Überlegungen zusammengetragen habe, zu einem Bild zusammenzusetzen. Dazu folgende Thesen:

1. Die Arbeit der Frauen im Hause ist, um die gängige Terminologie aufzugreifen, strikt *gebrauchswertorientiert.* Was heißt das? Sie endet nicht in einem Produkt und auch nicht unmittelbar in einer Ware, die Gebrauchs- und Tauschwert zugleich ist. Die Frauen schauen sich nicht nur in den Dingen, die sie während der Hausarbeit produzieren, an; nicht nur in dem Kleid, das sie genäht, nicht nur in dem Essen, das sie gekocht, nicht nur in der Wohnung, die sie saubergemacht haben, sondern ebenso und letztendlich in der Befriedigung der Bedürfnisse der Familienmitglieder durch produzierte Produkte und Beziehungsarbeit. Ihre Arbeit ist »Arbeit am lebendigen Menschen und durch Zuwendung zum Gegenstand der Arbeit gekennzeichnet«[36], oder: »Das menschliche Arbeitsvermögen existiert nur in lebendigen Menschen, deren Bedürfnis nach materieller Existenzsicherung unlösbar verknüpft ist mit ihrem Bedürfnis nach menschlichen Beziehungen.«[37] Der Beziehungsaspekt ist »häufig direkt über materielle Versorgungsleistungen« vermittelt, er ist »direkter Bestandteil der Arbeit«.[38] Nach herkömmlichem gesellschaftlichem Selbstverständnis tun es die Frauen »aus Liebe«, und deshalb sei es keine Arbeit.[39] *Der Begriff »gebrauchswertorientiert« ist vielleicht auch irreführend. Er macht sich eben am Produkt fest und nicht am Menschen.* Auch die Pershing-2 hat einen »Gebrauchswert«. Aber eben nicht im Sinne der Reproduktion der lebendigen Menschen, im Gegenteil. Vielleicht ist auch der Begriff »sich anschauen« unpräzise. Natürlich gibt es auch Frauen, die sich in der geputzten Wohnung widerspiegeln möchten und auf diese Weise sich und andere terrorisieren. Anders

gesagt, es wäre ein Wunder, wenn sich die Frauen in einer Welt, wo nur das Produkt als Wert gilt und nicht die Menschen Ziel der gesellschaftlichen Tätigkeit sind, dem völlig entziehen könnten. Trotzdem: Die Gesellschaft verlangt von den Frauen eben genau das andere, Arbeit aus Liebe, also das Gegenteil von dem, was sie zur herrschenden Norm und zum Wert an sich erklärt.

2. Was bedeutet das für den konkreten Charakter der Arbeit? Die Methode: genaue Aufteilung der einzelnen Arbeiten, Abgrenzung, Zertrümmerung und Neuzusammensetzung, Rationalisierung, Kastenbauen, gegenseitige Isolierung, Systematisierung funktioniert hier nicht. »Die weibliche Produktivität durchbricht als Form einer Praxis faktisch die mit der warengesellschaftlichen Produktionsweise gesetzte Norm, als gesellschaftliche Arbeit nur anzuerkennen, was sich deutlich und überprüfbar in sichtbaren, materiellen und wahrhaftigen Produkten niederschlägt ... die weibliche Produktivität *überschreitet* permanent die Grenzen zwischen materieller und nicht-materieller Produktion; so verbindet sie *faktisch* körperliche und geistige, emotionelle und zweckrationale, kommunikative und handwerkliche Handlungsabläufe; weder ihre Werkzeuge noch ihre Resultate sind eindeutig definierbar.« »Die *Gesamtheit* der Handlungsabläufe« sind »untrennbar aufeinander bezogen.«[40] Alle Körperteile und -kräfte werden im Zusammenhang gebraucht: Kopf, Hand, Brust, Bauch, Beine, Gefühle. Der Kopf »unterwirft« sich nichts. Er »kooperiert«[41] mit den anderen Kräften. Gemessen an der Arbeit in der Fabrik geht es »chaotisch« zu. Keine Beherrschung, keine Trennung, keine exakte Überprüfbarkeit der Resultate im Sinne von »richtig und falsch«[42], kein systematisiertes Wissen, keine Wissenschaft, sondern Lernen durch Erfahrung.[43] *Die Arbeit ist ein Prozeß, die Resultate sind ebenfalls Prozesse, nichts was sich an einem bestimmten Punkt als hier und jetzt und fertig festmachen ließe.* »Es ist eine Frage der Zeit, wann ihre Resultate bemerkbar werden. Viele bleiben verborgen. Sie

sind zwar als Effekt vorhanden, aber häufig nur im *Prozeß* ihres Entstehens, ihres Veränderns. Die Erziehungsarbeit gibt davon ein Beispiel.«[44] Und, wie schon vorher erwähnt: Es gibt nicht nur positive Resultate, es gibt auch Niederlagen, Enttäuschungen, Fehler, Trial-and-Error-Methode, kurzum, Lernen durch Erfahrung, negative eingeschlossen. *Es gibt keine vorherkalkulierbare Sicherheit.*

3. *Die Arbeit der Frauen im Haus ist gesellschaftlich notwendige Arbeit,* und zwar in einem doppelten Sinn: Sie produziert und reproduziert die Ware Arbeitskraft, also durchaus eine Ware, die in die Zirkulation eingeht, wenn auch die Produzentin beziehungsweise die Mitproduzentin dafür keinen Warenpreis, kein Entgelt bekommt. Sie trägt also zur gesellschaftlichen Wertschöpfung, zur kapitalistischen Wertschöpfung bei, eine Tatsache, die übrigens im »Ernährerlohn« anerkannt ist. Würde denn das Kapital einen »Ernährerlohn« zahlen, wenn die Ernährten ihm zu nichts nütze wären? Ich sehe im Moment mal ab von allen Ideologien, die sich um diese Kategorie ranken. Die Arbeit der Frauen ist aber gesellschaftlich notwendig noch in einem anderen, ganz schlichten Sinne: Selbst das Kapital kommt nicht um die Tatsache herum, daß die Arbeitskraft »menschlich inkorporiert« ist. Die Selbstauflösung des Kapitals in die menschenlose Maschinerie, wovon es bekanntlich träumt, würde sein Ende bedeuten. Menschen sind halt nun mal nicht lebensfähig ohne zwischenmenschliche Beziehungen, sie sind keine Elektromotoren, daran kann keine Gesellschaft vorbei, anderenfalls ist sie keine »Gesellschaft« mehr. Dies ist, meines Erachtens, der eigentlich prozessierende Widerspruch des Kapitalismus und des realen Sozialismus im übrigen auch. Die Forderung, Lohn für Hausarbeit mit der Begründung, Frauen produzierten schließlich die Arbeitskräfte, faßt meiner Meinung nach diese Seite der gesellschaftlichen Notwendigkeit nicht. Was im übrigen nicht heißt, daß sie deshalb falsch sei: Aber es fehlt ihr die kritische Dimension, daß eben die Frauen nicht

nur »Arbeitskräfte«, sondern dazu auch noch Menschen »produzieren«. In diesem Punkt finde ich die Bemerkung von Rosa Luxemburg – die Rohheit und der Wahnsinn des Kapitalismus reflektierten sich darin, daß er die, wie sie es nennt, Glück produzierende Arbeit der Frauen, also ihre für die Menschen notwendige Seite, nicht als produktiv anerkenne – durchaus zukunftsweisend.

4. *In der historischen Verschiebung des Schwergewichts der Hausfrauen- auf die Beziehungsarbeit mit Kindern und Ehemann spiegelt sich die zunehmende Verselbständigung des Produkts gegenüber den menschlichen Zwecken.* »Die Hausarbeit muß beständig die Destruktion und die Defizite derer ausgleichen, die aus dem Produktionsprozeß kommen. Sie muß Gegenerfahrungen vermitteln, Erfahrungen des ›eigentlichen Lebens‹, einer anderen Welt, obwohl sie in vielfältiger Weise den Bedingungen des Gesamtsystems der Lohnarbeit selbst unterworfen ist ... Je weniger die Erwartungen an ein ›erfülltes‹ Leben durch die Bereitstellung und Sicherung des notwendigen Bedarfs befriedigt sind, desto mehr wird die ›psychische Haushaltsführung‹ zur expliziten Anforderung an die Hausfrauen, deren Erfüllung ein hohes Maß psychologischen Einfühlungsvermögens, die Beherrschung von Gesprächstechniken und anderer Formen der Konfliktverarbeitung, sowie eine hochentwickelte Fähigkeit zur Mitteilung von Empfindungen ... voraussetzt ... Die familialen Beziehungen werden damit mehr und mehr selbst zum Gegenstand der Arbeit der Frau.«[45] *Eine »Produktion« ohne »Menschlichkeit« und eine »Menschlichkeit« ohne »Produktion«.*

Und es ist mit Sicherheit kein Zufall, daß die Männer der Wende, die die Vorantreibung des »technischen Fortschritts« ohne alle Rücksichten auf menschliche Verluste propagieren, geradezu ins Schwärmen geraten, wenn sie von der wärmespendenden Mütterlichkeit zu Hause sprechen: Die sei schon nötig, sonst ginge alles entzwei in der kalten Industrie- und Konkurrenzwelt.

Die »Beziehungsarbeit« kann tatsächlich zur Penelope-Arbeit werden, wenn »die Gesellschaft« genau das Gegenteil von dem tut, was die Frauen tun sollen: Die Kinder werden in der Schule auf Konkurrenz und Leistung getrimmt. Der Mann muß im Beruf Konkurrenz und Leistung bringen. Kein freies Fließen, sondern Abgrenzung. Da wird die ganze Arbeit wieder zunichte gemacht. Vergebliche Liebesmüh. Verweigerte sie die Arbeit, gäbe es eine absolute Katastrophe. Aber es findet, bedingt durch gesellschaftliche Verhältnisse, in denen die Leute nur wie Arbeitskräfte und nicht wie Menschen behandelt werden und sich entwickelnde Personen nicht auf dem gesellschaftlichen Bedarfszettel stehen, eben keine Entwicklung statt. Hätten die Leute nicht von irgendwoher eine Arbeitsmotivation, also das Bedürfnis, etwas Brauchbares für andere zu machen, dann nützte auch das perfekteste Management nichts. Die Schule, die »Wirtschaft«, die Institutionen: sie alle, für die die Gemütskräfte angeblich unbrauchbar sind, nähren sich aus diesen Kräften, aber geben nichts zurück. Sie schmarotzen, wie die Vampire. Und für die Frauen ist es halt eine ewige Arbeit, durch die nichts vorangeht und bei der sie selbst nichts zurückbekommen, immer nur geben müssen. Es ist ein Unglück. Und das erinnert an Penelope. Alles, was sie machen, wird wieder aufgetrennt. Immer wieder müssen sie von vorne anfangen. Mit ihrer Arbeit wird verschwenderisch umgegangen, sie kostet schließlich nichts, hat keinen Preis, wird nicht auf dem Markt verkauft, also braucht Mann ja auch nicht sparsam damit umzugehen. Und da braucht man sich gar nicht zu wundern, wenn irgendwann auch bei den Frauen nichts mehr da ist.

5. *Die Arbeit der Frauen zu Hause ist mitnichten eine unentfremdete, heile Insel im Meer dessen, worauf es ankommt, der Wirtschaft*: Denn schließlich müssen die Mütter Arbeitskräfte produzieren und reproduzieren, nicht nur einfach Menschen. Daß das Kind ordentlich seine Schulaufgaben macht, daß es lernt, was zu leisten, sich durchzusetzen ge-

gen andere; daß der Mann pünktlich und ausgeruht zur Arbeit kommt; daß das Essen immer rechtzeitig auf dem Tisch steht – all das gehört dazu. Und dazu gehört auch, daß der Mann und die Kinder meinen, die Mutter täte ja gar nichts Richtiges; daß sie voraussetzen, alles habe zu klappen; daß sie meinen, da geschehe eigentlich keine Arbeit, und daß die Frauen deshalb auch selten Anerkennung bekommen. Die gesellschaftliche Vorstellung darüber, was Arbeit und Produktion sind, reicht bis in die Familie, und die Frauen haben es auszubaden. Häufig treibt allein diese Tatsache sie in die Lohnarbeit, weil da wenigstens jemand sieht, daß sie etwas tun, zumindest kriegen sie am Wochen- oder Monatsende etwas dafür, Geld, sie haben also was geschafft. Und sie kommen aus ihrer Isolation heraus, reden und arbeiten gemeinsam mit anderen.

6. *Unterm Deckmantel der »weiblichen Natur« wird die durch die geschlechtsspezifische Arbeitsteilung produzierte spezifisch weibliche Produktivität von der Industrie und dem öffentlichen Dienstleistungsbereich gebraucht, angeeignet, unbewertet, unbezahlt, ausgebeutet.* Das Lächeln der Stewardeß, die Hilfsbereitschaft der Krankenschwester, die Fähigkeit zum Umgang mit Kindern bei den Kindergärtnerinnen und Lehrerinnen, die Freundlichkeit der Sekretärin – all diese sozialen Fähigkeiten der Frauen, in welchem Katalog zur Arbeitsbewertung tauchen sie auf? Nein, nein, wieso denn? Das ist doch alles die weibliche Natur. »Gesucht werden Sekretärinnen, Stenotypistinnen, Sachbearbeiterinnen, die ›jung‹, ›charmant‹, ›liebenswürdig‹, ›einfühlsam‹, ›hübsch‹, ›attraktiv‹, ›gepflegt‹ sind, die ›immer lächeln‹, von denen ›die Mitarbeiter und ihr Chef auch am Montagmorgen ein Lächeln erwarten‹ und die natürlich ›flott‹ und ›kontaktfreudig‹ sein sollen.«[46] Dies alles findet sich in den Stellenanzeigen einer Woche »Frankfurter Rundschau«. Und Veronika Bennholdt-Thomsen folgert: »Für die männliche Arbeitskraft ist eine ziemlich klare Trennung möglich zwischen dem Mann als Persönlichkeit und seiner Arbeitskraft,

die er zu verkaufen gezwungen ist. Für die weibliche Arbeitskraft ist eben diese Trennung nicht möglich ... weibliche Körperlichkeit, Sexualität, Sensibilität werden immer mit vernutzt«, natürlich unbezahlt. Und von den Frauen werden sie gegebenenfalls auch als Konkurrenzmittel eingesetzt. Trotzdem, dem weiblichen Arbeitsvermögen ist das Gewaltverhältnis eingebrannt. Anpassungsfähigkeit, mangelnde Fähigkeit zur Wahrnehmung der Interessen als Privateigentümerin ihrer Arbeitskraft: In der Industrie sitzen die Frauen an den am schlechtesten bezahlten Arbeitsplätzen. Dies sind halt in der Regel Frauenarbeitsplätze. Zu den reinen Kopfarbeiten sind Frauen nur in Ausnahmefällen zugelassen. Nun ja, das alles ist bekannt, aber immer noch wird behauptet, die Frauen seien eigentlich selbst daran schuld, weil sie ihre Arbeitskraft nicht ordentlich qualifizierten.

7. *Frauen »produzieren« nicht nur Frauen, sondern auch Männer.* Auch diese sind lebendige Menschen, der Möglichkeit nach, sie sind nicht von Natur aus nur Hand und/oder Kopf, sie werden erst durch die Männerherrschaft dazu gemacht, und ganz gelingt es ja auch nur in den außergewöhnlichsten Fällen. Aber diese ihre Möglichkeit wird durch die Organisation der Welt, in der sie sich bewegen und ihre Identität haben: der Industrie, des Austauschs, der Bürokratien, des Geldes, der Banken, der Hierarchien, der Institutionen, der abstrakten Normen, stückweise kaputtgeschlagen, ausgebeutet. Frauen haben – vielleicht – mehr Widerstandskräfte gegen diese Verwüstungen, wenn sie in diesen Welten – übrigens eingeschlossen weiteste Teile der Wissenschaft – arbeiten. Daß sie verantwortlich sind für Kinder, für die Beziehungs»arbeit« zwischen Mann und Frau und zwischen Frauen, erlaubt ihnen kein widerspruchsloses Ausflippen in den Kopf als Kopf allein oder in die puren Hände. Der Widerspruch kann die Frauen zerreißen, entkräften, kaputtmachen, zumal ihre Eigenschaften, ihre weibliche Produktivität ja als Schwäche und Unfähig-

keit, sich adäquat in den Männerwelten zu bewegen, abgestempelt sind. Die These kann auch umgedreht werden: *Nicht ihre Schwächen, sondern ihre produktiven Kräfte machen es den Frauen so schwer, in den Männerwelten zu agieren oder gar » was zu werden«.*

8. Alle Weiblichkeitsmythen haben die Funktion, den produktiven und gesellschaftlich notwendigen Charakter der Arbeit der Frauen »im Haus« zuzudecken. Es finde keine Entwicklung statt: Das ist Unsinn, die Kinder entwickeln sich schließlich doch. Die Arbeit wiederhole sich täglich: Erstens stimmt es nicht, und zweitens, wie sieht das denn im Bereich der Lohnarbeit aus? Da wiederholt sich doch oft vieles viel mehr. Die Arbeit habe kein Resultat, das in die Zirkulation eingeht: Die Ware Arbeitskraft ist ein Resultat, das in die Zirkulation eingeht. Es handele sich um kopflose, naturhafte Produktivität. Die Frauen beständen aus Bauch und Gefühlen, reduzierten sich auf ihren mittleren Teil: Nicht den Frauen fehlt der Kopf, sondern den Männern, wenn sie glauben, weibliche Produktivität stände als unendliche Naturressource zur Verfügung. Hier setzt bei ihnen die Vernunft, der sparsame Umgang mit knappen Mitteln, die »Ökonomie« aus.

Aber Mythen reichen bekanntlich nicht hin für die Ausbeutung dieser produktiven Kraft durch die Gesellschaft, für den Nichtäquivalententausch, für das Gewaltverhältnis. Das ist zusätzlich abgesichert im Recht: im Recht des freien Arbeitskraftverkäufers, das den Schein erzeugt, als sei die Arbeitskraft allein Resultat seiner Arbeit, als habe er oder sie allein das produziert, was er oder sie da verkauft; in der Bestimmung, die bis zum Jahre 1977 galt, daß die Ehefrau nicht gegen den Willen ihres Ehemannes ihre Arbeitskraft verkaufen dürfe; im Paragraphen 218, der die Frauen je nach Zeitläuften mehr oder weniger deutlich zu zwingen sucht, Kinder, menschlich inkorporierte Arbeitskräfte, Soldaten, großzuziehen und der es ihnen verbietet, gegebenenfalls ökonomisch mit ihren Kräften umzugehen. Im faktischen Recht des Ehemannes, mit Gewalt über den Körper seiner Frau zu verfügen.

Und dann gibt es ja noch eine dritte Verteidigungslinie: die Niedrigkeit der Frauenlöhne, die ihnen eine eigenständige Existenz so sehr erschwert; die quälende Monotonie und der Streß, der so viele Tätigkeiten kennzeichnet, die den Frauen vorbehalten sind; die »Karriere«schranken, die da für Frauen im Berufsleben aufgestellt sind. *Ideologien, die das Selbstbewußtsein der Frauen abzutöten suchen, häufiger übrigens mit als ohne Erfolg, Rechtsverhältnisse und materielle Arbeitsbedingungen bilden die ineinandergreifenden Gewaltmechanismen, mit denen die Gesellschaft sich die Ausbeutung der weiblichen Produktivität sichert.* Sie berufen sich allesamt auf den Namen der Natur. Brauchte sie dieses engmaschige Netz, tief verankert im »Selbst«bewußtsein der meisten Männer und im Minderwertigkeitsbewußtsein der meisten Frauen[47], also abgesichert durch eine Mauer, die höher und fester ist als jeder Rechtssatz, als jedes Gesetz, als jede staatliche Zwangsgewalt, als jeder Polizeiapparat, wenn ihr die Ausbeutung dieser produktiven Kraft, der unökonomische, verschwenderische Umgang mit ihr nicht lebenswichtig wäre? Jeder linke Mann wird dir ohne mit der Wimper zu zucken bestätigen, daß rassistische Ideologie zusammen mit den entsprechenden Rechtsinstitutionen und materiellen Verhältnissen, in denen die Völker der dritten Welt leben, die Saugnäpfe sind, mit deren Hilfe sich das Kapital aus der Arbeit dieser Völker nährt. Im Falle der Frauen haben da so einige nach wie vor ihre starken Schwierigkeiten. Die Frauen arbeiteten zwar, aber ihre Arbeit sei nicht gesellschaftlich notwendig, ist ihre Ansicht.

9. »In dem Augenblick, in dem der Mensch das Bewußtsein seiner selbst als Natur abschneidet, werden alle die Zwecke, für die er sich am Leben erhält, der gesellschaftliche Fortschritt, die Steigerung aller materiellen und geistigen Kräfte, ja Bewußtsein selber, nichtig … die Inthronisierung des Mittels als Zweck« nimmt »im späten Kapitalismus den Charakter

des offenen Wahnsinns an«.[48] Zu diesem Ergebnis kommen Adorno und Horkheimer.

Und ich füge hinzu: *In der Leugnung und gleichzeitig schrankenlosen, weil durch kein Privateigentümerverhältnis zur »Ökonomie«, zur »Vernunft« gezwungenen Ausbeutung weiblicher Arbeit ist das Abschneiden von der Natur, die Leugnung des Zusammenhangs von Leben und Tod, die den männlichen Begriff von Geschichte und Fortschritt prägt, auf den Punkt gebracht.* Leben zu können, ohne sterben zu müssen, sich aus dem Kopf gebären zu können, sich vom Leib befreien zu können, ewig fortdauern zu können als Stufe im allgemeinen Menschheitsfortschritt, dem »Fortschritt der Produktivkräfte«, darauf läuft der männliche Begriff von Arbeit und Produktivität hinaus. Unter diesem Zeichen wird die Arbeit der Frauen am »lebendigen Produkt« als geschichts- und fortschrittslos, also als Nichtarbeit, denunziert. *Das Leben der einzelnen Menschen ist nicht Selbstzweck, sondern bloßes Mittel. In der Denunziation der weiblichen Produktivität denunzieren sich die Männer selbst als bloßes Mittel.* Sie erklären sich damit einverstanden, daß der »Fortschritt« gleichgültig ist gegenüber den lebendigen Individuen. Die Produkte sind der Zweck, nicht sie selbst. Die Nichtachtung der Person ist in der Männerleidenschaft, sich allein in ihren Produkten anschauen zu wollen, inbegriffen. Nur als Träger von Rollen, Funktionen, die sich auf die Produktion beziehen, können sie sich als Gleiche achten: als Warenverkäufer, als Arbeiterklasse, als Bourgeoisie, als Staatsbürger, als Gewerkschaftsmitglieder, nicht als lebendige Menschen. Will Frau ihren Worten aus der Geschichte glauben, so lieben die Männer die »Partei«, das »Vaterland«, die »Menschheit« und wer weiß was alles. Dafür opfern sie sich auf. Aber die lebendige Person, nackt oder bloß von Funktionen im System des Fortschritts und der Macht, des Profits und der Güterproduktion, lieben sie nicht. An »die Klasse«, die »Menschheit«, das »Vaterland«, also an etwas Mächtiges, Allgemeines, Überpersönliches, wird sich hingegeben, nicht an die Geliebte oder Ehefrau.

Wenn es doch mal passieren sollte, dann gilt das als spezielle männliche Schwachstelle. Und es ist ja auch verständlich. Für die Liebe zu Personen sind die Frauen zuständig, die können zuhören, die können sich anpassen, die ordnen sich unter, die stehen zur Verfügung – und was sonst noch zum weiblichen Liebesbereich dazugehört.[49] Liebe, das ist ein Knechtsverhältnis, das ist nicht das Reich des selbstbewußten, freien Mannes. Die Konservativen hatten nichts dagegen. Herr und Knecht, das war ihnen recht. Die Fortschrittsmänner sprachen sich seit eh und je gegen die Knechtschaft aus, hofften auf die Abschaffung aller Herrschaftsverhältnisse durch die Abschaffung aller unmittelbar-persönlichen Arbeitsverhältnisse: Vergesellschaftung, Versachlichung, Beseitigung persönlicher Willkür. Der »Herr im Hause«-»Hausvater«-Standpunkt müsse auch im Betrieb beseitigt werden. Ohne Entpersönlichung seien Freiheit und Gleichheit nicht zu haben. Die Kinder werden von der Gesellschaft aufgezogen, die Hausarbeit wird von Hausarbeitsmaschinen erledigt. Bleibt noch die persönliche, arbeitsfreie, romantische Liebe zwischen den Geschlechtern übrig: der schöne Traum, wie ihn nicht nur der Erzvater Friedrich Engels geträumt hat. Damit das freie und gleiche Verhältnis zwischen den Geschlechtern hergestellt werde, müsse die Beziehung von aller Arbeit gereinigt werden. Person und Arbeit – zwei strikte Gegensätze. Arbeit gleich Gesellschaft, gleich Geschichte, gleich Fortschritt der Produktivkräfte, gleich Entpersönlichung, Versachlichung. Liebe gleich Person, gleich Privatleben, gleich arbeitslos, gleich Vergnügen und Lust. Eine Zwei-Reiche-Lehre. Und vorher, bevor das alles verwirklicht ist, da lieben die Arbeitsmänner, will Frau ihren heroischen Worten glauben, halt die Klasse und nicht die Ehefrau.

10. Um keine Mißverständnisse aufkommen zu lassen. Auch Männer können sich ein »weibliches Arbeitsvermögen« aneignen, wenn sie – entgegen ihrer gesellschaftlichen Geschlechtsrolle – in den den Frauen zugewiesenen Bereichen

tätig sind. Die Ursache dafür, daß dies so selten geschieht, habe ich dargelegt: So verlockend ist es halt nicht, auch wenn den Frauen immer wieder erzählt wird, es sei gar nicht so schön, ein konkurrierender, durchsetzungsfähiger Mann zu sein. Und noch etwas: Partielle, die besondere Unterdrückung und Ausbeutung der Frauen charakterisierende Merkmale ihres Arbeitsvermögens haben auch Männer, die unten in der Hierarchie der Lohnarbeit stehen. Ich meine so etwas wie »Anpassungsfähigkeit«, »mangelnde Fähigkeit zur Konkurrenz«, zu Durchsetzungsvermögen. Aber: Dies macht, wie gesagt, nur einen Teil dessen aus, was die Verkaufsbedingungen weiblicher Arbeitskräfte kennzeichnet, der andere Teil, die speziell weibliche Produktivität, findet sich da wohl nicht.

11. Die Nichtachtung und rücksichtslose Ausbeutung weiblicher Produktivität wird mit Sicherheit auf die Dauer diesen produktiven Kraft- und Arbeitsquell versiegen lassen. Auch »Ressourcen«, die als natürliche eingestuft werden, sprudeln, wie gesagt, nicht ewig.

12. Die aufgehäuften Vernichtungspotentiale sind Symbol für die männliche Wahnidee, Leben haben zu können, ohne sterben zu müssen.

7. Das »Werkzeug machende Tier« ist kein lebensprudelndes Unschuldslamm

Nun zu den Traditionen der Männer, die auch die kapitalistische Gesellschaft geprägt haben. Schließlich wurde weder in dieser noch in der vorhergehenden Epoche plötzlich ein »neuer Mensch« geboren. So etwas ist bekanntlich eine Männerkopfgeburt. Wir müssen also davon ausgehen, daß sich die verschiedenen »zivilisierten« Epochen der Menschheitsgeschichte aus den zuvor gesammelten Arbeiten und Erfahrungen ihr »Material« beschafft haben. Maria Mies faßt im folgenden zusammen, was sie aus dem Männermythos vom Jäger und Krieger als Kulturbringer der Menschheit im Vergleich mit den historisch-ethnologischen Forschungsergebnissen herausgefunden hat.

Zur Produktivität und Gewalt von Männern

»Es ist diese Ambivalenz der Jagdinstrumente, die entscheidend wurde für die weitere Entwicklung ungleicher, ausbeuterischer gesellschaftlicher Verhältnisse und einer asymmetrischen Arbeitsteilung zwischen Männern und Frauen, und nicht die Tatsache, daß die Jäger durch die Beschaffung proteinreicher Fleischnahrung einen höheren Rang in der Gesellschaft einnahmen. *Die Bedeutung der Jagd lag nicht in ihrem ökonomischen Beitrag als solchem, sondern in dem spezifischen Gegenstandsbezug zur Natur, der sich durch Waffen herstellen läßt.* Die Merkmale dieses Gegenstandsbezugs sind folgende:

a) Waffen sind nicht Instrumente, um Leben zu vermehren oder zu erhalten, sondern um Leben zu zerstören. Sie können deshalb stets auch als äußeres Zwangsmittel gegen Menschen benutzt werden.

b) Das gibt den Jägern eine Macht über lebende Wesen, Tiere und Menschen, die nicht aus ihrer eigenen produktiven Tätigkeit erwächst. Jäger können sich nicht nur, wie die Sammlerinnen, Pflanzen und Tiere aneignen, die sich in der Natur vorfinden, sondern sie können sich auch mit Hilfe der Waffen andere Produzenten und Produzentinnen aneignen und unterwerfen.
c) Der Gegenstandsbezug, der durch Waffen vermittelt ist, ist darum im Grunde genommen ein *beutemachender* oder *ausbeuterischer* … d.h. mit Hilfe von Waffen kann Leben angeeignet und unterworfen, aber nicht produziert werden. Alle späteren Ausbeutungsverhältnisse könnten ohne Waffen als Zwangsmittel nicht aufrechterhalten werden …
e) Die ›Aneignung von Naturstoff zur Befriedigung menschlicher Bedürfnisse‹ (Marx) wird mit Hilfe von Waffen ein Prozeß einseitiger Aneignung und führt schließlich zum Aufbau von Eigentumsverhältnissen, nicht aber zu einer ›Vermenschlichung‹ von Naturstoff.
f) Da die Jäger nicht nur Tiere jagen, sondern auch die Camps oder Dörfer anderer Gruppen überfallen konnten, konnten sie auch unbewaffnete Frauen und Kinder rauben und sich als Beute aneignen. Vieles deutet darauf hin, daß nicht irgendein ökonomischer Überschuß in der Form von Vieh oder Nahrung die erste Form des Privateigentums darstellte, sondern die weiblichen Sklaven, die geraubt worden waren.«[1]

Weiter weist Maria Mies darauf hin, daß die Jagdtechnologie nicht notwendig zu Ausbeutungs- und Gewaltformen führte. Aber die Möglichkeit war gegeben.

Warum sind die Waffen als Produktions- und Destruktionsinstrumente denn bei Marx so vollends stiefmütterlich behandelt? Warum findet sich in dem DDR-Buch über die »Produktivkräfte in der Geschichte«[2] außer ein paar stein- und bronzezeitlichen Speerspitzen keine einzige Waffe? Diese Geschichte reicht bis ins 19. Jahrhundert. Warum denn dieses peinliche Schweigen der Arbeitsmänner und ihrer Theoretiker zum Zusammenhang zwischen der Entwicklung der »Werkzeuge« und der Entwicklung der »Waffen«? Sie wollen unschuldig sein, sie wollen sich nur als Produktive sehen, vom Gewaltcharakter ihrer Werkzeuge sehen sie meistens ab. Und da sie den ignorieren, können sie sich als produktive Schöpfer der Geschichte und Zivilisation betrachten. Aber: Ich glaube, da täuschen sie sich. Die Geschichtsschreiber der bürgerlichen und der Arbeitsmänner haben immer wieder behauptet, ihre überlegene produktive Kraft habe sie, zu Recht, zum Herrscher über die Frauen gemacht. Noch heute leisten die Frauen die meiste Arbeit, auch in der BRD, rechnet man Hausarbeit und Berufsarbeit zusammen. Trotzdem betrachten sich die Männer als die einzig ernährende, die einzig wirklich produktive Kraft – ihre Welt als Lebensborn überhaupt. Und dabei haben sie gleichzeitig ein nie gesehenes Zerstörungspotential und ein historisch nie dagewesenes Ausmaß an Gewalt und Ausbeutung auf dem ganzen Erdenrund geschaffen. Das muß doch alles irgendwie einen Zusammenhang haben. Von den Waffen läßt sich doch nicht einfach absehen. Hier ein Kasten, die Produktivkräfte, dort ein ganz anderer Kasten, die Bomben. Nein, das geht nicht, so unzusammenhängend verläuft die Geschichte nicht.

Wie hielten es die Erzväter Marx und Engels mit der Gewalt?

Wie dachten Marx und Engels in der Frage der Gewalt? Liebhaber der Gewalt und des Krieges waren sie nicht. Da unterschieden sie sich durchaus von denen, die vom Mann als Krieger und Soldaten und von den dementsprechenden Tugenden schwärmten. Und im Lager der männlichen Gegenfraktion – der herrschenden Klasse – gab es deren ja in großer Zahl. Ich denke da nur an den Offizier als männliches Gesellschaftsideal, den übrigens ja auch die Frauen der Gegenfraktion besonders geliebt haben sollen: den soldatischen Mann, der gegebenenfalls sein Leben fürs Vaterland zu »opfern« bereit ist, den »Beschützer« von Weib und Kind, den starken, den die Gefahr nicht scheuenden, kurz und gut, den männlichen Mann. Nein, so weit gingen die alten Genossen wirklich nicht, in diesem »Ideal« ihre »Selbstverwirklichung« zu suchen. Ihr Verhältnis zur Gewalt war eher ein leidenschaftslos-pragmatisches.

Friedrich Engels hat in seiner vielgelesenen Schrift »Herrn Eugen Dührings Umwälzung der Wissenschaft«, in welcher er gegen die »Verfälschungen« des »Marxismus« durch den von den Arbeitsmännern ebenfalls vielgelesenen, im Titel der Schrift genannten Herrn zu Felde zieht, eigens zur Frage »Rolle der Gewalt in der Geschichte« Stellung genommen. Die »realen Sozialisten« versichern uns, daß Marx diese Schrift durchgesehen und genehmigt habe. *Gewalt ist »in Marx' Worten die* Geburtshelferin *jeder alten Gesellschaft, die mit einer neuen schwanger geht«. Sie ist »das* Werkzeug, *mit dem sich die gesellschaftliche Bewegung durchsetzt und* erstarrte, abgestorbene *politische Formen zerbricht«*[3].

Die Bildsprache ist eindeutig: deshalb auch meine Hervorhebungen. Als Werkzeug ist die Gewalt Geburtshelferin, lebenproduzierende Macht, lebenspendendes Mittel – Totes, Abgestorbenes, Erstarrtes zerbrechend. Sie gehört ins Ensemble der männlichen Produktivkräfte mit hinein.

»Die Einführung des Schießpulvers und der Feuerwaffen war aber keineswegs eine Gewalttat, sondern ein industrieller, also wirtschaftlicher Fortschritt. Industrie bleibt Industrie, ob sie sich auf die Erzeugung oder die Zerstörung von Gegenständen richtet.«[4]

Bitte sehr, das ist mal eine eindeutige Aussage! Produktivkräfte bleiben Produktivkräfte, ob sie produzieren oder zerstören. Bei der Schilderung der »Fortschritte« in der Waffentechnologie bekommt die Stimme des Genossen Engels durchaus den verhalten begeisterten Klang, den wir von Fernsehsprechern kennen, wenn sie über die neuesten Flugzeug- und Panzermodelle berichten. Und was Sieg und Niederlage angeht, so ist die Sache ebenfalls klar:

»Der Produzent vollkommenerer Gewaltwerkzeuge, vulgo Waffen« besiegt »den Produzenten der unvollkommeneren«[5].

Ich denk', da spricht ein Vertreter der heutigen Sowjetmacht, nur hat diese eben das Problem, daß die Gegenfraktion immer ein Stückchen weiter in der »Vollkommenheit« ist und sie nie so recht den Sprung vom Einholen zum Überholen schafft. Und wer produziert die Waffen? Die Arbeiter, die Wirtschaft, die Hände und die Ingenieursköpfe. Ihre Arbeit entscheidet über Sieg und Niederlage, »nicht die ›freien Schöpfungen des Verstandes‹ genialer Feldherren«. Die sollen sich mal nichts einbilden, die Herren da oben. »Die Erfindung besserer Waffen und die Veränderung des Soldatenmaterials«[5] allein seien entscheidend. Zum Begriff »Soldatenmaterial« nur so viel: Dem Genossen kann zugute gehalten werden, daß er damit zum Beispiel die selbsttätige Begeisterung der französischen Revolutionstruppen im Unterschied zu den nach strikter Disziplin und Reglement marschierenden Truppen der Feudalherren meint. Trotzdem hätte ihm der Begriff natürlich nicht unbedingt unterlaufen müssen.

Ohne Rücksicht auf tatsächliche Geschichtsverläufe – ich kann hier nicht im einzelnen untersuchen, ob die Forschung damals schon »so weit war« – werden in dem vielgelesenen »Anti-Dühring« »Beweise« für die Gewalt als fortschrittliche Produktivkraft aufgehäuft. »Die Einführung der Sklaverei« sei »unter den damaligen Umständen ein großer Fortschritt« gewesen, denn vor dieser genialen Erfindung seien die Kriegsgefangenen einfach umgebracht »oder noch früher gar gebraten« worden. Engels scheut weder vor den Schauergeschichten aller Kolonisatoren und »Zivilisatoren« über allgemein verbreitete Menschenfresserei zurück, noch kommen ihm angesichts der Menschenraubzüge der römischen Armeen, die nahezu das ganze heutige Europa mit dem »Fortschritt« der Sklaverei beglückten, irgendwelche Bedenken.

»Solange die menschliche Arbeit noch so wenig produktiv war, daß sie nur wenig Überschuß über die notwendigen Lebensmittel hinaus lieferte, war Steigerung der Produktivkräfte, Ausdehnung des Verkehrs, Entwicklung von Staat und Recht, Begründung von Kunst und Wissenschaft nur möglich vermittels einer gesteigerten Arbeitsteilung zwischen den die einfache Handarbeit besorgen-

den Massen und den die Leitung der Arbeit, den Handel, die Staatsgeschäfte und späterhin die Beschäftigung mit Kunst und Wissenschaft betreibenden wenigen Bevorrechteten. Die einfachste, naturwüchsigste Form dieser Arbeitsteilung war eben die Sklaverei.«[7]

Es ist nicht zu glauben: Als ich mir Liebknecht vorgeknöpft habe, dachte ich noch, das kann doch nicht sein, daß er das Römische Reich so mir nichts, dir nichts als historischen Fortschritt in der »Kollektivarbeit« verbucht. Da hat er nicht genau hingesehen, hat was vergessen, verdrängt. Mitnichten. Staat, Recht, Kunst, Wissenschaft – diese Fortschritte der Menschheit erscheinen dem »Marxismus« als durchaus hinreichende Gründe und Legitimationen für die Sklavenraubzüge der römischen Feldherren und Kaiser. Für die »Zivilisation« ist alles erlaubt. Und schließlich schreite diese ja mächtigen Schrittes auf die Abschaffung aller Gewalt zu: Wenn erst einmal die Produktivkräfte ordentlich entwickelt seien, dann gebe es auch gar keinen Grund mehr für Gewaltanwendung. Sie verschwände gewissermaßen von selbst aus der Geschichte. Weil dann alle genug hätten, brauche auch niemand mehr den anderen zu überfallen und zu berauben, um ihm das Seinige wegzunehmen.

Der Fortschritt der Produktivkräfte, die Vermehrung der Produktion über das täglich Lebensnotwendige hinaus, habe die Gewalt erzeugt: *»Freitag wäre von Robinson nicht geknechtet worden, wenn er nicht mehr Lebensmittel, als zum eigenen Gebrauch nötig, produziert hätte.«*[8]

Raub, Gewalt, Herrschaft, Unterdrückung gibt es erst, wenn bei den anderen was zu holen ist. Und aus eben diesem Grund sollen sie dann eines schönen Geschichtstages abgeschafft sein: nämlich wenn alle mehr haben als zum Leben nötig. Der weitere Fortschritt der Produktivkräfte bringt das Reich der Freiheit, indem er Freizeit für jeden ermöglicht, freie Zeit für die Besorgung der Staatsgeschäfte, der Kunst, der Wissenschaft. Alle werden zu Staatsmännern, Wissenschaftlern, Künstlern, wenn sie nicht mehr ständig so viel notwendige Arbeit verrichten müssen. Und was die Entwicklung der Waffentechnologie, des Militarismus der wachsenden Heere angeht, die Engels ja zu seiner Zeit beobachten konnte, macht sich der Genosse auch keinerlei Sorgen. Im Gegenteil. Weitere »Entwicklungen der Waffentechnologie« seien nicht mehr möglich. Und: »Der Militarismus geht unter an der Dialektik seiner eigenen Entwicklung.«[9] Welche »Dialektik« ist da gemeint? Das ganze Volk werde bewaffnet, alle würden zum Militärdienst herangezogen – ja, und so ein bewaffnetes Volk braucht dann nur noch die Waffen gegen seine Unterdrücker zu wenden, und das Endziel der Geschichte ist erreicht. *Es bestehe angesichts des wachsenden Militarismus also »kein Grund zum Ärgern«, weil er »mit Naturnotwendigkeit seinen eigenen Untergang« betreibe.*[10]

Es käme mir ein bißchen komisch vor, all das hier Zitierte noch einmal im Detail in Frage zu stellen. Vor dem Hintergrund der eigenen Erfahrungen im gegenwärtigen Weltzustand und des bisher Gelesenen kann das jede Leserin und jeder Leser für sich tun. Und außerdem komme ich jetzt auch zur Genossin Luxemburg, die in all diesen Fragen doch eine recht abweichende Meinung hat. Zum Abschluß möchte ich aber noch einen der Tiefschläge von Engels gegen den seines Erachtens etwas wehleidigen Herrn Dühring vorführen, dem die Sache mit der Gewalt nicht recht einleuchten wollte und den viele Arbeitsmänner mit einiger Begeisterung lasen, weshalb ihm ja auch eine so gründliche »marxistische« Lektion erteilt werden mußte. »Nur unter Seufzen und Stöhnen gibt er die Möglichkeit zu, daß zum Sturz der Ausbeutungswirtschaft vielleicht Gewalt nötig sein könnte … denn jede Gewaltanwendung demoralisiere den, der sie anwendet. Und das angesichts des hohen moralischen und geistigen Aufschwungs, der die Folge jeder siegreichen Revolution war! Und das in Deutschland« mit seiner »Bedientenhaftigkeit«.[11]

Also ein bißchen gehört der Genosse Engels – und vielleicht auch ein bißchen der Genosse Marx, der das ja alles gelesen und gutgeheißen haben soll – doch zu den Liebhabern der Gewalt: Ohne Vatermord können sich die Söhne nicht befreien, nicht zu selbstbewußten, stolzen, produktiven Männern werden! Oder? Ist diese Interpretation überzogen? Es gibt laut Engels drei Arten von Gewalt: eine unterdrückende, die trotzdem den Fortschritt vorantreibt. Das ist die Gewalt und das sind die Kriege aller aufsteigenden Klassengesellschaften. Eine rein unterdrückende: Das ist die Gewalt, mit der sich unproduktiv gewordene, den weiteren Fortschritt hemmende Klassengesellschaften an der Macht halten. Und eine nur befreiende, das Ende aller Gewalt und Klassenherrschaft produzierende: die Gewalt der revolutionären Arbeiterklasse. Und so gesehen hat dann auch die Geschichte ihren Sinn.

»Sie ist nicht mehr ein wüstes Gewirr sinnloser Gewalttätigkeiten.«[12]

Töten ist Männersache

Es gibt Tatsachen, die auf der Hand liegen: Töten ist Männersache. Vom Soldaten zum Killer, Männerrollen. Freikorps, SS und SA, die berüchtigtsten Mörderbanden der neueren Geschichte, waren Männerbünde, die die Frauen verachteten. Politische Geheimdienste sind von jeher natürlich auch Männersache. Die weltweiten Folterspezialisten heutzutage sind Männer. Der Vernichtungsapparat ist in der Hand von Männern. Die dazugehörige Wissenschaft und die Rüstungsbetriebe ebenfalls – im Westen wie im Osten.

Frauen sind nicht unschuldig – friedlich – gewaltlos. Dies zu behaupten wäre Blödsinn. Die Geschichte kennt genügend Beispiele: Penthesilea, die Amazonenkönigin; Medea, die ihre Kinder umbrachte; Kriemhild, die aus verletzter Liebe zur rasenden Rächerin wurde; die blutrünstigen Frauen der Französischen Revolution, die Därme und Köpfe ermordeter Gegner schreiend durch die Stadt trugen, und als eine der furchtbarsten Figuren die KZ-Wächterin, die Hunde auf schwangere Frauen hetzte. Aber der Feldherr, der oben auf dem Hügel steht und das gegenseitige Abschlachten von Zehntausenden ruhig, überlegt und gelassenen Mutes dirigiert; der Pilot, der nach einem ordentlichen englischen Frühstück mit »ham and eggs« systematisch eine Stadt in Brand bombt, so daß möglichst alle verbrennen und niemandem eine Fluchtmöglichkeit bleibt, der hat, soweit ich es überblicke, in der Geschichte der Frauen keine Parallelen.

Mein Überblick ist sicherlich mangelhaft. Aber ich vertrete die These: Eventuelle Ausnahmen, die hier angeführt werden könnten, besitzen die Argumentationskraft der Geschichte vom Tellerwäscher, der zum Millionär aufgestiegen ist, gegen die Klassentheorie.

Zur Tradition der Männer gehört also, daß sie auf die Jagd gingen, daß sie Instrumente produzierten, Waffen, die nur zum Töten erzeugt waren, nicht zur Produktion neuen Lebens. Heldenethik, Härte gegen sich selbst und gegen andere, Verachtung der eigenen Schwäche und des Leidens anderer, zum Teil in schmerzhaften Initiationsriten den jungen Männern eingebleut, männliches Waffenmonopol, das Charisma der Waffen überhaupt und sogar die Betrachtung der Sexualität als Gefahrenquelle, als Gefährdung der Männer-Kriegergemeinschaft, als potentielle Untergrabung der Kampfmoral, zur Schau getragene Frauenverachtung auf der einen, Männersolidarität auf der anderen Seite – all das kommt ab und zu schon in Stammesgesellschaften vor.[13]

Ein Mann ist nur, wer eine Waffe trägt, sie handhaben kann. Aber: Jedermann ist bewaffnet, alle Krieger sind Gleiche unter Gleichen, »unsichtbare Autoritäten« gibt es nicht: Stammeskriegergesellschaften ist »die Gewalt vertraut, das Militärische fremd«[14], und auch die Einstufung der Frauen als »innerer Feind« und als Objekt der Ausbeutung findet sich in ihnen hin und wieder.

Maria Mies weist darauf hin: Die Macht der Waffen, die Macht zu töten ermöglichte den Männern der Jägergesellschaften Raub, Ausbeutung und Unterdrückung der Frauen, die auch die ersten Sklaven gewesen sind, und die Vernichtung der selbständigen Existenz anderer Stämme; »Verwandlung lebendiger, autonomer Menschen, ihrer Lebenskraft und Produktivität in Naturressourcen«[15], Aneignung von Arbeit anderer Menschen auf der Basis der Macht zu töten, Reichtum nicht aus eigener Arbeit, sondern aus Ausbeutung und

Raub. Und hinzu kommt: Aneignung der Frauen, Sexualität als Gewalt, der Penis als Werkzeug der Sexualität, die Frau als Objekt, der Penis als Waffe. Auch dies gehört in uralte Krieger-Männertraditionen.

Die marxistische Theorie übersieht systematisch die Elemente von Männerherrschaft und männlicher Identität, die dem Krieg und dem Sklavenraub zugrunde liegen und sich immer aufs neue reproduzieren.

Nicht alle Jägervölker und nicht alle jagenden Männer waren räuberisch. Aber die Wurzeln zentralistisch-hierarchisch geordneter Großreiche, Ägyptens, Assyriens und anderer, liegen im Kampf von Jägergesellschaften gegen bäuerliche Gesellschaften. Hier gibt es uralte Traditionen männlicher Herrenidentität. Das Zepter symbolisiert die Keule, mit der den Gegnern der Kopf eingeschlagen wurde.[16]

Noch die deutschen Kaiser hielten es in der Hand.

Die Kriegerkaste des Feudaladels besaß mit den Waffen die Mittel zur Ausbeutung der eigenen Bauernschaft. »Ohne Herrschaft über Natur und Menschen können Männer keine produktiven ›sozialen‹ Systeme aufbauen und sich selbst nicht als produktiv verstehen.«[17] Frauen und fremde Stämme waren zunächst das Objekt. Später dann auch die eigene bäuerliche Bevölkerung insgesamt. Angeeignet wurde deren Arbeit, wobei die Formen von der Tributzahlung über die Sklaverei und Leibeigenschaft bis zur patriarchalen Ausbeutungsmacht über die Frauen reichen. Es handelt sich hier auch um Männeridentität, um die Macht über andere und nicht nur um die Ausbeutung.

Die feministische Theologin Dorothee Sölle verweist darauf, daß Christen, die einem brasilianischen Polizeikommissar und Folterer einen Brief geschrieben hatten, zur Antwort erhielten: »Wer nicht Adler werden will, sondern sich vor dem Adler fürchtet, lebt in der Herde und wird in der Herde verschlungen.«[18] Ein ehemaliger Ausbilder einer Antiterror-Eliteeinheit formuliert das so: »Ich habe keine Angst, weil ich stärker bin, überlegen. Das nenne ich einen Mann.«[19]

Diese Männeridentität wurde in die bürgerliche Gesellschaft übernommen. Das Märchen vom Mann, der als »Jäger der große Kulturbringer der Menschheit« gewesen sei, geistert durch die anthropologische Wissenschaft. Es zeichnet das Bild des selbstbewußten, unbarmherzigen, aktiven, den Tod nicht scheuenden Mannes. Und es setzt sich fort in der Begeisterung traditioneller Geschichtswissenschaft für die großen »Kulturen«, die sich von Raub und Krieg nährten. Ein Kritiker dieser Tradition, der Historiker Werner Raith, schreibt: »Es ist schon beachtlich, mit welcher Selbstverständlichkeit bis heute noch das als große historische Leistung hingestellt werden kann, was wieder nur aufgrund von Ausplünderung und Vernichtung halber Völker möglich war. Denn dies waren Trajans Hauptansätze zur ›Wiedergewinnung‹ römischen Selbstvertrauens: Eine kaum mehr zu überbietende außenpolitische Aggressivität und ein auf massiver Durchsetzung bürokratischer Administration gestützter ›innerer Frieden‹ … Das Drakerreich wird ohne jeden Grund überfallen und zerschlagen – ›ganze Arbeit‹ fällt Bengston als Kommentar dazu ein. Gleichzeitig geht Trajanus gegen die Araber vor, in Afrika werden römische Kolonien zur Basis der Expansion gemacht. 114 zieht Rom gegen die Parther … Armenien wagt es, sich einen eigenen König auszusuchen … es wird blutig zur Raison gebracht … ein jüdischer Aufstand gegen die Römer, die alle Bräuche und Traditionen mißachten und zerstören, wird mit äußerster Grausamkeit niedergeschlagen, und wahrscheinlich wären noch andere Völker angegriffen worden, wenn Trajanus nicht 117 gestorben wäre.« Und was findet sich in der Geschichtswissenschaft dazu? »Trajanus ist zweifellos eine der glänzendsten Kaisergestalten des ganzen Römischen Prinzipats: Er war nicht nur ein furchtloser und umsichtiger Feldherr, sondern auch ein Administrator von hoher Qualität … ein Vorbild schlechthin für den inneren Ausbau des Reiches.«[20]

Die Industrialisierung wurde von Stalin – ich weiß, das ist ein gewaltiger Sprung – mit folgenden Argumenten vorangetrieben: »Wer zurückbleibt, der bezieht Prügel … Die Geschichte des alten Rußlands ist die ständiger Prügel, die es für seine Rückständigkeit bezogen hat … seine kulturelle … seine politische, seine industrielle Rückständigkeit … das ist das kapitalistische Gesetz des Dschungels. Du bist rückständig, Du bist schwach – also bist Du im Unrecht. Deshalb kannst Du verprügelt und versklavt werden. Du bist mächtig – also bist Du im Recht; deshalb muß man sich vor Dir in acht nehmen. Das ist der Grund, warum wir nicht länger im Rückstand liegen dürfen.«[21] Stalin irrte sich, wenn er dieses »Gesetz des Dschungels« als speziell kapitalistisches bezeichnete. Verprügelt und versklavt wurden schon vom Römerreich diejenigen, die ihm militärisch nicht gewachsen waren. Sicherlich, die Entwicklung der Produktivkräfte spielte da noch keine solche Rolle. Es stimmt aber nicht, wie neuere Analysen zeigen, daß es die reine Not der Verteidigung war, die die forcierte Industrialisierung in Rußland mit ihren ungeheuren Menschenopfern hervorrief.[22] Industrialisierung und Aufrüstung waren vielmehr die Antwort *einer* Männerregierung nach den logischen Gesetzen der anderen.

Einmal industrialisiert und hochgerüstet, war dann für die Sowjetunion die Revolution von innen, die Massenrevolution – die Entmachtung der Mächtigen – der von ihr geleiteten Kommunistischen Internationale nicht mehr so wichtig. Die nationalen Parteien konnten den unsinnigsten Anweisungen der Komintern zum Zwecke der Verteidigung des »sozialistischen Vaterlandes« unterworfen werden – und so verkamen sie in vielen Fällen zu Sekten. Und der Stalinismus nach innen feierte seine Orgien.

Warum haben die Maschinen die Knechtschaft nicht abgeschafft? Unfertiges zum Mißlingen des Menschheitstraums

Am Beginn der bürgerlichen Gesellschaft steht eine Hoffnung: Die Maschine soll die Knechte, von den Mägden wird weniger gesprochen, ersetzen. Die Erkenntnis und Nutzbarmachung der inneren Gesetze der Natur sollen die Beherrschung der Menschen überflüssig machen, sollen Herrschaft abschaffen. So wenigstens in den frühen Träumen der ersten modernen

Naturwissenschaftler. Bert Brecht läßt den Kurator der Römischen Kirche sprechen: »Dieser Galilei hat schon als junger Mensch über die Maschinen geschrieben. Mit den Maschinen wollen sie Wunder tun ... zum Beispiel soll es nicht mehr oben und unten geben ... der Aristoteles, der für sie sonst ein toter Hund ist, hat gesagt ... wenn das Weberschifflein von selbst webte und der Zitherschlegel von selbst spielte, dann brauchten allerdings die ... Herren keine Knechte mehr. Dieser schlechte Mensch weiß, was er tut, wenn er seine astronomischen Arbeiten statt in Latein im Idiom der Fischweiber und Wollhändler verfaßt.«

Abschaffung von Herrschaft, Gleichheit von Mann und Frau, befreite Sexualität als Liebe, Frieden zwischen den Menschen und auch sogar zwischen den Tieren, das waren die Utopien, die die Geburtswehen der bürgerlichen Gesellschaft begleiteten. Der »Garten der Lüste« von Hieronymus Bosch ist eines der wesentlichen Dokumente dieser Träume. Und der Mythos von der Entwicklung der bürgerlichen Gesellschaft durch »friedlichen Handel« statt Raub und Krieg, durch freiwilliges Sparen statt durch Zwang beherrscht noch heute die volkswirtschaftlichen Theorien. Die Hexenverfolgungen, die im 16. und 17. Jahrhundert eine Orgie des Frauenhasses inszenierten, und die Ausrottung der Bevölkerung ganzer Kontinente, waren die andere Seite dieser Träume und die tatsächlichen Geburtswehen der kapitalistischen Gesellschaft. In welchem Maße die tradierte Raub-, Krieger-, Herrschafts- und Herrenmentalität, also die alte Männeridentität, für die Negation der Hoffnungen verantwortlich ist, die in den frühbürgerlichen Städten blühten, ist historisch, soweit ich es überblicke, nicht geklärt.

Marx beschrieb die Gewalt bei der Behandlung der lebendigen Arbeitskraft als Rohstoff der Kapitalverwertung, als Material der Ausbeutung. Das Kapital vermehrt sich nicht von selbst und auch nicht einfach aufgrund von Kopfgeburten des unternehmerischen Genies, sondern es nährt sich und wächst aus der Aneignung fremder Arbeit. Im Betrieb ist der Arbeiter nicht frei, sondern Objekt fremder Befehle. Aber dies ist nicht der einzige Sündenfall bei der Entwicklung der »produktiven Kräfte«. Der Organisation des Betriebs als Menschenmaschine geht die Organisation der Armeen als ebensolche Maschinen voraus. Erst die neuere historische Forschung, vor allem Lewis Mumford und Michel Foucault, ist diesem Phänomen genauer nachgegangen.

Über der Entwicklung der »Produktivkräfte« liegt »von Anfang an die düstere Atmosphäre des Schlachtfeldes und des Waffenarsenals … Standardisierung, Vorfabrikation und Massenproduktion wurden alle zuerst in staatlichen Waffenarsenalen, vornehmlich in Venedig, eingeführt, Jahrhunderte vor der industriellen Revolution … Sombart meint, Adam Smith hätte besser daran getan, die Waffenerzeugung anstelle der Nadelfabrikation als Beispiel für die Mechanisierung des Produktionsprozesses zu wählen … In der Armee schließlich wurde der Mechanisierungsprozeß erstmals in großem Maßstab auf Menschen angewandt: An die Stelle der irregulären, nur im Bedarfsfall aufgestellten Feudal- oder Bürgerheere trat die stehende Armee angeworbener oder zwangsrekrutierter Soldaten, unter der strengen Disziplin des täglichen Drills, ersonnen, um Menschen zu produzieren, die nicht mehr spontan oder instinktiv reagieren, sondern automatisch Befehlen gehorchen«.[23] Nicht umsonst heißt es: Der Krieg ist der Vater aller Dinge. Die Nachfrage der absolutistischen Könige nach einheitlichen Waffenröcken und gleichartigen und gut funktionierenden Waffen war einer der mächtigsten Antriebe zur Entwicklung der Manufaktur in Frankreich.

Die Naturwissenschaft hatte die Muster geliefert: Ausschaltung aller störenden, vielfältigen Einflüsse der umgebenden Natur im Experiment, um ihre reinen Gesetze zu entdecken und aufgrund dieser Gesetze Maschinen zu konstruieren, die die Produktivkraft oder auch die Zerstörungskraft der Menschen erhöhen. Leonardo da Vinci ist ein Beispiel. Die Muster von Macht und Unterwerfung als Mittel der Entwicklung neuer Produktivkräfte werden in den Armeen entwickelt. Produktion von Zerstörungskraft, das ist die erste systematische Entwicklung der »neuen Produktivkräfte«. Der Erfolg des

Handelskapitals, aus dessen Raubzügen sich die Akkumulation des industriellen Kapitals in Europa nährte, basierte auf seiner überlegenen Waffengewalt, mit der es die Völker ganzer Kontinente niedermetzelte oder versklavte.

Kern der Organisationsstrukturen, die die Individuen verändern, ihre Produktivkräfte entwickeln und nutzbar machen, ist die Disziplin. »Am 15. März 1666 nimmt Ludwig XIV. seine erste Militärparade ab: 18.000 Mann, ›eine der aufsehenerregendsten Aktionen des Königreichs, die ganz Europa in Unruhe versetzt haben soll‹ … Zur Rechten steht der König mit vorgesetztem rechtem Fuß und leitet selbst die Übung mit einem Stab. Links davon sieht man mehrere Ränge von Soldaten in gestaffelter Ordnung; sie strecken ihren Arm in Schulterhöhe und halten das Gewehr genau senkrecht; sie setzen das rechte Bein vor und haben den linken Fuß nach außen gewendet … Die Menschen … sind in einer von Rang zu Rang und von Linie zu Linie einförmig wiederholten Haltung erstarrt: taktische Einheit … ›Sehr gut‹, sagte der Großfürst Michael einmal von einem Regiment, nachdem er es eine ganze Stunde lang hatte das Gewehr präsentieren lassen, ›sehr gut, aber sie atmen.‹«[24] Und Foucault analysiert: »Die militärische Disziplin ist nicht mehr einfach ein Mittel, mit dem das Plündern, die Destruktion und die Befehlsverweigerung verhindert werden sollen; sie wird zu einer technischen Voraussetzung dafür, daß die Armee nicht mehr als ein zusammengelesener Haufen existiert, sondern als eine Einheit, die gerade aus ihrer Einheit eine Steigerung ihrer Kräfte schöpft; die Disziplin vergrößert die Geschicklichkeit eines jeden, koordiniert diese Geschicklichkeit, beschleunigt die Bewegungen, vervielfacht die Feuerkraft, erweitert die Angriffsfronten, ohne die Angriffskraft zu schwächen, stärkt die Widerstandskraft.«[25] Kurz: stärkt die »Produktivität« an Zerstörungskraft.

Die Disziplin geht einher mit einem System der Hierarchisierung: »Der Rang selber gilt als Belohnung oder Bestrafung.«[26] Foucault beschreibt am Beispiel von Militärschulen, wie durch qualifizierte Abstufungen zwischen Rängen, die mit unterschiedlichen Schulterstücken und unterschiedlichen

Privilegien oder Sanktionen ausgestattet sind, ein System hergestellt wird, in dem »alleine Verdienst und Verhalten über die Plätze der Schüler entscheiden dürfen«[27]. Die Techniken der Disziplin »ordnen menschliche Vielfältigkeit«[28], »verteilen die Individuen entlang einer Skala, ordnen sie um eine Norm herum, hierarchisieren sie untereinander und am Ende disqualifizieren sie sie zu Invaliden«[29]. Normen werden entwickelt, die einerseits »Homogenität« erzeugen, andererseits »individualisierend« wirken, da sie »Abstände« messen, »Niveaus bestimmen«[30]. Druck wird ausgeübt, damit sich »alle demselben Muster unterwerfen ... damit sie sich alle gleichen!«[31].

Die in den Armeen entwickelten Methoden werden nach Foucault auf die Betriebe übertragen.[32] »Was in der Werkstatt, in der Schule, in der Armee überhandnimmt, ist eine Mikro-Justiz der Zeit (Verspätungen, Abwesenheit, Unterbrechungen), der Tätigkeit (Unaufmerksamkeit, Nachlässigkeit, Faulheit), des Körpers (›falsche‹ Körperhaltungen und Gesten, Unsauberkeit), der Sexualität (Unanständigkeit, Schamlosigkeit). Demütigung und Beschämung sind Methoden dieser Mikro-Justiz.« Alles dient der Erhöhung der Produktivität beziehungsweise der Zerstörungskraft. Und dieses Zivilisierungsmodell traf nicht allein die Unterklassen. Schließlich mußten auch die Oberklassen dahin gebracht werden, sich auf ihren »rationalen« Kopf zu reduzieren.

Es spricht also einiges dafür, daß das böse Erwachen aus den Träumen von der Abschaffung schwerer körperlicher Arbeit, von der Maschine als Freund des Menschen mit der Fortdauer der alten, patriarchalisch-militärischen Raub- und Ausbeutungstradition zusammenhängt, die ja eh schon die Muster zentralistisch hierarchischer Organisation als Mittel der Machtvermehrung, der Kontrolle von vielen, entwickelt hatten.

Die Disziplinen, die sich auf »Ökonomie und Effizienz« der Körperbewegungen richten[33], sind so beschaffen, daß die neue Produktivität nicht von möglicherweise sich autonom organisierenden Individuen angeeignet werden kann, sondern den jeweils herrschenden Köpfen angehört. In die *Vergesell-*

schaftung ist die Ausbeutung unlösbar eingebrannt. Einiges davon hatte Marx gesehen, ohne Konsequenzen zu ziehen. Aber hinzu kommt ja die bestimmte Form der Tabuisierung der Sexualität, die Hexenverbrennungen, die Kontrolle und Beobachtung der Internats- und Schulkinder und der Kinder in den Familien, vor allem der männlichen, zur Verhinderung der Onanie. Das alles trifft den Klassenfeind jenseits der Barrikade, die Herren genauso, oder noch schärfer, wie die Knechte. Sexualität als produktive Kraft zwischen den Individuen, als mögliche Basis glücklicher Beziehungen zwischen den Personen, als »ungesellschaftliche« Kraft, soll es nicht geben, sie steht quer zur Vergesellschaftung, ist von den Mächtigen nicht zu nutzen. Also wird sie auf das reduziert, was nutzbar ist: ihre Kinder produzierende Seite. Diese wird isoliert, ausgegrenzt. Denn die Kräfte sollen schließlich nicht den Individuen selbst angehören, sind nicht für sie da, sondern für die *Allgemeinheit*, den *Fortschritt*, das *Wohl der Menschheit* und was sonst noch für erhebende Werte. Das eine schließt das andere aus, zwar nicht von »Natur«, aber in dem männlichen Modell, in das die Traditionen von Herrschaft, Krieg und Gewalt eingearbeitet sind. »Die Disziplin ... spaltet die Macht des Körpers; sie macht daraus eine ›Tauglichkeit‹, die sie zu steigern sucht; und andererseits polt sie die Energie, die Mächtigkeit, die daraus resultieren könnte, zu einem Verhältnis strikter Unterwerfung um.«[34]

Die Entwicklung der gesellschaftlichen Produktiv-Destruktivkräfte abstrahiert in zweierlei Weise vom ganzen Menschen. Und diese Abstraktion, diese Zurichtung trifft Ober- und Unterklassen, wenn auch in unterschiedlicher Weise.

In der Figur des Rechtssubjekts, des freien gleichen Warenverkäufers, Privateigentümers, Geldbesitzers, Kapitalisten gewinnen der Tauschwert, das Geld, das Kapital, die Kapitalverwertung Macht über den Gebrauchswert und die konkreten menschlichen Bedürfnisse. In der Figur des disziplinierten Armeesoldaten, Fabriksoldaten, Schulsoldaten werden die Fähigkeiten der einzelnen in einer Weise entwickelt, daß sie von den Personen nicht genutzt werden können. Und was weiter wichtig ist: Die Fähigkeiten werden an einer einheitlichen Norm gemessen und hierarchisiert. Sie werden durch Ausgrenzung und Nichtentwicklung anderer Fähigkeiten überhaupt erst produziert. Eine neue Art des Oben und Unten entsteht auf diese Weise. Die alte, die auf Geburt und Besitz beruhende Art verschwindet natürlich nicht einfach, aber die neue kommt hinzu. Messung an einer einheitlichen Norm, das heißt Gleichheit und Ungleichheit zugleich. Aufstieg und Karriere, aber auch das Wissen, einmal oben zu sein, weil der Vater oben ist, dienen den Oberklassen als Kompensation, als Trost für die Unterwerfung. Nicht zufällig und nicht nur in Preußen wurde der Offizier zum geachteten Leitbild der Gesellschaft: derjenige, der befehlen kann, statt daß ihm befohlen wird. Teilhabe an der Macht über andere als Hoffnung, daß die Demütigungen fruchtbar werden, sich gelohnt haben, die Mann selbst durch den Vater, in der Schule, in der Armee erfahren hat. Libidinöse Besetzung der Macht, die einem die lebendige Entfaltung der Individualität verwehrte, indem sie sich nahm, was man hat. Klaus Theweleit und Alice Miller haben derartige Prozesse im Individuum historisch genau beschrieben.

Denjenigen aber, die nicht »Offiziere« oder Unternehmensmanager oder desgleichen werden können, den Privateigentümern von nichts anderem als ihrer Arbeitskraft, steht die Möglichkeit der Verweigerung des »Kadavergehorsams« offen. Aber anscheinend auch nicht so einfach. Es ist doch wohl kein historischer Zufall, daß Gegenmacht organisiert wurde in Form der disziplinierten Parteiarmee, Gewerkschaftsarmee, die dem Gegner nach dem gleichen Muster entgegenzutreten sucht, das er selbst praktiziert: der Organisation durch Trennung von Kopf und Hand und der Ausgrenzung aller anderen Körperteile und -kräfte.

All dies sind in der Regel Männerangelegenheiten. Frauen machen keinen Wehrdienst, haben keine Karrieremöglichkeiten, weder im Betrieb noch in der Partei, können die Macht, den Staat, die Gesellschaft, die Klassenorganisation nicht libidinös besetzen. Sie bleiben unzivilisiert, unproduktiv, ungesellschaftlich: Erst der Wehrdienst macht den Jüngling zum

Manne, und da die Mädchen keinen ableisten, bleiben sie als Frauen halbe Kinder. Konkurrenz der feindlichen Individuen auf dem Markt, Disziplin der kollektivierten Menschenmaschinen, Disziplin der Parteiarmeen, der Gewerkschaften: alles Männersache, Glück von Männern – Leiden von Männern.

Dennoch: Die Frauen bleiben nicht unschuldig: Sie besetzen den Mann als Vertreter dieser Welt, aus der sie ausgeschlossen sind, »libidinös«. Er soll stark sein, Karriere machen und was noch alles. Verweigert er das, so verweigern die Frauen die Anerkennung. Und: Daran, wie ihre Söhne werden, sind sie ja auch nicht unschuldig.

8. Die Frau Rosa Luxemburg

Warum fällt es mir so schwer, meine Geschlechtsgenossin ohne Vornamen zu nennen? Der MANN Marx, die FRAU Luxemburg? Nein, es geht nicht. Der MANN Marx, ja, das geht. Wenn ich daran denke, daß seine Frau Jenny ihn »Karl« gerufen hat – komisch. Aber bei der FRAU Rosa Luxemburg komme ich manchmal in Versuchung, nur den Vornamen hinzuschreiben. Ich mache es dann nicht. So vertraut bin ich schließlich nicht mit ihr.

Trotzdem. Ohne sie hätte ich den distanzierten Blick auf Marx und seine Nachfolger nicht geschafft. Ganz ohne Autoritäten ging es nicht. Ein halbes Jahr lang habe ich meine freie Zeit genutzt, um ihre Werke noch mal durchzugehen. Eine ganze Menge hatte ich schon früher gelesen, aber jetzt war es eine Entdeckungsreise. Und gleich zu Beginn meine These: Ihr Blick auf die Gesellschaft ist der Blick einer Frau. Die Praxistraditionen und -erfahrungen von Frauen sind für das, was sie sieht und was sie sich unter sozialem Widerstand vorstellt, entscheidend. Gut, es gibt Stellen, die belegen, daß sie zur Männerfraktion übergelaufen ist. Zitate könnten mir da um die Ohren geschlagen werden. Ich habe überlegt, sie gleich zu Anfang als Waffenarsenal aufzuhäufen. Aber warum soll ich den Leuten die Sucharbeit ersparen?[1]

Wenn ich an meine eigenen schriftlichen Auslassungen denke, finde ich allerdings, daß ihre Fehltritte vergleichsweise minimal waren. Das, was ihr wichtig ist, ist so geschrieben, als hätte sie die gesamte feministische Literatur über weibliche Produktivität in- und auswendig gelernt und dann den Kapitalismus angegriffen und die Bolschewiki und die Sozialdemokraten verspottet. Sie alle hat es getroffen. Keine Männerfraktion hat sie geschont. Auf die *Arbeitsmänner und Arbeitsfrauen, die Unterdrückten, die Ausgebeuteten rund um den Erdball setzte sie ihre Hoffnungen,* auf die einfachen Leute, so wie sie sind und wie sie sich – darauf hoffte sie – zusammentun und zur Wehr setzen würden. Aber die Männerclubs, die Institutionen, die Parteiapparate, die Parlamente, die Kassenwarte und Statistiker der Sozialdemokratie, die Gesetzbücher, die Gewerkschaftssatzungen, all das war ihr nicht ganz geheuer. Sie glaubte nicht recht daran, daß mit diesen Produkten der Zivilisation etwas Produktives anzufangen wäre.

Und an den FORTSCHRITT, hat sie an den geglaubt? Nun ja, denn schließlich hatten die Arbeitsmänner und -frauen oft ja nicht einmal einen warmen Wintermantel, und der war doch wirklich nötig. Ohne warmen Wintermantel geht es nicht – nein, den braucht der Mensch, den muß die Produktion liefern, also müssen die Produktivkräfte eben noch ein bißchen entwickelt werden. Ich bin auch dafür, daß alle einen warmen Wintermantel haben.

Und an die KÖPFE und Hände, die vom Kopf so diszipliniert geleiteten Hände plus allem übrigen? Nein, daran glaubte sie nicht, das war wirklich das Allerfurchtbarste für sie, so etwas wie eine Horrorvorstellung, damit konnte sie gar nichts anfangen.

Und an den FAMILIENERNÄHRER? Ich muß gestehen, über diesen Punkt hat sie sich komischerweise gar keine Gedanken gemacht, das war nicht ihr Problem. Ihr wirkliches, ihr Hauptproblem war der Mythos von der allein lebenspendenden Macht der Kopf-Hand-Kombination. Dagegen ist sie angerannt, den hat sie aufs Korn genommen – und am Ende war sie isoliert – in der Sozialdemokratie. Und die Bolschewiki, nun, die fanden sie in einigen Punkten ganz gut, aber den größten Teil konnten sie auch nicht gebrauchen. Der Genosse Lenin hat nach ihrem Tode gesagt, sie sei – trotz allem – ein Adler gewesen, und die Genossen von jenseits der Mauer zitieren das seit nunmehr sechzig Jahren zu ihrer Entschuldigung. Was ist ein Adler in den Männerphantasien? Einer, der oben schwebt, der die Macht hat, sich auf die niedrigeren Tiere hinabzustürzen, einer, der sich von der großen Schar, von den Massen unterscheidet, einer, der überlegen ist, also: EIN MANN, wie der MANN ihn sich wünscht. Ich glaube, der Genosse Lenin hat ihr damit Unrecht getan. Er hat sie einfach nicht verstehen können. Gut, MANNHAFT wollte sie schon sein. Als sie einmal mit Clara Zetkin unterwegs war – die männlichen Mitstreiter warteten lange vergeblich, die beiden Frauen hatten sich verspätet –, rätselten die Genossen darüber, was sie denn auf den Grabstein schreiben sollten, falls etwas passiert wäre. Bei ihrem Eintreffen wurden sie gefragt: »Was wollt ihr denn auf dem Grabstein stehen haben?« Da antwortete Rosa L. recht provokativ: »Hier ruhen die beiden einzigen Männer der Sozialdemokratie!«

Es ist viel über sie gerätselt worden. Die Sozialdemokraten fanden immer ihren Satz so schön, Freiheit, das sei für sie die Freiheit der Andersdenkenden. So ziemlich alles andere konnten sie nicht gebrauchen. Die Kommunisten begeisterten sich an ihrer Wut über den Kapitalismus und über die sozialdemokratischen Träume von einem harmonischen Zusammenleben der Arbeiterhände und der Unternehmerköpfe, alles andere konnten die nicht gebrauchen. Die Freundin, Luise Kautsky, führte als Entschuldigung für Rosa Luxemburgs wilde Empörung über das große Morden des Ersten Weltkriegs und ihre Ansicht, diejenigen, die das verantwortet hätten, dürften in Zukunft keine Macht in der Gesellschaft mehr haben, gegen die müsse notfalls auch mit Gewalt, mit den Fäusten vorgegangen werden, ihre schönen Briefe über den blauen Himmel und die paar Blumen und Vögel, die sie vom Gefängnisfenster aus beobachtet hatte, an. Luise Kautsky sagte, das sei die eigentliche Rosa, die andere, die Penthesilea, wie sie sich selbst einmal genannt hatte, die gelte nicht.

Der Luxemburgismus, wie Mann ihre zu allen Männerclubs querstehenden Werke und Taten bezeichnete, war immer ein bißchen suspekt. Mann holte sich mal dies, mal das, jeder konnte das eine oder andere von ihr gegen die eine oder andere Konkurrenzfraktion gut gebrauchen. Aber als Ganzes, nein, da wollte kein Mann sie haben. Nur zerstückelt war sie für die Männerfraktionen verdaulich.

Und die Frauen, konnten sie wenigstens etwas mit ihr anfangen? Sie konnten nicht. Sie zählten sie nie zu ihresgleichen. Schließlich war Rosa L. ihrer Meinung nach auf die andere Seite der Barrikade übergelaufen. Schließlich hat sie es selbst vermieden, sich daran zu erinnern, daß sie eine Frau war. Die Chauvibemerkungen der männlichen Genossen hat sie einfach ignoriert, nicht hingehört, wenn sie vom »hysterischen Materialismus« sprachen, sobald sie auf Rosa L. zu sprechen kamen. Ihr schien es nicht nötig, diesem Punkt ihrer Existenz Aufmerksamkeit zu schenken. Sie dachte, du bist ein Mensch – wie alle anderen – und damit basta. In das Kästchen »Frauen« wollte sie sich nicht einschieben lassen. Schließlich schlug ihr Herz für alle Unterdrückten, ich glaube sogar, sie selbst eingeschlossen. Aber das hat sie sich nicht zugestanden. Für die Frauenemanzipation hat sie kaum etwas unmittelbar Verwertbares gesagt, also wurde sie in diese Ahnenreihe nicht aufgenommen.

Eins muß ich zur Einleitung dieses Kapitels noch sagen. Es ist natürlich kein Zufall, daß ich bei meiner Suche nach konkreten Erfahrungs- und Denkmustern, die der geschlechtlichen Arbeitsteilung entspringen, gerade auf Rosa Luxemburg gestoßen bin, einer Theoretikerin und Politikerin der Arbeiter-, nicht der Frauenbewegung. In der Arbeiterbewegung kenne ich mich aufgrund meiner langjährigen Beschäftigung im Gesamtbereich Sozialismus aus. Ihre Vorstellungen haben mich immer wieder beschäftigt. Hier habe ich Arbeit geleistet. Dagegen ist das theoretische und empirische Wissen, das ich zum Thema Frauenarbeit angehäuft und durchgearbeitet habe, noch nicht so umfangreich, hat, von den eigenen Lebenserfahrungen einmal abgesehen, für mich noch keine längere Geschichte.

Und dann kommt Rosa Luxemburg meiner Argumentation natürlich auch zupaß. Schließlich habe ich keineswegs vor, all das, was ich über den Kapitalismus, über seine Krisenhaftigkeit, über die Mechanismen der Ausbeutung, über den Widerstand gegen ihn gelernt habe, über Bord zu werfen. Doch statt das ständig zu versichern, schreibe ich zum Schluß über Rosa Luxemburg. Aber natürlich nicht nur deshalb.

Rosa Luxemburg sieht hin.
Und was springt ihr ins Auge? Die Gewalt!

Nun sitze ich schon seit zwei Tagen und grüble, nach welchem Prinzip ich die bei meiner Entdeckungsreise durch die Schriften Rosa Luxemburgs gesammelten Notizen und Materialien gliedern soll. Womit fange ich an? Mit ihren ökonomischen Schriften, mit ihren Organisationsvorstellungen, mit ihrer Kritik des Zivilisationsdünkels der weißen Rasse, mit ihren Vorstellungen von Methode und Zweck wissenschaftlicher Erkenntnis, mit ihrer Militarismuskritik? Der Anfang ist so schwer, weil all diese verschiedenen Seiten ihrer Theorie und Politik ineinanderübergehen. Was das Ganze zusammenhält und als Realitätswahrnehmung, als Äußerungen, als Zielvorstellungen einer Person kennzeichnet, die in allen wesentlichen Fragen mehr oder weniger konträr zu den männlichen Mitstreitern der verschiedenen Fraktionen steht, das wird erst sichtbar, wenn die Zerstückelungsmethode: hier die Ökonomin, hier die Politikerin, hier die Theoretikerin, hier die Parteikritikerin und irgendwo auch noch »die Frau«, nicht angewandt wird. Das ist übrigens nichts Besonderes bei der Frau Rosa Luxemburg. Den inneren Zusammenhang der Produktivitäts-, Arbeits-, Handlungs-, Organisations- und Politikvorstellungen am Kopf-Hand-Baumeistermodell aufzuzeigen war ja gerade mein Bemühen bei dem theoretischen und historischen Durchgang durch die Kopf- und Politikprodukte der verschiedenen Arbeitsmännerfraktionen. Dabei bin ich dem Mann Marx in einem Punkte gläubig gefolgt. Welchem seiner Sätze bin ich treu geblieben?

»Die Frage, ob dem menschlichen Denken gegenständliche Wahrheit zukommt, ist keine Frage der Theorie, sondern eine praktische Frage. Das Zusammenfallen des Änderns der Umstände und der menschlichen Tätigkeit oder Selbstveränderung kann nur als revolutionäre Praxis gefaßt und rationell verstanden werden.«[2]

Abgesehen von dem etwas massiv-pathetischen Adjektiv »revolutionär« zum Begriff »Praxis« gefällt mir diese These. Was ich die ganze Zeit zu zeigen suche, was mir übrigens zum Teil selbst erst im Verlauf des Schreibens klargeworden ist: Marx und Zeitgenossen und Nachfolger tun so, als sprächen sie von der menschlichen Praxis überhaupt, dabei geht es ihnen doch nur um die eine Hälfte des Himmels oder der Erde oder wie wir es sonst nennen mögen. Die eine Hälfte, die spezielle Baumeistertätigkeit, behauptet von sich, ich bin ALLES. Und das stimmt nicht. Sie ist halt nicht ALLES. Und da sie nicht ALLES ist, aber so tut, als sei sie es, gehen Gewalt, Zwang, Unterdrückung, Ausbeutung, Zerstörung mit dieser Absolutsetzung einher. Anders gesagt: Die eine Hälfte kann sich zwar mit Gewalt zur ganzen erklären, aber sie hat auf lange Sicht nichts davon. Wirklich bewähren, wirklich als produktiv erweisen kann sich so was auf die Dauer nicht. »Die Frage, ob dem menschlichen Denken gegenständliche Wahrheit zukommt, ist keine Frage der Theorie, sondern eine praktische Frage.« Auch wenn Kapitalismus und Arbeiterkopfbewegung gemeinsam und vereint glauben machen wollen, die Mütter täten nichts gesellschaftlich Produktives mit ihrer speziellen Produktionsweise, sie tun es halt doch. Und wenn beide so tun, als seien alle Tätigkeiten, die nicht nach dem Baumeistermodell organisiert sind, instinktiv-vormenschlich, sie sind es halt nicht. Und auch, wenn beide so tun, als läge die Natur einfach so geschichtslos als Material herum, es ist einfach nicht der Fall. Daß Frauen, sofern sie nicht Industriearbeiterinnen sind, »primitive« Völker und die Natur so behandelt werden, als seien sie nicht produktiv, und daß der Mann von der Gesellschaft nur als produktiv betrachtet wird, wenn er in der Fabrik malocht oder in der öffentlichen Sphäre tätig ist, all das rächt sich. Dieses Denken entspricht eben, wenn es sich in Praxis umsetzt, nicht der gegenständlichen Wahrheit.

Ausbeutung, Gewalt, Raub, Zerstörung signalisieren die Unwahrheit. Um sich trotzdem als die ganze Wahrheit, als Alles, als das Totale zu behaupten, muß der Beweis des Gegenteils, die Gewalt, die Zerstörung, aus dem Blick ausgegrenzt, verdrängt, weginterpretiert werden. Einfach nicht hingucken, das ist die Devise. Oder, wenn du doch zufällig hingesehen hast, weil es dir aus Versehen in den Blick geraten ist: verharmlosen, Kopfgymnastik betreiben, um recht zu behalten.

Die Brutalität der Arbeitsmänner gegenüber ihren Frauen sei ein vernachlässigenswerter Restbestand des alten Patriarchats. So springt der Kopf des Genossen Engels über die plötzlich im Blickfeld erscheinende Hürde. Was die Engländer in Indien gemacht hätten, das sei zwar alles erschreckend brutal und zerstörerisch, aber, und jetzt kommt eine Marxsche Kopfbeuge, vorher sei es dort auch nicht so human gewesen, und die Eisenbahnen würden mit naturgesetzlich-historischer Notwendigkeit Zivilisation und Fortschritt dem irgendwann dann doch beglückten indischen Volke bringen. Die Argumentation mit der »List der Vernunft« ist eine beliebte kopfgymnastische Übung. Eine Brutalität, die sich nicht irgendwann einmal als geschichtsnotwendig, produktiv, zivilisierend auswirke, dergleichen fände sich nicht in der Menschheitsgeschichte. Die Opfer sollten sich beruhigen, sie haben etwas für den Menschheitsfortschritt getan. Die indischen Weber, die verhungert sind wegen der englischen Gewaltkonkurrenz und deren Knochen die indischen Ebenen bleichen, wie der Genosse Marx sich ausdrückt, haben sich mit ihrem Verhungern großartige historische Verdienste erworben. Nur schade drum, daß sie das nicht wußten, als sie nur noch Haut und Knochen waren, sonst wären sie vielleicht noch beseligten Blickes ins Jenseits gegangen. Sie waren halt leider Analphabeten, haben die bürgerliche Geschichtsphilosophie und den Marxismus-Leninismus nicht studiert.

Unversehens bin ich mitten hineingeraten in die Sichtweise der Genossin Rosa Luxemburg. Denn was Marx und Engels in ihrem »Kommunistischen Manifest« noch begeistert als – wenn auch in sich widersprüchlichen – Fortschritt gefeiert hatten, nämlich daß erst die Bourgeoisie bewiesen habe, »was die Tätigkeit der Menschen zustande bringen kann«, daß der »Kapitalismus ganz andere Wunderwerke« hervorgebracht habe »als ägyptische Pyramiden und römische Wasserleitungen«, das scheint der Genossin nicht so wunderbar. Die Fähigkeit zur Begeisterung über die in der Landschaft sehenswürdigen Resultate der Baumeistertätigkeit geht ihr völlig ab. Technische Wunderwerke rufen bei ihr keine relevanten Gemütsregungen hervor. Zur Erinnerung, die den Vergleich ermöglicht: Wie klingt das Loblied auf den Weltmarkt irn Kommunistischen Manifest?

»Die Bourgeoisie reißt durch die rasche Verbesserung aller Produktionsinstrumente, durch unendlich erleichterte Kommunikation, alle, auch die barbarischsten Nationen in die Zivilisation. Die wohlfeilen Preise ihrer Waren sind die schwere Artillerie, mit der sie alle chinesischen Mauern in den Grund schießt, mit der sie den hartnäckigsten Fremdenhaß der Barbaren zur Kapitulation zwingt.«[3] Rosa Luxemburg hat das anders in Erinnerung:

»Zwischendurch laufen in jedem Kriege Plünderung und Diebstahl *en gros der* europäischen Kulturträger *in den chinesischen Kaiserpalästen … wo ›alle‹ Nationen öffentliches und privates Gut um die Wette stahlen. Rauchende Trümmer größter und ältester Städte, Verfall der Ackerkultur … waren die Begleiter jeden europäischen Vorstoßes, Hand in Hand mit den* Fortschritten *des Warenhandels …* Blutströme, *Gemetzel und Ruin.«*[4]

Nicht die billigen Warenpreise, sondern Kanonen haben die chinesischen Mauern in den Grund geschossen. Was ist das Schicksal der Völker im Prozeß der Entwicklung des kapitalistischen Weltmarkts? Das ist ihre leitende Frage, nicht, was sind die Wunderwerke der großen Industrie.

Und was die Kleinbürger, die Kleinbauern, die rückschrittlichen kleinen Produzenten angeht, so kann Rosa L. hier auch nicht in die Begeisterungsrufe der Männerfraktion über den Untergang alles Zurückgebliebenen einstimmen. In ihrem ökonomischen Hauptwerk beschreibt Rosa Luxemburg nach der Schilderung der vielfältigen Tätigkeiten und Fähigkeiten der selbstwirtschaftenden amerikanischen Farmer – der ersten Siedlergeneration, die nahezu ohne Geld auskam, weil fast alles auf der eigenen Farm hergestellt wurde – die »technischen Fortschritte«, die demgegenüber die »großkapitalistische Landwirtschaft« brachte, die »Segnungen der modernen Wissenschaft und Technik«[5].

»Die sechs Farmen von 30.000 Hektar werden von einer Armee *von 600 Arbeitern bestellt, welche* militärisch organisiert *sind; zur Zeit der Ernte wirbt die Zentralleitung noch 500 bis 600 Hilfsarbeiter an, welche sie unter die Sektionen verteilt. Sind die Arbeiten im Herbst beendet, werden die Arbeiter entlassen, mit Ausnahme der Werkführer und zehn Mann pro Sektion.« Es beginnt der Massenexport von Weizen. »Die* Vorteile *dieser Entwicklung Erweiterung des Absatzgebietes wurden selbstverständlich vom Großkapital monopolisiert … während die* Mühlsteine der Schulden die kleinen Farmer zermalmen.« *»Dies sind die Züge der Kapitalherrschaft auf der Weltbühne: Aus England trieb sie den Bauern, nachdem sie ihn vom Boden verdrängt hatte, nach dem Osten der Vereinigten Staaten, vom Osten nach dem Westen, um aus ihm, auf den Trümmern der Indianerwirtschaft, wieder einen kleinen Warenproduzenten zu machen, vom Westen treibt sie ihn, abermals ruiniert, nach dem Norden – die Eisenbahnen voran und den Ruin hinterher, d.h. das Kapital als Führer vor sich und das Kapital als Totschläger hinter sich.«*[6]

Überall wo die »Zivilisation«, die großen technischen Wunderwerke, die moderne Industrie, zugeschlagen hat, sieht sie die Gewalt am Werke. Die Ähnlichkeiten zwischen kapitalistischer Großorganisation und Produktion und militärischer Organisation springen ihr ins Auge. Und sie ist anscheinend auch nicht der Meinung, daß die »große Maschinerie« an sich etwas ganz Großartiges, allein ihre »kapitalistische Anwendung« fragwürdig sei. Sie widerspricht Karl Marx in diesem Punkt zwar nicht unmittelbar, aber sie macht sich ihren eigenen Vers: »Der Dienst auf einem Segelschiff ist ein ganz anderer als auf dem Dampfschiff. Er stellt an die Mannschaft Anforderungen in bezug auf körperliche Kraft und Gewandtheit, Ausdauer, Unerschrockenheit, Hingebung, die der Dienst auf dem Dampfschiff nicht kennt. Der Typus des Matrosen hier und dort ist ein ganz anderer grundverschiedener: Das Segelschiff hat einen Berufsseemann mit einer ausgeprägten Charakterphysiognomie geschaffen, das Dampfschiff reduziert ihn auf einen gewöhnlichen Durchschnittsarbeiter oder -angestellten, der den Seedienst ebensogut wie jeden anderen verwandter

Natur verrichtet.« Merkmale der Dampfschiffahrt seien: »Vereinfachung der Arbeit, Beseitigung der Spezialisierung, des persönlichen Elements in der Beschäftigung, Herabdrückung des Arbeiters aus einem Menschen und Künstler auf einen unpersönlichen Träger der unterschiedslosen Arbeitskraft.«[7] Ich kann nicht beurteilen, ob sie die Segelschiffmänner an dieser Stelle mit zu schwärmerischem Blick ansieht, aber wichtig ist daran: Da gingen ganz entscheidende, nämlich die persönlichen Produktivkräfte verloren, also die, die der eigenen Anstrengung des Individuums entspringen, und diesen Verlust schiebt sie nicht einfach auf den »kapitalistischen Charakter« des Dampfschiffes, sondern ganz einfach auf das Dampfschiff selbst, egal, ob in kapitalistischer oder sozialistischer Form durch die Weltmeere ziehend. Und ihr fällt an dieser Stelle auch keine List der Vernunft ein, die die Zerstörung doch irgendwann einmal als etwas ganz Produktives in den historischen Fortschritt einreihen würde. Nicht, daß sie meinte, es müßte jetzt wieder auf Segelschiffahrt umgestellt werden, aber sie wischt halt nicht weg, daß da Wichtiges verlorengegangen ist, unwiederbringlich, ohne Kompensation.

Und daß sie niemals über die Gewalt und die Zerstörung einfach hinwegsah, haben ihr die männlichen Mitstreiter, die ja ganz begeistert von den Produktivkräften, die da vorwärtsschreiten, geschichtsnotwendig, naturgesetzlich, übelgenommen: *»Die Beschreibung der Qualen der Neger in Südafrika ist schreiend, grell und sinnlos. Vor allem ist sie unmarxistisch.«*[8]

Hier spricht der Genosse Lenin. Wen kritisiert er? Die Genossin Luxemburg. Ganz entgegen dem geläufigen Stil der Imperialismusdiskussion bei den verschiedenen Arbeitsmännerkopffraktionen hatte sie in ihrer ökonomischen Hauptschrift »Die Akkumulation des Kapitals« nicht nur die inneren Widersprüche und Gesetze untersucht, aus denen heraus der Kapitalismus den Kolonialismus und in Waffenrüstung erstarrte Staaten hervorbringt, sondern sehr eindringlich das Schicksal der »Betroffenen« dargelegt. Nicht von oben, also nicht vom Standpunkt des Fortschritts und der Zivilisation, dem Sieg der großen Industrie, sondern von unten: aus der Sicht der zerstörten Stammesgesellschaften, der vernichteten kleinbäuerlichen Warenproduktion. Sie zog ans Licht, was durch marxistisch-imperialismustheoretische Begriffe wie »Jagd auf Rohstoffquellen, Absatzmärkte, Anlagesphären für das Kapital, Extraprofite« dem Blick eher verborgen wurde.

»Die Schwierigkeit für das Kapital besteht darin, daß auf gewaltigen Strecken der exploitierbaren Erdoberfläche die Produktivkräfte sich im Besitz von gesellschaftlichen Formationen befinden, die entweder zum Warenhandel nicht neigen, oder aber gerade die wichtigsten Produktionsmittel, auf die es dem Kapital ankommt, überhaupt nicht feilbieten ... Dazu gehören vor allem Grund und Boden mit dem ganzen Reichtum an mineralischem Gehalt im Innern sowie mit dem Wiesen-, Wälder- und Wasserbestand an der Oberfläche, ferner Viehherden bei viehzüchtenden primitiven Völkern.«[9]

Für Rosa Luxemburg gibt es nicht einfach »Grund und Boden«, »Rohstoffe« oder »Kapitalanlagesphären«. Sie sieht einen von vielfältigsten Völkern und Stämmen bewohnten, belebten und kultivierten Erdball, der mit brutaler Gewalt zu »Grund und Boden«, »Rohstoffquellen«, »Kapitalanlagesphären« und »Absatzmärkten« gemacht wird. Denn die Völker, die da lebten, wehrten sich. Sie waren nicht einfach Opfer. Und sie waren schließlich dort, wo das Kapital hinwollte. »Für die primitiven Gesellschaften aber gibt es, da es sich in jedem Fall um Sein oder Nichtsein handelt, kein anderes Verhalten als Widerstand und Kampf auf Leben und Tod.«[10]

»Die Rothäute wehrten sich verzweifelt, wurden aber, wenigstens der Rest, der von den Gemetzeln der 40 Indianerkriege noch übriggeblieben war – wie lästiger Plunder weggeräumt, wie Büffelherden nach dem Westen getrieben, um hier wie das Wild im Gatter der ›Reservationen‹ eingepfercht zu werden.«[11]

Es handelt sich hier nicht um zufällig herausgegriffene Zitate. Der ganze 3. Abschnitt, der historische Teil, ungefähr ein Viertel der gesamten Abhandlung über die »Akkumulation des Kapitals«, ist der Schilderung von Gesellschaftsformationen und Produktionsweisen gewidmet, auf welche das Kapital in seiner historischen Entwicklung und Ausbreitung über den

Erdball stößt, die ihm Widerstand entgegensetzen, die zerstört werden. In vier Kapiteln, »Der Kampf gegen die Naturalwirtschaft«, »Die Einführung der Warenwirtschaft«, »Der Kampf gegen die Bauernwirtschaft« und »Die internationale Anleihe«, beschreibt sie diesen historischen Prozeß nach seinen verschiedenen Elementen und in seinen aufeinanderfolgenden Stufen. Die Darstellung endet mit einer Analyse des *Militarismus*, der sich für sie als notwendige Konsequenz aus der *gewalttätigen* Aneignung der produktiven Kräfte und der Bedürfnisse der Völker des Erdballs ergibt und der in ihren Augen der Hauptgegner ist.

Lenin dagegen widmet der Frage, daß der Erdball ja nicht einfach unbevölkert brachliegende Natur ist, in seiner Schrift über den Imperialismus keine Zeile.

»In diesen rückständigen Ländern ist der Profit gewöhnlich hoch, denn es gibt dort wenig Kapital, die Bodenpreise sind verhältnismäßig nicht hoch, die Löhne niedrig und die Rohstoffe billig.«[12]

Genau! So sieht es auch das »Kapital«. Schließlich ist Lenin gemeinsam mit demselben ein begeisterter Anhänger des »Fortschritts der Produktivkräfte«. Seine Themen sind Motive, Organisationsformen, Profite, Verluste, Konzentration, Monopolbildung, Marktbeherrschung, kurz, was das Kapital macht und warum. Und er will zeigen: Die Bourgeoisie ist gar nicht mehr fortschrittlich, sie legt kein Tempo mehr vor, das Kapital ist dabei, zu verfaulen, beutet nur noch aus und bringt nichts mehr voran. Eine andere Männerfraktion muß mal den Laden übernehmen, damit es besser vorangeht mit den technischen Wunderwerken, mit den »Produktivkräften«.

Bei dem Parteigenossen Bucharin, auch bekannt wegen seiner Grübeleien zum Imperialismus, sieht es nicht anders aus. Zwar wird von ihm der »besonders blutige und schmutzige Charakter des Kapitalismus in den Kolonien« mit dem eben zitierten Satz benannt. Eine Erklärung findet sich jedoch nicht. Da stampfen die – wenn auch mit einem tränenden, so doch vor allem mit dem anderen lachenden Auge betrachteten – fortschrittlichen Produktivkräfte durch die Geschichte mit ehernem Schritt und eherner Notwendigkeit immer voran. Da bleibt so einiges unter den Stiefeln liegen, leider, aber Mann kann da nichts machen. Wie gesagt, das Mitleiden mit den armen Negern hätte sich die Genossin sparen können. Es ist völlig unmarxistisch. Lebendige Menschen gibt es bei den Genossen nicht. Eigene, gewachsene, erarbeitete Kulturen geraten nirgends ins Blickfeld. Denn der Blick ist in den »technischen Wunderwerken« selbst befangen. Die Bevölkerung der Kolonien hat sich in ökonomische Kategorien aufgelöst. Das Kapital will zuviel Profit, es herrscht Unterkonsumtion, genauso wie in den kapitalistischen Zentren. Und die einzige Lösung: den verfaulenden Kapitalismus wegräumen, den Machtapparat der Gegenseite zertrümmern, einen eigenen aufbauen, um dann zu zeigen, daß die eigene Männerfraktion die »Schrankenlosigkeit« viel besser in Szene setzen kann als die Herren von der anderen Seite, als die verrottete Bourgeoisie. In diesem Sinne informieren uns auch die Männer vom »realen Sozialismus«, wie die Schriften der Genossin gelesen werden müssen. Im Vorwort zur DDR-Ausgabe der »Akkumulation des Kapitals« finde ich den Satz, sie führe die »imperialistischen Gegensätze nicht auf den Widerspruch zwischen der Tendenz zur absoluten Entwicklung der Produktivkräfte und den zu engen monopolkapitalistischen Produktionsbedingungen zurück, sondern auf eine haltlose theoretische Konstruktion, auf den angeblichen Widerspruch zwischen verschiedenen Absatzmärkten«. Das ist nun eine in der Tat haltlose Unterstellung gegenüber der Genossin. Aber immerhin, es bleibt nicht bei der Rüge, sie kriegt auch noch ein Lob ab:

»In glänzenden wirtschaftsgeschichtlichen Darstellungen der Kapitalakkumulation zeigt Rosa Luxemburg, mit welcher Brutalität überkommene Produktionsformen zerstört wurden.«[13]

Das Urteil des Genossen Lenin wird korrigiert. Eine glänzende Darstellung der Brutalität, na bitte, so was läßt sich doch wunderbar verwenden in der Konkurrenz mit der Gegenseite. Lenin war wohl etwas voreilig, wenn er meinte, das sei nicht nötig gewesen. Schließlich muß der »reale Sozialismus« glänzende Darstellungen seiner eigenen Brutalitäten bei der schrankenlosen Entwicklung der Produktivkräfte nicht sehr fürchten. Es steht ja nicht so gut mit seiner Pressefreiheit.

Ich habe mir zuerst die bolschewistisch-realsozialistische Männerfraktion vorgeknöpft, um zu zeigen, inwiefern Rosa Luxemburg einen in der Tat ganz eigenständigen Standpunkt hat. Nun also zur Sozialdemokratie. Mit den üblichen Abweichungen sieht es hier nicht anders aus. Nehmen wir Hilferdings »Finanzkapital«, aus dem ja dann auch Lenin das eine und andere entnahm. Rudolf Hilferding war Ende der zwanziger Jahre Finanzminister, also eine respektable sozialdemokratische Persönlichkeit. Ich blättere und blättere. Was finde ich? Geldkapital, Finanzkapital, Extraprofite, Durchschnittsprofite, Banken, Bankgewinne, Krisen etc. Auch bei ihm taucht an keiner Stelle irgendein menschliches Gesicht auf. Der Herr befindet sich mit den ökonomischen Kategorien und Bewegungsgesetzen seines Gegners allein auf weiter Flur. Und sein Kopf fühlt sich der Bourgeoisiefraktion auf der anderen Barrikadenseite gewachsen. Ihn allein führt er gegen sie ins Feld. Der Kopf, das ist ja inzwischen bekannt, ist bei den Sozialdemokraten immer der absolute Hit. Nachdem sein Sozialdemokratenkopf den Herren von der Konkurrenz auf 500 Seiten nachgewiesen hat, daß ihr baldiges Ende bevorstehe, wirft Hilferding sich noch einmal in Positur:

»Die Einsicht in die Richtigkeit des Marxismus, die die Einsicht in die Notwendigkeit des Sozialismus einschließt, ist durchaus keine Abgabe von Werturteilen und ebensowenig eine Anweisung zum praktischen Verhalten. Sie verschafft … Überlegenheit dem, der sie sich zu eigen macht.«[14]

Na bitte! Ist das nicht ein toleranter, zivilisierter, höflicher Kopf? So was haben die Bolschewiki nicht zu bieten. Diese halten dem Gegner vor, er sei brutal, das halten sie für eine gute Waffe. Auf solch unfeine Methoden aber läßt sich der Sozialdemokratenkopf gar nicht ein. Und so braucht er auch keine Werturteile abzugeben, Gefühle gehören nicht in die Politik. Der Herr ist absolut »sachlich«. Menschlich, nein, das wäre schon ein unwissenschaftliches Werturteil. Mann hat die besseren Argumente, das sind dann auch die stärkeren Waffen,

Mann braucht auch gar nichts mehr zu tun mit den Händen, Mann ist schließlich gegen die Gewalt. Mann braucht dem Kapitalismus nur vorzurechnen, daß er es nicht schafft. Was Kopfgeburten doch alles vermögen sollen!

Und da komme ich auch gleich wieder auf Rosa Luxemburg zurück:

»Nach Bernstein ist die Algecirasakte bloß das gleiche Recht aller ›Handelsnationen‹ in Marokko.« Dabei hat er »merkwürdigerweise ganz übersehen, daß es außer europäischen Händlern noch einen anderen Faktor gibt, der hier auch sozusagen gewisse ›Rechte‹ hat: Es ist das Volk der Eingeborenen, es sind die Stämme Marokkos, die jetzt rebellieren … Ja, unser Moralprediger zeigt hier sehr laxe Moralbegriffe … das ›Recht‹, afrikanische Arbeiter in Bergwerken und Pflanzungen für den kapitalistischen Profit zu Tode hetzen zu dürfen, das ist für unseren Bernstein der ›ehrenhafteste und humanste Weg‹. O, Moralprediger!«[15]

Was Eduard Bernstein, dem reformistischen Hauptkopf der Vorkriegs-Sozialdemokratie, vorschwebte, war eine humane Weltfriedensordnung zwischen den zivilisierten Nationen, in der diese sich friedlich in die Ausbeutung des »Rests der Welt« teilten. Das hätte er gern gesehen, und gegen den Militarismus war er natürlich auch. Und in dieser Denkweise traf er sich durchaus mit der Mehrheitsposition in der Partei: »In dem ganzen Flugblatt« der Partei zur Marokkokrise findet »sich kein Wort von den Völkern, von den Eingeborenen der Kolonien, von ihren Rechten, Interessen, Leiden infolge der Weltpolitik«. Das Flugblatt spricht mehrmals »von der glänzenden englischen Kolonialpolitik …, ohne den periodischen Hungertyphus der Inder, die Ausrottung der Eingeborenen Australiens, die Nilpferdpeitsche auf dem Rücken des ägyptischen Fellach zu erwähnen«.[16]

Die Genossin also tritt in der Partei ununterbrochen in Fettnäpfchen, weil sie die Drei-Affen-Methode, nichts sehen, nichts hören, nichts reden, nicht mitmachen will. Sie sperrt Augen, Mund und Ohren auf, und da sieht und sagt sie eine ganze Menge, was weder der alte Genosse mit dem großen Bart noch die ihr zur Seite stehenden Parteiköpfe sahen und sagten. Dabei entdeckt sie einen großen Variationsreichtum hirngymnastischer Wegsehübungen. Bernstein guckt immer aufs Recht, und von allem anderen sieht er ab. Wer keine Rechte hat, der wird von ihm einfach nicht bemerkt. Auf diese geschickte Weise übersieht er systematisch die Gewalt, die bekanntlich häufig dort angesiedelt ist, wo jemand keine Rechte hat. Der Genosse Otto Bauer, der ebenfalls auf einem friedlich-reformerischen Weg zum Sozialismus gehen möchte, hat es mit der Mathematik:

»Ich äußere Zweifel darüber, ob in einer lediglich aus Kapitalisten und Arbeitern bestehenden Gesellschaft ... die Akkumulation vor sich gehen könne ... Darauf antworten die ›Sachverständigen«: Aber gewiß ist das möglich! Das läßt sich ja glänzend beweisen ›an der Hand der Tabelle IV‹, ›das zeigen eben die Schemata‹ – d.h. die Tatsache, daß sich die« von Marx »zur Illustration ausgedachten Zahlenreihen auf dem Papier widerstandslos addieren und subtrahieren lassen!«

»Bauer hat bloß nicht bemerkt, daß es, um zu diesem glänzenden Resultat zu kommen, gar nicht so langer und eingehender Berechnungen mit vier Tabellen, mit breiten und länglichen, eiförmig eingeklammerten und vierstöckigen Formeln bedurft hätte. Das Resultat, zu dem Bauer gelangt, ergibt sich nämlich gar nicht aus den Tabellen, sondern es wird einfach von ihm als gegeben angenommen.«[17]

Ja, ja, Papier ist geduldig, und mit der Mathematik läßt sich alles beweisen, und wenn du etwas gegen den Imperialismus hast, ihn nicht schön findest, dann brauchst du dem Kapitalismus nur schwarz auf weiß vorzurechnen, daß er ihn gar nicht nötig hat. Ein mathematisch geschulter Kopf, und alle Probleme dieser Produktionsweise sind gelöst. »Nach unserer Ansicht ist der Kapitalismus auch ohne Expansion denkbar.« Zu diesem Ergebnis kam der rechnende Kopf. Und die Genossin nimmt das Motiv auf und spinnt es noch ein Weilchen fort:

»Nach unserer Ansicht ist die moderne Entwicklung auch ohne die Entdeckung Amerikas und die Umschiffung Afrikas denkbar. Bei reiflicher Überlegung ist die menschliche Geschichte auch ohne den Kapitalismus denkbar. Schließlich ist das Sonnensystem auch

ohne den Erdball denkbar ... Nur eins scheint uns schlechterdings undenkbar: daß ein so ›denkender‹ offizieller Marxismus ... zu anderen Resultaten führen könnte, als zu dem elenden Fiasko der Sozialdemokratie, das wir heute im Weltkrieg erleben.«[18]

Rosa Luxemburg ist also der Überzeugung, die Amputation der historischen Realität durch die Produktion von Kopfgeburten könne sich als recht verhängnisvoll fürs zielgerechte politische Handeln herausstellen. Denn einen Krieg wollte schließlich niemand aus der internationalen Sozialdemokratie, gegen Gewalt waren sie alle, deshalb haben sie ja auch so kultiviert über die imperialistische Gewalt hinweggesehen. Und dann ist der Krieg trotzdem gekommen, und die sozialdemokratischen Parteien haben nicht einmal ein Fitzelchen dessen dagegen unternommen, was sie hätten tun können, nicht mal probiert haben sie es.

»Daß aber seine eigenen tapferen Worte von der ›Empörung der Arbeiterklasse‹ wieder nur als typische Abstraktion des ›sachverständigen« Marxismus, d.h. als Kolophoniumsblitz des ›reinen Denkens‹ aufzufassen sind, beweist die Haltung dieser Theoretikergruppe beim Ausbruch des Weltkrieges. Die Empörung der stets anschwellenden, geschulten, organisierten Arbeiterklasse wandelte sich plötzlich in die Politik der ›Stimmenthaltung‹ bei epochemachenden Entscheidungen der Weltgeschichte ... Der im tiefsten Frieden, als noch über allen Wipfeln Ruh war, mit Virtuosität bis ins kleinste ausgemalte ›Weg zur Macht‹ schlug beim ersten Sturmwind der Wirklichkeit unvermittelt in einen ›Weg zur Ohnmacht‹ um.«[19]

Der Sturmwind der Wirklichkeit ließe sich weder durch die Mathematik noch durch verbalradikale Kraftprotzerei, noch durch bestens ausgedachte Kopfpläne ins sanfte Säuseln eines Sommerwindes umwandeln. Zauberkunststückchen seien hier wenig hilfreich. Mit dem Sturm müsse Mann rechnen, auch wenn der Kopf gerne was anderes möchte. Denn er ist eben bekanntlich nicht allein auf weiter Flur. Die Sozialdemokraten hätten so gerne einen friedlichen, gewaltlosen Kapitalismus gehabt, denn er gefiel ihnen ansonsten gut: Die schrankenlose Entwicklung der Produktivkräfte wollten sie ja auch, da war das Kapital schon auf dem richtigen Weg, sie meinten nur, es könne sich dabei ein bißchen anständiger verhalten.

Ich verweile aber noch ein Weilchen bei den kunstreichen Variationsmöglichkeiten der »Drei-Affen-Methode«, die der Genossin bei ihren männlichen Kommilitonen immer erneut Schwierigkeiten bereiteten. Auch Marx, den sie ansonsten hochhielt und dem sie eigentlich selten direkt am Zeug flickte, hat ihrer Ansicht nach an einem ganz entscheidenden Punkt Hirngymnastik gemacht. Sie kam einfach nicht umhin, diesen Punkt einmal aufzudecken. Es ist übrigens derselbe, an dem Bernstein eine andere Übungsvariante vorführt.

»Marx nimmt aber, wie wir gesehen, im zweiten Band des ›Kapitals‹ an, die ganze Welt sei bereits ›eine kapitalistische Nation‹, alle anderen Wirtschafts- und Gesellschaftsformen seien bereits verschwunden.«

Rosa Luxemburg stellt nun die schlichte Frage:

»Wie kann man nun den Imperialismus in einer solchen Gesellschaft erklären, wo doch für ihn gar kein Raum mehr ist? Hier glaubte ich die Kritik ansetzen zu müssen. Die theoretische Annahme einer lediglich aus Kapitalisten und Arbeitern bestehenden Gesellschaft ... schien mir unangebracht und störend ... Die Kapitalakkumulation als geschichtlicher Prozeß arbeitet sich vom ersten bis zum letzten Tage mitten in einem Milieu vorkapitalistischer Formationen vorwärts, im stetigen politischen Kampfe und in unaufhörlichen ökonomischen Wechselwirkungen mit ihnen. Wie kann man also diesen Prozeß und seine inneren Bewegungsgesetze in einer blutleeren theoretischen Fiktion richtig fassen, die dieses ganze Milieu, diesen Kampf und diese Wechselwirkungen für nicht existierend erklärt?«[20]

Die Genossin ist der Überzeugung: Man kann nicht, es wird furchtbar falsch, man begreift nichts mehr, wenn man das macht. Wenn Mann auch noch so sehr meint, die ganze Produktion auf dem Erdball sei nach dem Baumeistermodell, Kopfunternehmer – Arbeiterhände, organisiert, funktioniere nach innerem Plan ohne störende Beimischungen des historischen Stoffs, rein, sauber, nach von ihm selbst produzierten Gesetzen, es ist nicht so. Die gesamte vorkapitalistische Menschheit samt ihrer Geschichte ist nicht einfach weg, nur weil der Kapitalismus da ist. Und die Genossin ist ja zudem überzeugt, daß diese eigentümliche kapitalistische Produktionsweise ohne die Unreinlichkeiten gar nicht existieren könnte. Nun ja, mit Marx ist sie gnädig: Er hätte ja gern alles noch geschrieben, was ihr jetzt wichtig sei, aber Krankheit und Tod hätten ihm die Feder aus der Hand genommen. Er habe halt mal ein bißchen mit methodischen Abstraktionen Hirngymnastik gemacht, das sei nicht weiter ernst zu nehmen. Vielleicht wäre ja, wenn er wieder auf den Boden der Wirklichkeit zurückgekehrt wäre, dabei noch etwas Vernünftiges herausgekommen, aber leider nein, Gevatter Tod kam dazwischen. An einer Stelle hat sie ihm die Sache aber nicht einfach als methodische Spielerei durchgehen lassen, da hat sie ihm klipp und klar widersprochen. Der Punkt war ihr einfach zu wichtig, als daß sie noch nach Entschuldigungen gesucht hätte:

»*Marx behandelt freilich eingehend sowohl den Prozeß der Aneignung nichtkapitalistischer Produktionsmittel wie den Prozeß der Verwandlung des Bauerntums in kapitalistisches Proletariat. Die angegebenen Prozesse illustrieren bei Marx nur die Genesis, die Geburtsstunde des Kapitals … Wir sehen jedoch, daß der Kapitalismus auch in seiner vollen Reife in jeder Beziehung auf die gleichzeitige Existenz nichtkapitalistischer Schichten und Gesellschaften angewiesen ist …*[21] *Nur durch ständige Expansion auf neue Produktionsdomänen und neue Länder ist die Existenz und Entwicklung des Kapitalismus seit jeher möglich gewesen. Aber die Expansion führt in ihrem Weltdrang zum Zusammenstoß zwischen dem Kapital und den vorkapitalistischen Gesellschaftsformen.* Daher Gewalt, Krieg, Revolution; kurz: Katastrophe, das Lebenselement des Kapitalismus von Anfang bis zu Ende.«[22]

Der Wink mit dem Zaunpfahl ist deutlich. Denn was war die Meinung des von Rosa L. so verehrten Genossen? Gewalt sei die Geburtshelferin jeder alten Gesellschaft, die mit einer neuen schwanger gehe. Schweiß- und bluttriefend komme das Kapital zur Welt. Die Gewalt sei also etwas ganz Natürliches, eine Geburtswehe, die Säuglinge kämen schließlich auch beschmutzt aus dem Mutterleib. Später seien sie ja bekanntlich sauber, und beim Kapitalismus sei es ebenso. Später, wenn er erst mal richtig da sei, brauche er die Gewalt nicht mehr, da funktioniere er produktiv-friedlich, wenn auch ein bißchen zerstörerisch gegenüber der Arbeitskraft, aber so etwas wie etwa die Mordzüge der spanischen Konquistadoren habe er nicht mehr nötig. Die Genossin weigert sich an diesem Punkte strikt, Marx zu glauben, sie sieht ja, es stimmt nicht, die Gewalt hat weltweit Hochkonjunktur, Riesenwaffenarsenale wurden im Laufe der Zeit aufgehäuft, ein Kolonialkrieg jagte den anderen, ganze afrikanische Stämme wurden mal schnell im Vorübergehen liquidiert – ich erinnere nur an die Ermordung der Hereros durch die deutsche Schutzmacht in Afrika –, und da findet sie halt, so lange kann die Geburtsstunde nicht dauern, 400 Jahre und immer noch blut- und schmutztriefend, und das, wo der Sozialismus schon vor der Tür stehen soll! Nein, da muß der alte Genosse systematisch Falsches gedacht haben. So weit, an dieser Stelle weiterzubohren und Zusammenhänge zu der von ihr kritisierten Abstraktion der Welt allein auf Unternehmerköpfe und Arbeiterhände herzustellen, geht sie nicht. Sie braucht Marx in vielen Punkten gegen ihre mitkämpfenden Zeitgenossen und gegen den Gegner, die Bourgeoisie. Und daher muß sie aufpassen, ihn nicht leichtfertig zu vergrämen. So arbeitet sie lieber mal mit schlichten Unterstellungen und tut so, als könne sie sich unbesehen auf ihn berufen.

»Die Lösung liegt, im Sinne der Marxschen Lehre, in dem dialektischen Widerspruch, daß die kapitalistische Akkumulation zu ihrer Bewegung nichtkapitalistischer Formationen bedarf, in ständigem Stoffwechsel mit ihnen vorwärtsschreitet und nur solange existieren kann, als sie dieses Milieu vorfindet.«[23]

Zu was allem »die Dialektik« doch brauchbar ist! Marx hatte das so, wie sie ja auch selbst feststellen mußte, mit Sicherheit nicht gesagt. Er war der Überzeugung, nach der Geburtsstunde seien Kapital und Arbeit ganz für sich allein, wie ich ja im Gespräch mit meiner Mutter gezeigt habe: Das Kapitalverhältnis produziere das Kapitalverhältnis, Lohnarbeiter auf der einen, Produktionsmittelbesitzer auf der anderen Seite. Und daß dies falsch sei, das war die entscheidende Entdeckung Rosa Luxemburgs.

Aber wie gesagt, die Motivation, an diesem Punkte ihren Spott über Marx auszugießen, fehlte ihr. Schließlich hatte er ihr sehr viel geholfen bei ihrer Auseinandersetzung mit der anderen Seite der Barrikade, mit den Bourgeoisiedenkern. Darin hatte sie genug Gelegenheiten, ihre Bissigkeiten an den Mann zu bringen und sich über die »Drei-Affen-Methode« zu belustigen. Hart trifft es zum Beispiel Werner Sombart, einen der berühmtesten deutschen Nationalökonomen: »Professor Sombart ist überzeugt, daß die ›einzelnen Volkswirtschaften‹ immer vollkommenere Mikrokosmen [das heißt abgeschlossene Welten – R. L.] werden, und daß der innere Markt für alle Gewerbe den Weltmarkt immer mehr an Bedeutung überflügelt.«[24]

Rosa Luxemburg zeigt bis ins Detail, daß es sich bei dieser Einschätzung um einen abgrundtiefen Unsinn handelt, und fährt dann fort:

»Und all dies existiert nicht für … Sombart und Kollegen. Für sie existiert nur der ›immer vollkommenere Mikrokosmos‹. Sie sehen weit und breit keine ›besonderen Erscheinungen‹, die von einer Volkswirtschaft ›in wesentlichen Merkmalen abweichen‹ würden! Ist das nicht ein Rätsel? Ist eine ähnliche Blindheit offizieller Vertreter der Wissenschaft für Phänomene, die in ihrer Fülle … auf die Sinne jedes Beobachters einstürmen, auf irgendeinem anderen Gebiete des Wissens denkbar? In der Naturwissenschaft würde jedenfalls ein Gelehrter von Ruf, der heute öffentlich die Ansicht vertreten würde, daß … die Sonne mit sämtlichen Gestirnen um die Erde als ihren Mittelpunkt kreise, der behaupten würde, daß ›er gar keine Erscheinungen kenne‹, die dieser Ansicht ›in wesentlichen Merkmalen‹ widerspräche – ein solcher Gelehrter dürfte sicher sein, dem homerischen Gelächter der ganzen gebildeten Welt zu begegnen und schließlich auf Betreiben der bekümmerten Verwandten auf seinen Geisteszustand untersucht zu werden.«[25]

Wie sieht die Kopfgymnastik von Sombart und Kollegen aus? Sie definieren: Wirtschaft, das ist Nationalökonomie.

Rosa Luxemburg meint, der Glaube »an die Mission des bürgerlichen Staates« sei ein ebenso »unentbehrliches Instrument der Knechtung« im Interesse der Bourgeoisie, wie es der Glaube an die Erde als Mittelpunkt des Sonnensystems für die Herrschaftssicherung der mittelalterlichen Kirche war. Und mit Definitionen lasse sich so ungefähr alles machen, wenn Mann dann noch bereit sei, die Wirklichkeit einfach aus dem Blick auszugrenzen: Es gibt also keinen Weltmarkt, es gibt nur »Nationalökonomien«, die »Warenhandel« betreiben, um sich gegenseitig mit dem auszuhelfen, was bei ihnen nicht produziert wird. Ja, so läuft die Sache harmonisch, friedlich, solidarisch zwischen den Staaten. Das war schon immer so, ist ganz natürlich und wird auch auf Ewigkeit so sein. Der Welthandel ist was ganz Praktisches. Die Genossin ist da anderer Meinung.

»Wir entdecken also, daß heute eine ›Ware‹ ausgeführt und eingeführt wird, die zu König Nebukadnezars Zeiten … unbekannt war: das Kapital. Und diese Ware dient nicht dazu ›gewisse Lücken‹ fremder ›Volkswirtschaften‹ auszufüllen, sondern umgekehrt dazu, Lücken zu schaffen, Risse und Spalten im Gemäuer altertümlicher ›Volkswirtschaften‹ zu öffnen, in sie einzudringen, und, wie Sprengpulver wirkend, über kurz oder lang jene ›Volkswirtschaften‹ in Trümmerhaufen zu verwandeln. Mit der ›Ware‹ Kapital werden so noch merkwürdigere ›Waren‹ immer massenhafter aus einigen alten Ländern nach der ganzen Welt getragen: moderne Verkehrsmittel und Ausrottung ganzer eingeborener Völkerschaften, Geldwirtschaft und Verschuldung des Bauerntums, Reichtum und Armut, Proletariat und Ausbeutung, Unsicherheit der Existenz und Krisen, Anarchie und Revolutionen. Die europäischen ›Volkswirtschaften‹ strecken ihre Polypenarme nach sämtlichen Ländern und Völkern der Erde aus, um sie in einem großen Netz der kapitalistischen Ausbeutung zu erwürgen.«[26]

Eine in der Tat herrliche Wissenschaft, diese »Nationalökonomie«, die es per definitionem und durch ordentliche Aussortierung rein »ökonomischer« Begriffe wie dem der »Ware« schafft, eine Welt des Friedens und der Harmonie auf dem Papiere entstehen zu lassen. Wenn Rosa Luxemburg da Gewalt, Zertrümmerung und Zerstörung sieht, dann ist es ihre

Schuld, weil sie alles durcheinanderbringt, statt im Kasten »Nationalökonomie« als dem Reich einer Weltfriedensordnung zwischen den »Staaten« und »Volkswirtschaften« zu bleiben. Warum muß sie sich immer wieder darum kümmern, wie die Sachen miteinander zusammenhängen. Die Frau hat einfach nicht begriffen, daß es genau darum nicht geht. Die Wissenschaft hat doch schließlich eine ganz andere Funktion. Sie ist ein Instrument für die Herren hoch oben, ihre eigene Ordnung in die Gesellschaft zu bringen.

Diesen produktiven Sinn der definierenden, zergliedernden und ordnenden Begriffe hat Frau Luxemburg allerdings begriffen. Sie war nicht so naiv zu glauben, die Herren ignorierten nur aus Versehen, wie es in »der Wirklichkeit« aussieht. Das Wegschauen und Definieren hat Methode, ist eine politische Potenz, so wie Marx die »Gewalt« für »eine ökonomische Potenz« hielt.

»... als natürliche Ergänzung des Bürokraten in der Kanzlei tritt der deutsche Professor auf dem Katheder hinzu, der theoretisierende Bürokrat, der den lebendigen Stoff der sozialen Wirklichkeit in die kleinsten Fasern und Partikelchen zerpflückt, nach bürokratischen Gesichtspunkten umordnet und rubriziert und so abgetötet als wissenschaftliches Material für die verwaltende und gesetzgebende Tätigkeit der Geheimräte abliefert. Diese fleißige Atomisierungsarbeit, die es erreicht, das Bild des sozialen Lebens wie in einem in tausend Splitter zertrümmerten Spiegel wiederzugeben, ist zugleich das sicherste Mittel, alle großen sozialen Zusammenhänge theoretisch aufzulösen und den kapitalistischen Wald hinter lauter Bäumen ›wissenschaftlich‹ verschwinden zu lassen.«[27]

Diese neuordnende, verwaltende und gesetzgebende Tätigkeit kann sich nur als eigenes, dem ordnend-bürokratischen Handeln zugängliches Reich etablieren, wenn das vorgefundene soziale Leben in unorganischen Rohstoff, in sortierbare Stücke, in Atome, die dann neu zusammengesetzt werden, umgearbeitet wird. Da leistet die definierende Wissenschaft gute Vorarbeit: »Die moderne Staatsmaschinerie ist nicht mehr so einfach wie die Verwaltung der Schafherden der Erzväter

Abraham und Jacob. Der Bürokrat allein vermag das weitverzweigte Gebiet der sozialen Wirtschaft nicht zu beherrschen, und als natürliche Ergänzung des Bürokraten in der Partei tritt der deutsche Professor auf dem Katheder hinzu …«[28]

Das alles wäre ja nun gut und schön, wenn die Gesetze, wenn das Recht, wenn die Begriffe per Staatsmacht- und Wortmagie eine ordentliche, friedliche, humane, kurz und gut, zivilisierte neue Welt zu produzieren in der Lage wären, wenn die Staatskopfmacht und die Wissenschafts-Wortkopfmacht aus sich heraus, gefüttert mit dem zu Rohstoff verarbeiteten gesellschaftlichen Leben, was Anständiges zustande brächten. Aber Rosa Luxemburg meint, dem sei nicht so:

»Wenn ein Mensch von einem anderen gegen seinen Willen zur systematischen Tötung von Nebenmenschen gezwungen wird, so ist es ein Gewaltakt. Sobald aber dasselbe ›Militärdienst‹ heißt, bildet sich der gute Bürger ein, in vollem Frieden der Gesetzlichkeit zu atmen.«[29]

Die Gewalt, und die beschäftigt die Genossin immer wieder, die sei nicht einfach weg, indem Mann behauptet, sie sei Rechtens: Gewalt bleibt Gewalt, da helfen keine Gesetzeswortzaubereien. Auch wenn die Herren noch so fest dran glaubten, es sei alles friedlich-ordentlich geregelt, wenn es im Gesetz steht, so mächtig seien das Kopfwort, das Buch, das Papier halt nicht. Es stimme nicht, daß per Beschluß und Übereinkunft, abgesegnet mit demokratischen Mehrheiten, einfach neue Welten aus dem Kopfwillen heraus geboren werden könnten.

»Es ist eine historisch nicht bloß erklärliche, sondern notwendige Illusion des um die Herrschaft kämpfenden und noch mehr des zur Herrschaft gelangten Bürgertums, daß sein Parlament die Zentralachse des sozialen Lebens, die treibende Kraft der Weltgeschichte sei.« In seinem »selbstgefälligen Redegeplätscher übersieht es die weltgeschichtlichen Riesenkräfte, die draußen im Schoße der gesellschaftlichen Entwicklung, ganz unbekümmert um die parlamentarische Gesetzesmacherei, wirksam sind. Es ist aber gerade dieses Spiel der blinden Elementarkräfte der sozialen Entwicklung, an der die bürgerlichen Klassen selbst mittun, ohne es zu wissen und zu wollen.«[30]

Es ist hier wieder das gleiche Phänomen, das die Genossin schon bei der fried- und rechtsliebenden sozialdemokratischen Männerfraktion festgestellt hat. Indem die Herren sich einbilden, Papier, Kopf, Wort, Recht, gesetzgebende Institutionen, dies sei schon die ganze Wirklichkeit, tappen sie im dunkeln, sind eben genau nicht dazu in der Lage, das zu tun, was sie immer vorgeben, nämlich vorsorglich, planend, bewußt, zielgerichtet zu handeln. Sie werden ab und zu durch eine Sturmwoge überschwemmt, weggeschwemmt. Dann sind sie nur noch Getriebene, Opfer, keine Handelnden mehr. »Gefügigkeit und Ohnmacht gegenüber dem vernichtenden Anprall der weltpolitischen Brandung, gegenüber Militarismus, Marinismus und Kolonialpolitik« kennzeichneten »den bürgerlichen Parlamentarismus«.[31] Und die Wissenschaft der deutschen Professoren, die sich ja selbst einbildet, durch ihre ordnende und definierende Zertrümmerungs- und Neue-Kästen-Bauarbeit die besten Dienste fürs kopfgeleitete Handeln, für die strategisch ordnende, zivilisierende Tätigkeit von oben herab geliefert zu haben, hat nach Meinung von Frau Luxemburg damit genau das Gegenteil erreicht. Wie sah das aus mit der Nationalökonomie und der Staatswissenschaft?

»Die bürgerlich-liberale Theorie faßt nur die eine Seite: die Domäne des ›friedlichen Wettbewerbs‹, der technischen Wunderwerke und des reinen Warenhandels ins Auge, um die andere Seite, das Gebiet der geräuschvollen Gewaltstreiche des Kapitals, als mehr oder weniger zufällige Äußerungen der ›auswärtigen Politik‹ von der ökonomischen Domäne des Kapitals zu trennen.«[32]

Die Springquellen der Sturmfluten würden auf diese Weise dem Blick entzogen, nämlich das »Spiel der blinden *Elementarkräfte der sozialen Entwicklung, an der die bürgerlichen Klassen selbst mittun, ohne es zu wissen und zu wollen*«. An diesem Punkt bedankt sich Rosa L. auch immer wieder bei Marx, der sich genau darin von der ordnenden Kastenbauerei der bürgerlichen Wissenschaft unterschieden und der Arbeiterbewegung Erkenntnisse an die Hand gegeben habe, die menschliche Praxis, bewußte Praxis ermöglichten:

»Mit dem Ariadnefaden der Marxschen Lehre in der Hand ist die Arbeiterklasse heute die einzige, die vom historischen Standpunkt weiß, was sie tut, und deshalb tut, was sie will.«[33] *»Die einmal erkannte Richtung des ökonomischen und politischen Prozesses in der heutigen Gesellschaft ist es, an der wir nicht nur unseren Feldzugsplan in großen Linien, sondern auch jedes Detail unseres politischen Strebens messen können. Dank dem Leitfaden ist es der Arbeiterklasse zum erstenmal gelungen, die große Idee des sozialistischen Endziels in die Scheidemünze der Tagespolitik umzuwechseln.«*[34]

Nun, wir haben gesehen, daß sich die Genossin hier getäuscht hat. Klar, Marx unterschied sich ganz entscheidend von der Kastenbaumethode der ihm nachfolgenden Bourgeoisiedenker. Er sah, daß es in den Fabriken ganz ordentlich nach Plan und Regel, vorsorglich vom Unternehmerkopf gelenkt, zuging, aber in der Gesellschaft, in der Gesamtwirtschaft, bei der Koordination der Einzelköpfe, da herrsche die blinde Naturgewalt, da sei überhaupt nichts beherrscht, da gebe es Anarchie, Krisen, Katastrophen, da sei der planende Unternehmerkopf ebenso ohnmächtig wie der planende Staatskopf. Da sei es nichts mit der Sicherheiten produzierenden Naturbeherrschungsmacht, nichts mit dem Sieg des Menschen über die blinden Gewalten. Da fänden gewissermaßen unkontrolliert »organische« Prozesse statt, deren innere Gesetze er, Marx, nicht aber die Bourgeoisie begriffen habe. Dort also müsse erst noch Ordnung nach dem Baumeistermodell hergestellt werden, da gehe es darum, eine vom menschlichen Kopf beherrschte Gesellschaft zu bauen. Genau an der Stelle habe ich Marx ja widersprochen, ohne allerdings zu wissen, wohin dieser Widerspruch führen würde. Und jetzt spricht die Genossin plötzlich auch vom »Feldzugsplan«, der entworfen werden könne, wenn nur die richtigen Erkenntnisse im Kopf seien. Oder? Und gegen die unbeherrschte, anarchische Gesellschaftsnatur, gegen die Unordnung, gegen die Anarchie ist sie doch auch. Das ist doch ihre Hauptkritik an der kapitalistischen Gesellschaft. Diese behaupte von sich, sie stelle Ordnung, Recht, Regel, Naturbeherrschung, Sicherheit, Planung,

Vorsorge für die Zukunft, kurz und gut: Zivilisation her. Gerade dadurch unterscheide sie sich von den »Wilden«, von den »Barbaren«, von den »Unordentlichen«, die einfach noch arme unzivilisierte Objekte der Naturgewalten seien, sich selbst noch nicht vom Kopf her geordnet hätten. Und was macht der Kapitalismus, die »Zivilisation« in Wirklichkeit? Genau das Umgekehrte. Sie bringt alles durcheinander, zerschlägt und zertrümmert alle bisher von den Menschen entwickelten Ordnungen, um sich aus ihren Trümmern zu nähren, und was am Ende dabei herauskommt, ist ein dräuendes Ungeheuer, das vor den Toren der Zivilisation sitzt und auf die Gelegenheit wartet, zuzuschlagen. Dies zu zeigen hat sie sich viel Mühe gegeben, das ist eigentlich ihr Hauptthema. Die Genossin hat demnach viel übrig für den planenden, vorsorgenden Kopf. War sie nicht vielleicht selbst auch eine Liebhaberin des Kopf-Hand-Baumeistermodells, das ich bei Marx als borniert-vereinseitigte Weltsicht zu entschlüsseln versucht habe?

Ich muß also mal ein Weilchen meinen mit Rosa Luxemburgs Gedanken sich zusammenflechtenden Redestrom stoppen, um der Frage nachzugehen, ob sie nicht vielleicht doch auch das männliche Arbeitsweltbild kapitalistisch-bürgerlich-realsozialistischer Entwicklungsstufe übernommen hat.

Tatsächlich, die Reproduktion ist für die Frau Rosa Luxemburg das A und O

Nein, sie hat dieses männliche Arbeitsweltbild nicht übernommen, wenn es auch im Detail ab und zu zum Vorschein kommt. Ich sage es gleich zu Beginn, um dann in die »wissenschaftliche« Beweisführung einzusteigen. Es geht auch nicht auf die Schnelle, weil sie in dieser Frage nicht explizit, sondern gewissermaßen von hinten herum den Autoritäten widersprochen hat. Sie hat eben ihre eigene Interpretation vom »Marxismus«, gibt das, was sie im Unterschied zu den alten Genossen meint, einfach als Nachfolgedenken aus, so daß auf den ersten Blick gar nicht deutlich wird, inwiefern sie da anderes im Kopf hat. Ob es ihr selbst klar war, darüber bin ich mir nicht im klaren. Gesagt hat sie es wenigstens nicht, doch geschrieben, nein, nichts Widersprüchliches, aber ihre eigene Version.

Zunächst noch einmal die Autoritäten, Marx und Engels, zur Erinnerung:

»Die Arbeit ist die Quelle allen Reichtums, sagen die politischen Ökonomen. Sie ist dies – neben der Natur, die ihr den Stoff liefert. Aber sie ist noch unendlich mehr als dies. Sie ist die erste Grundbedingung allen menschlichen Lebens, und zwar in einem solchen Grade, daß wir in gewissem Sinne sagen müssen: Sie hat den Menschen selbst geschaffen.«[35]

Wir wissen inzwischen, daß die Autoritäten die speziell kapitalistische Arbeit nicht so menschwerdungsträchtig fanden, weshalb sie sie ja auch, abgesehen von der Kopftätigkeit, dem eigentlich Menschlichen, am liebsten durch die »ungeheure Entwicklung der Produktivkräfte« und des Kopfes ersetzt gesehen hätten. Die nachfolgenden Arbeitsmännerköpfe entwickelten dann weit unkritischere Positionen: »Die Arbeit, der Heiland unserer Zeit«. Und das war kein einmaliger Ausrutscher. Rosa L. schreibt, der Dichter Zola, der sich den Arbeitsmännern verbunden fühlte, erhebe die »Arbeit als solche in echt kleinbürgerlicher Weise auf das Piedestal«. Die Kritik Tolstois an Zola gefällt ihr gut. Ich zitiere, was sie zitiert: »Herr Zola sagt, daß die Arbeit den Menschen gut mache; ich habe immer das Gegenteil bemerkt: Die Arbeit als solche, der Stolz der Ameise auf ihre Arbeit, macht nicht nur die Ameise, sondern auch den Menschen grausam … Aber wenn sogar die Arbeitsamkeit kein erklärtes Laster ist, so kann sie in keinem Falle eine Tugend sein. Die Arbeit kann ebensowenig eine Tugend sein wie das Sichernähren. Die Arbeit ist ein Bedürfnis, das, wenn es nicht befriedigt wird, ein Leiden und nicht eine Tugend ausmacht … Die Arbeit konnte die Bedeutung, die man ihr in unserer Gesellschaft zuschreibt, nur als eine Reaktion gegen den Müßiggang gewinnen, den man zum Merkmal des Adels erhoben hat.«[36]

Nun gut, das ist Literatur, entspringt der Beschäftigung Rosa Luxemburgs mit den russischen Dichtern. Aber da ich gerade dabei bin: »Die Kunst ist – entgegen allen ästhetischen und philosophischen Schulmeinungen – nicht ein Luxusmittel, in schönen Seelen die Gefühle der Schönheit, der Freude oder dergleichen auszulösen, sondern eine wichtige geschichtliche Form des gesellschaftlichen Verkehrs der Menschen untereinander, wie die Sprache.«[37]

Aber ich wollte ja bei der Wissenschaft bleiben, und da nehme ich mir das »Wissenschaftlichste« vor, die ökonomischen Schriften, also sozusagen das »Kapital« von Rosa Luxemburg. Da gibt es einmal die »Einführung in die Nationalökonomie«, die im Zusammenhang ihrer Lehrtätigkeit an der Parteischule entstanden ist. Dann das Hauptwerk, die »Akkumulation des Kapitals«. Dies hat sie geschrieben, als sie schon ziemlich isoliert war in der SPD, kurz vor Beginn des Weltkriegs, und mit dieser Schrift wollte sie die Partei noch mal theoretisch-wissenschaftlich aufrütteln. Sie sollte sich etwas heftiger im Kampf gegen die Kriegsgefahr engagieren. Das Buch war ein voller Erfolg. »Gegen diejenigen, die eine zustimmende Besprechung des Buches veröffentlicht hatten, wurde eine Art obrigkeitsstaatlicher Aktion eingeleitet … ein beispielloser und an sich etwas komischer Vorgang. Ein derartiges Schicksal war, soviel mir erinnerlich, noch keiner Neuerscheinung der Parteiliteratur, seit sie besteht, zuteil geworden, und es ist wirklich nicht lauter Gold und Perlen, was seit Jahrzehnten in den sozialdemokratischen Verlagen erscheint. Das Ungewöhnliche all dieser Vorgänge verrät deutlich, daß wohl noch andere Leidenschaften als ›reine Wissenschaft‹ durch das Buch so oder anders berührt worden sind.«[38]

Daß die Frau hier recht hat, auch dies wird sich noch zeigen. Langer Rede kurzer Sinn: Auf den Schwall von Kritiken hin, der da überschwappte, schrieb sie ihr drittes ökonomisches Werk, die »Antikritik«. Darin hat sie ihre Thesen dann noch einmal unter Verzicht auf ihre, wie sie selbst sagt, »Liebe zur höheren Mathematik«, nämlich ganz in Deutsch und ohne Rechnereien, dargelegt. In der »Akkumulation des Kapitals« hatte sie unter anderem den Versuch gemacht, der Partei auf Heller und Pfennig vorzurechnen, daß der Kapitalismus ohne die Gewalt nicht auskommen würde. Die Partei war ganz begeistert und rechnete ihr auf Heller und Pfennig das Gegenteil aus. Da war ihr klargeworden, daß sie in eine Falle getappt war, sie korrigierte sich gründlich, aber diese Korrektur, ihre Aussage, die mathematischen Formeln seien für sie nur »nebensächliches Beiwerk« gewesen, hat dann anscheinend niemand mehr gelesen, übrigens ebensowenig wie ihre »Einführung in die Nationalökonomie«. Seit nun bald siebzig Jahren rechnen die Ökonomie-Rosa-Luxemburg-Experten immer wieder mal nach, behaupten, sie würden auf diese Weise Rosa Luxemburg »als Ökonomin« rezipieren, und mal kommen sie zum Ergebnis, sie habe richtig gerechnet, mal, sie habe falsch gerechnet. Nun, auf diese Leidensgeschichte will ich mich nicht weiter einlassen.

Bei meiner Entdeckungsreise durch die Schriften der Genossin habe ich mir zunächst, wie üblich, von den ökonomischen Schriften das »Hauptwerk« vorgenommen, und da fiel es mir gleich beim Aufschlagen der ersten Seite wie Schuppen von meinen inzwischen ja feministisch geschulten Augen. Der erste Abschnitt heißt tatsächlich: »Das Problem der Reproduktion«. Ja, und wie beginnt Rosa L. ihr ökonomisches Hauptwerk?

»Zunächst ist die regelmäßige Wiederholung der Produktion die allgemeine Voraussetzung und Grundlage der regelmäßigen Konsumtion und damit die Vorbedingung der Kulturexistenz der menschlichen Gesellschaft unter allen ihren historischen Formen.«

Und wohl ohne es selbst zu merken, versetzt sie gleich anschließend der Penelopestory einen Hieb, also dem Märchen, das von den Männern verbreitet wird, die Frauen täten immer das gleiche, das heißt, sie täten eigentlich nichts.

Reproduktion ist »mehr denn bloße Wiederholung«. Sie »umschließt bereits eine gewisse Höhe in der Beherrschung der äußeren Natur durch die Gesellschaft oder, ökonomisch ausgedrückt, eine gewisse Höhe der Produktivität der Arbeit … Erst der Hackbau, die Zähmung der Haustiere und die Viehzucht zu Ernährungszwecken ermöglichen den regelmäßigen Kreislauf von Konsumtion und Produktion, der das Merkmal der Reproduktion bildet«.

Und noch eine andere Märchenerzählung des bürgerlichen Geschichts- und Kulturverständnisses wird gleich zu Beginn abgehakt; die Geschichte vom jagenden Mann als dem eigentlichen Kulturbringer:

»Solange hauptsächlich Jagd oder Fischfang die Grundlage der Existenz der Gesellschaft bildet, ist die Regelmäßigkeit in der Wiederholung der Produktion häufig unterbrochen durch Perioden allgemeinen Hungerns.«[39]

Ganz blindweg-spontan ist übrigens ihre Gewichtung, die Reproduktion und nicht die Produktion in den Mittelpunkt der Analyse von Ökonomie und menschlicher Kulturentwicklung zu stellen, nicht. Schließlich kam Marx auf die Frage der Reproduktion, der regelmäßigen Wiederholung, erst so ziemlich am Schluß des ersten Bandes und dann gründlicher im zweiten Band des »Kapitals« zu sprechen. Bis dahin war allein von der Produktion die Rede. Und schließlich muß der Genossin aufgefallen sein, daß die beiden großen Theoretikerköpfe, Marx und Engels, die menschliche Kulturentwicklung, den Fortschritt, das Zu-sich-Kommen der Menschheit als Menschheit an der Entwicklung des Arbeitsprozesses, der Produktion, ganz für sich genommen maßen. Ihr muß, wie gesagt, geschwant haben, daß sie aus der Reihe der Männerköpfe tanzt, wenn sie mit der Reproduktion und nicht mit der Produktion beginnt, mit der menschlichen Lebenserhaltung und nicht mit dem Produkt, der Ware.

»Reproduktion ist wörtlich genommen einfach Wiederproduktion … und es mag auf den ersten Blick nicht abzusehen sein, worin sich der Begriff der Reproduktion von dem Allgemeinverständlichen der Produktion eigentlich unterscheidet und wozu hierfür ein neuer, befremdender Ausdruck nötig sein soll. Allein gerade in der Wiederholung … des Produktionsprozesses liegt ein wichtiges Moment für sich.«[40]

Nachdem sie sich noch bei François Quesnay und Marx bedankt hat, daß diese beiden – im Unterschied zur sonstigen ökonomischen Wissenschaft – sich überhaupt mit der Frage beschäftigt haben, entwickelt sie dann ihre eigenen Gedanken. In ihrer Sicht der Dinge erscheint der Kapitalismus nicht umstandslos als Stufe des kontinuierlichen Menschheitsfortschritts. Vielmehr gestalte sich hier die Reproduktion *»ganz eigentümlich«*. »Sie ist hier ... außer von allen technischen Bedingungen, noch von der rein gesellschaftlichen Bedingung abhängig, daß nur diejenigen Produkte hergestellt werden ... die einen Profit in bestimmter ... Höhe« bringen.[41] Und das Resultat: »Die Regierungsform des Kapitals ist ... die *Anarchie.*«[42]

Was willst du denn, werden die Marxisten sagen, das ist doch bekannt. Da wiederholt sie doch nur das, was der Genosse schon fünfzig Jahre zuvor in extenso ausgeführt hat. Das war ja gerade sein Thema: daß die Produktion nicht um des Gebrauchswerts, um der Bedürfnisbefriedigung willen vom Kapital in Gang gesetzt wird, sondern wegen der Kapitalverwertung, wegen des Profits. Ob du nun mit der Reproduktion oder der Produktion anfängst, im Endeffekt läuft die Analyse aufs selbe hinaus: Der Kapitalismus ist eine anarchische Produktionsform. Er produziert immer erneut Katastrophen und Krisen.

Ich muß gestehen, dieser Einwand hat mich eine ganze Weile umgetrieben. Dennoch, es kann nicht zufällig sein, daß sie mit der Reproduktion beginnt. Irgendwo müssen da Gewichtsverlagerungen stattgefunden haben. Bei der Auseinandersetzung mit den Reproduktionsschemata im Hauptwerk wird es ziemlich kompliziert. Ich gehe also zunächst mal zurück in ihre »Einführung in die Nationalökonomie«. Und was springt da als erstes in die Augen? Über 130 des circa 250 Seiten umfassenden Werkes widmet sie der Schilderung zielgerichteter gesellschaftlicher Reproduktionsordnungen von den Feuerlandindianern bis hin zum Hof Karls des Großen. In diesen, wie sie es nennt, »wirtschaftsgeschichtlichen Teilen«, in denen sie jeweils bestimmte Thesen der bürgerlichen Wissenschaft als Aufhänger nimmt, handelt es sich keineswegs um eine systematische Darstellung irgendwelcher notwendiger Entwicklungen von der »Tierheit« zur »Menschheit« im

Sozialismus, sondern um die immer erneute Ausbreitung von Anschauungsmaterial über das Leben der Menschen vor dem Kapitalismus. Selbst vor dem absoluten Tabu, den Menschenfressern, macht sie nicht halt. Sie zeigt, daß auch diese Stämme ein durchaus geregeltes und die tägliche Reproduktion aller garantierendes System der Verteilung der Produktion hatten mit komplizierten gesellschaftlichen Normen und Riten. Der Frage »Lohnarbeit und Kapital« widmet sie gerade mal 35 Seiten, und auch da gilt ihr Interesse nicht dem Produktionsprozeß, der Entwicklung der großen Industrie, sondern der Frage: Wie gestalten sich die Reproduktionsbedingungen, die Bedingungen des täglichen Lebens und Überlebens?

Marx beschreibt das große Reich der »Produktivkräfte«, der Industrie und des Austauschs, und seine beiden Kontrahenten: Kapital und Arbeit, Totes und Lebendiges, Produktivkräfte für die einen, Destruktivkräfte für die anderen, Akkumulation des Reichtums, Akkumulation des Elends – ein antagonistisches System, das sich selbst in die Luft sprengen muß, das von denen, die unten sind, mit Notwendigkeit gesprengt werden wird: den lebendigen Arbeitern? Nein, von der »durch den Mechanismus des kapitalistischen Produktionsprozesses selbst geschulten, vereinten und organisierten Arbeiterklasse«. Die Bourgeoisie produziert sie als ihren eigenen Totengräber.

Marx sagt, er habe Hegel auf die Füße gestellt. Ob das so ganz zutrifft, daran habe ich meine Zweifel geäußert. Rosa Luxemburg wenigstens versucht zu zeigen, daß der Kapitalismus eine auf den Kopf gestellte Produktionsweise ist. Auf die Füße kann er nur wieder gestellt werden, wenn die ganze vorkapitalistische Kulturgeschichte der Menschheit rückerinnert wird, wenn deutlich wird, daß der Kapitalismus auf dem Kopf steht. Die elende Lage der Arbeiter – deren entscheidendes Merkmal laut Rosa Luxemburg der absolute Verlust einer kontinuierlichen Lebensplanung und Vorsorge für die Zukunft ist – kann nur dann in ihrer absurden Ungeheuerlichkeit erkannt werden, wenn die *Gesellschaft von außen, von den vorkapitalistischen Kulturen her betrachtet wird:* Die Arbeit hat ihren Zweck nicht mehr in der menschlichen Lebenserhaltung, sondern die

Menschen werden selbst zum Rohstoff, zum Rohmaterial für die Kapitalverwertung degradiert. Das hat es noch nie gegeben, daß die Menschen bloßes Mittel für die schrankenlose Entwicklung der Produktion sind. Soweit meine Einsichtsfähigkeit reicht, erklärt diese These, warum Rosa Luxemburg der Lohnarbeit selbst nur einen vergleichsweise geringen Teil ihres Werkes widmet, warum sie deren Darstellung dauernd mit Beispielen aus »unzivilisierten« oder zumindest »unzivilisierteren«, also unmittelbar vorkapitalistischen, Produktionsweisen untermischt. Den Wahnwitz gilt es im Vergleich darzulegen. Deshalb beschäftigt sie sich mit den »Wilden«, den »Barbaren« und dem »finsteren Mittelalter« auf 130 Seiten ihrer »Einführung in die Nationalökonomie«, also dem Hauptteil dieses Werkes. Entscheidend wichtig für die politische Handlungsfähigkeit der Genossen auf der Parteischule schien ihr wohl die Vermittlung der Erkenntnis, daß die »Zivilisierten« nicht zivilisiert und die »Wilden« nicht wild sind. Wer sich allein auf den Standpunkt der »zivilisierten« Menschheit stellt, steckt mitten drin im Kapitalverhältnis, ist nicht wirklich in der Lage, dessen Anschein der Natürlichkeit, Ewigkeit, Fortschrittlichkeit zu durchschauen.

Der Seltsamkeit der *gesellschaftlichen* Naturkatastrophen im Kapitalismus stellt sie zum Beispiel das Leben eines Stammes von Robbenjägern gegenüber und faßt dann zusammen:

»Dies das Leben eines der tiefststehenden Völker der Erde. Äußerst eng sind hier noch die Grenzen, innerhalb deren Wille und bewußte Ordnung der Wirtschaft walten können. Die Menschen hängen hier noch ganz am Gängelband der äußeren Natur und sind von ihrer Gunst und Mißgunst abhängig. Aber innerhalb dieser engen Grenzen macht sich in dieser kleinen Gesellschaft von etlichen 150 Individuen Organisation des Ganzen geltend. Die Vorsorge für die Zukunft äußert sich erst in der kümmerlichen Gestalt des Vorrats von fauligem Walfischspeck. Aber der kümmerliche Vorrat wird unter bestimmten Zeremonien an alle verteilt, und an der Arbeit der Nahrungssuche beteiligen sich alle gleichfalls unter planmäßiger Leitung.«[43]

Planmäßigkeit, bewußte Organisation, Vorsorge für die Zukunft, Sicherung der täglichen Reproduktion, Ordnung, Regelmäßigkeit, Geltendmachen des Willens gegen die »blinde« Natur, Solidarität, insofern kein Mitglied der Gemeinschaft ohne äußerste Not dem Hunger überlassen wird: Das sind für Rosa Luxemburg entscheidende Elemente der Kulturentwicklung. Der Kapitalismus, diese »wahnsinnige«, »absurde«, verdrehte Produktionsform, muß überwunden werden, um wieder an die Elemente der Menschheitsentwicklung, die in den Stammesgesellschaften herausgearbeitet worden sind, anzuknüpfen. Die Entdeckungen Lewis H. Morgans über die Gentilgesellschaften bestätigen ihre eigenen Vorstellungen.

»Durch die Erweiterung der Horizonte der vorgeschichtlichen Vergangenheit hat er die ganze heutige Zivilisation mit Privateigentum, Klassenherrschaft, Männerherrschaft, Zwangsstaat und Zwangsehe bloß als ... eine winzige, vorübergehende Etappe auf dem großen Kulturvormarsch der Menschheit« dargestellt.[44]

Bis zu Morgans Untersuchungen »begann nämlich das eigentliche, gesittete, das menschenwürdige Leben der Gesellschaft erst mit den Zuständen, die in der geschriebenen Geschichte aufgezeichnet sind. Alles, was zur ›Wildheit‹ und ›Barbarei‹ gehörte, bildete gleichsam nur eine minderwertige, beschämende Vorstufe der Zivilisation, eine halb tierische Existenz, auf die die heutige Kulturmenschheit nur mit gelassener Geringschätzung blicken kann ...«[45]

Auf einer Tagung über Rosa Luxemburg – einem meiner Kollegen, der da referierte, war auch aufgefallen, daß sich Rosa L. in so erstaunlich umfangreicher Weise den alten gemeinwirtschaftlichen Gesellschaften widmet – kam gleich der Anwurf, die Genossin sei da halt ein bißchen romantizistisch gewesen und der Historiker, auf den sie sich bei der Darstellung der germanischen Marktgenossenschaft stütze, sei forschungsmäßig überholt. Nun, ich hatte nichts Romantisches in Erinnerung, habe aber dann noch mal gründlich nachgeblättert. Forschungsstand hin, Forschungsstand her, worauf es ihr ankommt, ist nicht irgendeine rückerinnerndsehnsüchtige Glorifizierung. Sie hält durchaus etwas vom »ökonomischen Fortschritt«, von der »Entwicklung der Produktivität der menschlichen Arbeit«. Sie meint auch an einer Stelle, zusammen mit Marx, diese sei »die Grundlage des ganzen Kulturfortschritts«[46]. Sie reiht sogar den Kapitalismus einmal als eine Sprosse in die viel größere und vorher entstandene menschheitsgeschichtliche Leiter ein. Aber ihre Vorstellung von *»Entwicklung«* ist etwas anders als die von Marx, Engels oder gar der zeitgenössischen Männerfraktion. Schließlich hat sie eine Vorstellung von »der Wirtschaft«, die dem Bild des stetig in die Höhe steigenden Fortschritts widerspricht.

»Die Art und Weise nun, wie ein Volk alle diese Arbeit verrichtet, wie es die hergestellten Güter unter einzelne Mitglieder verteilt, wie es sie verbraucht und in *ewigem Kreislauf des Lebens* von neuem herstellt, all das zusammen bildet die Wirtschaft des gegebenen Volkes.«[47]

Die Kreisbewegung, das Leben, das war doch das Zeichen, unter dem die Frauenarbeit in die Nichtarbeit hinunterdefiniert wurde. Und gerade diesen »ewigen Kreislauf« betrachtet Rosa Luxemburg als das Kennzeichen der »Wirtschaft«, natürlich nur, wenn die Menschen die Sache einigermaßen rationell regeln, also nicht im Kapitalismus. Der »ewige Kreislauf« ist das Vernünftige. Wenn aus der Kreisbewegung heraus und diese nicht zerschlagend auch noch Veränderung, Produktivkraftmehrung stattfindet, dann ist das durchaus Kulturentwicklung, Fortschritt. Aber nicht die aufsteigende Linie, sondern der Kreis, die Reproduktion ist für sie das Entscheidende, und nur beide zusammengenommen ergeben Entwicklung. Anders gesagt: Es gibt kein Leben ohne Sterben.

Zurück zum Thema: zu den kapitalistischen Besonderheiten. Rosa Luxemburg ist gegen dies: die gewalttätige Zertrümmerungsarbeit, die der Kapitalismus gegenüber den Gesellschaften, die er bei seiner Gier nach sachlichen und menschlichen Produktivkräften auf dem Erdball vorfindet, leistet. Darin unterscheide er sich von vorhergehenden Klassengesellschaften. Erst der Kapitalismus habe die Völker der Erde ihres eigenen, historisch entwickelten, produktiven sozial-wirtschaftlichen

Lebens beraubt. Jugend, Erwachsensein, Alter, Tod, neue Kinder, neue Generationen von Wirtschafts- und Gesellschaftsformen, aus den alten heraus geboren – all das schneidet der Kapitalismus einfach ab: in einer Orgie der Gewalt. Nur in den europäischen Kernländern habe er sich wirklich »entwickelt«. Dort sei seine Entstehung gewissermaßen ein Kind der »Zersetzung« der feudalen Produktionsweise, also eines organischen Prozesses im Werden und Vergehen. In der restlichen Welt sei er eine Zerstörungsorgie, eine Verwandlung der vorgefundenen Gesellschaften in »formlose Schutthaufen«, um »ihre Elemente – Arbeitskräfte und Produktionsmittel« aufzusaugen, sich aus ihnen wie ein »Vampir«, wie ein »Polyp« zu nähren. Ausbeutung, Klassengesellschaften, Despotie und Krieg habe es schon vor dem Kapitalismus gegeben. »Die primitive Gesellschaft führt durch ihre eigene innere Entwicklung zur Ausbildung der Ungleichheit und der Despotie. Sie geht aber daran noch nicht zugrunde.«[48] Morgans so schön beschriebene freie und gleiche urkommunistische Stammesgesellschaft finde sich kaum mehr, im »Gegenteil, überall Ungleichheit und Ausbeutung … Produkt der Zersetzungsgeschichte«[49].

»Es war nicht die Hingebung an abstrakte Grundsätze der Gleichheit und Freiheit, was dem Urkommunismus zugrunde lag, sondern die eherne Notwendigkeit der niedrigen Entwicklung der menschlichen Kultur, der Hilflosigkeit der Menschen der äußeren Natur gegenüber, die ihnen das feste Zusammenhalten in größeren Verbänden und das planmäßige, vereinigte Vorgehen bei der Arbeit, bei dem Kampfe um die Existenz als absolute Existenznotwendigkeit aufzwangen. Dieselbe geringe Beherrschung der Natur aber war es andererseits, die zugleich den gemeinsamen Plan und das gemeinsame Vorgehen bei der Arbeit nur auf ein verhältnismäßig ganz geringes Gebiet … beschränkte … Der Krieg war damit als ständige Methode der Lösung von Interessenkonflikten zwischen sozialen Gemeinwesen geschaffen, eine Methode, die solange vorherrschen sollte, bis die höchste Entwicklung der Produktivität der Arbeit, das heißt die völlige Beherrschung der Natur durch den Menschen ihren materiellen Interessengegensätzen ein Ziel setzen wird.«[50]

Nach irgendwelchen Zusammenhängen zwischen geschlechtsspezifischer Arbeitsteilung, männlichem Waffengebrauch, Patriarchat, Krieg und Ausbeutung, auch ohne unmittelbare »materielle Not«, zu suchen, steht ihr fern. Da hat sie überhaupt nichts Feministisches. Da ist sie strikte Marxistin-Materialistin. »Je entwickelter, regelmäßiger, planmäßiger der Arbeitsprozeß der Gesellschaft, um so weniger verträgt er die Unregelmäßigkeiten und die Zeitvergeudung des Kriegslebens … Die Ausscheidung eines Kriegsadels … ist überall der stärkste Stoß, den die soziale Gleichheit der primitiven Gesellschaften auszuhalten hat.«[51]

Unabhängig davon, ob das nun historisch stimmt oder nicht, ein bißchen verschoben ist die marxistisch-materialistische Argumentation auch hier. Erinnern wir uns an Engels: Der Fortschritt der Produktivkräfte führt in Form der Entwicklung eines Mehrprodukts, also von Sachen über das Lebensnotwendige hinaus, zu Krieg, Gewalt, Herrschaft und Unterdrückung. Und dieselbe Entwicklung soll dann dazu führen, daß die Unterdrückung wieder abgeschafft wird. Rosa Luxemburg hat ein etwas freundlicheres Bild von der Menschheit. Die Entwicklung der produktiven Kräfte bedeutet für sie zunächst die Sicherung der Wiederholung der Produktion, die tägliche Reproduktion, die Lebenserhaltung. Und diese der Menschheit unterstellte Vernunft bringt dann auch – leider – Krieg, soziale Ungleichheit, Ausbeutung und Herrschaft hervor. Auch die Meinung von Marx, »der Krieg« sei »die große Gesamtaufgabe, die große gemeinschaftliche Arbeit, die erheischt ist, sei es um die objektiven Bedingungen des lebendigen Daseins zu okkupieren, sei es, um die Okkupation derselben zu beschützen und zu verewigen«, teilt sie nicht.[52] Nein, der Krieg sei die Wurzel der Zerstörung der »Gemeinsamkeit«.

Aber um auf den Kapitalismus zurückzukommen: *»In jeder Hinsicht verhängnisvoll wird für die primitiven Gesellschaftsverhältnisse erst das Eindringen der europäischen Zivilisation. Die europäischen Eroberer sind die ersten, die nicht auf Unterwerfung und wirtschaftliche Ausbeutung der Eingeborenen allein ausgehen, sondern die Produktionsmittel selbst, den Grund und Boden* *aus ihren Händen reißen ...* Es entsteht das, was schlimmer ist als alle Ausbeutung und Unterdrückung: *die völlige Anarchie und die spezifisch europäische Erscheinung: die Unsicherheit der sozialen Existenz.«*[53]

In dieser Bewertung, daß es Schlimmeres gebe als Ausbeutung und Unterdrückung, nämlich die völlige Existenzunsicherheit, schlägt, soweit ich das überblicke, die Tradition ihrer Geschlechtsgenossinnen durch. Denn diese fanden es bedrohlicher, wenn ihre Kinder verhungerten, als wenn Mann und Frau den Buckel krumm machen mußten und sich das Erarbeitete nicht dem vollen Ertrag nach aneignen konnten. Und noch was anderes gerät ihr einfach nicht ins Blickfeld: daß DER MENSCH im Kapitalismus sich nicht in der Arbeit selbst verwirklichen kann. Sie käme nicht wie Marx auf die Idee zu sagen, die »ganze menschliche Knechtschaft sei im Verhältnis DES ARBEITERS zu den Produktionsmitteln einbegriffen«, weil die Baumeistertätigkeit den Menschen gebäre und im Kapitalismus die Arbeiter enthauptet seien. Nein, weder DER MENSCH noch DER sozialistische MENSCH gebiert sich durch die Arbeit. Die Menschen ernähren sich mit ihr, sie ist eine Lebensnotwendigkeit, ein Mittel zum Zweck, das ist vollauf genug. Solidarität, Gleichheit, gemeinsame Planung, also entwickelte menschliche und soziale Lebensformen, haben sich in der »vorgeschichtlichen Zeit« herausgebildet, damit dieser Zweck erfüllt werde. Krieg, Ausbeutung, Klassengesellschaften sind nicht unabhängig von diesem Zweck entstanden, und erst der Kapitalismus hat so getan, als gäbe es diesen sozialen Zweck nicht:

»Das Selbstwachstum des Kapitals erscheint als Anfang und Ende, als Selbstzweck und Sinn der ganzen Produktion. Das Hirnverbrannte *dieser Verhältnisse kommt aber in dem Maße erst zum Vorschein, wie sich die kapitalistische Produktion zur Weltproduktion auswächst. Hier, auf dem Maßstabe der Weltwirtschaft, erreicht das* Absurde *der kapitalistischen Wirtschaft seinen richtigen Ausdruck in dem Bilde einer ganzen Menschheit, die unter furchtbaren Leiden im Joche einer von ihr selbst unbewußt geschaffenen blinden Gesellschaftsmacht, des Kapi-*

tals, stöhnt. Ein Weltteil nach dem anderen … gerät unter die Herrschaft des Kapitals, damit aber verfallen immer neue, ungezählte Millionen der Proletarisierung, der Versklavung, der Unsicherheit der Existenz, kurz, der Verelendung. Die kapitalistische Weltwirtschaft bedeutet immer mehr die Anspannung der ganzen Menschheit zu schwerer Arbeit unter zahllosen Entbehrungen und Leiden, unter physischer und geistiger Degradation zum Zwecke der Kapitalanhäufung. Die kapitalistische Produktionsweise hat das Eigentümliche, daß für sie die menschliche Konsumtion, die in jeder früheren Wirtschaftsform Zweck war, nur ein Mittel ist, das dem eigentlichen Zweck dient, der Anhäufung von Kapital.«[54]

Begeisterungsrufe wie die von Marx in den »Grundrissen der Kritik der politischen Ökonomie« oder in der »Deutschen Ideologie« über die Funktion des Weltmarkts bei der »Entfaltung des Reichtums der Bedürfnisse«, beim »Niederreißen der Schranken, die die Entwicklung der Natur- und Geisteskräfte hemmen«[55], bei der Herstellung des »universellen Austauschs«, bei der Entwicklung der »Genußfähigkeit durch die Entwicklung der totalen Weltgesellschaft«[56] – solche Begeisterungsrufe gehen ihr nicht über die Lippen.

Konzentration und Zentralisation des Kapitals, die ja bekanntlich für Bolschewiki und Sozialdemokraten als ein so willkommenes Geschenk für die Übernahme der Wirtschaft durch die zentral planenden Köpfe erschienen, interessieren Rosa Luxemburg grundsätzlich nicht. Die militaristischen Züge, die sie bei der Organisation der Großproduktion entdeckte, haben sie wohl abgeschreckt. Aber auch sie setzt in das, was der Kapitalismus da produziert hat, Hoffnungen, nämlich daß die »Kette der politischen und sozialen Katastrophen … die Rebellion des internationalen Proletariats zur Notwendigkeit machen werde«. *»Auf einer gewissen Höhe der Entwicklung kann dieser Widerspruch nicht anders gelöst werden als durch die Anwendung der Grundlagen des Sozialismus – derjenigen Wirtschaftsform, die zugleich von Hause aus Weltform und in sich ein harmonisches System, weil sie nicht auf die Akkumulation, sondern auf die Befriedigung der Lebensbedürfnisse der arbeiten-*

den Menschheit selbst durch Entfaltung *aller Produktivkräfte des Erdrundes gerichtet sein wird.«*[57]

Davon also träumte Rosa Luxemburg, anders gesagt, dafür kämpfte sie. Was das ist, der »Sozialismus als Weltform«, darüber hat sie sich nicht weiter ausgelassen. Die Entwicklung von Krieg und Klassengesellschaften aus dem Schoße der alten Stammesgesellschaften und gemeinwirtschaftlichen Produktionsformen, die Feindlichkeit und Fremdheit zwischen den – in sich zunächst solidarisch organisierten – urkommunistischen Gemeinwesen, das erschien ihr als die entscheidende Schranke, auf die diese Gesellschaften in der Auseinandersetzung mit der Natur um die Sicherung der täglichen Reproduktion stießen. Die Möglichkeit und Notwendigkeit der Aufhebung dieser Schranken der Menschheitsentwicklung durch den Widerstand gegen die gewalttätig-anarchische Form, in der der Kapitalismus die Grenzen zwischen den Völkern zerstörte, schien ihr der Schlüssel zur Lösung des Problems, aus dem heraus Krieg, Feindlichkeit, Ausbeutung, Klassenherrschaft, Männerherrschaft »naturwüchsig« entstanden waren: Die *Entfaltung* der Produktivkräfte des Erdrundes durch eine solidarisch verbundene Menschheit, welche die *eigentümliche* kapitalistische Zwischenphase beendet und »den Zweck (den Menschen)« wieder »über das Mittel (die Produktion)« stellen würde, das erschien ihr als historische Möglichkeit und vor allem als Notwendigkeit, wenn die Gesellschaften nicht im Katastrophenstrudel der kapitalistischen Gewalttätigkeit und Anarchie untergehen wollten. Um kurz zu sagen, was ich dazu meine: Was die Notwendigkeit angeht, so hat sie wohl recht gehabt. Was die Möglichkeit angeht, so vertraute sie »dem internationalen Proletariat« wohl ein bißchen leichtfertig. Floskelhaft wird es in den »ökonomischen« Schriften immer erneut beschworen. Doch auch hier finden sich Variationen zum sonst gängigen Begriff: Sie meinte damit keineswegs nur die Fabrikarbeitsmänner. Schon früh hat sie warnend den Finger gegenüber Sozialdemokratie und Gewerkschaften erhoben:

»Es ist überhaupt im letzten Jahrzehnt þ nicht ohne Einwirkung der aufsteigenden Gewerkschaftsbewegung – eine Art Mißbrauch

geworden, immer einseitig den Industriearbeiter herauszukehren, von der ›Hebung der Arbeiterschaft‹ zu sprechen und dabei das alte Kampfwort von der ›Befreiung der Arbeiterklasse‹ ganz zu vergessen. Unsere geistigen Vorkämpfer haben nicht soviel von der ›Arbeiterschaft‹ geredet, um so mehr vom Proletariat. *Zum Proletariat gehört wohl in erster Linie die Lohnarbeiterschaft als die ausgebeutete und unterdrückte Klasse sans phrase; dazu gehören aber auch Bevölkerungsschichten mit ökonomisch zwieschlächtigem Charakter, wie Kleinbürger und Kleinbauern, die, insoweit sie proletarische Interessen gegen ihre Ausbeuter und gegen die Klassenherrschaft des Staates haben, sehr wohl in die Agitation der Sozialdemokratie mit inbegriffen und in der gesetzgeberischen Tätigkeit der Partei vertreten werden können.«*[58]

Die »Arbeiterschaft« als solche, als Verkäuferin ihrer Arbeitskraft, die per Gewerkschaften mit diesem Eigentum auf den Warenmarkt geht, also die »Arbeitskräfte« seien überhaupt kein verläßlicher Garant.

In England zeige sich, »daß die Arbeiterbewegung nicht notwendig sozialistisch verläuft«. Andere Gesellschaftsschichten würden in diesem Land viel konsequenter die sozialistische Idee vertreten. In Deutschland lähme der gewerkschaftliche »Überökonomismus«, nämlich »der Gedanke, durch einheitliche Zusammenfassung aller gewerkschaftlichen Bestrebungen die rein wirtschaftlichen Ziele der Bewegung in ungeahnter Weise ihrem Ziele näher zu bringen«.[59]

Ja, die Genossin bringt alles durcheinander. Keine ordentliche ökonomische Theorie über fortschrittliche und reaktionäre Produktivkräfte und Klassen. Ihr Biograph Peter Nettl stellt fest, sie habe keine »Theorie« gemacht, denn eine solche müsse »logisch widerspruchsfrei« sein.[60] Sie freut sich nicht darüber, daß die große Industrie über Kleinbürger und Kleinbauern hinwegmarschiert. Sie teilt überhaupt nicht die Meinung, die Fabriken seien ganz automatisch die Produktionsstätten von Sozialdemokraten. Sie kennt keine »fortschrittliche Klasse« per se. Proletariat, das sind für sie alle diejenigen, die sich gegen den Kapitalismus zur Wehr setzen. Nicht die Ökonomie, sondern die Praxis entscheidet über die Zugehörigkeit zum Proletariat. Nicht der definierende Kopf produziert mit begrifflicher Festlegung, wer dazu gehört und wer nicht, sondern die Leute selbst, die Ausgebeuteten und Unterdrückten, entscheiden durch ihr Handeln, ob sie Proletarier sind; und Proletarier, Sozialist sein, das heißt: den Menschen zum Zweck und die Produktion zum Mittel zu setzen, die Rebellion gegen Verhältnisse, die den Menschen zum bloßen Mittel degradieren, zum Mittel für die »schrankenlose Entwicklung der Kapitalakkumulation«. Und dagegen zieht sie immer von neuem los. Daß eine rebellische sozialistische Partei auf die Idee kommen könnte, den Menschen ebenfalls zum bloßen Mittel für die »schrankenlose Entwicklung« zu machen, war ihr wohl so absolut fremd, daß sie in diesem Punkte gegenüber den Bolschewiki einfach blind blieb. Über die Rechnereien der reformistischen Fraktionen der Sozialdemokratie, die anhand der Marxschen Reproduktionsschemata dem Kapital und der Arbeiterklasse beweisen wollten, daß sie sich schrankenlos ausdehnen könnten, gemeinsam, wenn ein paar leichte Korrekturen an den Regelungsmechanismen vorgenommen würden, hat sie um so mehr ihren Hohn und Spott ausgegossen. Das Zweiklassenschema hat sie Marx noch milde nachgesehen, den Kollegen von der Sozialdemokratie nicht mehr. Otto Bauer habe »im Eifer der theoretischen Spintisiererei über das Marxsche Schema nicht bemerkt, was jedes Kind weiß«. Und was weiß jedes Kind?

»In Wirklichkeit gibt es in allen kapitalistischen Ländern, auch in denen der höchstentwickelten Großindustrie, neben kapitalistischen Unternehmen im Gewerbe und in der Landwirtschaft noch zahlreiche handwerksmäßige und bäuerliche Betriebe, die einfache Warenproduktion betreiben. In Wirklichkeit gibt es neben alten kapitalistischen Ländern noch in Europa selbst Länder, in denen bäuerliche und handwerksmäßige Produktion bis jetzt sogar stark überwiegen, wie Rußland … Und endlich gibt es … ganze Kontinente, auf denen die kapitalistische Produktion erst auf wenigen zerstreuten Punkten Wurzeln geschlagen hat.«[61]

Diese Wirklichkeit, die der Lieblingsgegner der Genossin, Eduard Bernstein, auch gesehen hat, nimmt sie nun nicht wie dieser zum Anlaß, der bürgerlichen Klasse die Hand zum Bündnis zu reichen, weil der Kapitalismus ja noch gar nicht reif für den Sozialismus sei, alles noch zu zerstreut für eine ordentliche sozialistische Planung von oben herab und die Proletariermassen in den Fabriken noch nicht massenhaft genug. Das ist, wie gezeigt, überhaupt nicht ihr Problem. Ihr Problem sind *Gewalt, Militarismus, Anarchie,* und da die Kleinbauern und Kleinbürger genauso wie die Arbeiter davon betroffen sind, hätten sie eigentlich hinreichend Gründe, Proletarier zu werden, durch Praxis:

»Je energischer das Kapital den Militarismus gebraucht, um die Produktionsmittel und Arbeitskräfte nichtkapitalistischer Länder und Gesellschaften durch die Welt- und Kolonialpolitik sich selber zu assimilieren, um so energischer arbeitet derselbe Militarismus daheim, in den kapitalistischen Ländern dahin, den nichtkapitalistischen Schichten dieser Länder, d.h. den Vertretern der einfachen Warenproduktion, sowie der Arbeiterklasse fortschreitend die Kaufkraft zu entziehen, d.h. die ersteren immer mehr der Produktivkräfte zu berauben, die letztere in ihrer Lebenshaltung herabzudrücken, um auf beider Kosten die Kapitalakkumulation gewaltig zu steigern.«[62]

Aber wie gesagt, wer Proletarier ist, erweist auch hier nicht die begriffliche Definition dessen, was alles ausgebeutet und unterdrückt ist, sondern die Praxis. Und da finden sich, wie Rosa L. immer mal wieder traurig feststellt, die kleinbürgerlichen Schichten halt häufig im Lager des »Nationalstaats«, der sich aufs weltweite »Zivilisierungswerk« etwas einbildet. Ein Lager übrigens, in dem sich auch der Genosse Bernstein befindet, was wohl wiederum kein Zufall ist. Bernstein Originalton: *»Wir werden bestimmte Methoden der Unterwerfung der Wilden verurtheilen und bekämpfen, aber nicht, daß man Wilde unterwirft und ihnen gegenüber das Recht der höheren Kultur geltend macht.«*[63]

Ja, so fügt sich fast alles logisch widerspruchslos zusammen. Und weil die Genossin Luxemburg einen auch nur einigermaßen glaubwürdigen Antimilitarismus nur bei den Arbeitermassen findet, auch wenn sie ihn, wie gezeigt, für absolut mangelhaft hält, aber besser als nichts, deshalb kann sie mit dem Bündnis zwischen der Sozialdemokratie und den bürgerlichen Parteien halt nichts anfangen. Auf den Nationalstaat soll sich die Arbeiterbewegung nicht festklopfen lassen, das wäre der Anfang vom Ende: wie gesagt, nicht auf den Nationalstaat, nicht auf die höhere Kultur, nicht auf die »Zivilisation« und nicht auf die »Ware Arbeitskraft«. Sich in diesen Punkten nicht von der Bourgeoisie über den Tisch ziehen zu lassen, dazu sei, wie sie meint, die Marxsche Theorie ein ordentlicher Ariadnefaden, ja, eine Waffe im Kampf, eine Erkenntnis, die das Handeln leiten könne. Denn das habe Marx schließlich gezeigt: Es kann nicht gutgehen mit dem Kapitalismus. Oder: Die Richtung des ökonomischen und politischen Prozesses: Anarchie, Katastrophen. Heute erkennst du diese Richtung, wenn du hinsiehst, was der Kolonialismus weltweit anrichtet. Wenn du nicht hinsiehst, wenn du dich als Zivilisierter gegenüber den Wilden betrachtest, dann siehst du auch nicht, daß dir die »Zivilisation« als Krieg im eigenen Haus auf den Kopf fallen wird. Marx hat die Sache zwar auch nicht ganz richtig gesehen, er hat nicht erkannt, von was allem sich das Kapital nährt, hat gemeint, die Arbeiter in den Fabriken allein nährten es. An dem Punkt hat er einen Fehler gemacht. Aber heute sehen wir ganz genau, daß das nicht stimmt. Und die Anarchie, die hat der alte Genosse doch richtig prognostiziert. Und wir besitzen ja auch eine uralte und bewährte Methode, eine menschheitsgeschichtliche Entwicklung der *Vernunft*, nämlich zu handeln angesichts der *Einsicht in die Wirklichkeit.* Schließlich haben, Naturbeherrschung hin, Naturbeherrschung her, die uralten Sammlerinnen ihre Körbe auch nicht mit Giftpilzen gefüllt, um davon das Abendessen zu bereiten. (Den letzten Satz habe ich hinzugefügt.) Schließlich ist der Kopf nicht für Kopfgeburten gemacht, sondern fürs einigermaßen bewußte Handeln, unter Ansehung der Realität, nicht unter Absehung von ihr. Kurz und gut: Die Frauen haben auch einen Kopf, die »Wilden«, die »Barbaren«, die Kleinbauern, alle haben Köpfe. Der Kopf ist nicht erst eine Erfindung der »Zivilisation« und kein Privileg der weißen Rassemänner, ganz im Gegenteil. Der Kopf bedeutet für die Genossin halt nicht nur: Idee, Unterwerfung bei Beachtung der Naturgesetze, Produkt, sondern auch: genau hinsehen, was läuft, wie es läuft, welche Richtung Prozesse nehmen, und dann handeln, nicht befangen sein in den sogenannten »Fakten« des nächsten Tages, sondern das Ganze sehen, die Zukunft, den Punkt, wohin es treibt; vorsorgendes Handeln, das über die Beachtung des nächsten Tages hinausläuft. Der Kopf, der ist nicht nur für die Baumeistertätigkeit, für den Fortschritt, für die »Naturbeherrschung« – ein Begriff, den Rosa Luxemburg übrigens ansonsten unbefangen benutzt – da, sondern vor allem für die Erkenntnis der sozialen Wirklichkeit als einen Prozeß, der nicht von oben kontrolliert, sondern innerhalb dessen gehandelt wird.

Noch einmal zusammengefaßt: Im allgemeinen Bewußtsein ist verankert, daß Rosa Luxemburg im Anschluß an Engels darauf bestand, nicht allein der Sozialismus, sondern auch die Barbarei sei ein mögliches historisches Resultat. Nicht bemerkt wurde dabei, daß sich ihr Begriff von Barbarei vom bürgerlich-sozialistischen unterschied. Sie sah darin nicht einfach eine der »Zivilisation«, also der Ära der Naturbeherrschung vorhergehende Gesellschaftsformation, sondern Krieg, Zerstörung und Brutalisierung der Gesellschaft. »Geschändet, entehrt, im Blute watend, von Schmutz triefend – so steht die bürgerliche Gesellschaft da, so ist sie. Nicht wenn sie, geleckt und sittsam, Kultur, Philosophie und Ethik, Ordnung, Frieden und Rechtsstaat mimt – als reißende Bestie, als Hexensabbat der Anarchie, als Pesthauch für Kultur und Menschheit, so zeigt sie sich in ihrer wahren, nackten Gestalt.«[64]

Die dem Kapitalismus vorhergehenden Gesellschaftsformationen sind für sie nicht einfach bloße Formen der »Unentwickeltheit«, sondern »historisch gleichberechtigte Typen der Wirtschaft … bestimmte historische Individuen für sich«[65].

Die »Produktivkräfte« sind für sie nicht neutral. Sie sind in ihren konkret-kapitalistischen Formen immer gleichzeitig Destruktivkräfte: Armee und Fabrik – die gleiche Organisationsform, Maschinen und Kanonen, »Lebensmittel und Todesmittel«. Der Militarismus ist das Hauptübel, der Kampf gegen den drohenden Krieg ist der wichtigste Kampf.

Und noch eins zum Abschluß dieses Kapitels, um den Geschlechtsgenossinnen, die meinen, trotz allem könnten wir uns nicht auf Rosa Luxemburg berufen, die Zitatensuche zu ersparen: »Nur aus Europa, nur aus den ältesten kapitalistischen Ländern kann, wenn die Stunde reif ist, das Signal zur menschenbefreienden sozialen Revolution ausgehen. Nur die englischen, deutschen, französischen, belgischen, russischen, italienischen Arbeiter gemeinsam können die Armee der Ausgebeuteten und Geknechteten der fünf Weltteile voranführen. Nur sie können, wenn die Zeit kommt, für die jahrhundertealten Verbrechen des Kapitalismus an allen primitiven Völkern, für sein Vernichtungswerk auf dem Erdenrund, Rechenschaft fordern und Vergeltung üben.«[66]

Martha Mamozai faßt, nachdem sie die Genossin als rühmliche Ausnahme von der Restsozialdemokratie zunächst gelobt hat, zusammen: »Über den Anspruch, die ›wilden‹, ›unzivilisierten‹, ›primitiven‹ Völker zu führen, herrschte also Übereinstimmung in der So-zialdemokratie.«[67]

Ich lasse das so stehen. Jede und jeder mag sich einen Vers darauf machen.

Und noch eine zweite Schlußbemerkung: Nach meiner eigenen Entdeckungsreise durch Rosa Luxemburgs Werke habe ich mit Freude gesehen, daß schon vor mir meine Geschlechtsgenossinnen aus dem feministischen Lager herausgefunden haben: Auf Rosa Luxemburg können wir uns berufen.

»Rosa Luxemburg, die sich paradoxerweise auch nicht darüber klar war, daß sie in ›Die Akkumulation des Kapitals‹ zur Frauenfrage geschrieben hat, hat einen Großteil der heutigen Diskussion bereits vorweggenommen … Wer sind diese ›nicht‹-kapitalistischen Produzenten, solche, die also nicht Waren für Lohn produzieren? Es ist die Mehrheit: Hausfrauen in der ganzen Welt, Subsistenzbauern beiderlei Geschlechts vor allem in der zweiten und Dritten Welt und das Heer männlicher und weiblicher ›Marginalisierter‹ vornehmlich ebenfalls in der Dritten Welt. Leider war Rosa Luxemburg bei den Bauern stehengeblieben.«[68]

Kleiner Exkurs für Marxismus-Ökonomie-Experten

Ich sehe, ich kann es doch nicht lassen. Das wissenschaftliche Gewissen schlägt. Ich höre den Experteneinwand: Das ist ja alles gut und schön, aber du drückst dich um die Hauptsache, das, was der Frau Luxemburg den Ruf einer marxistischen Ökonomin eingebracht hat: ihre Auseinandersetzung mit den Reproduktionsschemata von Marx. Und ich füge gleich hinzu, der Ruf ist bekanntlich ein zweifelhafter, weil er fortläuft in die Anschuldigungen: Ökonomistin, Deterministin, kurz: Sie habe eben doch nichts von der menschlichen Praxis gehalten, sondern konstruiere eine Zusammenbruchstheorie, nach welcher die ökonomischen Gesetze schon ganz automatisch das Entscheidende tun würden. Und ich muß gestehen, in der Tat, ihre Fähigkeit zur munteren Kritik an der Lust zu abstrakter Spekulation ist ihr, was sie selbst betrifft, an einer Stelle abhanden gekommen:

»In der freien Luft der abstrakten logischen Analyse lassen sich die absolute Unmöglichkeit und die sichere Niederlage sowie die vollkommene Möglichkeit und der zweifellose Sieg des Massenstreiks mit genau derselben Kraft beweisen. Und deshalb ist der Wert der Beweisführung in beiden Fällen derselbe, nämlich gar keiner.«[69]

Hätte sie das doch nur auch als »Ökonomin« ernst genommen! Denn ihr eigenes Hauptargument, der historische, handfeste, greifbare Kapitalismus bestehe nicht nur aus Kapitalisten und Arbeitern und sei, wie jeder Blick in die Zeitung zeige, auf das »nichtkapitalistische Milieu« angewiesen, hätte eigentlich, ein bißchen weitergesponnen, hingereicht. Aber da war wohl ein ganz entscheidender Haken. Sie war Marxistin, und sie mußte schließlich beweisen, daß es nicht am technischem Fortschritt an sich, sondern allein an seiner kapitalistischen Form liege, daß so ausraubend und zerstörerisch mit der historisch gewordenen Menschheit umgegangen wurde. Ihre »Einführung in die Nationalökonomie« hatte sie mit der »Einsicht« beendet:

»An sich kennt diese Ausdehnungsmöglichkeit der kapitalistischen Produktion keine Grenzen, weil der technische Fortschritt und damit auch die Produktivkräfte der Erde keine Grenzen haben. Allein dieses Ausdehnungsbedürfnis stößt auf ganz bestimmte Schranken, nämlich auf das Profitinteresse des Kapitals.«[70]

Das marxistische Dogma saß im Kopf. Ein technischer Fortschritt ohne Waffen, ohne Militarismus, ohne Fabriken mit Armeeorganisation wäre ihr schon recht gewesen. Ansonsten hat dieser sie nicht weiter interessiert, außer daß sie meinte, er sei schon nötig für die bessere Befriedigung der Bedürfnisse. Kolonialismus und Imperialismus waren für sie Hauptverbrechen, auf die Seite der rebellierenden Arbeiter schlug sie sich, etwas anderes entdeckte sie nicht am Horizont, die Versöhnungsversuche der Reformisten mit der Bourgeoisie lehnte sie ab. Also: Es mußte an der kapitalistischen Form liegen und an sonst gar nichts. Die schrankenlose Rücksichtslosigkeit der Kapitalakkumulation mit ihren militaristischen Ausgeburten, wo hatte sie ihre »causa prima«, ihre letzte Ursache? Die Frage fand sie doch wichtig, und mit ihr hat sie sich aufs Terrain der »ökonomischen Theorie« begeben – und ist, soweit ich es überblicke, ausgerutscht. Dabei war sie doch erstaunlich nahe dran am Problem. Immer wieder macht sie sich lustig über die Vorstellung vom Kapitalismus als einem Perpetuum mobile in der blauen Luft, was so fort und fort Produktivkräfte und Produkte aus sich heraussprudeln könne, gewissermaßen ohne jede stoffliche Zutat und schrankenlos. An diesem Punkt weist sie ihre reformistischen Mitstreiter in den allerschönsten Worten immer erneut zurecht. Aber sie konnte anscheinend nicht umhin, die Sache auch »wissenschaftlich« – werttheoretisch – beweisen zu wollen. Im ersten Band des »Kapitals« fand sie keinen Anhaltspunkt, außer daß die Sache mit der ursprünglichen Akkumulation, die dann irgendwann nicht mehr nötig sei, nicht stimme. Im zweiten Band kamen die Reproduktionsschemata. Und: Reproduktion, das war doch auch ihr Problem. Also begann sie zu rechnen, wobei sie sich dann selbst in alle möglichen Widersprüche verwickelte. Die Reproduktionsschemata hätten mit der historischen Realität des Kapitalismus nichts zu tun! Ja, aber wenn das so ist, warum versucht sie dann innerhalb derselben, auf der von ihr selbst als spekulativ erkannten, rein logischen Ebene, dem alten Genossen am Zeug zu flicken? »Der Wert der Beweisführung ist in beiden Fällen der gleiche, nämlich keiner.« Die Einsicht hat plötzlich versagt. Und in der »blauen Luft« kommt sie zu einem Ergebnis, zur These von den mangelnden Möglichkeiten der Realisierung des Mehrwerts ohne nichtkapitalistisches Milieu, die sie, von der logischen zur historischen Analyse übergehend – also ins Auge fassend, welcher Faktenberg da auf sie zukommt –, dann auch glatt widerruft: Die Sache mit der Realisierung sei gar nicht so wichtig: »Die kapitalistische Produktion ist von Anbeginn an in ihren Bewegungsformen und -gesetzen auf die gesamte Erde als Schatzkammer der Produktivkräfte berechnet. In diesem Drang nach Aneignung der Produktivkräfte zu Zwecken der Ausbeutung durchstöbert das Kapital die ganze Welt, verschafft sich Produktionsmittel aus allen Winkeln der Erde, errafft und erwirbt sie von allen Kulturstufen und Gesellschaftsformen. Die Frage der sachlichen Elemente der Kapitalakkumulation, weit entfernt, durch die sachliche Gestalt des kapitalistisch produzierten Mehrwerts bereits gelöst zu sein, verwandelt sich vielmehr in eine ganz andere Frage: Zur produktiven Verwendung des realisierten Mehrwerts ist erforderlich, daß das Kapital fortschreitend immer mehr den gesamten Erdball zur Verfügung hat, um in seinen Produktionsmitteln quantitativ und qualitativ unumschränkte Auswahl zu haben.«[71]

Und sie faßt zusammen:

»Der kapitalistische Produktionsprozeß ist durch alle seine Wert- und Sachbeziehungen: *konstantes Kapital, variables Kapital und Mehrwert an nichtkapitalistische Produktionsformen gebunden.«*[72]

Zwischendurch hatte sie Marx noch einen Hieb versetzt: Sein Glaube, das »natürliche Bevölkerungswachstum« werde schon die nötigen Arbeitskräfte für die schrankenlosen Bedürfnisse des Kapitals besorgen, sei fern der Realität. Auch die vom Kapital selbst zyklisch immer erneut produzierte industrielle Reservearmee reiche nicht hin.[73] Nein, es brauche die Arbeitskräfte der ganzen Erde, so wie es die Produktionsmittel der ganzen Erde sich zu subsumieren suche. Der Drang nach Aneignung zum Zwecke der Ausbeutung sei das Entscheidende, und der kenne keine Grenzen. Nur angemerkt sei, daß sie an späterer Stelle dann zur Abwechslung mal wieder den Genossen Bauer beschimpft, weil er den Imperialismus mit Mangel an Arbeitskräften erklärt.[74]

An der zitierten Stelle allerdings begnügt sie sich damit, einen anderen ökonomischen Theoretiker zu ermahnen:

»Dieses Verhältnis erschöpft sich nicht durch die nackte Frage des Absatzmarktes für das ›überschüssige Produkt‹, wie das Problem von Sismondi und den späteren Kritikern … der kapitalistischen Akkumulation gestellt wurde.«[75]

Geschickt: Ihre eigenen Spekulationen schiebt sie schnell mal eben dem armen Sismondi allein in die Schuhe. In der Begeisterung darüber, ohne große Hirngymnastik die These gefunden zu haben, unter welcher sich alle historischen Erscheinungen, die sie ja nun des langen und breiten darlegt, zusammenfassen lassen, wälzt sie ihre Abstraktionen auf ihn ab. Aber das wissenschaftliche Gewissen regt sich dann doch wieder, und sie macht eine kopfgymnastische Übung, über die sie, hätte der Genosse Bauer oder Bernstein sie vorgeführt, hohnlachend hergefallen wäre.

»Freilich zeigten Sismondi und seine Nachfolger einen richtigen Instinkt … wenn sie die Schwierigkeiten einzig und allein auf die Realisierung des Mehrwerts reduzierten. Zwischen den Bedingungen dieser letzteren und den Bedingungen der Erweiterung des konstanten und des variablen Kapitals in ihrer Sachgestalt besteht ein wichtiger Unterschied … An sich wäre der kapitalistischen Produktion z.B. auch mit kapitalistisch betriebenen Kautschukplantagen … gedient. Aber die tatsächliche Vorherrschaft nichtkapitalistischer Gesellschaftsverhältnisse in den Ländern jener Produktionszweige ergibt für das Kapital die Bestrebung, jene Länder und Gesellschaften unter seine Botmäßigkeit zu bringen … Anders die Realisierung des Mehrwerts. Diese ist von vorn-

herein an nichtkapitalistische Produzenten und Konsumenten als solche gebunden. Die Existenz nichtkapitalistischer Abnehmer des Mehrwerts ist also direkte Lebensbedingung für das Kapital und seine Akkumulation, insofern also der entscheidende Punkt im Problem der Kapitalakkumulation.«[76]

Was soll das plötzlich: »an sich«, »als solche«? Wo bleibt die Kraft des eigenen Spottes: »Bei reiflicher Überlegung ist die Geschichte auch ohne den Kapitalismus denkbar. Schließlich ist das Sonnensystem auch ohne den Erdball denkbar ...! « Auf der einen Seite zitiert sie immer erneut die historische Realität als Beweis gegen die Spekulationen logisch-analytischer Art. Und jetzt macht sie plötzlich einen feinen Unterschied, um ihre eigenen Spekulationen zu retten. Auch ohne Blick auf die Geschichte läßt sich rein logisch beweisen, daß es mit dem Kapitalismus nicht gutgehen kann: durch Rechenkunststücke – in der Tat, eine richtige Kopfgeburt, auf die im Detail einzugehen ich nicht beabsichtige.

Eines der Gegenargumente sage ich einfach noch einmal mit ihren eigenen Worten.

»Ein wesentliches Mittel im Drange des Einzelkapitals nach Erhöhung der Profitrate ist das Bestreben nach Verbilligung der Elemente des konstanten Kapitals. Die unaufhörliche Steigerung der Produktivität der Arbeit *andererseits als wichtigste Methode zur Steigerung der Mehrwertrate* schließt die schrankenlose Nutzbarmachung aller von Natur und der Erde zur Verfügung gestellten Stoffe und Bedingungen ein und ist an eine solche gebunden. *Das Kapital verträgt in dieser Hinsicht seinem Wesen und seiner Daseinsweise nach keine Einschränkung.«*[77]

Das gefällt mir. Ich meine, das Argument. Aber ich frage mich: Wie sähe denn ein »Sozialismus« aus, der die »Produktivität der Arbeit« unaufhörlich zu steigern sucht?

Das wäre also geschafft. Die Ökonomie. Was mir – im Vergleich zu Marx – wichtig war, habe ich klarzulegen versucht. Und um noch einmal den Faden zum ersten Teil meiner Überlegungen zu Rosa Luxemburg zu spannen: Ich bin der Auffassung, daß sie dem Problem, das Marx mit seiner Theorie vom tendenziellen Fall der Profitrate meines Erachtens ein beträchtliches Stück weit verfehlt hat, näher gekommen ist. Welchem Problem? Die Sache mit dem Sozialismus könne schwierig werden, wenn dem Kapitalismus Zeit gelassen würde, alles zu zertrümmern, was er auf dem Erdrund vorfindet, alle gewordenen Gesellschaften, die ganze Erde, die ganzen Menschen – wenn es ihm gelingen würde, all das in Rohstoffe für seine Akkumulation zu verwandeln. Und der andere, damit zusammenhängende Punkt: Sie hat eine ganz andere Auffassung von der Rolle der Gewalt in der Geschichte. Anders gesagt: Sie hat etwas dagegen. Die Gewalt ist für sie nicht letztendlich immer eine Produktivkraft, und sie ist auch nicht nur eine kapitalistische Geburtswehe.

»Die Akkumulation hat somit als Ganzes, als konkreter historischer Prozeß, zwei verschiedene Seiten. Die eine vollzieht sich in der Produktionsstätte des Mehrwerts, in der Fabrik, im Bergwerk, auf dem landwirtschaftlichen Gut – und auf dem Warenmarkt. Die Akkumulation ist, von dieser Seite her betrachtet, ein rein ökonomischer Prozeß, dessen wichtigste Phase zwischen dem Kapitalisten und dem Lohnarbeiter sich abspielt, der sich aber in beiden Phasen: im Fabrikraum wie auf dem Markt, ausschließlich in den Schranken des Warenaustausches, des Austausches von Äquivalenten, bewegt. *Friede, Eigentum und Gleichheit* herrschen hier als *Form*, und es bedurfte der scharfen Dialektik einer wissenschaftlichen Analyse, um zu enthüllen, wie bei der Akkumulation Eigentumsrecht in die Aneignung fremden Eigentums, Warenaustausch in Ausbeutung, Gleichheit in Klassenherrschaft umschlagen. Die andere Seite der Kapitalakkumulation vollzieht sich zwischen dem Kapital und den nichtkapitalistischen Produktionsformen. Ihr Schauplatz ist die Weltbühne. Hier herrschen als Methoden Kolonialpolitik, internationales Anleihesystem, Politik der Interessensphären, Kriege. Hier treten ganz unverhüllt und offen *Gewalt, Betrug, Bedrückung, Plünderung zutage*, und es kostet Mühe, unter dem Wust der politischen Gewaltakte und Kraftproben die strengen Gesetze des ökonomischen Prozesses aufzufinden.«[78]

Die Mühe hat sie sich also gemacht. Die Gewalt hat einen ökonomischen Grund, aber damit ist sie nicht auch schon produktiv. Begründet die SPD-Reichstagsfraktion ihre Zustimmung zu den Kriegskrediten im August 1914 unter anderem mit dem Argument, der Weltkrieg könne eine großartige Aufklärungskampagne sein, er könne der Menschheit die Augen für die Notwendigkeit des Weltfriedens und des Sozialismus öffnen, so war Rosa Luxemburg demgegenüber der Ansicht, er werde die sozialdemokratische Arbeit der letzten Jahrzehnte zugrunde richten, die klassenbewußten Proletarier auf den Schlachtfeldern sterben lassen, die produktiven Kräfte vernichten, so daß die Chancen für eine sozialistische Gesellschaft im »Greuel aller Greuel« zu verschwinden drohten. Sie hatte damit schließlich recht. Denjenigen Interpreten ihrer Werke, die meinen, sie hätte in allem Unrecht gehabt, hält Oskar Negt entgegen, sie stellten sich auf den Standpunkt des Siegers. Ich meine, nicht einmal das trifft zu, denn letztendlich wird es überhaupt keine Sieger geben.

Sie war eine Frau, die Politik macht

Rosa Luxemburg war eine praktische Frau, sie war keine Arbeiterin, sie war keine Bäuerin, sie war keine Professorin für Nationalökonomie, sie war praktisch tätig in der Sozialdemokratie, und wenn sie schon einen Titel haben soll: Sie war eine Frau, die Politik macht. Das war ihr eigentliches Terrain, da lagen ihre Leidenschaften, da drückte sie sich viel unbefangener und deutlicher aus, da kannte sie sich aus und brauchte nicht erst in die Bücher zu gucken, um zu wissen, wie es läuft. Sie war mittendrin in den Auseinandersetzungen mit dem Gegner, sie kannte die Genossen von Angesicht zu Angesicht, sie sah, wie sie agierten, und hatte damit eine Menge Probleme. Wie sie es sich auf diesem Terrain vorstellte – so völlig anders als die verschiedenen Männerfraktionen –, das hat sie unumwunden ausgedrückt. Um es kurz zusammenzufassen: Das Kopf-Hand-Baumeistermodell hat sie auf der Ebene des politischen und sozialen Handelns mit geradezu rücksichtsloser, gar nicht mütterlicher, gar nicht verständnisvoller Schärfe angegriffen. Die Anarchisten, die Syndikalisten, die Sozialdemokraten verschiedener Richtungen, die Bolschewiki, alle sind da unter die Räder gekommen. Als ich auf der an anderer Stelle erwähnten Rosa-Luxemburg-Konferenz die These in den Raum stellte, wenn man darüber hinwegsähe, daß Rosa Luxemburg als eine Frau, verankert in den Arbeitstraditionen ihres Geschlechts, denke und handle, dann begreife man die in sich zusammenhängende Struktur ihrer Theorie nicht, wurde mir entgegengehalten, sie sei doch ab und zu ziemlich bissig mit den Genossen umgegangen, und das sei ja nun überhaupt nicht weiblich. Ich enthalte mich des Kommentars.

Wenn ich im folgenden die politisch-organisatorischen Vorstellungen nachzuzeichnen suche, das Bild sozialen Widerstandshandelns, das Rosa Luxemburg im Kopf hat, wenn sie ihre Kommilitonen, also ihre Mitstreiter, kritisiert, so ist das keine originelle Leistung. Insbesondere bei Oskar Negt findet sich eine gute Charakterisierung. Aber auch er ist mitnichten auf die Idee gekommen, mögliche Erklärungen für ihre Position in der Tatsache zu suchen, daß sie eine Frau war. Deshalb möchte ich hier noch einmal meine eigene Strukturierung vortragen, weil es mir auf diese Weise besser möglich scheint, meine These zu verdeutlichen: Rosa Luxemburg stellt sich Tätigkeit, Praxis, Arbeit, Veränderung, Entwicklung in der Tradition der Arbeitserfahrungen vor, die Frauen machen, wenn sie Kinder großziehen, oder, anders gesagt, für das Großwerden der Kinder verantwortlich sind. Sie gerät dabei in strikten Widerspruch zum männlichen Mythos über Frauen und »Primitive«, nämlich daß diese keinen Kopf hätten, zu vernunftgeleitetem Handeln nicht in der Lage seien. Ich muß es noch genauer sagen, um keine falschen Erwartungen aufkommen zu lassen. Ich interpretiere ihre Vorstellung vom sozialen Widerstandshandeln und von der gesellschaftlichen Veränderung als eine tiefgreifende Kritik der Auftrennung des Gesamtzusammenhangs menschlicher Praxis in männlich-kopfgeleitete und weiblich-gefühlsgeleitete Tätigkeiten, in Geschichte und

»Natur«, eine Aufteilung, die in dieser Weise bekanntlich erst Produkt der bürgerlichen Gesellschaft ist. Ihr eigener Mythos besteht meines Erachtens darin, daß sie die reale Produktion dieser Aufspaltung nicht ernst genommen hat.

Wenn sie die männlichen Mitstreiter kritisiert, so rennt sie, ihrer eigenen Vorstellung nach, gegen falsche Gedanken in den Köpfen an, die durch richtige zu ersetzen sind. Auf die Idee, nach einer »materiellen« Grundlage dieser falschen Gedanken zu suchen, ist sie nicht gekommen. Der kluge Gedanke des Philosophen Hegel, daß die bürgerliche Gesellschaft die »Weiblichkeit« als ihren Feind aus sich heraus erzeuge, ist ihr genausowenig gekommen wie Karl Marx. Den Gegensatz und das Gewaltverhältnis zwischen den Geschlechtern, verquickt mit den unterschiedlichen Bereichen ihrer Tätigkeiten und Arbeitserfahrungen, hat sie an keiner Stelle thematisiert. In ihren Auseinandersetzungen mit den verschiedenen Fraktionen erweckt sie den Eindruck eines Menschen, der sich den Kopf blutig rennt, weil er einfach nicht kapieren kann, warum seine Mitmenschen, Mitstreiter die allereinfachsten und allervernünftigsten Dinge nicht verstehen wollen. Die eigenen Hoffnungen und Mythenbildungen der Genossin über »die Massen«, »die SPD an sich«, die »Revolution«, den »Kapitalismus« im Unterschied zu »dem Sozialismus« sind meines Erachtens tief verankert in ihrer Weigerung, Geschlechtszugehörigkeiten und damit verbundene Traditionen von Praxis, Herrschaft und Ausbeutung, überhaupt zum Thema zu machen. An diesem Punkt ist sie selbst im Kopf steckengeblieben, statt an die Wurzeln, an die Praxis zu gehen. Ich weiß nicht, ob diese Interpretation zutrifft. Sie beruht auf meinem gegenwärtigen Erkenntnisstand.

Der Massenstreik ist kein Rechenexempel von oben

Aber jetzt endlich »zur Sache«. Ich konzentriere mich auf die Hauptauseinandersetzungen: Rosa Luxemburgs Kritik am bolschewistischen Parteimodell, ihre Darstellung der russischen Massenstreikbewegung von 1905 in Auseinandersetzung speziell mit den deutschen Gewerkschaften und ihre Kontroverse mit Kautsky über die Frage des Massenstreiks. Die Zentralachse ist dabei ihre Teilnahme an den russischen Kämpfen selbst, durch die sie ihre schon entwickelten Thesen bestätigt findet:

»Wir haben … in wenigen knappen Zügen die Geschichte des Massenstreiks in Rußland zu skizzieren gesucht … Statt des starren und hohlen Schemas einer auf Beschluß der höchsten Instanzen mit Plan und Umsicht ausgeführten trocknen politischen ›Aktion‹ sehen wir ein Stück lebendiges Leben aus Fleisch und Blut, das sich gar nicht aus dem großen Rahmen der Revolution herausschneiden läßt …

Der Massenstreik, wie ihn die russische Revolution zeigt, ist eine so wandelbare Erscheinung, daß er alle Phasen des politischen und ökonomischen Kampfes, alle Stadien und Momente der Revolution in sich spiegelt … Seine Anwendbarkeit, seine Wirkungskraft, seine Entstehungsmomente ändern sich fortwährend. Er eröffnet plötzlich neue weite Perspektiven der Revolution, wo sie in einen Engpaß geraten zu sein scheint, und er versagt, wo man auf ihn mit voller Sicherheit glaubt rechnen zu können. Er flutet bald wie eine Meereswoge über das ganze Reich, bald zerteilt er sich in ein Riesennetz dünner Ströme; bald sprudelt er aus dem Untergrunde wie ein frischer Quell, bald versickert er ganz im Boden. Politische und ökonomische Streiks, Massenstreiks und partielle Streiks, Demonstrations- und Kampfstreiks, Generalstreiks einzelner Branchen und Generalstreiks einzelner Städte, ruhige Lohnkämpfe und Straßenschlachten, Barrikadenkämpfe – alles das läuft durcheinander, nebeneinander, durchkreuzt sich, flutet ineinander über; es ist ein ewig bewegliches, wechselndes Meer von Erscheinungen.«[79]

Schon früher einmal, als ich Theweleits »Männerphantasien« las, war mir diese Zusammenfassung aufgefallen. Der Autor beschreibt, was den Herren aus den Freikorps so furchtbare Angst einjagte: »die rote Flut«. Ich will das nicht noch einmal im einzelnen darlegen, es kann ja nachgelesen werden, aber absolut deutlich ist: Was die Freikorpsmänner das Fürchten lehrte und was sie zu Gewalt und Haß anstachelte, ist bei Rosa Luxemburg als das Tolle an sich dargestellt. Nämlich: die *Lebendigkeit* des sozialen und politischen Widerstands, die *Unberechenbarkeit* und *Unkontrollierbarkeit* von oben herab, die Aktion, die *nicht von einem Generalstab gemacht* ist, der Kampf als *Prozeß*, die *Selbsttätigkeit der Massen*, wie es Rosa Luxemburg immer wieder nennt, das *soziale Leben* der Rebellion. Hätte Theweleit seine Studien nicht nur auf die Freikorpsliteratur beschränkt, sondern sich auch ein wenig in den Schriften der Arbeitsmännerkopffraktion umgesehen, so hätte er entdecken können, daß das von ihm Beschriebene nicht allein auf der rechten Seite zu finden ist, wenn auch dort in besonders emotional-haßerfüllter Form: die Abneigung gegen lebendige Prozesse, gegen soziales Handeln, das nicht nach *Kopfplan von oben* dirigiert ist und bei dem alle anderen nur Ausführende sind.

»Gerade während der Revolution ist es für irgendein leitendes Organ der proletarischen Bewegung äußerst schwer, vorauszusehen und vorauszurechnen, welcher Anlaß und welche Momente zu Explosionen führen können oder nicht. Auch hier besteht die Initiative und Leitung nicht in dem Kommandieren aus freien Stücken, sondern in der möglichst geschickten Anpassung an die Situation und möglichst engen Fühlung mit den Stimmungen der Masse. Das Element des Spontanen spielt, wie wir gesehen, in allen russischen Massenstreiks ohne Ausnahme eine große Rolle, sei es als treibendes, sei es als hemmendes Element. Dies rührt aber nicht daher, weil in Rußland die Sozialdemokratie noch jung und schwach ist, sondern daher, weil bei jedem einzelnen Akt des Kampfes so viele unübersehbare ökonomische, politische und soziale, allgemeine und lokale, materielle und psychische Momente mitwirken, daß kein einziger Akt sich wie ein Rechenexempel bestimmen und abwickeln läßt … das Element des Spontanen spielt eine so hervorragende Rolle, nicht, weil das russische Proletariat ›ungeschult‹ ist, sondern weil sich die Revolutionen nicht schulmeistern lassen.«[80]

Immer neue Bilder findet Rosa Luxemburg für die »Message«, die sie hier den deutschen Gewerkschaften und der deutschen Sozialdemokratie vermitteln will. »Der Massenstreik ist nicht ein pfiffiges Mittel, ausgeklügelt zum Zwecke der kräftigeren Wirkung des proletarischen Kampfes.«[81] Sie belustigt sich über die »Liebhaber ›ordentlicher und wohldisziplinierter‹ Kämpfe nach Plan und Schema, jener besonders, die es von weitem stets besser wissen wollen«.[82] »Wenn uns also die russische Revolution etwas lehrt, so ist es vor allem, daß der Massenstreik nicht künstlich ›gemacht‹, nicht ins Blaue hinein ›beschlossen‹, nicht ›propagiert‹ wird.«[83] Und: Die Revolution, die »der Sozialdemokratie das Kommando über den Massenstreik so sehr erschwert, und ihr alle Augenblicke das Dirigentenstöckchen launig aus der Hand schlägt oder in die Hand drückt«[84] … *»Ein aus der Pistole geschossener durch einfaches Dekret der Partei eines schönen Morgens gemachter Massenstreik«, ein »Massenstreik als bloß technisches Kampfmitte«, als eine »Art Taschenmesser, was die Partei hervorziehe«, sei eine » kindische Phantasie«. »Das Vorauskonstruieren eines fertigen Konzepts für die künftige Taktik« sei ein Unsinn.*[85]

Und warum funktioniert die Strategie des »Dirigentenstöckchens« nicht? Weil »die Sozialdemokratie mit ihren Entschlüssen« zwar »ein wichtiger Faktor« ist, »aber bloß *ein* Faktor unter vielen«[86]. Die Sozialdemokratie »macht die Revolution zwar mit, aber sie macht sie nicht«[87]. Die Revolution ist nicht einfach »eine Sache des Willens und der Ausdauer«[88]. Einen »aus lauter Disziplin und Begeisterung geborenen Massenstreik« gibt es nicht[89]. Es liegt »außerhalb der Macht der Sozialdemokratie, geschichtliche Situationen durch Parteibeschlüsse herbeizuführen«[90]. Die Geschichte, das heißt das soziale Leben, die Kräfteverhältnisse zwischen den Klassen, ist »ein sozialer Prozeß«[91]. »Die Revolution produziert den Massenstreik, nicht umgekehrt.«[92] Er ist »die Bewegungsweise der proletarischen Massen«[93]. Zusammengefaßt: »Wir haben gesehen, daß der Massenstreik nicht ein *künstliches* Produkt der absichtlichen Taktik der Sozialdemokratie, sondern eine *natürliche* geschichtliche Erscheinung auf dem Boden der jetzigen Revolution ist.«[94]

»Alles ist aufzunehmen, was in den Herzen der Massen liegt«

Künstlich – natürlich, diese Gegenüberstellung findet sich schon in den frühesten Schriften von Rosa Luxemburg. Was versteht sie unter »natürlich«? Nun, sie hat es selbst beschrieben. Der soziale Entwicklungsprozeß ist keine Maschine, nicht vom Kopfe her nach genauem Plan konstruiert und demnach auch nicht wie eine Maschine kontrollierbar, ein- und ausstellbar, regulierbar und auch gar nicht machbar nach purem Kopfwillen und Plan irgendeines sogenannten Subjekts. Eine »künstliche« Ordnung herzustellen, dieser Versuch zeichne gerade die Bourgeoisie aus, und das Resultat dieses Versuchs seien Anarchie, Gewalt, im schlimmsten Falle die »Barbarei«, der Krieg, das Chaos selbst. Eine sozialdemokratische Partei dürfe demgemäß unter keinen Umständen das »Ordnungsmodell« der Bourgeoisie nachahmen. Die Herausarbeitung neuer Formen wirklich bewußten, wirklich zielgerichteten Handelns sei also nötig. Formen, denen nicht wieder von vornherein Gewalt- und Herrschaftsstrukturen eingeschrieben sind, die Raum geben für die Entfaltung der produktiven Kräfte derjenigen, die Opfer jener »künstlichen Formen« sind und sich zu befreien suchen. Rosa Luxemburg meint, wir, die Sozialdemokratie und die Gewerkschaften, wären blind und handlungsunfähig,

»wollten wir nicht alles *aufnehmen«, den sozialen Widerstand »nicht* von allem *tragen lassen, was die Lebensinteressen der Arbeitermassen berührt, was in den* Herzen *dieser Massen liegt … Wo es sich um eine vollständige Umgestaltung der gesellschaftlichen Organisation handelt, da müssen die Massen selbst mit dabeisein, selbst schon begriffen haben, für was sie eintreten sollen.«*[95]

Kern ihrer kritischen Position gegenüber Kautsky in der Massenstreikdebatte ebenso wie gegenüber der bolschewistischen Partei ist ihr Vorwurf, deren Strategien des Klassenkampfs abstrahierten sowohl von der Fülle nicht einfach vorauskalkulierbarer Faktoren bei der Veränderung gesellschaftlicher Kräfteverhältnisse als auch von den lebendigen Menschen, ihren vielfältigen Erfahrungen und Bedürfnissen, ihrer Bewußtseinsentwicklung, ihrer gesellschaftlichen Handlungsfähigkeit, also ihren produktiven Fähigkeiten als autonome und trotzdem des gemeinsamen Handelns fähige soziale Personen. Es handele sich um instrumentalistisch-technizistische Vorstellungen gesellschaftlicher Prozesse und politischen Handelns, um typische Kopfgeburten von oben: Idee, Plan im Kopf, dann Werkzeug-Hand-Massengebrauch zur Durchsetzung und Realisierung der Idee im Stoff der Geschichte – das beliebte Baumeistermodell der Parteistrategen widerstrebt ihr zutiefst. Sie hält dies für eine Nachahmung des Modells von Machtausübung und zielgerichtetem Handeln, wie es der Klassengegner handhabt, am reinsten bei seinen Armeen, aber eben auch in der Fabrik. Es ist für sie ein Handlungsmodell des Gegners jenseits der Barrikade: Vergesellschaftung in der Form einer von oben befehligten Menschenmaschine. Armeeführer beziehungsweise Unternehmensmanagement setzen Menschen nach von ihnen bestimmtem, strategisch zurechtgelegtem, in einem Papierplan festgehaltenem Modell zweckrational effektiv und mit genau vorhersehbaren Folgen als Handlungsinstrument ein. Es ist für sie ein Modell von Herrschaft und Kontrolle, ein Arbeits- und Produktivitätsmodell, was einer »um ihre Befreiung ringenden Klasse« widerstreben muß. Die hier durch gesellschaftliche Zusammenfassung erreichte Kraftsteigerung ist den Individuen von vornherein entfremdet.

Der gemeinsame Kampf sei Resultat der Widerstandskräfte und der Befreiungswünsche der »Massen«, ihrer eigenen solidarischen Fähigkeiten, nicht einer von oben verordneten Parteidisziplin. Denn die Form des disziplinierten Gehorsams gegenüber oben, den zum Beispiel die bolschewistische Parteiführung sich vorstelle, sei die Voraussetzung der Funktionsfähigkeit des technizistisch-herrschaftlichen Handlungsmodells. Rosa Luxemburg belustigt sich anhand Lenins Schwärmereien über die erzieherische Wirkung der Fabrikdisziplin:

»Die Disziplin, die Lenin meint, wird dem Proletariat keineswegs bloß durch die Fabrik, sondern auch durch die Kaserne …

eingeprägt. Doch es ist nichts als eine mißbräuchliche Anwendung des Schlagwortes, wenn man gleichzeitig als Disziplin zwei so entgegengesetzte Begriffe bezeichnet, wie die Willen- und Gedankenlosigkeit einer vielbeinigen und vielarmigen Fleischmasse, die nach dem Taktstock mechanische Bewegungen ausführt, und die freiwillige Koordinierung von bewußten politischen Handlungen … einer um die Befreiung ringenden Klasse.[96]

An diesem Punkt sprudelt immer erneut ihr Spott: »Nur der sozialistische ›Literat‹, kraft der ihm angeborenen Zerfahrenheit und des Individualismus, kann sich nach Lenins Meinung gegen so unbeschränkte Machtbefugnisse des Zentralkomitees sträuben, ein echter Proletarier dagegen müsse sogar infolge seines revolutionären Klasseninstinktes ein gewisses Wonnegefühl bei all der Straffheit, Strammheit und Schneidigkeit seiner obersten Parteibehörde empfinden, er unterziehe sich all den derben Operationen der ›Parteidisziplin‹ mit freudig geschlossenen Augen.«[97]

Gegen die quantifizierende Kastenbaumethode

Nicht zufällig griff Kautsky in der Massenstreikdebatte auf die Kriegswissenschaft zurück, um der begriffsstutzigen Genossin zu erklären, was sozialdemokratische Politik ist. Das habe ich an früherer Stelle gezeigt. Die bürgerliche Klasse hat ihre Armee, die Sozialdemokratie hat ihre Massen – Machtinstrumente für den Kriegsfall. Kautsky meint, »sowie sich der Umfang der Heere und Flotten unaufhaltsam vergrößere, vermehre sich die Mitgliederzahl der sozialdemokratischen Partei und der Gewerkschaften«[98]. Dies nur zur Erinnerung. Die quantifizierende Betrachtungsweise der Macht der Sozialdemokratie, die sich angeblich mit der naturgesetzlichen Konzentration des Kapitals und der Arbeiter naturgesetzlich automatisch vermehren werde und auf diese Weise eine mathematisch kalkulierbare Machtergreifung der Partei ermögliche, ganz zielgerichtet, ganz verantwortungsvoll, ohne Opfer, ohne Risiken, ohne Unordnung und Störungen – dieses sozialdemokratisch-gewerkschaftliche Idealbild nahm Rosa Luxemburg aufs Korn. In diesem Idealbild ist Politik zweckrationales Handeln von oben. Die Massen sind Mittel, die Instrumente, und als solche müssen sie vollzählig, vereinheitlicht, geschlossen zur Verfügung stehen.

»Die Stellung der Gewerkschaftsführer zu der Frage« des Massenstreiks *»erschöpft sich gewöhnlich in der Behauptung: ›Wir sind noch nicht stark genug, um eine so gewagte Kraftprobe wie den Massenstreik zu riskieren.‹«* Es ist aber eine unlösbare Aufgabe, *»auf dem Wege der ruhigen, zahlenmäßigen Berechnung festzustellen, wann das Proletariat ›stark genug‹ sei ... Heute gehen die organisierten Gewerkschaftsmitglieder bereits in die zweite Million, aber die Ansicht ihrer Führer ist genau dieselbe«* wie zur Zeit, als die Gewerkschaften nur 50.000 Mitglieder zählten, *»was offenbar so ins Unendliche gehen kann. Stillschweigend wird dabei vorausgesetzt, daß überhaupt die gesamte Arbeiterklasse Deutschlands bis auf den letzten Mann und die letzte Frau in die Organisation aufgenommen werden müsse, bevor man ›stark genug sei‹, eine Massenaktion zu wagen, die alsdann, nach der alten Formel, sich auch noch wahrscheinlich als ›überflüssig‹ herausstellen würde.«*[99]

Vereinheitlichung, Geschlossenheit, Vollständigkeit, Dirigierbarkeit von oben herab: die nach dem Dirigentenstöckchen sich bewegende – oder auch nichtbewegende Massenkraft, zusammengefügt nicht etwa durch menschliche Solidarität, sondern durch die parteimäßig vereinheitlichten Interessen der vom Kapital einheitlich auf die Verausgabung von Arbeitskraft reduzierten Individuen. Weil Rosa Luxemburg diese Reduktion zum Gegenstand ihrer Kapitalismuskritik macht, weil sie einen umfassenderen Begriff menschlicher Bedürfnisse hat, weil sie was von Selbsttätigkeit und Autonomie der menschlichen Person hält, kommt ihr das, was ihrer Beschreibung nach faktisch bei der Revolution von 1905 in Rußland stattfand, als Gegenrealität zupasse: »... allein diese Aktion zerfiel recht bald in eine unendliche Reihe lokaler, partieller, ökonomischer Streiks in einzelnen Gegenden, Städten, Branchen, Fabriken. Den ganzen Frühling des

Jahres 1905 hindurch bis in den Hochsommer hinein gärte im ganzen Reich ein unermüdlicher, ökonomischer Kampf fast des gesamten Proletariats gegen das Kapital, ein Kampf, der nach oben hin alle kleinbürgerlichen und liberalen Berufe: Handelsangestellte, Bankbeamte, Techniker, Schauspieler, Kunstberufe ergreift, nach unten hin bis ins Hausgesinde, in das Subalternenbeamtenturn der Polizei, ja, bis in die Schicht des Lumpenproletariats hineindringt und gleichzeitig aus der Stadt aufs flache Land hinausströmt und sogar an die eisernen Tore der Militärkasernen pocht.«[100]

Partei- und Gewerkschaftsorganisationen, die nach dem von ihr kritisierten Prinzip verfahren, befestigen in der Regel gerade die Grenzen, ziehen Trennlinien zwischen diesen verschiedenen Schichten, Interessen, Bedürfnissen, Zielen. Rosa Luxemburg moniert, daß die SPD versucht habe, die »Arbeitslosen von den Rockschößen der Wahlrechtsbewegung abzuschütteln«. Sie belustigt sich über »die Neigung unserer führenden Politiker, am liebsten Demonstrationen nur mit Organisierten zu veranstalten«[101] Für diejenigen, die sie da kritisiert, zerfällt das »Proletariat« in Organisierte und Unorganisierte, Qualifizierte und Unqualifizierte, in christliche und sozialdemokratische Arbeiter, in reaktionäre Polizisten und Militärs und fortschrittliche Fabrikinsassen, in zurückgeblieben-individualistisch-kleinbürgerliche Schichten und kollektiv-disziplinierte Avantgarden, lauter gegeneinander per definitionem abgegrenzte Kästen. Theorie und Organisation haben in solchen Zusammenhängen die Funktion, genau abgrenzen und vorherbestimmen zu wollen, wer fortschrittlich, zurückgeblieben oder gar reaktionär ist. Sie berücksichtigen die möglichen Kräfte lebendiger Individuen nicht. Empörung über Elend und Unrecht, Hoffnungen auf ein freieres Dasein, auf menschliche Würde, die Fähigkeit, sich zur Wehr zu setzen, wenn die Gesamtsituation Aussicht auf Erfolg verspricht, kurzum, alles, was sich entfalten kann, unabhängig von der jeweiligen Stellung in der Hierarchie fortschrittlicher oder zurückgebliebener Produktivkräfte, unabhängig von sonstigen Trennungen und Abgrenzungen, bleibt unberücksichtigt bei dem Versuch, sich nach theoretisch-ökonomischer Kastenbaumethode im vorhinein ein genaues Bild zum Beispiel über »Avantgarden« und »Lumpenproletariat« zu machen.

Lernen durch Erfahrung

Auch die vom Kopf ausgeheckten Papiere machten nicht »die Geschichte«.

» Es ist nicht der Wortlaut des Statuts, sondern der von den tätigen Kämpfern in diesen Wortlaut hineingelegte Sinn und Geist, der über den Wert einer Organisationsform entscheidet.«[102]

Freiwillige Selbstdisziplin, Selbstverantwortung, Selbstorganisation auf der Basis eigener Erfahrungen in politischer Praxis, eigener Kämpfe, eigener Niederlagen, auf der Basis von Lernprozessen, neuen Einsichten, von Wissen, von der Entwicklung des Gefühls der eigenen Kraft, von ungehemmter Diskussion und Auseinandersetzung in den Organisationen, von der Verarbeitung begangener Fehler – dies sei notwendig, damit die »Klasse« zu einem »Massen-Ich« kommen könne, das heißt zu einem gemeinsamen Selbstbewußtsein. Zielgerichtetes, bewußtes Handeln sei nur möglich, indem die Organisationen von den praktisch Handelnden als Möglichkeiten der Koordination benutzt würden, »befruchtend«, »entfaltend« wirkten und nicht etwa als Instrumente der »Kontrolle, Einengung, Reglementierung, Schurigelung«.

»Die stillschweigende Voraussetzung der Diktaturtheorie im Lenin-Trotzkischen Sinne ist, daß die sozialistische Umwälzung eine Sache sei, für die ein fertiges Rezept in der Tasche der Revolutionspartei liege, das dann nur mit Energie verwirklicht werden brauche. Dem ist leider – oder je nachdem: zum Glück – nicht so. Das sozialistische Gesellschaftssystem soll und kann nur ein geschichtliches Produkt sein, geboren aus der eigenen Schule der Erfahrung, aus dem Werden der lebendigen Geschichte ... Nur Erfahrung ist imstande, zu korrigieren, neue Wege zu öffnen. Nur ungehemmt schäumendes Leben verfällt auf tausend neue Formen ... erhält schöpferische Kraft.«[103]

Arbeiterbewegung und Partei werden von Rosa Luxemburg immer wieder als Formen der Entwicklung der Individuen zum Zwecke gemeinsamen koordinierten und zielbewußten Handelns beschrieben.

Mit dem Kapitalisten kämpfen die Arbeiter täglich »Brust an Brust«, gewissermaßen in Tuchfühlung, wie sie meint. Die Parteien: Schulen des Sozialismus, Bewegungen, in denen Bewußtsein, Bestimmung des eigenen Willens gelernt werden: keine Institutionen. Demgegenüber haben von Trotzki bis hin zu Kautsky Arbeiterbewegung und Partei im wesentlichen einen Zweck: Einschüchterung beziehungsweise Niederkämpfen des Feindes. Entwicklung von Gegenmacht gegen eine Macht durch mimetische Anpassung an die existierenden Formen der Macht. Wer ist der Stärkste, wer siegt, welche Armee hat die größte Schlagkraft. Letztlich geht es um die Auswechslung des Machtapparates zum Zweck der besseren und schnelleren Entwicklung der Produktivkräfte, also der Welt der Objekte, der Instrumente, der industriellen Produktion.

Massen, die zu Instrumenten in der Hand ihrer Führer beziehungsweise der Parteien degradiert sind, die ohne diese Organisation beziehungsweise Parteiführung amorph, instinktiv, zurückgeblieben, primitiv zerstörerisch wären, wie männliche Genossen immer wieder hervorheben, zu was sollen sie sonst taugen?

Um auf Rosa Luxemburg zurückzukommen: Bewußtes Handeln ohne Erfahrung gibt es nicht für sie. »Fehltritte, die eine wirkliche revolutionäre Arbeiterbewegung begeht, sind geschichtlich unermeßlich fruchtbarer und wertvoller, als die Unfehlbarkeit des allerbesten Zentralkomitees.«[104]

Ohne Lernen aus der Erfahrung gehe es nicht. Das könne die Partei den Massen nicht abnehmen. In der Tat, es gibt keine totale Sicherheit, keinen einzig und allein richtigen Weg. Jedes Lernen durch Erfahrung ist mit Unsicherheiten, Enttäuschungen, Niederlagen verbunden. Sie sind Teil des Lebens. Lernen können durch Erfahrung, gerade das unterscheidet ja die Menschen von den Tieren. Gerade deshalb kommen sie ja nackt und bloß, unwissend, hilflos aus dem Mutterleib. Gerade deshalb ist es ja auch notwendig, daß die Erwachsenen sich so lange um sie kümmern, und in der Regel sind das eben die Mütter. All diese Seiten menschlicher Existenz sind aus dem Arbeits- und Menschlichkeitsmodell der zeitgenössischen Mitstreiter, mit denen sich Rosa Luxemburg auseinandersetzt, ausgeklammert. Und solche Arbeitsprozesse sind nicht nach dem Modell des mit Sicherheit vorauskalkulierenden Kopfes, der Natur und Gesellschaft nach seinem »Gesetzeswissen« umzuformen sucht, gebaut. Hier geht es auch um Anpassung und Kreativität. Und, wie gesagt, Rosa Luxemburg versteht unter Anpassung etwas anderes als die Übernahme der Muster, nach denen der Gegner verfährt.

Anders gesagt. Die Kritik der Frau Luxemburg an den herrschenden Organisations- und Handlungsmustern der Sozialdemokratie und der Bolschewiki enthält eine tiefgreifende Auseinandersetzung mit der Subjekt-Objekt-Struktur, wie sie die Ära der kapitalistischen Industriegesellschaft entwickelt hat. Wie kann ich bewußt handeln, ohne daß ich *Herr* über die Bedingungen bin, innerhalb derer ich agiere. Wie kann ich »Subjekt« sein, ohne mich in einem ganz und gar von mir selbst neugeformten Objekt als Produkt meines »freien« Handelns anschauen zu können und zu wollen: handeln in Prozessen, deren Resultat wiederum neue Prozesse sind; handeln, ohne daß etwas endgültig Fertiges, im vorhinein genau Ausgedachtes dabei herauszuspringen verspricht; handeln in Strukturen, in denen eigenständige Subjekte sich gegenüberstehen; handeln als ganzer lebendiger Mensch mit allen Kräften. Was kann dabei die Theorie, die »Wissenschaft«, wo ist sie nützlich? Was kann sie nicht? Rosa Luxemburg versucht es zu fassen mit Begriffen wie »Ariadnefaden«, »bewegliches Leitseil«. Was ist das? Eine Hilfe, sich in einer sich wandelnden Realität immer erneut zu orientieren, wobei das Leitseil selbst beweglich, veränderbar sein soll. Das ist auf jeden Fall etwas ganz anderes als der Glaube, die Theorie, der Kopf allein könne eine ganz und gar neugemachte Welt gebären. Die Realität, in der ich mich bewege, auf die ich mich handelnd beziehe, ist selbst lebendig, so wie ich es auch bin, und diese Lebendigkeit bezieht sich nicht allein auf den abstrahierenden und analytischen Teil des Kopfes. Und: Außer meiner eigenen Vernunft und meinem eigenen Willen gibt es noch die Vernunft und den Willen anderer, allein deshalb verschieden, weil die anderen andere Erfahrungen und nicht nur die gleichen machen wie ich.

Was sie da zu entwickeln sucht, ist eine Vorstellung von Ordnung und Bewußtheit, die quer steht zu dem, was die industrielle Gesellschaft produziert hat. An ihren ökonomischen und politischen Vorstellungen habe ich zu zeigen versucht, daß für sie die »künstliche« Ordnung der Fabrik, des bürgerlichen Rechtssystems, der Zivilisation, der Moral die Kehrseite Anarchie, Gewalt, Barbarei, Amoral hat. Unter »natürlicher« Ordnung versteht sie wohl eine, die der »Natur« der Menschen, vielleicht auch der Dinge, zumindest aber des gesellschaftlichen Zusammenlebens im Prozeß von Veränderungen angepaßt ist: Das Gegebene ist nicht bloßes Material für Neuschöpfungen, sondern hat seine gewordene Gestalt und auch seine eigenen Veränderungs- und Entwicklungsmöglichkeiten. Aufgabe des bewußten Handelns, der Theorie, der Organisation ist es, diesen Möglichkeiten zur Verwirklichung zu verhelfen.

Der Mythos von »den Massen«

Rosa Luxemburg habe die Massen überschätzt. Die Rolle der Partei als Institution, als Organisation von Gegenmacht unterschätzt. Darüber ist sich die Wissenschaft einig. Aber wie sahen denn die Revolutionen wirklich aus? Und welche fürchterlichen Niederlagen hatte die Sozialdemokratie, denkt man an 1914, 1918 und 1933, hinzunehmen? Und die Bolschewiki, denkt man an Stalin und den jetzigen Zustand der UdSSR einschließlich eines in Zerstörungswaffen erstarrten Gegensatzes zwischen kapitalistischen und realsozialistischen Ländern? Die Realgeschichte der Arbeiterbewegung, ihrer Parteien und ihrer Taten ist, sich anpassend an den Gegner, im eigenen männlichen Interesse Teile der Realität einfach verachtend, die »Industriekultur« sich als Herrschaftsstruktur, als Kultur der

Objekte und Unkultur der menschlichen Beziehungen aneignend, an eine Grenze gekommen, wo sie auf diese Weise sicher nicht mehr weiterkommt.

Aber: Auch ich habe meine Bedenken. Das »ewig bewegte wechselnde Meer der Erscheinungen«, die »Neugeburt aus dem Chaos«, die »frischen Quellen, die aus dem Untergrunde sprudeln und wieder versickern«, die »Meereswoge, die flutet«, das »Riesennetz dünner Ströme«? Oder dann, kurz vor ihrer Ermordung: »›Ordnung herrscht in Berlin!‹ Ihr stumpfen Schergen! Eure ›Ordnung‹ ist auf Sand gebaut. Die Revolution wird sich morgen schon ›rasselnd wieder in die Höh' richten‹ und zu eurem Schrecken mit Posaunenklang verkünden: ICH WAR, ICH BIN, ICH WERDE SEIN!«[105]. Nun, die Revolution hat ja mitnichten. Mutete sie da DEN MASSEN nicht doch ein bißchen viel zu? Und steht diese Begeisterung nicht im Widerspruch zu dem, was sie in ihren »ökonomischen« Schriften als menschheitsgeschichtliche Vernunft dargestellt hat: die Sicherung der täglichen Reproduktion des menschlichen Lebens, Ordnung, Vorsorge, Planung, Wiederholung, Regelmäßigkeit? In diesem Zusammenhang unterlief ihr sogar einmal der Begriff von der »Unterjochung der Natur durch den menschlichen Geist«. Doch wenn sie von der Revolution, vom Massenstreik oder vom Sozialismus spricht, ist überhaupt nichts unterjocht, dann ist alles lebendiges Leben.

Rosa Luxemburg war nicht unter anderem auch noch eine Frau

Einer ihrer Biographen, Paul Frölich, versichert uns dies in seinem 350 Seiten umfassenden Werk auf insgesamt sieben Seiten, die überschrieben sind mit dem Titel »Die Frau«. Beruhigung für die – wohl in seiner Vorstellung männlichen – Leser: sie sei »ganz Weib« und »kein Blaustrumpf« gewesen.[106]

Nein, sie war nicht »weiblich«, sie war eine politische Frau, eine Frau als lebendige Person in allen ihren Äußerungen. An ihren Freund Leo Jogiches schreibt sie: »Ich merke schon, daß jedes Wort beim blödesten Geschäft Dich zweimal, ja 10–100 mal mehr interessiert als mein persönlicher Herzensgruß. Und in Sonderheit irgend etwas über die PPS, da leuchten Dir sofort die Augen, vollkommen anders, als wenn ich Dir etwas über mich schwätze, daß ich müde bin, daß ich Sehnsucht habe etc. …« »Daß ich nirgendwo meine Ecke habe, daß ich nirgendwo als *ich* selbst existiere und lebe … Es quält und langweilt mich … überall nur die ›Sache‹ zu haben … Das wäre alles gut, wenn wenigstens *daneben, trotz* allem ein wenig der Mensch, die Seele, das Individuum zu erkennen wäre. Aber bei Dir gibt es nichts, außer diesem … Ich werde Dich jetzt ohne Barmherzigkeit terrorisieren, bis ich Dich weich habe, und Du beginnst, zu empfinden und Dich den Menschen gegenüber verhältst wie ein gewöhnlicher guter Mensch … Schreibe mir nicht so förmlich … sei demütig und geruhe, mir Deiner Liebe Ausdruck zu verleihen und fürchte nicht, Du hättest Dich erniedrigt, wenn Du mir heute für 3 Groschen mehr erwiesen hast, als ich Dir. Fürchte und schäme Dich nicht, Gefühle für mich auszudrücken …«[107]

Aus diesen Briefstellen geht – ich ziehe jetzt den Umkehrschluß – hervor, daß bei männlichen Vertretern des Sozialismus zwischen ihrer Person, ihrem »Privatverhalten« und ihren politischen Vorstellungen und Theorien wohl auch keine Unterschiede existieren: Die Hintanstellung persönlicher Beziehungen, die Angst vor ihnen, das Wegschieben der Liebesbedürfnisse als Fähigkeit, kurz und scharf gesagt, das Barbarische ihres Entwicklungsstandes als lebendige Individuen in diesem Punkte prägte sich durchaus auch in ihren politischen Handlungsvorstellungen aus.

In den Briefen Rosa Luxemburgs aus dem Gefängnis wird noch etwas anderes deutlich: daß es für sie keine Hierarchie gab zwischen den Werken der Natur, die einfach so da sind, ohne von der »Arbeit« begeistet zu sein, und den Produkten der menschlichen Köpfe und Hände. Beide sind für sie Gegenstände des Bedürfnisses und des Genusses – nicht erst und nicht nur die bearbeitete Natur, in der ich mich als Produzierender anschaue.

Kein Ende

Ich breche meine Reflexionen hier ab. Weiter komme ich im Moment nicht. Alles, was ich jetzt noch an Folgerungen und Schlüssen vorbringen könnte, hätte den Charakter reiner Kopfgeburten.

Wenn ich das männliche Muster so eindeutig kritisch dargestellt und für das weibliche Muster Partei genommen habe, so liegt das einmal daran, daß ich ihm auf der Suche nach der eigenen Identität begegnet bin. Ich habe, was das angeht, also noch keine Trauerarbeit geleistet. Aber die Parteilichkeit hat auch ihren Grund in der Sache selbst. Beide Formen von Arbeit stehen schließlich nicht gleichberechtigt nebeneinander. Der herrschenden Form ist die Herrschaft selbst eingeschrieben, ebenso wie der unterdrückten wohl auch die Unterdrückung. Immer wieder zu versichern, das männliche Muster habe natürlich auch produktive Elemente: dazu hatte ich einfach keine Lust. Da wüßte ich auch nichts Interessantes zu bieten. Die Männerwelt erzählt dies schließlich ohne Unterlaß.

Ursprünglich hatte ich vor, die Arbeit mit einer Paralleluntersuchung zur Geschichte und Entwicklung der Frauenarbeit und der Frauenbewegung abzuschließen, um die Kritik, aber auch das Stabilisieren männlicher durch weibliche Muster genauer im historischen Prozeß herauszuarbeiten, um Präziseres zu den Mechanismen der Ausbeutung zu sagen, um die Merkmale von Unterdrückung und Zwang, die den historischen Formen weiblicher Produktivität eingeschrieben sind, genauer zu verfolgen und um zu begreifen, warum der Widerstand der Frauen nicht größer war, als er gewesen ist.

Ich habe zwar gezeigt, in welcher Weise im Sozialstaat Kopf und Hand ein Bündnis eingehen, bei dem die »Hände« sich – trotz allem – ins Gesamtsystem integriert und akzeptiert fühlen: im Reformismus der Arbeiterbewegung. Aber zum »Reformismus« der Frauen habe ich mich kaum geäußert. Hier und da ein paar Bemerkungen, aber keine Analyse. Kurz und gut: Mit dieser Planung habe ich mich übernommen. Anders gesagt: Ich habe es nicht geschafft. Ich kann mir vornehmen, an diesem Punkte weiterzuarbeiten. Ob sich die Überlegungen allerdings zu einem Nachfolgeprodukt zusammenfügen und ob dieses weiterhelfen würde, weiß ich nicht.

Anmerkungen

In jedem Kapitel wird die Quelle nur bei ihrer ersten Erwähnung vollständig angegeben. Weitere Anmerkungen beziehen sich jeweils auf diese Angabe.

Über was schreibst du denn?«

1 Maria Mies: »Gesellschaftliche Ursprünge der geschlechtlichen Arbeitsteilung«, in: *Beiträge zur feministischen Theorie und Praxis* 3/1980, *Frauen und Dritte Welt*, S. 63.

Kapitel 1
Der Mann Marx. Kopf und Hand – wo bleibt denn da der Rest?

1 Vgl. dazu u. a.: Marlis Franke: »Geschlecht und Klasse, Zur politischen Ökonomie des modernen Patriarchats«, in: *Frauen als bezahlte und unbezahlte Arbeitskräfte, Beiträge zur 2. Berliner Sommeruniversität für Frauen – Oktober 1977*, Berlin 1978, S. 305ff.; Andrea Joosten: »Mann Marx spricht nicht über Hausarbeit [Berlin 1980]«, Artikel in: A. Kuhn/A. Wolpe (Hg.): *Feminism and Materialism. Women and Modes of Production*, London [2]1979; Sigrid Pohl: *Entwicklung und Ursachen der Frauenlohndiskriminierung*, Frankfurt/Main 1984; Claudia von Werlhoff: »Frauenarbeit: Der blinde Fleck in der Kritik der politischen Ökonomie«, in: *Beiträge zur feministischen Theorie und Praxis* 1/1978, S. 18 ff.

2 Vgl. dazu u. a.: Artikel in Kuhn/Wolpe, a. a. O., sowie die Beiträge von Ursula Beer: »Marx auf die Füße gestellt? Zum theoretischen Entwurf von Claudia von Werlhoff«, in: *PROKLA* 50/1983; M. Braig/C. Lentz: »Wider die Enthistorisierung der Marxschen Werttheorie«, in: ebda. Diese Diskussion, zusammen mit der Antwort von Claudia von Werlhoff: »Lohn ist ein ›Wert‹, Leben nicht? Eine Replik auf Ursula Beer«, ebenfalls ebda., war für mich der unmittelbare Anlaß, mir meinen eigenen Vers auf die Debatte zu machen.

3 Karl Marx: *Kapital, Bd. 1* [1867], in: Marx/Engels: *Werke (MEW), Bd. 23*, Berlin (DDR) 1969, S. 49.

4 Ebda., S. 181.

5 Vgl. ebda.

6 Ebda., S. 49.

7 Ebda., S. 53.

8 Ebda., S. 55.

9 Ebda.

10 Ebda.

11 Ebda.
12 Ebda.
13 Ebda, S. 184f.
14 Ebda., S. 186, 597.
15 Ebda., S. 598.
16 Ebda., S. 417f.
17 Ebda., S. 186.
18 Ebda., S. 604.
19 Karl Marx/Friedrich Engels: *Die deutsche Ideologie* [1845], in: *MEW 3*, Berlin 1972, S. 28ff.
20 Marx: *Kapital, Bd. 1*, in: *MEW 23*, S. 193 (Hervorhebungen von Ch. N.).
21 Ebda., S. 192.
22 Ebda., S. 193.
23 Vgl. Ulrich Beck/Michael Brater: *Berufliche Arbeitsteilung und soziale Ungleichheit*, Frankfurt/Main/New York 1978. – Inzwischen habe ich eine – leider – unveröffentlichte Arbeit in die Hand bekommen: Christiane Erlemann: *Räumliche Aspekte von Frauenunterdrückung und Frauenbefreiung*, RWTH Aachen, Juli 1978, die ebenfalls auf diesen Aspekt aufmerksam macht und folgende These vertritt (S. 122f.): »Marx und Engels lassen als ›Arbeit‹ nur das bewußte, planvolle Ändern der in der Natur vorgegebenen Dinge gelten. Damit setzen sie die menschliche Tätigkeit scharf von der tierischen ab … Diese Abgrenzung ist rein willkürlich und absolut ungeeignet, das Wesen der menschlichen Arbeit zu erfassen. Die weibliche Realität beweist, daß eine klare Unterscheidung zwischen ›Arbeit‹ und ›Natur‹ nicht möglich ist.«
24 Vgl. Maria Mies: »Gesellschaftliche Ursprünge der geschlechtlichen Arbeitsteilung«, a. a. O. – Meiner Argumentation könnte entgegengehalten werden, Marx habe doch durchaus gesehen, daß dem Arbeiter während des kapitalistischen Produktionsprozesses produktive Kräfte verlorengingen. Im Kapitel »Teilung der Arbeit und Manufaktur« schreibt er: »Sie verkrüppelt den Arbeiter in eine Abnormität, indem sie ein Detailgeschick treibhausmäßig fördert durch Unterdrückung einer Welt von produktiven Trieben und Anlagen.« (*MEW 23*, S. 381) Da wäre es ja, das Ensemble der menschlichen Kräfte. Doch gleich im Anschluß wird genauer gesagt, was gemeint ist, und diese Aussage zieht sich systematisch durch die gesamte Argumentation der Marxschen Schriften, wie noch zu zeigen sein wird. »Die *Kenntnisse*, die *Einsicht* und der *Wille*, die der selbständige Bauer oder Handwerker … entwickelt, sind jetzt nur noch für das Ganze der Werkstatt erheischt.« Die »Wissenschaft« werde als »selbständige Produktionspotenz von der Arbeit getrennt« wie gehabt, der Kopf in dem von mir beschriebenen Sinne (ebda., S. 383).
25 Marx: *Kapital, Bd. 1*, in: *MEW 23*, S. 193.
26 Ebda., S. 194.
27 Ebda.
28 Ebda., S. 198. Vgl. dazu auch den Artikel von Ludmilla Müller: »Die Wertlosigkeit der Arbeit der Kinderaufzucht im Kapitalismus«, in:

PROKLA 22/1976, S. 13ff. »Arbeit als allgemeine Abstraktion von vielfältigen Formen konkreter menschlicher Tätigkeit ist eine moderne, genauer eine bürgerliche Kategorie, wie wir sie in früheren Gesellschaften nicht finden.« In diesem Artikel, der innerhalb der bundesdeutschen Diskussion – soweit ich es überblicke – die erste feministische Kritik an Theorie und Praxis der Arbeiterbewegung darstellt, wird anhand eines Beispiels von indianischen Frauen, die ihre getöpferten Krüge wie Lebewesen behandeln, dargelegt, daß die Trennung zwischen Arbeit am lebendigen Menschen und an »toten« Produkten womöglich erst ein spätes Produkt ist. Marx selbst weist einerseits darauf hin, daß der Begriff »Arbeit« in seiner Abstraktion ein sehr später ist, andererseits benennt er dafür allgemeinmenschliche Bestimmungen. Und der Aspekt, daß gerade das Baumeistermodell der Arbeit selbst ein historisches Produkt ist, ein spätes, kommt ihm an keiner Stelle in den Sinn.

29 Was im übrigen die Körbe angeht, so werden sie von Marx am Ende des besagten Kapitels im nachhinein beiläufig erwähnt. Sie paßten halt nicht in seine allgemeine Definition des Werkzeugs als »Machtmittel«. Und in der Tat: Sammeln ist ja auch in der Menschheitsgeschichte vor allem Frauenarbeit. Die Jagd, bei welcher das Werkzeug tatsächlich als Machtmittel fungierte, war Männerarbeit. Aber auch da wird Mann wohl zunächst nicht festgelegt gewesen sein. Trotzdem! Die Definition des Werkzeugs als Machtmittel entspringt männlicher Sehweise. Auf den Gesamtzusammenhang speziell männlicher und speziell weiblicher »Werkzeuge« in ihrer Bedeutung für das Verhältnis der beiden Geschlechter zur »Natur« ist Maria Mies in dem anfangs erwähnten Artikel gründlich eingegangen. Ich komme darauf speziell in den Kapiteln 6 und 7 noch zu sprechen.

30 Marx: *Kapital, Bd. 1*, in: *MEW 23*, S. 200.

31 G. Heinsohn/R. Knieper/O. Steiger: *Menschenproduktion. Allgemeine Bevölkerungslehre der Neuzeit*, Frankfurt/Main 1979, S. 55f.

32 Marx: *Kapital, Bd. 1*, in: *MEW 23*, S. 193.

33 Marilyn French: *Frauen*, Reinbek bei Hamburg 1978, S. 66f., 69ff.

34 Zitiert bei Alice Miller: *Am Anfang war Erziehung*, Frankfurt/Main 1980, S. 57f.; inzwischen wurde ein Aufsatz veröffentlicht, der sich genauer mit dem männlichen Modell der Pädagogik beschäftigt und ebenfalls die von A. Miller angegebenen Quellen benutzt. Christine Holzkamp/Gisela Steppke: »Erziehung als Wissenschaft und Erziehung als produktive Tätigkeit. Ein Beitrag zur Gesellschaftsspezifik in der Sozialisationsforschung«, in: Barbara Schaeffer-Hegel/Brigitte Wartmann (Hg.): *Mythos Frau. Projektionen und Inszenierungen im Patriarchat*, Berlin 1984, S. 61ff.

35 Marx: *Kapital, Bd. 1*, in: *MEW 23*, S. 192.

36 Zitiert bei Alice Miller, a. a. O., S. 26.

37 Zitiert ebda., S. 28.

38 Zitiert ebda., S. 30.

39 Marx: *Kapital, Bd. 1*, in: *MEW 23*, S. 57. Spannend wäre es, die klassische Arbeit von Alfred Schmitt zum Naturbegriff bei Marx unter den von

mir genannten Gesichtspunkten durchzusehen. Ich habe es nicht mehr geschafft.

40 Ebda., S. 57f.

41 Vgl. ebda., S. 409, 411, 630. Vgl. auch die genannte Arbeit von Christiane Erlemann, a. a. O., S. 140ff.

42 Zitiert bei Marx: *Kapital, Bd. 1*, in: *MEW 23*, S. 57f.

43 Ebda., S. 198.

44 Marx: *Kapital, Bd. 3*, in: *MEW 25*, Berlin (DDR) 1973, S. 223.

45 Ebda.

46 Marx: *Kapital, Bd. 1*, in: *MEW 23*, S. 195f.

47 Vgl. zu diesem Gesamtkomplex: *Beiträge zur feministischen Theorie und Praxis* 3/1980, *Frauen und Dritte Welt*, sowie Claudia von Werlhoff/Maria Mies/Veronika Bennholdt-Thomsen: *Frauen, die letzte Kolonie*, Reinbek bei Hamburg 1983.

48 Marx: *Kapital, Bd. 1*, in: *MEW 23*, S. 530.

49 Ebda., S. 791.

50 Ebda. Vgl. auch Christiane Erlemann, a. a. O., die die These aufstellt, Marx habe eine gewissermaßen physikalisch-mechanistische Vorstellung von der Revolution. Konzentration von vielen auf einen Punkt steigere die Widerstandskraft. »Die Theorie vom revolutionären Subjekt beruht auf dem Boyleschen Gesetz.« (S. 156)

51 Karl Marx: *Grundrisse der Kritik der politischen Ökonomie* [1857/58], Berlin (DDR) 1953, S. 593.

52 Ebda., S. 594.

53 Ebda., S. 595.

54 Ebda., S. 597.

55 Ebda., S. 599.

56 Ebda., S. 600.

57 Karl Marx: *Ökonomisch-philosophische Manuskripte aus dem Jahre 1844*, in: *MEW Ergänzungsband*, Berlin (DDR) 1968, S. 516.

58 Ebda., S. 517.

59 Ebda., S. 536.

60 Ebda., S. 516.

61 Marx/Engels: *Die deutsche Ideologie*, in: MEW 3, S. 67.

62 Ebda., S. 68.

63 Vgl. Helmut Schelsky: *Die Arbeit tun die anderen*, München 1977, S. 97ff.; André Gorz: *Abschied vom Proletariat*, Frankfurt/Main 1980.

64 Marx/Engels: *Die deutsche Ideologie*, in: *MEW 3*, S. 70f.

65 Zitiert bei Bodo von Greiff: »Wissenschaft, Technik und Aufklärung. Zur politischen Philosophie des Fortschritts«, in: *Technologie und Politik* 16, Reinbek bei Hamburg 1980, S. 56f.

66 Ebda., S. 59.

67 Marx/Engels: *Das Kommunistische Manifest* [1848], Berlin (DDR) 1964, S. 46.

68 Ebda., S. 50.

69 Ebda., S. 63.

70 Friedrich Engels: *Der Ursprung der Familie, des Privateigentums und des Staates* (1883–89), in: *MEW 21*, Berlin (DDR) 1962, S. 68.
71 Ebda., S. 58.
72 Ebda., S. 54.
73 Ebda., S. 75.
74 Ebda., S. 76.
75 Ebda., S. 77.
76 Vgl. Anke Wolf-Graaf: *Frauenarbeit im Abseits. Frauenbewegung und weibliches Arbeitsvermögen*, München 1981. Hier findet sich noch einmal eine Zusammenfassung der bisher vorgetragenen Kritik an Marx hinsichtlich des »Vergessens« der Hausarbeit.
77 Vgl. Brigitte Wartmann: »Die Grammatik des Patriarchats. Zur Natur des Weiblichen in der bürgerlichen Gesellschaft«, in: *Ästhetik und Kommunikation* 47/1982, *Weibliche Produktivität*. In Kapitel 6 gehe ich genauer auf diese Fragen ein.
78 Marx/Engels: *Kommunistisches Manifest*, a. a. O., S. 45.
79 Marx: *Ökonomisch-philosophische Manuskripte*, a. a. O., S. 563f.
80 Virginia Woolf: *Ein Zimmer für sich allein*, Frankfurt/Main 1981, S. 43f.
81 A. Wolf-Graaf hat in ihrem Buch *Frauenarbeit im Abseits*, a. a. O., drei »zentrale theoretische Positionen« im Feminismus festgemacht, von denen ihrer Ansicht nach zwei, die »existentialistisch-feministische Position« und die »sozialistische Emanzipationstheorie«, außerhäusliche Erwerbsarbeit »dem abhängigen ›dumpfen‹ Hausfrauendasein« vorziehen. In den existentialistischen Positionen, zu denen sie Simone de Beauvoir, Betty Friedan, Kate Millett, Sulamith Firestone u. a. rechnet, werde die Gebärfähigkeit der Frau grundsätzlich als »biologische Benachteiligung« interpretiert. Mit meinen eigenen Worten: hier finde eben keine selbstbewußte Aneignung der eigenen produktiven Kräfte, Fähigkeiten und Arbeiten statt. A. Wolf-Graaf geht dabei allerdings nicht auf die Positionen der Frauenbewegung vor dem Ersten Weltkrieg ein. Für diese spielte ja, wenigstens für ihren als »bürgerlich« bezeichneten Teil, die »Mütterlichkeit« eine große Rolle bei der eigenen Identitätsbildung. In dem Buch *Frauen in der Geschichte, IV*, herausgegeben von Ilse Brehmer/Juliane Jakobi-Dittrich/Elke Kleinau/Annette Kuhn (Düsseldorf 1983), wird in einzelnen Artikeln auf diese Zeit unter der genannten Fragestellung genauer eingegangen. Da ich erst zwei Tage vor Manuskriptabgabe auf diesen Titel gestoßen bin, ist es mir nicht möglich, meine These hier genauer auszuführen, ich verweise aber auf die Beiträge in diesem Buch.
82 Clara Zetkin: *Die Arbeiterinnen- und Frauenfrage der Gegenwart* [1889], dokumentiert bei Gisela Brinker-Gabler (Hg.): *Frauenarbeit und Beruf*, Frankfurt/ Main 1979, S. 138.
83 Vgl. u. a. Christiane Erlemann, a. a. O.
84 Regina Becker-Schmidt: »Entfremdete Aneignung, gestörte Anerkennung, Lernprozesse: Über die Bedeutung der Erwerbsarbeit für Frauen«, in: *Sektion Frauenforschung in den Sozialwissenschaften in der Deutschen*

Gesellschaft für Soziologie, Beiträge zur Frauenforschung am 21. Deutschen Soziologentag, Bamberg 1982, München 1982, S. 13f.
85 Karl Marx: *Ökonomisch-philosophische Manuskripte*, a. a. O., S. 462.

Kapitel 2
Trotz alldem! Wir sind Kopfmenschen. Zum »Vulgärmarxismus« der alten Sozialdemokratie

1 Ferdinand Lassalle, zitiert bei Wolfgang Dreeßen, in: *Ästhetik und Kommunikation* 36/1979, S. 54.
2 Zitiert ebda., S. 56.
3 Ferdinand Lassalle: Die *Wissenschaft und die Arbeiter* [1863], in: Ders.: *Reden und Schriften*, München 1970, S. 123.
4 Ebda., S. 137f.
5 Ebda., S. 156f.
6 Zitiert bei Brigitte Emig: *Die Veredelung des Arbeiters. Sozialdemokratie und Kulturbewegung*, Frankfurt/Main/New York 1980, S. 49.
7 Vgl. ebda., S. 48.
8 Franz Mehring: *Geschichte der deutschen Sozialdemokratie* (1897/98), *2. Teil*, Berlin (DDR) 1960, S. 147.
9 Ebda., S. 146.
10 Vgl. B. Emig, a. a. O., S. 133.
11 Dokumentiert bei Peter von Rüden (Hg.): *Beiträge zur Kulturgeschichte der deutschen Arbeiterbewegung, 1848–1918*, Frankfurt/Main 1979, S. 66.
12 Ebda.
13 Die Rede, gehalten 1872, habe ich dokumentiert gefunden in: R. Adler/H.-D. Iske/G. Scharfenberg (Hg.): *Materialien zur Geschichte und zum gegenwärtigen Stand der innerparteilichen Bildungsarbeit der SPD, Teil 1*, Berlin 1882, S. 185. Das Buch ist eine wahre Fundgrube. Darüber wäre noch ein weiteres Buch zum von mir angeschlagenen Thema zu schreiben.
14 Ebda., S. 185.
15 Ebda., S. 187.
16 Ebda., S. 189.
17 Zitiert bei Brigitte Emig, a. a. O., S. 143.
18 Zitiert ebda., S. 131.
19 Zitiert ebda., S. 133.
20 Zitiert ebda., S. 145.
21 Ebda., S. 131.
22 Zitiert ebda., S. 149.
23 Dokumentiert bei Adler/Iske u. a., a. a. O., S. 190.
24 Dokumentiert bei Peter von Rüden (Hg.), a. a. O., S. 42f.
25 Dokumentiert ebda., S. 41. Vgl. dazu schon den ersten Formulierer neuzeitlicher wissenschaftlicher Methoden, Francis Bacon. – Caroline Merchant verweist in ihrem Buch *The Death of Nature*, London 1982, in dem sie die Entstehung des neuzeitlichen Bildes der Natur im Zu-

sammenhang mit der neuzeitlichen Praxis gegenüber der Natur darstellt, auf Francis Bacon, der seine Methoden zur Erforschung der Natur mit den Folterinstrumenten verglich, mit denen man den Hexen ihre Geheimnisse abpreßte. Und das meinte er positiv. Vgl. ebda., S. 168.

26 Vgl. dazu: H. Niggemann: *Emanzipation zwischen Sozialismus und Feminismus*, Wuppertal 1981, S. 268, und R. J. Evans: *Sozialdemokratie und Frauenemanzipation im deutschen Kaiserreich*, Berlin/Bonn 1979. Mit diesen beiden historischen Analysen liegt eine gute Untersuchung zum Gesamtfragenkomplex Sozialdemokratie – Frauenemanzipation für die Zeit bis zum Ersten Weltkrieg vor. Danach gibt es nur noch Sporadisches. Speziell zu dieser Frage noch: Anneliese Bergmann: »Frauen, Männer, Sexualität und Geburtenkontrolle. Zur ›Gebärstreikdebatte‹ der SPD 1913«, in: Karin Hausen (Hg.): *Frauen suchen ihre Geschichte*, München 1983, S. 81–109.

27 Vgl. dazu: W. H. Schröder: *Arbeitergeschichte und Arbeiterbewegung, Industriearbeit und Organisationsverhalten im 19. und 20. Jh.*, Frankfurt/Main/New York 1978, S. 97.

28 Ebda., S. 98.

29 Vgl. dazu: Gisela Lossef-Tillmanns (Hg.): *Frau und Gewerkschaft*, Frankfurt/Main 1982.

30 A. Wolf-Graaf, a. a. O., stellt die These auf und führt dafür auch Belege an, daß die große Masse des Industrieproletariats in der Anfangsphase der kapitalistischen Entwicklung aus Frauen und Kindern bestanden habe (S. 406).

31 W. H. Schröder, a. a. O., S. 95.

32 Vgl. ebda.

33 Sheila Rowbotham: *Nach dem Scherbengericht. Über das Verhältnis von Feminismus und Sozialismus*, Berlin 1981, S. 84.

34 Ebda., S. 86f.

35 Marx/Engels: *Über die Gewerkschaften*, Berlin (DDR) 1971, S. 294f.

36 Vgl. Anke Wolf-Graaf, a. a. O., S. 397–413.

37 W. H. Schröder, a. a. O., S. 140.

38 Vgl. ebda.

39 Vgl. ebda., S. 149.

40 Ebda., S. 99.

41 Vgl. ebda., S. 99ff.

42 Ebda., S. 149.

43 Hans-Josef Steinberg: *Sozialismus und deutsche Sozialdemokratie*, Berlin/Bonn/Bad Godesberg [4]1974, S. 74.

44 Vgl. ebda., S. 95.

45 Peter N. Stearns: »Abstumpfung und Apathie. Arbeiterfrauen in England 1890–1914«, in: B. Heintz/C. Honegger: *Listen der Ohnmacht*, Frankfurt/Main 1981, S. 262, vgl. auch: S. 265–268.

46 Zitiert bei Manfred Scharrer: *Arbeiterbewegung und Obrigkeitsstaat. SPD und Gewerkschaften nach dem Sozialistengesetz*, Berlin 1976, S. 53.

47 Zitiert ebda., S. 52.

48 Zitiert ebda., S. 64.
49 Zitiert ebda., S. 66
50 Ebda., S. 67.
51 Ebda., S. 54
52 Sheila Rowbotham, a. a. O., S. 62f.
53 Die Briefe sind dokumentiert bei: W. Emmerich: *Proletarische Lebensläufe, Autobiographische Dokumente zur Entstehung der zweiten Kultur in Deutschland, Bd. 2: 1914–1945*, Reinbek bei Hamburg 1975, S. 103.
54 Zitiert bei Helga Grebing: *Geschichte der Arbeiterbewegung*, München 1966, S. 138.
55 Zitiert ebda., S. 136.
56 Die folgenden Seitenzahlen in Klammern nach den Zitaten beziehen sich auf die Ausgabe der Massenstreikdebatte von: Antonia Grunenberg (Hg.): *Die Massenstreikdebatte*, Frankfurt/Main 1970. Das Zitat hier: S. 163.
57 Zitiert bei Helga Grebing, a. a. O., S. 136.
58 Dokumentiert bei W. Emmerich, a. a. O., S. 105. – Die folgenden Seitenzahlen in Klammern beziehen sich wiederum auf die Ausgabe der Massenstreikdebatte von Antonia Grunenberg.
59 Eine Freundin hat mich darauf hingewiesen, daß ich in diesem Zusammenhang Frank Capras Buch *Wendezeit* lesen müsse. Ich schaffe es nicht und gebe den Tip weiter.

Kapitel 3
Kopf und Hand allein können nur getrennt beisammen sein. Notizen zur Geschichte der feindlichen Brüder und zum Sozialstaat

1 In diesem Zusammenhang verweise ich auf Walter Süß: *Die Arbeiterklasse als Maschine. Ein industriesoziologischer Beitrag zur Sozialgeschichte des aufkommenden Stalinismus*, Berlin 1981, dem ich auch das extreme Zitat verdanke. Ebda., S. 149. Die Arbeit ist leider nur im Dissertationsdruck zugänglich. Zur Rolle von A. K. Gastev vgl. auch: Rainer Traub: »Lenin und Taylor. Die Schicksale der »wissenschaftlichen Arbeitsorganisation« in der (frühen) Sowjetunion«, in: *Kursbuch* 43/1976, S. 146–158.
2 Vgl. Rainer Traub, a. a. O., S. 150–153.
3 L. N. Kritzmann: *Die heroische Epoche der Oktoberrevolution* [1921], Reprint, Frankfurt/Main 1971, S. 181.
4 Ebda., S. 139.
5 Ebda., S. 140
6 Irmtraud Morgner: *Amanda, ein Hexenroman*, Darmstadt/Neuwied 1983.
7 Marx: *Kapital, Bd. 1*, in: *MEW 23*, S. 193.
8 Theodor Leiphart auf dem 10. ADGB-Kongreß 1919, dokumentiert bei Crusius/Wilke/Schiefelbein: *Die Betriebsräte in der Weimarer Republik, Bd. 1*, Berlin 1978, S. 111.
9 *Betriebsrätezeitung* 1/1920.

10 Max Weber: *Wahlrecht und Demokratie in Deutschland* [Dezember 1917], in: Ders.: *Gesammelte Politische Schriften*, Tübingen 1971, S. 251.
11 Ebda., S. 266, 268.
12 Ludwig Preller: *Sozialpolitik in der Weimarer Republik, geschrieben im Faschismus, erstmals veröffentlicht 1949*, Düsseldorf 1978, S. 508.
13 Ebda., S. 5.
14 Zitiert bei R. Kühnl: *Formen bürgerlicher Herrschaft*, Reinbek bei Hamburg 1971, S. 32.
15 Ernst Fraenkel, trotz längerer Suche habe ich die Quelle nicht mehr gefunden!
16 Zitiert bei Wolfgang Müller: »Der Pluralismus – die Staatstheorie des Reformismus«, in: Doecker/Steffani (Hg.): *Klassenjustiz und Pluralismus*, Hamburg 1973, S. 402.
17 Zitiert ebda., S. 405.
18 Eduard Heimann: *Soziale Theorie des Kapitalismus* [1929], Frankfurt/Main 1980, S. 30f.
19 Ebda., S. 32, 35.
20 Ebda., S. 35.
21 Zu dem Gesamtkomplex der rechtlichen Stellung der Frauen in der bürgerlichen Gesellschaft vgl. die Analysen von Hannelore Schroeder u. a.: *Die Rechtlosigkeit der Frau im Rechtsstaat*, Frankfurt/Main/New York 1979, und Ute Gerhard: *Verhältnisse und Verhinderungen. Frauenarbeit, Familie und Rechte der Frauen im 19. Jh.*, Frankfurt/Main 1978, sowie andere Schriften der Autorin.
22 Otto Bauer: *Kapitalismus und Sozialismus nach dem Ersten Weltkrieg, Bd. 1, Rationalisierung und Fehlrationalisierung*, Berlin 1931, in: Ders.: *Werkausgabe, Bd. III*, Wien 1976, S. 857. – In den *Beiträgen zur feministischen Theorie und Praxis* 12/1984 habe ich einen längeren Artikel zum Thema »… aber was ist denn das, der ›irrationale Rest‹? Zur Rationalisierungsdiskussion in der Weimarer Republik und heute« veröffentlicht. Der Abschnitt hier ist diesem Artikel entnommen, in dem ich das Schicksal und die Interpretationen des »irrationalen Rests«, auf den ich noch zu sprechen komme, bis hin zur gegenwärtigen Situation verfolge. Ich zeige, daß der »irrationale Rest« im Laufe der Entwicklung immer umfangreicher wird und daß die konservative Wende vor allem auch darin besteht, ihn endgültig den Frauen zum Zweck der unbezahlten Bearbeitung zu überlassen.
23 Ebda., S. 858.
24 Frederick Taylor, zitiert bei Harry Braverman: *Die Arbeit im modernen Produktionsprozeß*, Frankfurt/Main/New York 1977, S. 85.
25 Otto Bauer, a. a. O., S. 784.
26 Ebda., S. 859f.
27 Ebda., S. 861.
28 Ebda.
29 Ebda., S. 912f.
30 Ebda.

31 Zitiert und ausgeführt bei Gunnar Stollberg: *Die Rationalisierungsdebatte 1908–1933*, Frankfurt/Main/New York 1981, S. 90. Vgl. auch: Christel Neusüß: »Produktivkraftentwicklung, Arbeiterbewegung und die Schranken sozialer Emanzipation«, in: *PROKLA* 31/1978; Peter Hinrichs/Lothar Peter: *Industrieller Friede? Arbeitswissenschaft und Rationalisierung in der Weimarer Republik*, Köln 1976.

32 Theodor Leiphart (Hg.), im Auftrag des ADGB: *Die 40-Stunden-Woche*, Berlin 1931, S. 126ff. – Den Gesamtkomplex, den ich hier im Zusammenhang mit der Frage nach den »männlichen Mustern« neu aufzuschlüsseln versuche, habe ich schon einmal behandelt. Und zwar in: Christel Neusüß: »Produktivkraftentwicklung, Arbeiterbewegung und die Schranken sozialer Emanzipation«, a. a. O., S. 75ff., entwickelt anhand der Rätediskussion und der Rationalisierungsdebatte der 20er Jahre.

33 *Vorwärts*, 11.2.1933, dokumentiert bei Wolfgang Luthardt: *Sozialdemokratische Arbeiterbewegung und Weimarer Republik, Materialien zur gesellschaftlichen Entwicklung 1927–1933, Bd. 2*, Frankfurt/Main 1978, S. 257.

34 *Vorwärts*, 19. 11. 1929, dokumentiert bei Luthardt, a. a. O., S. 248.

35 *Vorwärts*, 26. 1. 1933, dokumentiert bei Luthardt, a. a. O., S. 245.

36 *Vorwärts*, 11. 2. 1933, dokumentiert bei Luthardt, a. a. O., S. 256.

37 *Die Rote Fahne*, 9. 2. 1933, dokumentiert bei Luthardt, a. a. O., S. 250.

38 *Das freie Wort. Sozialdemokratisches Diskussionsorgan*, 23. 11. 1930, dokumentiert bei W. Luthardt: *Sozialdemokratische Arbeiterbewegung ..., Bd. 1*, Frankfurt/Main 1978, S. 60.

39 Max Adler: *Eine Philosophie der Koalition* [1928], dokumentiert bei Luthardt, Bd. 1, a. a. O., S. 28.

40 Zitiert in: Josef Olbrich: *Arbeiterbildung in der Weimarer Zeit*, Braunschweig 1977. Es handelt sich hier um einen Dokumentenband, aus dem im folgenden weiter zitiert wird.

41 Zitiert ebda., S. 198.

42 Zitiert ebda., S. 157.

43 Zitiert ebda., S. 82.

44 Zitiert ebda., S. 106.

45 Zitiert ebda., S. 118.

46 Zitiert ebda., S. 106.

47 Zitiert ebda., S. 159.

48 Zitiert ebda., S. 106.

49 Zitiert ebda., S. 119.

50 Zitiert ebda.

51 Der Artikel von Theodor Cassau ist erschienen in der *Frankfurter Rundschau* vom 22.6.1979, S. 14f. 1925 wurde der Artikel zum erstenmal veröffentlicht.

52 Ebda.

53 13. Bundesausschußsitzung des ADGB, 31. 1. 1933, dokumentiert bei Frank Deppe/Witich Roßmann: *Wirtschaftskrise, Faschismus, Gewerkschaften, Dokumente zur Gewerkschaftspolitik 1929–1933*, Köln 1981, S. 253.

54 Sitzung des Parteiausschusses der SPD mit Vertretern der Reichstagsfraktion und der Eisernen Front, 31. 1. 1933, dokumentiert bei Deppe/Roßmann, a. a. O., S. 255.
55 Ebda., S. 258.
56 Ebda., S. 256.
57 Ebda., S. 249.
58 Bundesausschußsitzung …, a. a. O., S. 251.
59 *Gewerkschaft, Ausgabe A*, Nr. 11, 18. 3. 1933, dokumentiert bei Deppe/Roßmann, a. a. O., S. 270.
60 Bundesausschußsitzung …, a. a. O., S. 252.
61 Ebda., S. 251.
62 *Gewerkschaft, Ausgabe A*, Nr. 16, 22. 4. 1933, dokumentiert bei Deppe/Roßmann, a. a. O., S. 278f.
63 Aufruf der NSDAP an die Mitglieder der Gewerkschaft, in: *Gewerkschaft, Ausgabe A*, Nr. 16, 6. 5. 1933, dokumentiert bei Deppe/Roßmann, a. a. O., S. 283.
64 *Die Rote Fahne*, 9. 2. 1933, dokumentiert bei Deppe/Roßmann, a. a. O., S. 259f.
65 Julia Pech: »Zeitgenossinnen. Die Darstellung der Frau im Werk von Käthe Kollwitz und Hannah Höch«, in: *autonomie oder institution. Beiträge zur 4. Sommeruniversität der Frauen – Berlin 1979*, Berlin 1981, S. 325ff.

Kapitel 4
Die Sozialstaatskrise oder:
Der drohende Sieg der körperlosen Köpfe

1 Helmut Schelsky: »Kritik der austeilenden Gerechtigkeit. Die Entmündigung des Menschen im Sozialstaat – Ein Vorschlag zur Reform«, in: *Deutsche Zeitung*, 2. 11. 1979.
2 Ebda.
3 Vgl. dazu Kap. 6, dort den Abschnitt »Sperr sie ein, dann bleibt sie klein«.
4 John Locke: *Zwei Abhandlungen über die Regierung* [1690], herausgegeben und eingeleitet von W. Euchner, Frankfurt/Main/Wien 1967, S. 241.
5 Ebda., S. 247.
6 Ebda., S. 252.
7 Ebda., S. 253.
8 Ebda., S. 219
9 Ebda., S. 217
10 H. Schelsky, a. a. O.
11 G. W. F. Hegel: *Grundlinien der Philosophie des Rechts*, in: *Werkausgabe, Bd. 7*, Frankfurt/Main 1970, S. 47. – Auf diese Position Hegels, Ähnliches kannte ich aus der *Phänomenologie*, wurde ich aufmerksam durch den Artikel von Marianne Schuller: »Die Nachtseite der Humanwissenschaften«, in: Gabriele Dietze (Hg.): *Die Überwindung der Sprachlosigkeit*, Darmstadt/Neuwied 1979, S. 31–51.

12 G. W. F. Hegel: *Phänomenologie des Geistes* [1807], Hamburg 1952, S. 321.
13 George Gilder: *Armut und Reichtum*, Berlin 1981, S. 91.
14 in: *PROKLA* 39/1980.
15 Leider kann ich das genaue Veröffentlichungsdatum nicht mehr herausfinden!
16 Johano Strasser: *Die Zukunft der Demokratie. Grenzen des Wachstums. Grenzen der Freiheit*, Hamburg 1977, S. 59f.
17 Helmut Schelsky: *Die Arbeit tun die anderen*, München 1977.
18 George Gilder, a. a. O., S. 82ff.
19 Ebda., S. 298.

Kapitel 5
Die Hände am Ende?!

1 Ich weiß, es gibt auch Ausnahmen, die meinen, der kluge Betriebsratskopf allein, vollgestopft mit sämtlichem von den Wissenschaftlern zusammengetragenen Wissen, könne es nicht schaffen. Die Leute an den Fließbändern, den Computern, den Textgeräten müßten es schon selbst versuchen, all ihre Lebensbedürfnisse und Lebenskräfte als Widerstandspotential ins Feld führen, sich aufgrund ihrer eigenen Erfahrungen zur Wehr setzen und nicht warten, bis die Wissenschaft sagt, was den Menschen guttut und was nicht. Aber das sind vereinzelte Stimmen; kein Zufall, denn sie riskieren ihren Arbeitsplatz. Und Erkenntnisse über das mögliche Ineinandergreifen von Wissenschaftsgläubigkeit und Arbeitnehmerpatriarchat finden sich da auch nicht.
2 Willy Brandt, geschrieben in der Zeit der Emigration, zitiert bei Herbert Wendelmuth, »Das Recht auf Arbeit«, in: *Technologie und Politik* 8/1977, S. 215.
3 Willy Brandt, ebda.
4 Helmut Schmidt: »Arbeit und Technik«, Vortrag, gehalten in Essen 1979 oder 1980; soweit ich sehe, unveröffentlichtes Manuskript.
5 *Frankfurter Allgemeine Zeitung*, 4. 8. 1979.
6 Karl Marx: *Randglossen zum Programm der deutschen Arbeiterpartei* [1875], in: *MEW 19*, Berlin (DDR) 1962, S. 23.
7 Vgl. Oskar Negt: Vortrag auf einer Tagung zur 35-Stunden-Woche im Gewerkschaftsbildungszentrum Sprockhövel, in: *express* 10/1983.
8 Ulrich Briefs: »Alternativen zur Rationalisierungstechnologie«, in: *35. Infodienst, Nr. 1*, Hg.: Initiative Gewerkschafter und Grüne für die 35-Stunden-Woche, S. 36ff.
9 Otto Bauer, a. a. O., S. 178.
10 Marx: *Kapital, Bd. 1*, in: *MEW 23*, S. 328.
11 Ebda., S. 386.
12 C. von Werlhoff: »Lohn ist ein ›Wert‹, Leben nicht? …, a. a. O., S. 53.
13 Vgl. dazu auch: Carola Jacobi/Thomas Nieß: *Hausfrauen, Bauern, Marginalisierte: Überlebensproduktion in »Dritter« und »Erster« Welt*, Saar-

brücken 1980, S. 128. Sie zitieren einen Artikel von Veronika Bennholdt-Thomsen: »Es ist der Mangel an juristischen Verträgen, die indirekte Form der Unterordnung unter das Kapital, die Tatsache, daß die Wertbildung hinter anonymen Marktmechanismen verborgen ist, und die Vermittlung über die Familienorganisation, was die Ausbeutung all dieser Arbeit so leicht macht.«

14 Marx: *Theorien über den Mehrwert, Bd. 2*, in: *MEW 26*, Berlin (DDR) 1967, S. 111.

15 Vgl. dazu auch: Christina Thürmer-Rohr: »Aus der Täuschung in die Enttäuschung – Zur Mittäterschaft der Frauen«, in: *Beiträge zur feministischen Theorie und Praxis* 8/1983, S. 11–26.

Kapitel 6
Was ist so mystisch an der »Weiblichkeit«?

1 Marx/Engels: *Die deutsche Ideologie*, in: *MEW 3*, S. 27.

2 Ebda.

3 Maria Mies: »Gesellschaftliche Ursprünge geschlechtlicher Arbeitsteilung«, a. a. O., S. 62.

4 K. Marx: *Ökonomisch-philosophische Manuskripte*, a. a. O., S. 546.

5 Vgl. Heide Göttner-Abendroth: »Du Gaia bist ich. Matriarchale Religionen früher und heute«, in: Luise F. Pusch (Hg.): *Feminismus, Inspektion einer Herrenkultur*, Frankfurt/Main 1983, S. 175–195.

6 Vgl. Sulamith Firestone: *Frauenbefreiung und sexuelle Revolution*, Frankfurt/ Main 1981, S. 191.

7 Irmtraud Morgner: *Amanda, Ein Hexenroman*, Darmstadt/Neuwied 1983, S. 276.

8 Rossana Rossanda: *Einmischung. Gespräche mit Frauen über ihr Verhältnis zu Politik, Freiheit, Gleichheit, Brüderlichkeit, Faschismus, Staat, Partei, Revolution, Widerstand, Feminismus*, Frankfurt/Main 1980, S. 42.

9 Ebda., S. 81.

10 Ebda., S. 182.

11 Maria Mies, a. a. O., S. 66.

12 Rossana Rossanda, a. a. O., S. 136.

13 Ebda., S. 138.

14 S. Rowbotham, a. a. O., S. 93, 54.

15 Roger Garaudy: *Der letzte Ausweg. Feminisierung der Gesellschaft*, Olten/ Freiburg im Breisgau 1982, S. 111.

16 Ebda., S. 113–116.

17 Rossana Rossanda, a. a. O., S. 225 f.

18 Gertrud Treusch-Dieter: »Die Spindel der Notwendigkeit«, in: *Ästhetik und Kommunikation* 47/1982, *Weibliche Produktivität*, S. 58.

19 Ebda., S. 61.

20 Ebda., S. 60.

21 Ebda., S. 64

22 Dies.: »Die faule Spinnerin«, in: *Ästhetik und Kommunikation*, a.a.O., S. 78.
23. Ebda.
24 Ebda., S. 85f.
25 Ebda., S. 78.
26 Ebda., S. 69.
27 Brigitte Wartmann, a.a.O., S. 25f.
28 Ebda., S. 26.
29 Karl Marx: *Kritik der Hegelschen Rechtsphilosophie* [1844], in: *MEW 1*, Berlin (DDR) 1976, S. 385.
30 Vgl. die Diskussion in *PROKLA* 50/1983, auf die ich schon in Kapitel 1 hingewiesen habe, ebenso Beiträge in Kuhn/Wolpe, auf die ich dort ebenfalls verwiesen habe. – Rosa Luxemburg, die an dem Punkt auch nicht genauer hingesehen hat, ebenfalls auf die kapitalistische Verschleierung hereinfiel, hat wenigstens die Einstufung der Hausfrauenarbeit als ökonomisch irrelevante und unproduktive zum Anlaß genommen, auf die Verrücktheit der Produktionsweise insgesamt hinzuweisen, ihre Umkehrung aller Werte:
»Diese Arbeit ist nicht produktiv im Sinne der heutigen kapitalistischen Wirtschaftsordnung, und mag sie in tausendfältigen kleinen Mühen eine Riesenleistung von Selbstaufopferung und Kraftaufwand ergeben. Sie ist nur eine private Angelegenheit des Proletariers, sein Glück und Segen, und gerade deshalb bloße Luft für die heutige Gesellschaft. Als produktiv gilt – solange Kapitalherrschaft und Lohnsystem dauern werden – nur diejenige Arbeit, die Mehrwert schafft, die kapitalistischen Profit erzeugt. Von diesem Standpunkt aus ist die Tänzerin im Tingeltangel, die ihrem Unternehmer mit ihren Beinen Profit in die Tasche fegt, eine produktive Arbeiterin, während die ganze Mühsal der Frauen und Mütter des Proletariats in den vier Wänden ihres Heimes als unproduktive Tätigkeit betrachtet wird. Das klingt roh und wahnwitzig, entspricht aber genau der Roheit und dem Wahnwitz der heutigen kapitalistischen Wirtschaftsordnung.« – Rosa Luxemburg: *Frauenwahlrecht und Klassenkampf*, in: *Gesammelte Werke, Bd. 3*, Berlin (DDR) 1973, S. 163.
31 Ilona Ostner: *Beruf und Hausarbeit. Die Arbeit der Frau in unserer Gesellschaft*, Frankfurt/Main/New York 1978, S. 98; vgl. auch: Brigitte Wartmann, a.a.O., S. 24f.
32 Brigitte Wartmann, a.a.O., S. 22.
33 Maria Mamozai: *Herrenmenschen, Frauen im deutschen Kolonialismus*, Reinbek bei Hamburg 1982, und Brigitte Emig, a.a.O., haben zur Frage der Einstellung der Arbeiterbewegung in Sachen »primitive Völker« hinreichendes Material im oben genannten Sinne zusammengestellt.
34 Vgl. dazu die Debatte der letzten Jahre über die Rolle der Subsistenzproduktion für die Akkumulation des Kapitals, die internationale Ausbeutung, das Verhältnis von Hausfrauenarbeit und kleinbäuerlicher Arbeit in der Dritten Welt, die vor allem von feministischen Wissenschaftlerinnen in Gang gesetzt und geführt worden ist. U.a.: Ve-

ronika Bennholdt-Thomsen, »Subsistenzproduktion und erweiterte Reproduktion«, in: *Gesellschaft. Beiträge zur Marxschen Theorie* 14/1981; Carola Jacobi, »Frauen als Naturressource: ›Überlebensproduktion‹ in Dritter und erster Welt«, in: *Beiträge zur feministischen Theorie und Praxis* 3/1980; Carola Jacobi/Thomas Nieß, a. a. O.; C. von Werlhoff/M. Mies/V. Bennholdt-Thomsen, a. a. O.; C. von Werlhoff, Lohn ist ein »Wert«, Leben nicht? …, a. a. O. Dieser Artikel ist m. E. auch eine deutliche Antwort auf die Kritik an der Debatte, die im selben Heft von M. Braig und C. Lentz vorgetragen wird.

35 Silvia Kontos: *Die Partei kämpft wie ein Mann*, Basel/Frankfurt/Main 1979, S. 30f.; eine umfassende Analyse der Frauenpolitik der KPD in der Weimarer Republik.

36 Vgl. dazu: Caroline Merchant: *The Death of Nature*, London 1982, und Claudia von Werlhoff: »Zum Natur- und Gesellschaftsbegriff im Kapitalismus«, in: C. von Werlhoff/M. Mies/V. Bennholdt-Thomsen, a. a. O.

37 Sigrid Metz-Göckel: »Frauenarbeit und weibliche Produktivität«, in: *Beiträge zur feministischen Theorie und Praxis* 1/1978, S. 82, sowie Ludmilla Müller, a. a. O., S. 17.

38 Silvia Kontos/Karin Walser: »Hausarbeit ist doch keine Wissenschaft«, in: *Beiträge zur feministischen Theorie und Praxis* 1/1978, S. 75f.

39 Vgl. dazu: Bock/Duden, a. a. O.

40 Brigitte Wartmann, a. a. O., S. 25f.

41 Maria Mies, a. a. O., S. 66.

42 Vgl. Brigitte Wartmann, a. a. O., S. 26.

43 Vgl. Ilona Ostner, a. a. O., S. 110, und Kontos/Walser, a. a. O., S. 76.

44 Brigitte Wartmann, a. a. O., S. 26.

45 Kontos/Walser, a. a. O., S. 78f.; vgl. auch: Anke Wolf-Graaf, a. a. O., S. 285f.

46 Veronika Bennholdt-Thomsen: »Die Zukunft der Frauenarbeit und die Gewalt gegen Frauen«, in: *Beiträge zur feministischen Theorie und Praxis* 8,9/1983, S. 211.

47 Kontos/Walser, a. a. O., S. 82.

48 Zitiert in: *Autonomie oder Institution*, a. a. O., S. 162.

49 Vgl. dazu Metz-Göckel, a. a. O., S. 84.

Kapitel 7
Das »Werkzeug machende Tier« ist kein lebensprudelndes Unschuldslamm

1 Maria Mies: »Gesellschaftliche Ursprünge der geschlechtlichen Arbeitsteilung«, a. a. O., S. 70.

2 Jonas/Linsbauer/Marx: *Die Produktivkräfte in der Geschichte*, Berlin (DDR) 1969.

3 Engels: *Anti-Dühring* [1894], in: *MEW 20*, Berlin (DDR) 1972, S. 171.

4 Ebda., S. 155.

5 Ebda., S. 154.
6 Ebda., S. 155.
7 Ebda., S. 168f.
8 Ebda., S. 148.
9 Ebda., S. 158.
10 Ebda., S. 161.
11 Ebda., S. 171.
12 Ebda., S. 23.
13 Vgl. dazu: Markus Stadler: »Aber du sollst Männer töten«, in: *Kursbuch* 67/1982, S. 73–87.
14 Bernhard Streek: »Gewehr und Speer, Bewaffnete Macht in der Republik Sudan«, in: ebda., S. 88.
15 Maria Mies, a. a. O., S. 70.
16 Vgl. zu diesem Gesamtzusammenhang genauer: L. Mumford: *Mythos der Maschine. Kultur, Technik und Macht*, Frankfurt/Main 1980, S. 193–218.
17 Maria Mies, a. a. O., S. 70.
18 Dorothee Sölle: *Im Hause des Menschenfressers*, Reinbek bei Hamburg 1981, 5.122.
19 Marie Luise Kaltenegger: »Als Soldat und brav, Gespräche mit Nationalgardisten in einem Gefängnis in Nicaragua«, in: *Kursbuch* 67/1982, S. 4.
20 Werner Raith: *Der Ausstieg des Römischen Reiches aus der Geschichte*, Berlin 1982, S. 102f.
21 Zitiert bei Mary Kaldor: *Rüstungsbarock*, Berlin 1981, S. 75.
22 Manfred Boetticher: »Äußere Bedrohung als Grund für die Stalinsche Industrialisierungspolitik«, in: G. Erler/W. Süß (Hg.): *Stalinismus*, Frankfurt/Main/New York 1982, S. 123–139.
23 Lewis Mumford, a. a. O., S. 504f.
24 Michel Foucault: *Überwachen und Strafen*, Frankfurt/Main 1976, S. 242f.
25 Ebda., S. 270.
26 Ebda., S. 234.
27 Ebda., S. 235.
28 Ebda., S. 279.
29 Ebda., S. 136.
30 Ebda., S. 237.
31 Ebda., S. 235.
32 Ebda., S. 284.
33 Ebda., S. 175.
34 Ebda., S. 177.

Kapitel 8
Die Frau Rosa Luxemburg

1 Eine Stelle möchte ich trotzdem erwähnen. Ich habe sie vor Jahren selbst in einem Artikel zitiert, um Rosa Luxemburg als Kronzeugin für meine damalige These, der technische Fortschritt habe tatsächlich etwas Natur-

und Geschichtsnotwendiges an sich, zu belegen. Zu der Zeit war ich selbst noch völlig »geschlechtsneutralem« Denken verhaftet. »Jeder technische Fortschritt widerstreitet den Interessen der direkt dadurch berührten Arbeiter und verschlechtert ihre unmittelbare Lage, indem sie die Arbeitskraft entwertet.« Mischt sich die Gewerkschaft im Sinne der Betroffenen in den technischen Fortschritt ein, »so handelt sie nicht im Interesse der Arbeiterklasse als im ganzen und ihrer Emanzipation, das vielmehr mit dem technischen Fortschritt, d.h. mit dem Interesse des einzelnen Kapitalisten, übereinstimmt, sondern gerade entgegengesetzt, im Interesse der Reaktion«. – R. Luxemburg: *Sozialreform oder Revolution?* [1899], in: *Gesammelte Werke* (im folgenden *GW*), *Bd. 1*, Berlin (DDR) 1974, S. 391.

2 Karl Marx: *Thesen über Feuerbach* [1845], in: *MEW 3*, S. 5.

3 Karl Marx/Friedrich Engels: *Kommunistisches Manifest*, a.a.O., S. 47.

4 Rosa Luxemburg: *Die Akkumulation des Kapitals* [1913], in: *GW 5*, Berlin (DDR) 1975, S. 342.

5 Ebda., S. 351f.

6 Ebda., S. 357.

7 Rosa Luxemburg: *Umwälzungen im Schiffsbau* [1899], in: *GW 1/1*, S. 350f.

8 Zitiert bei Peter Nettl: *Rosa Luxemburg*, Köln/Berlin 1965, S. 150.

9 R. Luxemburg: *Die Akkumulation des Kapitals*, a.a.O., S. 318.

10 Ebda., S. 319.

11 Ebda., S. 328.

12 W. I. Lenin: *Der Imperialismus als höchstes Stadium des Kapitalismus* [1917], in: Ders.: *Ausgewählte Werke, Bd. 1*, Berlin (DDR) 1978, S. 816.

13 Hermann Lehmann: »Vorwort« zum 5. Band der Gesammelten Werke von Rosa Luxemburg, a.a.O., S. 23.

14 R. Hilferding: *Das Finanzkapital* [1902], Frankfurt/Main 1968, S. 20.

15 Rosa Luxemburg: *Kleinbürgerliche oder proletarische Weltpolitik?* [1911], in: *GW 3*, Berlin (DDR) 1973, S. 30.

16 Rosa Luxemburg: *Unser Marokkoflugblatt* [1911], in: *GW 3*, S. 35.

17 R. Luxemburg: *Antikritik. Die Akkumulation des Kapitals oder: Was die Epigonen aus der Marxschen Theorie gemacht haben* [1921], in: *GW 5*, S. 437ff.

18 Rosa Luxemburg: *Einführung in die Nationalökonomie* [1909], in: *GW 5*, S. 517.

19 Ebda., S. 522f.

20 R. Luxemburg: *Antikritik*, in: *GW 5*, S. 432.

21 R. Luxemburg: *Die Akkumulation ...*, in: *GW 5*, S. 313f.

22 R. Luxemburg: *Einführung in die Nationalökonomie*, in: *GW 5*, S. 518f.

23 R. Luxemburg: *Die Akkumulation ...*, in: *GW 5*, S. 315.

24 R. Luxemburg: *Einführung in die Nationalökonomie*, in: *GW 5*, S. 539.

25 Ebda., S. 562f.

26 Ebda., S. 557.

27 Rosa Luxemburg: *Im Rate der Gelehrten* [1903/04], in: *GW 1/2*, Berlin (DDR) 1974, S. 388.

28 Ebda.
29 R. Luxemburg: *Und zum dritten Male das belgische Experiment* [1901/02], in: *GW 1/2*, S. 242.
30 R. Luxemburg: *Sozialdemokratie und Parlamentarismus* [1904], in: *GW 1/2*, S. 448.
31 Ebda.
32 R. Luxemburg: *Die Akkumulation …*, in: *GW 5*, S. 398.
33 R. Luxemburg: *Karl Marx* [1903], in: *GW 1/2*, S. 371.
34 Ebda.
35 Friedrich Engels: *Dialektik der Natur* [1873–83], in: *MEW 20*, S. 444.
36 Rosa Luxemburg: *Tolstoi als sozialer Denker* [1908], in: *GW 2*, Berlin (DDR) 1972, S. 250.
37 Ebda., S. 251.
38 R. Luxemburg: *Antikritik*, in: *GW 5*, S. 416.
39 Dies.: *Die Akkumulation …*, in: *GW 5*, S. 10.
40 Ebda., S. 9f.
41 Ebda., S. 11f.
42 R. Luxemburg: *Einführung in die Nationalökonomie*, in: *GW 5*, S. 579.
43 Ebda., S. 577.
44 Ebda., S. 612.
45 Ebda., S. 607f.
46 Ebda., S. 771.
47 Ebda., S. 532.
48 Ebda., S. 696.
49 Ebda., S. 691.
50 Ebda., S. 660.
51 Ebda., S. 691.
52 K. Marx: *Grundrisse der Kritik …*, a. a. O., S. 378.
53 R. Luxemburg: *Einführung in die Nationalökonomie*, in: *GW 5*, S. 697.
54 Ebda., S. 775 (Hervorhebungen von Ch. N.).
55 K. Marx: *Grundrisse der Kritik …*, a. a. O., S. 313.
56 Marx/Engels: *Die deutsche Ideologie*, in: MEW 3.
57 R. Luxemburg: *Die Akkumulation …*, in: *GW 5*, S. 411.
58 Rosa Luxemburg: *Arbeiterbewegung und Sozialdemokratie* [1902], in: *GW 1/2*, Berlin (DDR) 1974, S. 255.
59 Ebda., S. 254ff.
60 Peter Nettl, a. a. O., S. 506.
61 R. Luxemburg: *Antikritik*, in: *GW 5*, S. 476.
62 R. Luxemburg: *Die Akkumulation …*, in: *GW 5*, S. 410.
63 Zitiert bei Martha Mamozai, a. a. O., S. 212.
64 Rosa Luxemburg: *Die Krise der Sozialdemokratie* [1916], in: *GW 4*, Berlin (DDR) 1974, S. 53.
65 Rosa Luxemburg: *Organisationsfragen der russischen Sozialdemokratie* [1904], in: *GW 1/2*, S. 422.
66 R. Luxemburg: *Die Krise …*, in: *GW 4*, S. 162.
67 Martha Mamozai, a. a. O., S. 215.

68 Claudia von Werlhoff: »Frauenarbeit …«, a. a. O., S. 20; vgl. auch: Carola Jacobi/Thomas Nieß, a. a. O.
69 Rosa Luxemburg: *Massenstreik, Partei und Gewerkschaften* [1906], in: *GW 2*, S. 100.
70 R. Luxemburg: *Einführung in die Nationalökonomie*, in: *GW 5*, S. 777.
71 R. Luxemburg: *Die Akkumulation …*, in: *GW 5*, S. 307.
72 Ebda., S. 314.
73 Vgl. ebda., S. 310.
74 Vgl. R. Luxemburg, *Antikritik*, in: *GW 5*, S. 515.
75 R. Luxemburg: *Die Akkumulation …*, in: *GW 5*, S. 314.
76 Ebda.
77 Ebda., S. 307.
78 Ebda., S. 397.
79 R. Luxemburg: *Massenstreik …*, in: *GW 2*, S. 124.
80 Ebda., S. 132.
81 Ebda., S. 125.
82 Ebda., S. 111.
83 Ebda., S. 100.
84 Ebda., S. 132.
85 Vgl. R. Luxemburg: *Ermattung oder Kampf?* [1910], in: *GW 2*, S. 348, 350.
86 Vgl. R. Luxemburg: *Massenstreik …*, in: *GW 2*, S. 112, 100, 102.
87 Ebda., S. 100.
88 Vgl. ebda., S. 113, 131.
89 Ebda., S. 131.
90 Ebda., S. 151.
91 Ebda., S. 113.
92 Ebda., S. 130.
93 Ebda., S. 125.
94 Ebda., S. 146.
95 Ebda., S. 135.
96 R. Luxemburg: *Organisationsfragen …*, in: *GW 1/2*, S. 490.
97 Ebda., S. 435.
98 Karl Kautsky: *Die Aktion der Masse* [1911], in: A. Grunenberg (Hg.): *Die Massenstreikdebatte*, Frankfurt/Main 1970, S. 233.
99 R. Luxemburg: *Massenstreik …*, in: *GW 2*, S. 141.
100 Ebda., S. 111.
101 Ebda., S. 133.
102 R. Luxemburg: *Organisationsfragen …*, in: *GW 1/2*, S. 434.
103 Rosa Luxemburg: *Zur russischen Revolution* [1918], in: *GW 4*, S. 359.
104 R. Luxemburg: *Organisationsfragen …*, in: GW 1/2, S. 444.
105 Rosa Luxemburg: *Ordnung herrscht in Berlin* [1919], in: *GW 4*, S. 538.
106 Paul Frölich: *Rosa Luxemburg. Gedanke und Tat*, Frankfurt/Main 1967, S. 226.
107 R. Luxemburg: *Briefe an Leo Jogiches*, Frankfurt/Main 1971, S. 40f., 51f.

Abbildungsverzeichnis

Quelle für sämtliche Abbildung sind folgende Bände:

Käthe Kollwitz: Druckgrafik. Plakate. Zeichnungen, hg. von Renate Hinz. Berlin (West) 1980.

Montage: John Heartfield. Vom Club Dada zur Arbeiter-Illustrierten Zeitung. Dokumente – Analysen – Berichte, hg. von der Elefanten Press Galerie und Eckhard Siepmann. Berlin (West) ^{3}1977.

Da sämtliche Abbildungen Christel Neusüß ausdrücklich zur Erläuterung des Inhalts ihrer Ausführungen dienen und sie einzeln auf sie eingeht, berufen wir uns für ihren Abdruck auf das Zitatrecht (§ 51, UrhG).